TEUBNER *kochen | erleben*

DAS GROSSE BUCH DER TEIGWAREN

DAS GROSSE BUCH DER TEIGWAREN

*Fotos: Eising FoodPhotography, Martina Görlach
Matthias Hoffmann, Frauke Koops*

WARENKUNDE 12

KÜCHENPRAXIS 60

Küchengeheimnisse – *ausgeplaudert*

REZEPTE 142

Alle Rezepte sind für 4 Portionen berechnet, sofern nichts anderes angegeben ist.

Die großen Verwandlungskünstler

Ein Hoch auf die Teigwaren! Vom einfachen Imbiss bis hin zum glamourösen Auftritt mit Jakobsmuscheln oder Rinderfilet: Sie passen zu jeder Gelegenheit und treffen jeden Geschmack.

WAS WÄRE DIE MODERNE KÜCHE ohne Teigwaren? Sie passen zu Gemüse ebenso gut wie zu Fisch und Fleisch. Und werden dabei von allen geliebt. Vor allem, wenn sie dampfend und bissfest auf den Teller kommen und ihnen eine aromatische Sauce den richtigen Rahmen verleiht. »Das große Buch der Teigwaren« nimmt Sie mit auf eine Reise, bei der Sie ganz unterschiedliche Nudeltraditionen kennenlernen werden. Knödel und Knöpfle, Gnocchi und Ravioli, Fingernudeln und Maultaschen, Mie-Nudeln und Dim-Sum zeigen, wie vielseitig und aufregend die Pastaküche sein kann und was es abseits von Penne und Spaghetti zu entdecken gibt.

DAS PASSENDE FÜR JEDEN ANLASS

Natürlich sind Teigwaren aber auch Stars der schnellen Küche. Nudeln, Spätzle, gefüllte Teigtaschen und Gnocchi sind Hauptbestandteil vieler Blitzrezepte, die den Feierabend retten, überraschende Gäste satt machen und ein spontanes Dinner-for-two ermöglichen. Wenn es flott gehen soll, ist der Griff zur Nudelpackung immer richtig. Das Angebot ist riesig, aber nicht jede Nudel passt zu jedem Anlass. So schmecken breite Bandnudeln zum Beispiel großartig zu saftigen Ragouts. Für Aufläufe eignen sich dagegen Cannelloni oder Rigatoni besser.
Aber was sind Strozzapreti oder Gnocchetti sardi? Wozu isst man Soba oder japanische Somen? Wie groß die Vielfalt ist, zeigt ein Blick in den Warenkundeteil dieses Buchs. Hier finden Sie die grundlegenden Zutaten für die eigene Pasta- oder Knödelproduktion: angefangen bei der Auswahl des Mehls über die richtige Kartoffelsorte bis hin zu den wichtigsten Kräutern und Gewürzen, die die Basis einer guten Pastasauce darstellen. Auch die Käsefrage wird ausführlich behandelt.
Wer über genügend Zeit verfügt, gönnt sich das Vergnügen, seine Pasta, Knödel und Teigtaschen selbst herzustellen. Wie das geht, erfahren Sie im Kapitel Küchenpraxis. Hier lernen Sie die Handgriffe kennen, mit denen Sie Nudelteige herstellen oder diese mit Sepiatinte oder Kräutern aromatisieren und färben. Wie Schupfnudeln, Gnocchi oder Wan-Tans zubereitet werden, zeigen wir Ihnen Schritt für Schritt. Lernen Sie, wie man Semmelknödel dreht, Nockerln sticht und wie duftige Dampfnudeln gelingen.
Im großen Rezeptteil erfahren Sie, wie Sie Ihre Teigwaren am besten mit Gemüse, Saucen und Ragouts kombinieren. Zwölf Spitzenköche haben hier klassische und elegante, moderne und leichte, üppige und würzige Gerichte versammelt, die sich alle durch eines auszeichnen: Sie stellen Pasta, Gnocchi und Knödel in den Mittelpunkt. Probieren Sie »Lasagnette vom Seeteufel und Fenchelpüree«, genießen Sie »Taleggio-Maultaschen mit geröstetem Speck«, kosten Sie asiatische Spezialitäten wie »Kusprige Reisnudeln mit Meeresfrüchten« oder »Dim-Sum-Variationen«. Probieren Sie als Dessert »Gebackene Preiselbeer-Ravioli auf Mohn-Vanillesauce« oder »Schoko-Chili-Buchteln mit Mangokompott«. Neue Inspirationen können Sie auch aus den Geschichten und Reportagen ziehen, die Ihnen im Buch verstreut allerlei Kurioses, Interessantes und Wissenswertes über die Vielfalt der Teigwarenküche verraten.

Wir wünschen Ihnen viel Vergnügen beim Lesen, Kochen und Genießen!

Pastawerbung von 1910: Die 1879 in Kampanien gegründete italienische Nudelfirma Giovanni Voiello ist heute Teil des Barilla-Konzerns.

Teigwaren in Geschichte und Kulturgeschichte

China oder Italien? Die Frage nach der kulturgeschichtlichen Herkunft der Nudel führt auch heute noch schnell zu Streit. Als gesichert gilt, dass man nudelähnliche Teigwaren im antiken Griechenland kannte, bei den Mauren, Etruskern und Römern, aber auch vor mehr als 2.000 Jahren im fernen China. Daher nahmen Wissenschaftler lange Zeit an, dass die Nudel in unterschiedlichen Kulturkreisen und in ganz verschiedenen Arten mehr oder weniger gleichzeitig und dennoch unabhängig voneinander erfunden wurde.

IST CHINA DIE WIEGE DER NUDEL?

Der älteste materielle Beweis im Streit um die Herkunft der Nudel kommt aus China: Dort entdeckte man 2005 bei Ausgrabungen in der Provinz Qinghai 4.000 Jahre alte spaghettiähnliche Teigwaren aus Hirsemehl. Seither erheben die Chinesen Anspruch darauf, alleiniger Erfinder der Nudel zu sein.

Doch wie kam dann die Nudel von Asien nach Europa? Die Annahme, dass es Marco Polo gewesen sei, der die Teigware von einer Asienreise im Jahr 1292 mit nach Hause brachte, gilt als widerlegt. Weiß man heute doch, dass zu diesem Zeitpunkt die Nudel beziehungsweise nudelartige Speisen längst Einzug in europäische Küchen gehalten hatten.

Bereits in den antiken Schriften der Römer und Griechen ist eine »Ur-Nudel« zu finden; immer wieder ist die Sprache von »lagana«, dünnen Teigstreifen, die in Suppen oder Saucen serviert wurden. Der erste »europäische« Schritt zur Nudel erfolgte also, als jemand auf die Idee kam, den bis dato auf heißen Tonscheiben gerösteten (oder in Fett ausgebackenen) Teigfladen zu zerschneiden und in Flüssigkeit zu kochen. Man geht heute davon aus, dass dies auch die Vorläufer unserer Form von Lasagne waren. Und bei Aristophanes, einem griechischen Komödiendichter um 450 v. Chr., wird bereits ein gefülltes Teigtäschchen erwähnt, das – im Gegensatz zu heutigen Ravioli – gebraten serviert wurde. Auch fand man auf Pfeilern in einem etruskischen Grab aus dem 4. Jahrhundert v. Chr. in der Nähe von Rom Reliefs, die Arbeitsmittel zur Teigwarenherstellung zeigen, wie etwa Mehlsack, Nudelbrett und Teigrad. Die exakte Datierung oder regionale Fixierung des »europäischen« Nudelursprungs ist damit zwar immer noch ein ungelöstes Rätsel, die historischen Quellen zeigen aber, dass man auch hier Teigwaren bereits vor Christi Geburt kannte.

Damit ist sicher, dass Teigwaren zu den ältesten verarbeiteten Lebensmitteln der Menschheit gehören. Was aber die Geschichte um Marco Polo und sein Mitbringsel aus Asien endgültig ins Reich der Erfindungen verweist, ist ein Dokument, das sich im Staatsarchiv in Genua findet: Es handelt sich um die notarielle Nachlassauflistung eines italienischen Soldaten aus dem Jahr 1279, die einen »gut gefüllten Korb Maccheroni« nennt.

DIE ERSTE MODERNE PASTA

Wann und wie der Übergang von den gekochten Teigstreifen der Antike zu Nudeln im Sinne der heutigen Pasta secca und Pasta fresca stattfand, ist unbekannt. Man weiß aber, dass die Kunst, Teigwaren zu trocknen, von den Arabern stammt, die Sizilien im 9. Jahrhundert besiedelten. Die erste schriftliche Erwähnung von getrockneten Nudeln reicht in das Jahr 1154 zurück. Sie stammt von dem arabischen Forscher und Gelehrten Al-Idrisi, der in Trabia (Sizilien) ein Gericht mit Namen »Itryia« entdeckte und beschrieb, dass es aus Teig hergestellt wurde, den man schnurähnlich formte und trocknete. Noch heute kennt man in der Region ähnliche Pasta als »Vermicelli di Tria«. Die antiken Itryia-Spaghetti wurden auch an die ligurische Küste nach Genua sowie nach Frankreich und Spanien exportiert. Genua mauserte sich zum Zentrum des Pastahandels.
Um 1350 n. Chr. war der Verzehr von spaghettiähnlicher Pasta bereits in weiten Teilen Italiens üblich, wobei sie je nach Region sprachlich zu »tria« (Sizilien, Apulien), »vermicelli« beziehungsweise »maccheroni« (Neapel), »fidelli« (Genua) oder »spaghetti« (Piacenza) mutierte. Gegessen wurde sie übrigens mit den Händen; Gabeln kannte man zwar, sie galten jedoch kirchlicherseits als Werk des Teufels und wurden daher im katholischen Italien gemieden. Und sogar Ende des 18. Jahrhunderts war der Pasta-Ess-Stil noch kein wesentlich anderer, denn, so notierte Goethe amüsiert auf seinen Italienreisen, man esse »dort Pasta ungeniert mit den Fingern aus einem gemeinsamen Topf«. Auch gefüllte Pasta war zunächst Fingerfood: Ravioli kannte man schon bald nach den Spaghetti, und Ende des 14. Jahrhunderts tauchte der Vorfahr der Tortellini, der »torteleto«, auf. Teigwaren waren in allen möglichen Formen beliebt. Allerdings wurde die eierlose Pasta secca immer mehr zum Gericht für die Armen, während sich die Pasta fresca aus Weizenmehl und Eiern zum Lieblingsgericht der Wohlhabenden entwickelte.
Mit zunehmender Ausbreitung der Teigwaren kam auch die Professionalisierung der Herstellung in Gang: In Genua etablierten sich die ersten »lasagnari« (Lasagnemacher) und organisierten sich schließlich in der Zunft der Teigwarenmacher (1574). Ihrem Beispiel folgte man bald auch in Savona, Neapel, Palermo und Rom.

Vom Arme-Leute-Essen zum lukrativen Geschäft: Pasta hat in Italien je nach Region eine andere Geschichte. Im Vergleich dazu ist die Nudeltradition im übrigen Europa eher kurz.

ANFÄNGE MASCHINELLER PRODUKTION

Nudelmachen war lange eine mühselige Arbeit, da alles von Hand (und auch mit den Füßen) geknetet, gerollt und geschnitten werden musste. Erst die Erfindung von Knetmaschinen und mechanischen Nudelpressen rationalisierte die Herstellung.
Im 18. Jahrhundert galt Neapel als Drehpunkt der Pastaproduktion, doch die erste Nudelfabrik der Welt wurde im norditalienischen Genua eröffnet. Maschinen übernahmen wesentliche Herstellungsschritte, und schon bald entstand eine Fabrik nach der anderen – der Siegeszug der industriellen Pasta hatte begonnen. Bis weit ins 19. Jahrhundert haftete ihr das Image des Arme-Leute-Essens an, im folgenden Jahrhundert wurde die Pasta zum Inbegriff des (vor allem neapolitanischen) Fastfood.

PASTA MADE IN GERMANY

Vergleichsweise kurz ist die deutsche Nudelgeschichte, die vor allem den Namen beigesteuert hat: So stammt das deutsche Wort Nudel vom lateinischen »nodus« (Knoten) ab, und die gleiche Wurzel haben die in Europa gegessenen »noodles« (engl.),

Ein neapolitanischer »maccaronari« mit Kundschaft: Die Maccheroni wurden meist nur gekocht und pur oder mit etwas geriebenem Käse gewürzt von Hand verzehrt (Aufnahme um 1880).

»nudlar« (schwed.), »nuudeli« (finn.) oder »nudli« (ungar.). Seit wann man bei uns genau »Nudel« sagt, ist nicht geklärt, doch sind sich Sprachforscher fast sicher, dass das Wort Nudel existiert hat, bevor die heute so bezeichnete Speise den deutschen Sprachraum erreichte. Nach Ansicht der Sprachwissenschaftler und Märchensammler Brüder Grimm stammt der Begriff Nudel, der etwa im schlesischen »Knudel« enthalten ist, vom althochdeutschen Wort »Knote«, womit die deutsche Pasta mit dem Knödel verwandt wäre.

Die Nudel, so wie wir sie heute kennen, soll einer Legende nach von italienischen Soldaten während des Dreißigjährigen Krieges über die Alpen gebracht worden sein. Prüft man Rezeptsammlungen, die vor und nach dem Dreißigjährigen Krieg datiert sind, erscheint diese These als wahrscheinlich; bewiesen ist sie damit nicht. Zunächst war die Nudelherstellung hierzulande noch Sache der Köche oder Hausfrauen, dann mehr und mehr Angelegenheit der Bäcker, und die Herstellung in Manufakturen nahm ihren Lauf. Das erste deutsche Industrieunternehmen für Teigwaren war wohl die Erfurter Teigwaren GmbH. Zu den ältesten Nudelpionieren gehörte auch Balthasar Stephan Birkel, der 1874 den Grundstein für seine noch heute existierende Marke legte.

AUF DEN SPUREN DES KNÖDELS

Knödel oder Klöße, wie man sie im Norden eher nennt, sind in unserem Kulturkreis ein selbstverständlicher kulinarischer Genuss. Doch woher kommen sie? Sprachforscher sehen die Wurzeln des Wortes Knödel im althochdeutschen »chnodo«, das mittelhochdeutsch zu »knode« (kleiner Knoten) oder »knote« (Knoten) wurde und sich im Laufe der Zeit zu »Knötlein« und mundartlich weiter verformt hat zum »Knidla« und »Knö'l«. Im Alemannischen entwickelte sich zudem aus dem als Synonym für Knoten gebrauchten Wort Knopf der Begriff Knöpfle. Der norddeutsche Begriff Kloß findet sich schon in der Bibelübersetzung Luthers (»Der Herr machte den Menschen aus einem Erdenkloß«), stammt von »Klotz« (grobes Holzstück) und beschreibt im althochdeutschen »Kloz« eine Speise.

Im Gegensatz zu den sprachlichen Wurzeln lässt sich jedoch die Herkunft der Knödel oder Klöße bis heute nicht eindeutig bestimmen. Niemand weiß, wann und von wem das erste »runde« Gericht serviert wurde. Dennoch gibt es Hinweise darauf, dass die Historie der Knödel bis ins Altertum zurückreicht: So fand man Speisereste in Pfahlbauten aus der Stein- und Bronzezeit, die zeigten, dass bereits die Menschen um 2000 v. Chr. Fleisch oder Früchte

Bis ins 20. Jahrhundert hinein prägten die Maccheroni-Hersteller und -Verkäufer das Straßenbild von Neapel (Fotografie von 1907).

mit einer Teigmasse umhüllten. Die frühesten schriftlichen Nachweise existieren aus römischer Zeit: In dem aus der Zeitwende stammenden Kochbuch »De re coquinaria« des Römers Gavius Apicius sind knödelartige Speisen enthalten, die man im Liegen mit den Fingern leicht essen konnte.

VON DER HAND IN DEN MUND

Das Essen mit den Fingern war ursächlich für die Entwicklung des Knödels. Messer gab es zwar schon, allerdings in der Regel nur in der Küche, für Jäger oder vereinzelt auch für Männer der »besseren« Gesellschaft. Das üblicherweise am Stück gebratene Fleisch wurde vom Familienoberhaupt oder in vornehmen Familien vom Truchsess (Tranchiermeister) vorgeschnitten und zu mundgerechten Happen geformt. Mit der allmählichen Verfeinerung der Kochtechniken wurde Fleisch zunehmend auch gekocht, gedünstet oder geschmort. Das führte dazu, dass man vermehrt zerkleinertes Fleisch oder Fischstücke mit anderen Zutaten ragoutartig zubereitete. Mit Getreide oder Brot vermischt, ließ sich die Masse portionsweise zusammenballen und bequem mit den Fingern verzehren – die Urform der heutigen Knödel. Ab dem 11. Jahrhundert finden sich erste bildliche Darstellungen, wie etwa ein Fresko in der Burgkapelle im Südtiroler Hocheppan (Italien), das eine Knödel essende Frau zeigt, oder die Illustrationen in der Pergamenthandschrift »tacuinum sanitas in medicina« aus dem Jahr 1050. Hier sind unter anderem Frauen dargestellt, wie sie Knödel in einem großen Kessel über offenem Feuer kochen.

VOM FLEISCH- ZUM BROTKNÖDEL

Vom beschriebenen Ur-Fleischknödel ausgehend hat sich die Knödelrezeptur ganz allmählich verändert. Die treibende Kraft für diese Entwicklung war die Tatsache, dass sich das gemeine Volk Fleisch nicht täglich leisten konnte, und so wurde der Anteil an Getreide, Grieß oder Brot in den Knödeln allmählich größer. Fortan tauchen immer wieder schriftliche Zeugnisse für die sich stetig verändernde »Knödelkultur« auf. So finden sich sowohl in der Würzburg-Münchener-Handschrift »von guter spise« (um 1345) als auch in der »Tegernseer Klosterkochhandschrift« (15. Jahrhundert) Knödel aus Hirse, »swarze« Knödel, die vermutlich aus Roggenmehl hergestellt wurden, Knödel aus Weißbrot, Weizenmehl oder Weizengraupen. Zu dieser Zeit (und auch noch etwa 200 Jahre später) war Fleisch für weite Teile der Bevölkerung ein echter Luxus, den man sich höchstens an Festtagen gönnte; Knödel aus

Knödel in jeglicher Form sind im ganzen Alpenraum beliebt, ganz besonders aber in Südtirol und Österreich.

Getreide, Schwarz- oder Weißbrot waren eine alltägliche Zukost zu Gemüse, bevor Ende des 16. Jahrhunderts die Kartoffel ihren Weg von Südamerika nach Europa fand. Wann genau die Knolle allerdings Einzug in Knödelrezepturen hielt, ist unklar; man findet etwa ab 1800 vielfältige Rezepte für Kartoffelknödel in verschiedenen Kochbüchern.

TUCHKLOSS UND KOCHBEUTEL

Ursprünglich als Mundbissen geboren, bahnten sich im Laufe der Jahrhunderte auch andere Knödelformen ihren Weg, etwa die des »Sackkloßes« oder »Mehlbeutels«, der für mehrere Portionen ausreichte und erstmals im 16. Jahrhundert in Schriften auftaucht. Aus kochtechnischer Notwendigkeit hüllte man dazu die Masse in ein Tuch oder einen Beutel und garte sie darin – wie unsere heutigen Serviettenknödel. Noch weit bis ins 18. Jahrhundert sind Knödel, Klöße, Knöpfle und Co. eine typische Werktagsspeise. Erst dann werden sie allmählich aufgewertet und gelten Anfang des 19. Jahrhunderts als hoffähig, allerdings wurden Knödel vornehmerweise als »Quenelles« serviert. Von der Knödel-Kochkunst vergangener Zeiten bis hin zu den heute verbreiteten Fertigprodukten dauerte es noch über 100 Jahre: Das erste Kartoffelpulver, aus dem man unter Zugabe von Flüssigkeit Kartoffelpuffer oder Knödel herstellen konnte, brachte 1949 Werner Eckart als erstes Pfanni-Produkt auf den Markt. Von da an war es nur noch ein kleiner Schritt bis zu den ersten Knödel-Fertigprodukten wie Kochbeutel-Klöße, die es etwa seit 1970 im Handel gibt. Heute findet man eine ganze Reihe von Convenience-Teigwaren im Handel: Neben fertigem Kloßteig gibt's frische gekühlte Pasta mit und ohne Füllung sowie fertige Spätzle, Gnocchi und Co. Man darf gespannt sein, was die Knödel- und Nudelkultur in der Zukunft noch Neues hervorbringen wird.

Bärbel Schermer

WARENKUNDE

WARENKUNDE

Grundzutaten & Nudelformen

Zutaten und Formen

Ein Überblick über unentbehrliche Grundzutaten, die verschiedenen Nudelfamilien und die Palette von mediterranen und asiatischen Aromen.

Frisch oder getrocknet?

Diese Frage stellt sich dem Pastakoch zuerst. Doch ob er seine Nudeln selbst macht oder getrocknete Pasta wählt, ob er sich für Gnocchi oder Knödel entscheidet – alles Wissenswerte dazu findet er in diesem Kapitel.

EINFACH UND UNKOMPLIZIERT sind die Grundlagen der Teigwarenküche: Mehl, Eier oder Wasser und ein wenig Salz – mehr braucht es nicht für einen Nudelteig. Kommen noch Kräuter und Gewürze hinzu, lassen sich Farbe und Geschmack vielfach variieren. Weil die Zutaten jedoch so simpel sind, verlangen sie umso mehr nach hervorragender Qualität: Es kommt bei der Pastaproduktion ebenso auf die Auswahl des richtigen Mehls an wie auf die Güte der Eier. Selbst das verwendete Wasser trägt bei einem so puristischen Lebensmittel zum Geschmack bei. Passt jedoch alles, fügt sich diese knappe Handvoll Zutaten zu einem gelben, geschmeidigen Teig, die ideale Voraussetzung für perfekte Pasta.

KARTOFFELN, BROT UND QUARK

Auch für die Zubereitung von Gnocchi, Schupfnudeln oder anderen regionalen Spezialitäten wie Paunzen, Nocken oder Knödeln braucht es nur wenige einfache Produkte: Kartoffeln und/oder Mehl, Eier, Brot in verschiedener Form, gelegentlich auch Grieß oder Quark – damit ist schon fast alles abgedeckt. Aber wie überall kommt es dabei auf die Feinheiten an. So eignen sich beispielsweise mehligkochende, lockere Sorten besser für Teigwaren aus Kartoffelteig als feste, speckige Salatkartoffeln. Weiß- oder Mischbrot wiederum sollte ausreichend trocken und nicht zu stark gewürzt sein, um den Geschmack von Semmel- und Serviettenknödeln nicht zu sehr zu dominieren.

ENORME FORMENVIELFALT

Beinahe unerschöpflich ist die Auswahl an getrockneten Nudeln: Ob in kleinen Betrieben handwerklich hergestellt oder in großen Fabriken industriell produziert – bei der Pasta secca ist das Angebot an Formen und Farben immens. Hilfestellung bei der Auswahl der geeigneten Nudelsorte für eine flüssige Sauce oder ein Ragout mit wenig Flüssigkeit gibt unser Überblick über die Grundtypen italienischer Pasta, der zudem internationale Nudelformen sowie asiatische Weizen-, Eier-, Reis- und Glasnudeln, aber auch verschiedene Teigblätter kurz vorstellt.

DIE BASIS DES GESCHMACKS

Entscheidend zum Genuss tragen Saucen und Ragouts bei, welche die auf den Punkt gegarten Teigwaren begleiten. Das sind zum einen die vielen Sugos und Ragouts auf Tomatenbasis, die vom kräftigen Aroma reifer Tomaten leben und mal ganz puristisch, mal aufwendig daherkommen. Zum andern können aber auch einfachste Kombinationen von Olivenöl mit mediterranen Aromen wie Sardellen, Oliven, Kapern oder Peperoncini wunderbar mit Pasta harmonieren. Ob und wie viel Knoblauch dabei zum Einsatz kommt, bleibt jedem selbst überlassen. Letzterer darf in der Regel auch bei asiatischen Nudelgerichten nicht fehlen, ebenso wenig wie frische oder getrocknete Pilze, Ingwer, Chilis und Currypasten. Sie verleihen asiatischen Teigwaren die gewünschte Schärfe – und mit Zitronengras, Wasabi, Austern- oder Fischsauce lassen sich weitere geschmackliche Akzente setzen.

ZUM EXPERIMENTIEREN BESTENS GEEIGNET

Gerade weil die Teigwarenküche nicht auf ausgefallene, teure Zutaten angewiesen ist, sondern ihre Vielfalt – in Europa wie in Asien – einer regional geprägten, ländlich-einfachen Küche verdankt, bietet sie ein weites Feld für kulinarische Experimente. Nudeln, Gnocchi, Polenta oder Knödel lassen sich mit unterschiedlichsten Saucen und Ragouts kombinieren. Kräuter und Gewürze können immer wieder neue geschmackliche Akzente setzen. Daher fordern Teigwaren jeden Koch geradezu heraus, sie immer wieder aufs Neue zu erfinden.

Käse – ein Muss?

Frisch über Spaghetti gerieben, können Parmesan und Pecorino ein Pastagericht vollenden. Und auch als aromatische Kruste von Lasagne und Co. oder für Füllungen ist Käse unverzichtbar. Immer und auf alles muss er aber nicht – der Eigengeschmack der Zutaten sollte immer im Vordergrund bleiben.

Weizenfeld mit reifen Ähren. Je nach Art, Zeitpunkt der Aussaat und klimatischen Verhältnissen können die Erträge und Inhaltsstoffe bei Weizen erheblich schwanken. Um gleichbleibend hohe koch- und backtechnische Eigenschaften zu garantieren, werden daher beim Mehl – wie auch beim Wein – häufig verschiedene Mehle unterschiedlicher Herkunft gemischt.

- Hartweizen hat einen hohen Kleberanteil und ist ideal für Pasta secca.
- Weichweizen enthält mehr Stärke als Hartweizen und eignet sich gut zur Herstellung frischer Eiernudeln.

Weizen *ist von allen Getreidearten der wichtigste Mehl- und Grießlieferant für die Teigwarenproduktion. Ob dabei Hart- oder Weichweizen verwendet wird, ist eine Frage des gewünschten Produkts.*

Der seit Jahrtausenden angebaute Weizen zählt wie die anderen Getreidearten zur Familie der Süßgräser. Die für die Teigwarenherstellung benötigten Mehl- und Grießsorten werden durch Vermahlen der entspelzten Körner gewonnen, deren Aufbau immer ähnlich ist: Getreidekörner bestehen aus mineralstoff-, vitamin- und ballaststoffreichen Randschichten, dem stärke- und eiweißhaltigen Mehlkörper in der Mitte und einem fetthaltigen Keimling. Bei einigen Getreidearten und insbesondere bei Weizen enthält der Mehlkörper zudem einen gewissen Anteil an bestimmten Proteinen (Gliadine und Glutenine), die das sogenannte Klebereiweiß (Gluten) bilden. Diesem kommt bei der Teigwarenherstellung und beim Backen eine entscheidende Aufgabe zu: Durch die Zugabe von Wasser quellen die Moleküle auf und verbinden sich zu langen Strängen. So entsteht ein dehnbares, dreidimensionales Netzwerk, das Stärkekörner und durch Triebmittel wie Hefe produzierte Gasbläschen (CO_2) einlagert. Dieses Netzwerk macht Nudel- und Brotteige elastisch und formbar. Je nach Getreideart liegt das Klebereiweiß in unterschiedlicher Zusammensetzung vor, bei einigen Arten, etwa bei Reis oder Mais, ist es nicht vorhanden, weshalb diese allein nicht backfähig sind.

Hartweizen

Hart- oder Durumweizen *(Triticum durum)* (1) hat sich aus den fast vergessenen, inzwischen wiederentdeckten Weizenurformen Einkorn und Emmer *(Triticum dicoccum)* (2) entwickelt. Er gedeiht in warmen, trockenen Gebieten, etwa in Südeuropa, den USA und Kanada. Sein Anteil an der gesamten Weizenproduktion weltweit beträgt etwa 10 Prozent. Merkmale: Hartweizen hat einen hohen Anteil an Klebereiweiß (bis zu 15 Prozent), enthält jedoch weniger Stärke als Weichweizen. Er ist gelblicher als dieser, da Hartweizenkörner einen höheren Gehalt an Karotinoiden aufweisen als Weichweizenkörner.

Verwendung: Zu Mehl oder Grieß (8) vermahlen eignet sich Hartweizen sehr gut zur Herstellung von Nudeln und Gnocchi. Die Verarbeitung reiner Hartweizenteige ist jedoch schwierig (längere Knetdauer, schlecht ausrollbarer Teig), weshalb selbst gemachte Nudeln mit Ausnahme rustikaler Spezialitäten wie Orecchiette oder Casarecce selten daraus hergestellt werden. Für industriell gefertigte Pasta ist die Verbindung von Hartweizengrieß und Wasser dagegen ideal, weil diese Teige dank ihres hohen Kleberanteils sehr elastisch sind und dem hohen Druck bei der Produktion gut standhalten können. Zudem hält das Klebergerüst die Stärke beim Kochen im Teig fest und verhindert ein zu schnelles Quellen der Nudeln – darum lässt sich Pasta secca gut al dente kochen.

Weichweizen

Weichweizen *(Triticum aestivum)* (3) ist die weltweit meistkultivierte Weizenart. Die bei uns im Handel erhältlichen Weizenmehlsorten (4–7) werden fast alle aus Weichweizen hergestellt.

Merkmale: Weichweizen enthält mehr Stärke, dafür etwas weniger Klebereiweiß als Hartweizen. Weichweizenmehle werden nach Griffigkeit und Inhaltsstoffen unterschieden. Sind sie sehr fein, spricht man von glattem Mehl (4). Sind die Partikel etwas größer, ist das Mehl griffig, und bei doppelgriffigem Mehl, auch Dunst (7) genannt, liegt die Korngröße zwischen 0,15 und 0,3 mm. Der Gehalt an Inhaltsstoffen hängt vom Ausmahlungsgrad ab, der als Type auf der Packung angegeben wird. Je höher die Zahl, desto dunkler, vitamin- und mineralstoffreicher ist das Mehl. Vollkornmehl (6) enthält alle Bestandteile des Korns und wird nicht weiter typisiert.

Verwendung: Helles Weichweizenmehl der Typen 405 und 550 (5) eignet sich sehr gut zum Backen sowie zur Herstellung von Eiernudeln. Doppelgriffiges Mehl ergibt in Verbindung mit Eiern kernige Teige für Nudeln und Spätzle. Für feste, elastische Pastateige empfiehlt sich die Beimischung von etwas Hartweizengrieß. Vollkornmehl hat einen geringeren Kleberanteil und wird für geschmeidige Nudelteige oft mit hellem Weizenmehl vermischt.

(1) **HARTWEIZEN** hat harte, gelblich braune, glasige Körner und ist ideal für getrocknete Pasta.

(2) **EMMER,** auch Zweikorn genannt, ist eine alte Weizenart mit länglich-spitzen Körnern.

(3) **WEICHWEIZEN** hat weiche, oval gerundete, hellbraune Körner mit Spalt, er ist zum Backen ideal.

(4) **WEIZENMEHL TYPE 405** ist ein universell verwendbares, helles, feines Weizenmehl.

(5) **WEIZENMEHL TYPE 550** hat mehr Mineralstoffe als Type 405 und ist für Teigwaren ideal.

(6) **WEIZENVOLLKORNMEHL** ist dunkel und vollwertig, enthält aber weniger Klebereiweiß.

(7) **WEIZENDUNST** oder doppelgriffiges Mehl liegt in der Partikelgröße zwischen Mehl und Grieß.

(8) **HARTWEIZENGRIESS** weist je nach Sorte eine Körnung zwischen 0,3 und 1 mm auf.

- Dinkelmehl eignet sich gut zur Nudelherstellung und zum Backen, Roggenmehl kommt in Form von Brot bei der Knödelherstellung zum Einsatz.
- Maismehl ergibt Nudeln, aus Maisgrieß wird Polenta gerührt.
- Reismehl ist die Grundlage für Reisnudeln und Teigblätter.

Weitere Mehllieferanten *für die Teigwarenherstellung sind die Getreidearten Dinkel, Roggen, Mais und Reis. Aber auch Buchweizen oder Esskastanien können als Grundlage dienen.*

Andere Getreidemehle spielen in der Teigwarenküche eine geringere Rolle als Weizenmehl, doch sind sie nicht uninteressant. Wurden Dinkel-, Buchweizen- oder Kastanienmehl einst als günstige, regional verfügbare Alternativen zu Weizenmehl eingesetzt, um daraus Pasta oder Knödel herzustellen, so bringen diese Mehle heute Abwechslung in den Teigwaren-Alltag. Auf den ersten Blick scheinen sie – abgesehen von der Farbe – recht ähnlich zu sein, in puncto Aroma und Verwendung gibt es jedoch Unterschiede.

Dinkel und Roggen

Dinkel *(Triticum aestivum* ssp. *spelta)* ist eng mit Weizen verwandt und war noch vor 100 Jahren in Europa weit verbreitet, wurde dann jedoch von Letzterem weitgehend verdrängt. Heute wird er wieder vermehrt angebaut. Roggen *(Secale cereale)* stellt geringere klimatische Ansprüche und ist in Nord- und Mitteleuropa verbreitet.
Merkmale: Dinkelmehl (1) ist proteinreich und wird aufgrund des fein-würzigen Geschmacks geschätzt, weist aber schlechtere Backeigenschaften auf als Weizenmehl. Roggenmehl (3) ist eiweiß- und mineralstoffreich, ohne Säuerung oder Zugabe von kleberreichen Mehlen jedoch schlecht backfähig.
Verwendung: Dinkelmehl enthält viel Klebereiweiß und eignet sich zur Nudelherstellung. Grünkernmehl (2) lässt sich zu Nudeln, Nocken und Knödeln verarbeiten. Roggenmehl kann für die Nudelherstellung verwendet werden, kommt aber überwiegend in Form von Roggenbrot für Knödel zum Einsatz.

Mais

Kulturmais *(Zea mays)* stammt aus Mexiko und ist weltweit eine der wichtigsten Nutzpflanzen.
Merkmale: Maiskörner enthalten viel Stärke, aber wenig Eiweiß und sind glutenfrei. Die gelbe Farbe verdanken sie dem hohen Karotingehalt. Sie haben einen guten Geschmack und werden zu Mehl (4) und Grieß (5), aber auch zu Stärke vermahlen.
Verwendung: Maismehl lässt sich zu gelben Nudeln verarbeiten, eignet sich aber nicht zum Brotbacken. Aus Maisgrieß werden Polenta und Klöße zubereitet.

Buchweizen

Echter Buchweizen *(Fagopyrum esculentum)* ist kein Getreide, sondern ein Knöterichgewächs. Die alte Kulturpflanze wird in Frankreich »blé noir«, schwarzer Weizen, und in Südtirol Schwarzplenten genannt.

(1) **DINKELVOLLKORNMEHL** ist hell, hat einen hohen Kleberanteil und ein fein-würziges Aroma.

(2) **GRÜNKERNMEHL** wird aus unreifem, gedarrtem Dinkel hergestellt und hat ein Raucharoma.

(3) **ROGGENMEHL** ist im Vergleich zu hellem Weizenmehl dunkler und kräftiger im Aroma.

(4) **MAISMEHL** wird durch Vermahlen von Maiskörnern gewonnen, ist hellgelb und glutenfrei.

Merkmale: Buchweizenmehl (6) wird aus den dreikantigen geschälten Samen hergestellt. Es ist reich an Mineralstoffen, glutenfrei, hat ein eigenes, nussiges Aroma und schmeckt leicht süßlich.
Verwendung: In Italien und der Schweiz wird Buchweizenmehl zu Polenta gerührt oder mit Weizenmehl vermischt zu Nudeln (Pizzoccheri) verarbeitet. In Südtirol stellt man daraus Knödel her und in Japan ist es die Grundlage für Sobanudeln.

Robuster Roggen gedeiht auch in klimatisch weniger begünstigten und in höheren Lagen. In der Teigwarenküche wird sein Mehl jedoch weniger zu Nudeln als vielmehr in Form von Brot zu Knödeln und Nocken verarbeitet.

Edel- oder Esskastanien

Die Wärme liebende Edelkastanie *(Castanea sativa)* ist in den Mittel- und Schwarzmeerländern verbreitet.
Merkmale: Kastanienmehl (7) wird aus getrockneten und geschälten Esskastanien hergestellt. Es ist nährstoffreich, relativ fettarm und glutenfrei.
Verwendung: Kastanienmehl wird zu Gnocchi, Knödeln und Polenta verarbeitet. Vermischt mit Weizenmehl lassen sich daraus auch Nudeln herstellen, deren Aroma sehr gut zu Wildgerichten passt.

Reis

Reis *(Oryza sativa)* ist eine der wichtigsten Getreidearten und wird vor allem in Asien, in kleineren Mengen auch in Europa, kultiviert.
Merkmale: Reismehl (8) wird durch Vermahlung von Langkornreis oder von Klebreis gewonnen. Es ist rein weiß, enthält kein Klebereiweiß (Gluten) und ist daher zum Backen nicht geeignet.
Verwendung: Reismehl aus Langkornreis dient zur Herstellung von Reisnudeln und der papierdünnen Reisteigblätter, die zum Teil zusätzlich Tapiokastärke enthalten. Klebreismehl findet in asiatischen Küchen zum Andicken von Saucen sowie für die Herstellung von Reisklößen Verwendung.

Weitere Stärkelieferanten

Verschiedene stärkehaltige Samen (Mungbohnen), Knollen (Kartoffeln, Süßkartoffeln) und Wurzeln (Maniok) dienen ebenfalls zur Nudelherstellung.
Merkmale: Das aus diesen Pflanzen gewonnene Stärkemehl ist in der Regel weiß und sehr fein.
Verwendung: In asiatischen Ländern werden Glasnudeln aus Mungbohnen- oder Süßkartoffelstärke oder auch aus einer Mischung verschiedener Stärkemehle produziert.

(5) **MAISGRIESS** ist leuchtend gelb und in feiner, mittlerer sowie grober Körnung erhältlich.

(6) **BUCHWEIZENMEHL** ist bräunlich, glutenfrei und hat ein eigenes, nussiges Aroma.

(7) **KASTANIENMEHL** ist gelblich weiß, glutenfrei und hat einen leicht süßlichen Geschmack.

(8) **REISMEHL** ist von schneeweißer Farbe, sehr feinkörnig und enthält kein Klebereiweiß.

- Eier färben Weichweizennudelteig und machen ihn geschmeidig.
- Wasser wird zur Herstellung von Hartweizennudeln benötigt.

Eier und Wasser *bringen die notwendige Feuchtigkeit mit und verleihen Nudelteigen die gewünschte geschmeidig-glatte Konsistenz. Kommt noch ein wenig Salz hinzu, ist das Ergebnis perfekt.*

Erst durch die Zugabe einer gewissen Menge Flüssigkeit in Form von Wasser oder Eiern und das anschließende Verkneten wird aus trockenem Mehl oder Grieß ein geschmeidiger Nudelteig. Viel mehr als ein wenig Salz und vielleicht noch ein paar Tropfen Öl braucht es dann auch nicht. Aber gerade weil für die Herstellung von Pastateigen nur einfachste Zutaten benötigt werden, kommt es umso mehr auf deren Qualität an.

Eier

Bei Eiern empfiehlt es sich, auf Qualität und Frische zu achten (Salmonellengefahr!). Bio-Eier, nach Möglichkeit von einem Hof in der Nähe, sind erste Wahl. Ihre Schalen sollten sauber und unverletzt sein.
Merkmale: Für die Herstellung von Eiernudeln werden bei uns in der Regel Hühnereier verwendet, in China auch Enteneier. Aber auch mit Straußeneiern ließe sich Pasta produzieren. Der Handel unterscheidet Hühnereier nach Gewichtsklassen: Eier der Größe M wiegen zwischen 53 und 62 g, solche der Größe L 63 bis 72 g. Der Anteil an Eigelb beträgt bei mittelgroßen Eiern etwa 20, bei großen Eiern 30 g. Auskunft über Frische und Herkunft geben die Verpackung und das Ei selbst: Lege- und Haltbarkeitsdatum sind auf der Schachtel abzulesen, Hinweise auf die Qualität gibt der Stempel auf der Schale. Die Ziffer 0 kennzeichnet Bio-Eier, 1 steht für Eier aus Freilandhaltung.
Verwendung: Eier lockern Teige und machen sie geschmeidiger. Mit Weichweizenmehl hergestellten Nudelteigen verleihen sie den gewünschten Biss. Je höher der Eigelbanteil, desto fester und goldgelber wird der Teig, desto weniger sollte dann aber der kräftige Eigengeschmack der Nudeln überdeckt werden. Bei anderen Teigwaren wie Gnocchi und Knödeln sorgen Eier für die notwendige Bindung.

Frische Bio-Eier und Wasser guter Qualität sind unentbehrliche Zutaten für die Pastaproduktion.

Wasser

Nicht von ungefähr haben sich viele Pastaproduzenten unmittelbar dort angesiedelt, wo Wasser in bester Qualität zur Verfügung steht.
Merkmale: Frisches, klares, kaltes Quellwasser mit einem gewissen Mineralstoffanteil, jedoch ohne Pestizid- oder andere unerwünschte Rückstände, ist für die Nudelherstellung optimal, Trinkwasser aus der Leitung eine gängige Alternative.
Verwendung: Nudelteigen ohne Eianteil, zum Beispiel jenen für Pasta secca aus Hartweizengrieß, gibt Wasser die richtige Konsistenz. Zu trockene Teige erhalten durch das Einarbeiten von einigen Tropfen Wasser die gewünschte Geschmeidigkeit.

Salz

Neben Eiern und/oder Wasser gehört zudem noch eine kleine Menge Salz in den Nudelteig.
Merkmale: Feinkörnige Salze, beispielsweise Meersalz, sind für die Pastaproduktion gut geeignet.
Verwendung: Ohne die Zugabe von etwas Salz bei der Teigherstellung schmecken Nudeln fade.

Naturprodukt aus besten Rohstoffen

Hartweizengrieß und Wasser. Das ist alles. Mehr braucht man nicht, um erstklassige Pasta herzustellen. Was so einfach klingt, ist in Wirklichkeit ziemlich schwierig. Denn wenn etwas so pur auf den Tisch kommt, lässt sich nichts vertuschen. Um gute Nudeln zu fertigen, muss zunächst die Qualität der Rohstoffe stimmen. Dietrich Morlok verwendet für seine Pasta nur hochwertigen Grieß aus Durumweizen. Diesen mischt er mit bestem Bad Teinacher Quellwasser. »Ich bin sehr froh, dass uns mit dem Quellwasser aus dem Teinachtal ein Wasser von erstklassiger Qualität zur Verfügung steht. Es erlaubt uns, Nudeln zu fertigen, die allerhöchsten Ansprüchen genügen.« Denn Wasser ist nicht gleich Wasser. In ganz unterschiedlicher Güte kommt es aus den Wasserhähnen. Teilweise wird ihm Chlor zugesetzt, teilweise lassen sich Schadstoffe darin nachweisen. Je näher Wasser an der Quelle liegt, desto reiner, klarer und frischer ist es. Im Teinachtal sprudelt das Trinkwasser nicht nur frisch aus fünf Quellen, ihm werden sogar Heilkräfte nachgesagt. Dietrich Morloks Pasta kann davon nur profitieren. In der Bad Teinacher Nudelmanufaktur werden viele Arbeitsschritte noch per Hand ausgeführt. So mischt Dietrich Morlok die Zutaten selbst zusammen, bevor sie in der Nudelmaschine zu einem sandig-körnigen Teig verrührt werden. Weil der Nudelteig ohne Eier und Öl hergestellt wird, ist er etwas spröde und nicht glatt und geschmeidig. »Das ist ein Qualitätsmerkmal«, verrät der gelernte Kaufmann. Die fertigen Nudeln bekommen davon eine leicht raue Oberflächenstruktur. Sie macht die Pasta griffig, sodass Saucen und Ragouts gut daran haften bleiben. Weil der Teig aber schnell reißt, wird der Nudelteig im Teinachtal gepresst und nicht gewalzt. »Zum Walzen sind Nudeln aus Eierteig besser geeignet«, erklärt Morlok, während er die Spaghetti-Matritze auf die Presse schraubt. Er betätigt den Schalter, und aus den runden Öffnungen schieben sich endlose Spaghettifäden. Diese werden nach etwa 25 cm durchtrennt und per Hand zu kleinen Nestern gedreht. In Bad Teinach werden teflonbeschichtete Matritzen verwendet: Der Teig haftet nicht an. Das erleichtert die Arbeit, weil die Düsen nicht so schnell verstopfen. Im italienischen Grangnano, das auch »la capitale della pasta« genannt wird, gibt es aber Betriebe, die ihre Nudeln ausschließlich durch Bronzepressen drücken. So gefertigte Nudeln sollen sich durch eine unerreichte Griffigkeit und ein besonderes Mundgefühl auszeichnen. Es gilt daher als Gütezeichen, wenn Pasta mit dem Prädikat »al bronzo« gekennzeichnet ist. Die Qualität getrockneter Nudeln bemisst sich auch daran, wie viel Zeit ihnen zum Trocknen eingeräumt wird. »Je niedriger die Temperatur, desto schonender ist das Verfahren«, erläutert Morlok und legt die fertigen Nudelnester nebeneinander in flache Nudelhorten. Ist eine Stellage voll, wird sie in den Trockenschrank geschoben. Rund 20 Stunden benötigen die Spaghetti zum Trocknen. Ideal sind Temperaturen bis 40 Grad. Vitamine und Mineralstoffe bleiben so weitgehend erhalten. Das kostet zwar Zeit, aber die Mühe zahlt sich aus: Verglichen mit Dietrich Morloks handgefertigter Pasta sehen viele Industrienudeln recht blass aus. Häufig werden sie nur zwei bis drei Stunden bei hohen Temperaturen um 90 Grad getrocknet. Dabei verschlechtert sich nicht nur der Nährstoffgehalt, auch Oberflächenstruktur und Mundgefühl verändern sich zum Negativen. Ganz anders in der Nudelmanufaktur: Nach gemächlicher Trocknung werden die fertigen Nudeln in Tüten verpackt. Auch das in Handarbeit. Und dann warten sie auf echte Genießer, die die sorgfältige Verarbeitung zu schätzen wissen.

Margarethe Brunner

- Für die Teigwarenküche sind die mehligkochenden Kartoffelsorten am besten geeignet.
- Kartoffeln lassen sich zu Gnocchi, Schupfnudeln und weiteren regionalen Spezialitäten sowie zu Knödeln und Klößen verarbeiten.

Kartoffeln *haben einen hohen Stärkegehalt. Insbesondere die mehligkochenden Sorten liefern – meist gekocht, seltener roh – die Grundlage für Gnocchi, Kartoffelnudeln, -knödel und -klöße.*

Dank der verschiedenen Kochtypen und Sorten erweisen sich die unscheinbaren Knollen als ungeheuer vielseitig, was ihre Verwendung in der Küche anbelangt. Für die Teigwarenproduktion sollten Kartoffeln allerdings ganz bestimmte Eigenschaften mitbringen: ein lockeres, trockenes Fruchtfleisch, das sich nach dem Garen gut weiterverarbeiten lässt, sowie einen kräftigen Geschmack. Diese Vorzüge haben nur mehligkochende Kartoffelsorten vorzuweisen, weshalb sie für die Teigwarenküche erste Wahl sind. Beim Einkauf hilft die Farbmarkierung: Mehligkochende Sorten sind immer blau gekennzeichnet. Die Auswahl beschränkt sich gerade bei mehligkochenden Kartoffeln oft auf wenige Sorten. Dies liegt zum einen daran, dass Kartoffelanbau und -frischverbrauch in Deutschland stark rückläufig sind, zum andern wird ein großer Teil der Ernte zu immer beliebteren Fertigprodukten verarbeitet. Die unten abgebildeten Sorten (1–7) stellen eine Auswahl an gängigen und wohlschmeckenden mehligkochenden Kartoffeln dar. Ebenfalls empfehlenswert sind Sorten wie Afra, Gunda, Karlena oder Talent, eine Weiterzüchtung der Sorte Adretta. Sollten mehligkochende Kartoffeln nicht

(1) **ADRETTA** ist eine mittelfrühe, mehligkochende deutsche Sorte mit gelbem Fleisch und einem kräftigen Geschmack.

(2) **AULA** ist eine späte, ertragreiche, mehligkochende deutsche Sorte. Sie hat ein gelbes Fleisch und einen guten Geschmack.

(3) **LIKARIA** ist eine mittelfrühe, ertragreiche, mehligkochende Kartoffelsorte mit hellgelbem Fleisch aus Deutschland.

(4) **FREYA** ist eine mittelfrühe, mehligkochende, gelbfleischige Sorte aus Deutschland mit ovaler Knollenform.

(5) **ACKERSEGEN** heißt eine alte mittelgroße, mehligkochende deutsche Spätsorte mit hellem Fleisch und kräftigem Geschmack.

(6) **MEHLIGE MÜHLVIERTLER** ist eine späte, mehligkochende, gelbfleischige Landsorte aus Österreich mit gutem Geschmack.

(7) **REICHSKANZLER** ist eine mittelspäte, rotschalige, mehligkochende deutsche Sorte mit hellem Fleisch und mildem Geschmack.

(8) **BINTJE** ist eine bekannte mittelfrühe, vorwiegend fest- bis mehligkochende, niederländische Sorte mit hellgelbem Fleisch.

erhältlich sein, ist die gängige Sorte Bintje (8) eine Alternative. Zudem lassen sich viele Sorten auch via Internet bestellen – nach der Kartoffelernte, die je nach Sorte, Klima und Witterung vom Frühsommer (frühe Sorten, mittelfrühe ab Ende August) bis in den Herbst hinein andauert. Dank der enthaltenen Stärke sind Kartoffeln wichtige Kohlenhydratlieferanten. Sie liefern kaum Fett, dafür wertvolles Eiweiß, Vitamine und Mineralstoffe.

Im Spätsommer und Herbst ist die Auswahl an Kartoffelsorten am größten. Beim Einkauf empfiehlt es sich, auf unversehrte, glatte Knollen zu achten.

Kartoffeln für Knödel & Gnocchi

In Deutschland sind mehligkochende Kartoffeln vor allem im Osten sowie im Süden und Südwesten gefragt, wo die Herstellung von Klößen und Kartoffelteigspezialitäten eine lange Tradition hat.
Merkmale: Mehligkochende Sorten haben je nach Sorte runde bis länglich-ovale Knollen mit gelbem, hellgelbem oder gelblich weißem Fruchtfleisch und einer braunen oder rötlichen Schale. Nach dem Garen, das am besten in der Schale erfolgen sollte, ist ihr Fruchtfleisch locker, trocken und grobkörnig. Kartoffeln dieses Typs springen beim Kochen meistens auf und zeichnen sich häufig durch einen angenehm kräftigen Geschmack aus. Beim Einkauf sollte man auf unbeschädigte Knollen mit angenehmem Geruch achten. Grüne Stellen und Keimlinge sind giftig und müssen entfernt werden.

Verwendung: Mehligkochende Kartoffeln werden ungeschält in leicht gesalzenem Wasser oder im Backofen gegart, gepellt und durch die Presse gedrückt oder zerstampft. Die lockere Masse (Kartoffelschnee) wird dann meist mit Mehl, seltener mit rohen geriebenen Kartoffeln oder Brotwürfeln, zu einem Teig verarbeitet und zu Knödeln, Klößen, Gnocchi, Schupfnudeln oder weiteren Kartoffelteigspezialitäten geformt. Zudem kann diese Kartoffelmasse als Basis für Füllungen (Ravioli) dienen. Süßkartoffeln sind botanisch nicht mit Kartoffeln verwandt, werden aber in der Teigwarenküche wie diese verwendet, beispielsweise für Gnocchi.

»Die Arche Noah für Kartoffeln«

Sie sind extrem vielfältig, nahrhaft und besitzen sogar Heilwirkung. Wird die Zahl der Kartoffelsorten heute weltweit auf etwa 5.000 geschätzt, so kennt der Verbraucher hierzulande gerade noch ein Dutzend. Die industrielle Erzeugung und Nutzung von Kartoffeln macht eine Standardisierung notwendig, so verschwinden aber auch viele alte Sorten vom globalen Markt. Niemand weiß, ob heutige Sorten dem Klimawandel standhalten, doch für Neuzüchtungen kann nur auf den vorhandenen Genpool zurückgegriffen werden. Ein wichtiges Argument für den langfristigen Erhalt möglichst vieler Sorten, auch vor dem Hintergrund einer wachsenden Weltbevölkerung und der Bedeutung der Kartoffel als Grundnahrungsmittel. Neben kleineren Institutionen, wie dem deutschen Leibniz-Institut für Pflanzengenetik und Kulturpflanzenforschung (IPK), bemüht sich vor allem das Internationale Kartoffelzentrum (CIP) mit Hauptsitz in Lima (Peru) um den Sortenerhalt. Das Ergebnis: die größte Kartoffel-Gendatenbank der Erde mit mehreren tausend Mustern. Gehegt, gepflegt und ständig erweitert, bilden sie eine Arche zur globalen Nutzung in der Zukunft.

Bärbel Schermer

- In Scheiben oder Würfel geschnitten, ergeben Brot, Brötchen und Brezeln die Grundlage für Semmelknödel.
- Frischkäse als Basis für Knödel muss gut abgetropft und trocken sein.

Für Semmelknödel unentbehrlich

sind altbackene Brötchen, Brezeln oder Brot in allen Variationen. Quark oder Ricotta benötigt man für die Herstellung von Topfenknödeln.

Vor allem in Süddeutschland und Österreich sind Knödel aus in Milch eingeweichtem Brot beliebt. Es gibt sie in zahlreichen Varianten: klein und rund, groß und länglich, gefüllt und ungefüllt oder mit Pilzen, Kräutern oder Speck aromatisiert. Typische Vertreter der österreichischen Mehlspeisenküche sind zudem Topfenknödel, deren Teig aus einer Mischung von trockenem Quark und Semmelbröseln oder einer Mehl-/Bröselmischung hergestellt wird.

Verschiedene Brotsorten

Ausgangsprodukte für die verschiedenen Semmel- und Serviettenknödelvarianten sind Weißbrot und Brötchen vom Vortag. Andere Brotsorten, Mischbrote aus Weizen- und Roggenmehl, ergeben ebenfalls eine gute Basis für Knödelmassen. Und auch das im süddeutschen Raum beliebte Laugengebäck lässt sich gut zu Knödeln verarbeiten. Lediglich Milchbrötchen sind für pikante Knödel meist zu süß.

Merkmale: Weißbrot wird aus Weizenmehl (mindestens 90 %) gebacken. Als Triebmittel dient überwiegend Hefe. Es zeichnet sich durch einen hellen, lockeren Teig aus und hat eine goldbraune dünne Kruste. Aus Weizenmehl hergestellt werden auch helle Brötchen, bei denen der Krustenanteil besonders hoch ist. Dunklere Bauernbrote ohne Sauerteig werden aus einer Mischung von Weizen- und Roggenmehl hergestellt und schmecken mild, mit Sauerteig haben sie einen kräftigeren Geschmack. Je nach Anteil der verwendeten Mehlsorten bezeichnet man sie als Weizen- oder Roggenmischbrot. Würzig und leicht säuerlich schmeckt Roggenbrot mit Sauerteig, bei ihm muss der Anteil an Roggen-

Knödel lassen sich aus den unterschiedlichsten Brotsorten herstellen. Sie sollten dafür, wie auch Brötchen und Brezeln, nicht zu frisch sein, weil sie sich sonst schlecht schneiden lassen und die Milch nicht aufnehmen.

(1) **QUARK** ist ein weißer Frischkäse und hat je nach Fettgehalt eine krümelige, trocken-feste (Magerquark) bis cremig-weiche Konsistenz (Sahnequark).

(2) **RICOTTA** hat einen weißlichen, weichen Teig mit krümeliger Struktur und wird aus der bei der Käseherstellung anfallenden Süßmolke gewonnen.

mehl mindestens 90 Prozent betragen. Laugengebäck verdankt seine goldbraune glänzende Oberfläche sowie den kräftigen Geschmack vierprozentiger Natronlauge. Die Brötchen und Brezeln werden vor dem Backen oft großzügig mit grobem Salz bestreut. Verwendung: Als Basis für die Knödelherstellung bestens geeignet ist altbackenes Brot. Zu frisch lässt es sich schlecht schneiden, zu trocken nimmt es die Flüssigkeit (Milch) schlechter auf. Für Semmelknödel werden Weißbrot oder Brötchen traditionell in dünne Scheiben geschnitten, zur Herstellung von Serviettenknödeln und Nocken werden sie meist klein gewürfelt – hier gibt es jedoch keine strengen Regeln. Dunkle Brote sollten nicht zu stark gewürzt sein, sonst tritt das Anis-, Kümmel- oder Korianderaroma bei den fertigen Knödeln zu stark hervor, und dies ist in der Regel nicht erwünscht. Basis für Brezenknödel sind in dünne Scheiben geschnittene Laugenbrezeln vom Vortag. Es empfiehlt sich, das anhaftende grobe Salz vor dem Schneiden abzustreifen und beim Salzen der Masse etwas vorsichtiger zu sein, damit die Brezenknödel anschließend nicht zu salzig schmecken.

Frischkäse: Quark und Ricotta

Neben Brot spielen auch pastenartige Frischkäse wie Quark (1) und Ricotta (2) eine wichtige Rolle bei der Herstellung verschiedener Knödelmassen. Merkmale: Als Frischkäse werden ungereifte Käseerzeugnisse bezeichnet, die für den baldigen Gebrauch bestimmt sind. Zu ihrer Herstellung werden der Milch Lab und/oder Milchsäurebakterien zugesetzt, wodurch sich die festen (Kasein) von den flüssigen Bestandteilen (Molke) trennen. Bei der traditionellen Quarkherstellung wird der frische, in einem Tuch abgetropfte oder zentrifugierte Käsebruch aus Kuhmilch passiert und je nach gewünschtem Fettgehalt mit Sahne angereichert. Magerquark schmeckt säuerlich frisch und enthält unter 10 %, cremig-milder Sahnequark 40 % Fett i. Tr. Ricotta wird aus der bei der Käseproduktion anfallenden Süßmolke gewonnen. Durch Zugabe von Lab oder Säure und Milch oder Sahne werden beim anschließenden Erhitzen die geronnenen Proteine ausgefällt und abgeschöpft. Ricotta ist sehr fettarm und hat einen milden Geschmack.
Verwendung: Frischkäsesorten wie Quark und Ricotta kommen in der Teigwarenküche verschiedene Aufgaben zu: In Kombination mit gekochten, durch die Presse gedrückten Kartoffeln, mit Mehl, Grieß oder altbackenen Brötchen vermischt, ergeben sie die richtige Masse für Quarkknödel, die gern als süßes Hauptgericht entweder mit Obst gefüllt oder mit einem fruchtigen Kompott serviert werden. Knödelmassen mit Quark oder Ricotta lassen sich aber auch pikant würzen. Wichtig bei der Knödelherstellung ist, dass der Quark ausreichend trocken ist. Enthält er noch zu viel Feuchtigkeit, wird er in ein sauberes Küchentuch eingeschlagen und zum Abtropfen aufgehängt. Darüber hinaus eignet sich milder Frischkäse wie Ricotta aber auch als ausgezeichnete Grundlage für geschmackvolle Füllungen von Ravioli, Tortelli, Tortellini und Co.

Nudeln machen glücklich und vital

Kaum ein Lebensmittel ist so präsent im täglichen Speiseplan wie die Nudel. Häufig mit einer leckeren Sauce als unkompliziertes Hauptgericht. Genauso beliebt aber auch zu Fisch und Fleisch und zu vielen Meeresfrüchten. Gesundheitsbewusste Genießer beäugen die begehrten Teigstreifen immer wieder recht argwöhnisch. Ist denn auch gesund, was wir so häufig zu uns nehmen? Viele halten Nudeln, ähnlich wie Pizza, für Dickmacher. Also: Was steckt drin in der Nudel?

DIE INHALTSSTOFFE DER NUDEL

Die traditionelle Pasta secca, die von vielen Italienliebhabern bevorzugt wird, besteht nur aus zwei Zutaten: Hartweizengrieß und Wasser. Grieß enthält – je nach Ausmahlungsgrad – hauptsächlich Kohlenhydrate in Form von Stärke und das als Gluten bekannte Klebereiweiß. Im Vollkorngrieß stecken zudem Mineralstoffe, Vitamine und Ballaststoffe, für die der Körper uns dankbar ist. Und Wasser enthält – nun ja – Wasser. Werden diese beiden Grundzutaten um Eier ergänzt, spricht man von Eiernudeln. Die Italiener halten nicht viel davon, aber diesseits der Alpen sind sie sehr verbreitet. Die Eiermenge kann stark variieren. Und davon abhängig natürlich auch die biologische Wertigkeit der Nudeln. Denn der Eiweißgehalt von Weizen und Eiern ergänzt sich ideal. Aminosäuren wie Lysin, die im Weizen nicht vorkommen, liefert das Ei, sodass sich aus der Kombination der beiden Rohstoffe eine hochwertige Eiweißquelle ergibt.

Daneben gibt es Nudeln, die mit Gemüsepüree eingefärbt werden. Durch das Gemüse erhöht sich auch der Vitamin- und Ballaststoffgehalt. Allerdings nicht gerade in erheblichem Maß: Denn für die Nudelproduktion wird das Gemüse so stark verarbeitet, dass von den gesundheitsfördernden Inhaltsstoffen nur noch wenig übrig bleibt. So unterscheidet nur das Plus an Geschmack und Farbe diese Kategorie von den anderen Nudeln. Anders verhält es sich mit den gefüllten Nudeln: Ravioli, Tortellini, Maultaschen und Co. bieten je nach Füllung viele zusätzliche Inhaltsstoffe, die natürlich auch über den Nährwert entscheiden.

Für alle Sorten aber gilt: Neben Kartoffeln und Reis sind sie die Energielieferanten schlechthin in unserem Nahrungsangebot. Tatsächlich bestehen 100 g Nudeln aus Hartweizengrieß zu 75 Prozent aus Kohlenhydraten, die der Treibstoff für unseren Stoffwechsel sind. Kohlenhydrate halten Gehirn und Muskeln am Laufen, ermöglichen den Eiweiß- und Fettstoffwechsel und regulieren die Verdauung. Ohne sie läuft nichts im menschlichen Körper.

Ein Teller Nudeln liefert dem Körper wertvolle Energie. Besonders vorteilhaft sind Vollkornnudeln, doch auch al dente gegarte Pasta secca weist eine gute Bilanz auf.

NUDELN MACHEN FIT, NICHT DICK

Aber gehören Kohlenhydrate nicht zu den klassischen Dickmachern? Die Antwort lautet »Jein«. Problematisch sind vor allem die einfachen oder isolierten Kohlenhydrate, wie sie vielfach in Zucker und Weißmehlprodukten enthalten sind. Ernährungsphysiologisch gesehen enthalten Nudeln aber vor allem komplexe Kohlenhydrate. Sie sind für die Ernährung weitaus wertvoller als die isolierten Kohlenhydrate. Diese »minderwertigen« Kohlenhydrate bestehen vor allem aus Einfach- und Zweifachzuckern, die sehr schnell oder mit geringer Verdauungsleistung vom Darm aufgenommen werden. Für den Körper ist dies ein kurzer Energieschub, der schnell wieder verpufft, nur um ein umso größeres Hungergefühl zu hinterlassen. Das heißt, wir müs-

Zwei bis drei Stunden vor dem Start stärken sich Radrennprofis meist mit einem Nudelgericht, um die Glykogenspeicher in den Muskeln aufzufüllen.

sen viel mehr und häufiger essen, um uns wirklich satt zu fühlen. Da kann es schon vorkommen, dass sich das eine oder andere Pfund auf die Hüften legt. Nudeln, Kartoffeln, Reis und volles Korn versorgen den Körper dagegen kontinuierlich mit Energie. Die komplexen Kohlenhydrate setzen sich aus Vielfachzuckern zusammen und enthalten viele Begleitsubstanzen wie Vitamine, Mineral-, Bio- und Ballaststoffe. All dies gilt natürlich umso mehr, je höher der Vollkornanteil des verwendeten Getreides ist.

»AL DENTE« SCHMECKT NICHT NUR, SONDERN MACHT AUCH LÄNGER SATT

Aber selbst in Hartweizengrießnudeln ist der Anteil komplexer Kohlenhydrate noch so hoch, dass sie nicht sofort auf der Bannliste für ungesunde Lebensmittel landen. Wichtig ist allerdings, dass die Nudeln nicht ganz weich gekocht werden, sondern noch bissfest auf den Teller kommen. »Al dente« – eben wie es in der italienischen Küche traditionell üblich ist. Der Magen braucht dann ein wenig länger, um die Kohlenhydrate in Glukose aufzuspalten. Das Ergebnis: Die Energie wird langsamer freigesetzt. Für uns bedeutet das, dass das Sättigungsgefühl länger vorhält, weil der Stoffwechsel kontinuierlich mit Glukose versorgt wird.
Trotzdem sollte man im Hinterkopf behalten, dass bei einer ernährungsphysiologischen Betrachtungsweise Vollkornnudeln besser abschneiden. Das ist vor allem für Menschen wichtig, die abnehmen wollen, oder für Leistungssportler. Wer im Ausdauersport Höchstleistungen erbringen will und seinem Körper zum Beispiel bei einem Marathon alles abverlangt, sollte in den Wochen davor genau auf seine Ernährung achten. Komplexe Kohlenhydrate spielen dabei eine wichtige Rolle. Denn nur mit Kohlenhydraten lässt sich der körpereigene Glykogenspeicher, der bei starker körperlicher Belastung geplündert wird, wieder auffüllen. Ein kohlenhydratreicher Speiseplan mit viel Pasta, Kartoffeln und Reis ist für Ausdauersportler daher ein Muss. Aber natürlich kommt es auch auf die Sauce an, die die Pasta begleitet. Sehr fette Saucen mit Gorgonzola und Sahne oder Sauce béchamel und Co. behindern die Aufnahme von Kohlenhydraten. Viel besser sind also leichte Gemüsesaucen aus Möhren, Tomaten und Zucchini. Die darin enthaltenen Vitamine und Biostoffe bilden mit den Kohlenhydraten aus den Nudeln ein ideales Team. Das gibt Kraft und ermöglicht auch über einen längeren Zeitraum eine gleichmäßig hohe Leistungsfähigkeit.

MARATHONLÄUFER TREFFEN SICH REGELMÄSSIG ZUR NUDELPARTY

Viele Ausdauersportler treffen sich darum vor Großveranstaltungen wie Marathonläufen oder Triathlonwettbewerben regelmäßig zur Nudelparty. Ernährungsprofis sehen diese Entwicklung zwar etwas stirnrunzelnd, weil Kartoffeln oder Reis als Naturprodukte höher angesehen sind. Doch dem Nudelfan sollte dadurch der Spaß nicht verleidet werden. Denn tatsächlich stimmt, was der Volksmund schon lange weiß: Nudeln machen nicht nur vital, sie machen auch glücklich. Verantwortlich dafür sind wieder die komplexen Kohlenhydrate. Sie machen nicht nur länger satt, sondern regen zusätzlich die Produktion von Serotonin an, das ja auch unter dem Namen »Glückshormon« bekannt ist. Und wer einen Marathon oder Ähnliches bestreiten will, kann gar nicht genug Serotonin im Körper haben. Das gilt natürlich auch für alle anderen. Denn glücklich lebt es sich am besten.

Margarethe Brunner

- Zu langen dünnen Nudeln wie Spaghetti oder Spaghettini passen feine Saucen.
- Lange dicke Sorten wie Bucatini oder Makkaroni harmonieren mit kräftigen Saucen, Sugos und Ragouts.

Pasta secca – Spaghetti & Co.

Die Formenvielfalt an industriell hergestellten, getrockneten Nudeln ist immens – und noch immer kommen neue Sorten hinzu.

In Italien unterscheidet man Pasta, die ausschließlich aus Hartweizenmehl oder -grieß und Wasser hergestellt ist, von »pasta all'uovo« – Eiernudeln –, deren Teig aus Mehl und Eiern besteht. Beide gibt es getrocknet als Pasta secca zu kaufen, doch insbesondere Hartweizennudeln sind in unzähligen Formen erhältlich – von den langen dünnen Capellini oder »capelli d'angelo« (Engelshaar) über die rund-ovalen Fettuccelle ovali, Linguine oder Bavette bis hin zu kurzen dicken Röhren, Schmetterlingen und Muscheln. Etwas kleiner ist die Auswahl an Eiernudelformen, die in Spezialgeschäften auch frisch verkauft werden, wie etwa die aus den Abruzzen stammenden Spaghetti alla chitarra mit rechteckigem Querschnitt. Während die aufgrund des fehlenden Eigelbs helleren Hartweizennudeln jahrelang halten, haben die gelberen Eiernudeln und noch weit mehr die dunklen Vollkornnudeln deutlich kürzere Haltbarkeitszeiten.

PASTA LUNGA – LANGE NUDELFORMEN

Lange runde Nudeln wie Spaghetti oder Makkaroni werden ohne Ei hergestellt, aber nicht selten mit Spinat, Tomaten oder Sepiatinte eingefärbt. Merkmale: Die Angehörigen der Spaghetti-Familie sind unterschiedlich dick, lang und kompakt. Makkaronivarianten wie Zite sind rund, lang und hohl. Verwendung: Capellini oder Spaghettini harmonieren sehr gut mit delikaten Meeresfrüchten. Die etwas dickeren Spaghetti passen zu Saucen auf Olivenölbasis und Tomaten, Bucatini und Makkaronitypen zu Saucen mit Gemüse und Ragouts.

SPAGHETTI MIT SPINAT

CAPELLINI

FEDELINI
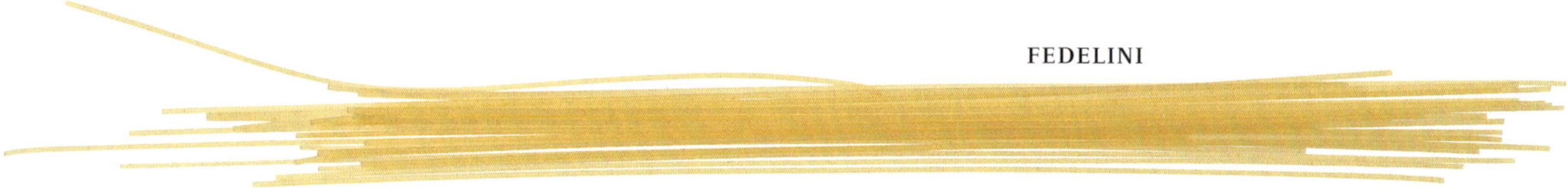

SPAGHETTINI, VERMICELLI

SPAGHETTI INTEGRALI

SPAGHETTI

SPAGHETTI MIT MEERESALGEN
SPAGHETTI MIT TOMATEN
SPAGHETTONI
SPAGHETTI ALLA CHITARRA
FETTUCCELLE OVALI
BUCATINI, PERCIATELLI
FUSILLI LUNGHI
MEZZE ZITE, MAKKARONI
ZITE, ZITI

- Schmale Bandnudeln passen zu Sahnesaucen, mittelbreite und breite Varianten wie Tagliatelle vertragen kräftige Ragouts.
- Teigblätter eignen sich für Lasagne und Aufläufe aus dem Ofen.

Von Linguine bis Lasagne *reicht die große Palette der flachen, mal sehr schmalen, mal bis zu 2 oder 3 cm breiten Bandnudeln und Teigblätter, die auch gewellt erhältlich sind.*

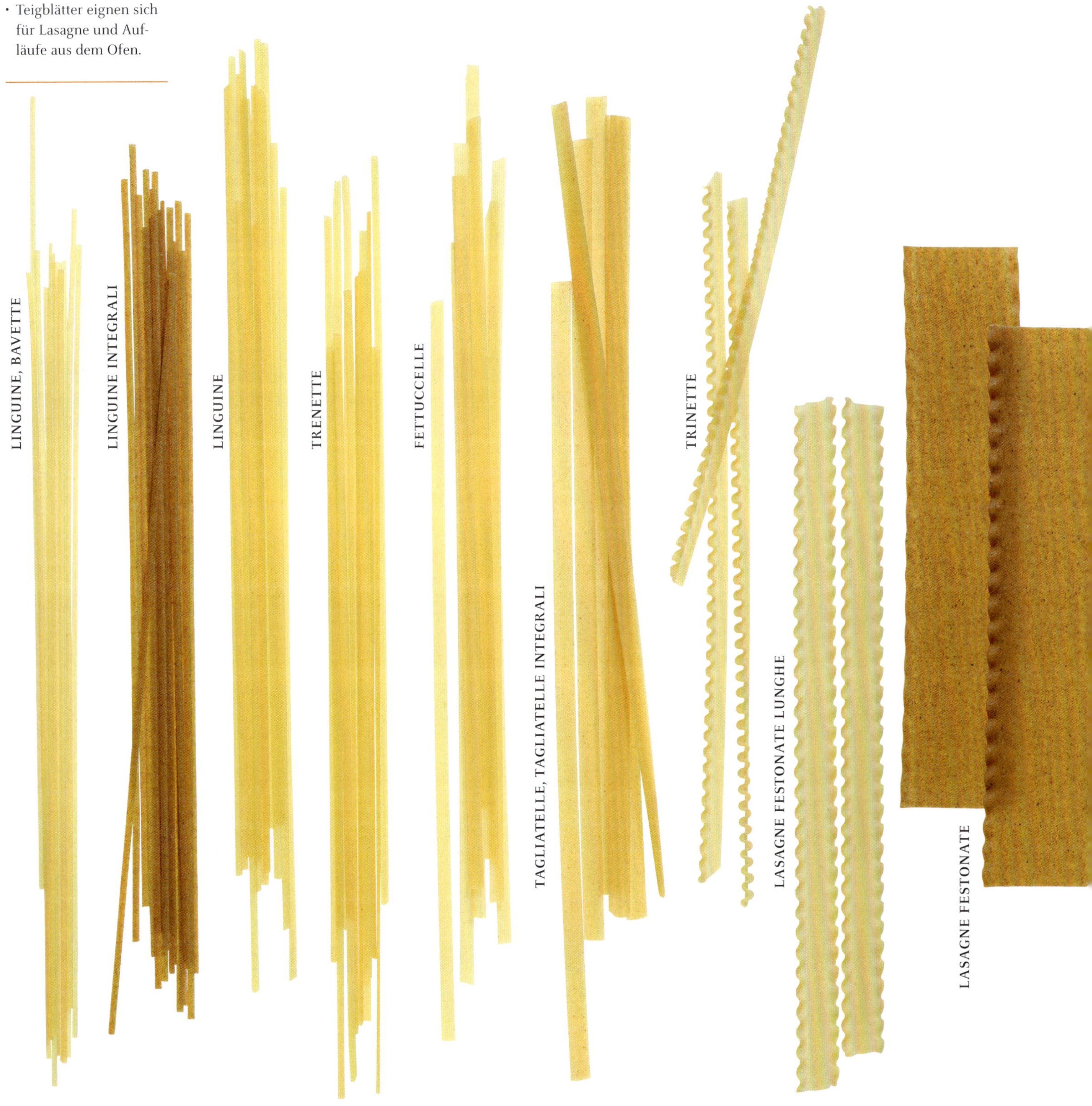

Lange flache Nudeln und Teigblätter werden häufig aus Eierteig hergestellt und sind auch gefärbt und aromatisiert im Handel, allerdings nicht immer unter demselben Namen. Da sich die Bezeichnung mancher Pastasorte in Italien von Region zu Region ändern kann, meint Lasagne hier flache Nudeln, dort Teigplatten. Aber auch Tagliatelle und Fettuccine können je nach Hersteller in der Breite variieren.

Merkmale: Bandnudeln wie Trenette, Taglierini oder Tagliolini sind schmal (2–4 mm), Fettuccine, Tagliatelle oder Lasagne mittelbreit (4–8 mm) und Pappardelle breit (etwa 2 cm). Mittelbreite und breite Sorten gibt es auch ein- oder beidseitig gewellt (Trinette, Lasagne festonate). Teigplatten für Lasagne sind rechteckig und glatt oder leicht gewellt.

Verwendung: Bandnudeln sind sehr universell einsetzbar. Schmale Formen wie Trenette schmecken gut zu Fisch, Meeresfrüchten oder Kräutern. Mittelbreite Sorten (Fettuccelle, Tagliatelle) sind für Sahnesaucen mit Pilzen, Gemüse und Käse ideal, passen aber auch gut zu Fleischragouts. Breite Sorten (Pappardelle) vertragen kräftige Wildragouts. Gewellte Bandnudeln sind bei flüssigeren Saucen erste Wahl. Teigplatten eignen sich für Aufläufe wie Lasagne.

TAGLIERINI

TAGLIOLINI AL PEPERONCINO

TAGLIATELLE

LASAGNETTE

LASAGNE, BANDNUDELN

TAGLIATELLE MIT TOMATEN

PAPPARDELLE

FETTUCCINE VERDI MIT SPINAT

TAGLIATELLE MIT SEPIATINTE

TAGLIATELLE MIT SPINAT

LASAGNE ONDINE

LASAGNE

LASAGNE INTEGRALI

FETTUCCINE MIT ROTER BETE

TAGLIARDI MIT SPINAT

- Glatte Röhrennudeln schmecken zu feinen, sahnigen Saucen.
- Gerillte Röhrennudeln bleiben kerniger und vertragen kräftige Sugos mit Gemüse, Fleisch, Geflügel und Wild.
- Sehr große gefüllte Röhrennudeln lassen sich gut überbacken.

Röhren von Ditali bis Cannelloni

können dank ihres Hohlraums Saucen besonders gut aufnehmen. Solche mit extragroßem Durchmesser schmecken gefüllt am besten.

Innerhalb der großen Familie der Pasta secca stellen kurze Nudelformen (Pasta corta) mit und ohne Hohlraum den Löwenanteil. Die Palette reicht von geraden oder gebogenen, flach oder schräg abgeschnittenen Röhren über gezackte oder gedrehte Schleifen bis hin zu eigenwillig geformten regionaltypischen Spezialitäten.

PASTA CORTA – KURZE NUDELFORMEN

Kleine oder größere Hohlräume ermöglichen es der Pasta, wie etwa im Fall der beliebten Röhrennudeln, die begleitende Sauce besser aufzunehmen.
Merkmale: Kurze Röhrennudeln werden in der Regel aus Hartweizengrieß hergestellt. Es gibt sie in verschiedenen Größen mit kleinerem oder größerem Durchmesser. Ihre Oberfläche kann glatt (lisce) oder gerillt (rigate) sein. Ditali sind klein, verhältnismäßig kurz und gerade. Bei Maniche, Sedanini, Rigatoni, Tortiglioni oder Elicoidali handelt es sich um größere, gerade oder leicht gebogene Röhren. Der Namenszusatz »mezze« verweist darauf, dass sie auf die Hälfte ihrer eigentlichen Größe gekürzt wurden. Schräg abgeschnitten sind Penne, die glatt und gerillt erhältlich sind. Den größten Durchmesser haben die gerillten, leicht gebogenen Millerighe giganti und die längeren großen, glatten Cannelloni.
Verwendung: Ditali werden gerne als Einlage für Minestrone verwendet. »Penne lisce« passen zu feinen, sahnig-cremigen Saucen. Gerillte Penne, Rigatoni, Tortiglioni oder Elicoidali bleiben beim Kochen etwas kerniger. Durch ihre raue Oberfläche nehmen sie die Sauce noch besser auf, weshalb sie sich für Tomatensaucen und kräftige Sugos, aber auch für Aufläufe empfehlen. Sehr große Röhrennudeln wie Millerighe und Cannelloni bieten sich zum Füllen und Überbacken an.

DITALI, KLEIN

DITALI RIGATI

DITALI

DITALONI RIGATI

MEZZI RIGATONI

MEZZE MANICHE RIGATE

MEZZE MANICHE

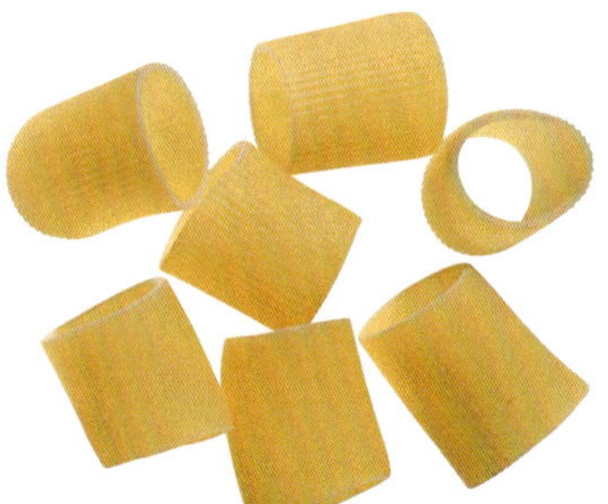

MILLERIGHE

PENNINI PICCOLI

PENNETTE RIGATE

MEZZE PENNE RIGATE

MEZZE PENNE RIGATE MIT BUCHWEIZEN

PENNE RIGATE

PENNE AL PEPERONCINO

PENNE RIGATE MIT SPINAT

PENNE LISCE

PENNONI

CANNELLONI MEDI RIGATI, MACCHERONCINI RIGATI

SEDANINI

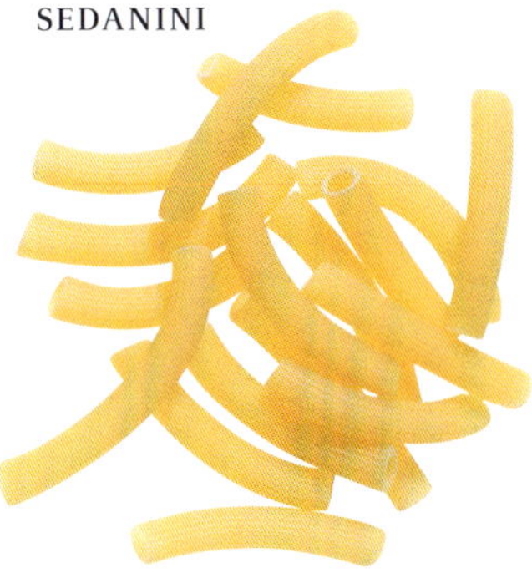

SEDANINI NEUTRAL, MIT TOMATEN, MIT SPINAT

RIGATONI

ELICOIDALI

ELICOIDALI INTEGRALI

TORTIGLIONI, ELICOIDALI

MILLERIGHE GIGANTI

CANNELLONI

CANNELLONI VERDI (MIT SPINAT)

NASTRINI, FARFALLINE

FARFALLE

FARFALLE NEUTRAL, MIT TOMATEN, MIT SPINAT

FARFALLE INTEGRALI

FARFALLONI

CRAVATTINE

GALLE QUADRE

GALLE ROTONDE

CAPPELLETTI NEUTRAL, MIT TOMATEN, MIT SPINAT

SORPRESE

CANESTRINI

PANIERINE

ELICHE, DÜNN

ELICHE, DICK

ELICHE NEUTRAL, MIT TOMATEN, MIT SPINAT

ELICHE INTEGRALI

ELICHE MIT SPINAT

FUSILLI COL BUCO, FUSILLI CORTI

FUSILLI RIGATI, CELLENTANI

GRAMIGNA

GRAMIGNA INTEGRALI

SPACCATELLE

SPACCATELLE INTEGRALI

DISCHI VOLANTI

Gezackt, gedreht oder gebogen

kommen diese dekorativen Nudeln daher. Von Farfalle über Fusilli bis hin zu Muscheln und Schnecken gibt es eine riesige Auswahl an Sorten.

- Farfalle, Fusilli und kurze gedrehte oder gebogene Nudeln sind in der Pastaküche universell verwendbar.
- Extragroße Muscheln und Schnecken eignen sich zum Füllen.

Bei der Verwendung kurzer Nudeln liegt der Reiz in der Abwechslung: Die vielen verschiedenen Formen laden zum Ausprobieren ein, zumal die Hersteller immer wieder neue Sorten entwickeln und alte, längst vergessene Namen dafür ausgraben.
Merkmale: Aufgrund der formbedingten Unebenheiten und Hohlräumen können die gezackten, spiralförmig oder rund gebogenen, kurzen Nudeln mehr Sauce als glatte, flächige Pasta aufnehmen.
Verwendung: Farfalle (Schmetterlinge), Canestrini oder Panierine (Körbchen) sowie Spiralnudeln, beispielsweise Fusilli oder die ähnlichen Eliche, sind überaus anpassungsfähig. Sie schmecken nicht nur gut zu cremigen Saucen auf Sahne- und Käsebasis, sondern auch zu Pilzen, Tomaten und Gemüse. Dabei sollte die Größe der Gemüsestücke in etwa der Nudelgröße entsprechen. Hörnchen, Schnecken (Lumaconi) und Muscheln (Conchiglie) nehmen durch den größeren Hohlraum noch mehr Sauce auf und eignen sich daher für flüssigere und stückige Saucen. Extragroße Muscheln und Schnecken dienen vorgegart als attraktive Behältnisse für feine Füllungen mit Meeresfrüchten, Fisch, Fleisch oder Gemüse und werden dann im Ofen überbacken.

CHIFFERI RIGATI

CHIFFEROTTI RIGATI

PIPETTE, FISCHIOTTI, CHIOCCIOLE

PIPETTE INTEGRALI

LUMACHINE

LUMACONI RIGATI MEDIE

LUMACONI RIGATI GRANDI

LUMACONI GIGANTI

CONCHIGLIE, KLEIN

CONCHIGLIE

CONCHIGLIE MIT TOMATEN, MIT SPINAT

CONCHIGLIONI

- Rotelle, Radiatori und ähnliche Nudeln mit vergrößerter Oberfläche schmecken am besten zu flüssigen Saucen.
- Zu rustikaler Pasta wie Orecchiette, Caserecce oder Strozzapreti passen kräftige Ragouts oder Tomatensaucen.

Fantasievolle kurze Formen *und regionale Spezialitäten vervollständigen das riesige Sortiment an getrockneter Pasta, die es auch bei uns in hervorragender Qualität zu kaufen gibt.*

GNOCCHI

GNOCCHI INTEGRALI

CRESTE DI GALLO

CRESTE DI GALLO NEUTRAL, MIT TOMATEN, MIT SPINAT

ROTELLE RIGATE

ROTELLINE NEUTRAL, MIT TOMATEN, MIT SPINAT

RADIATORI

RADIATORI NEUTRAL, MIT ROTER BETE, MIT SPINAT

Zu den dekorativen kurzen Nudeln zählen auch die hier vorgestellten Sorten für saucenreiche Gerichte.
Merkmale: Die gewölbten Gnocchi erinnern nur in der Form vage an die gleichnamigen Teigwaren aus Kartoffelteig, werden jedoch wie die anderen Fantasienudeln aus Hartweizengrieß hergestellt. Bei Creste di gallo, Hahnenkämmen, handelt es sich um kurze gebogene Röhren mit gewelltem Rand. Rotelle oder Ruote, wie sie auch heißen, sehen wie kleine Wagenräder aus. Und Radiatori haben dank der quer verlaufenden gewellten Streifen eine besonders große Oberfläche.
Verwendung: Aufgrund der Hohlräume, Wellen und Rillen können diese Nudelformen Saucen gut aufnehmen. Gnocchi eignen sich für stückige Saucen mit Gemüse. Rotelle und Radiatori schmecken am besten zu flüssigen Saucen.

REGIONALE PASTASPEZIALITÄTEN

Viele Regionen Italiens haben ganz eigene Pastakreationen hervorgebracht. Gnocchetti sardi, Malloreddus und Gnobetti stammen aus Sardinien. Letztere kennt man auch in den Abruzzen. Orecchiette und Cavatielli liebt man in Apulien, Garganelli in der Emilia-Romagna. Formen wie Caserecce, Strozzapreti (Priesterwürger) und Gemelli (Zwillinge) sind in Nord- und Süditalien bekannt.
Merkmale: Gnocchetti sardi, Malloreddus und Gnobetti sind offene Röllchen mit gerillter Oberfläche. Gewölbte Orecchiette erinnern an Öhrchen. Garganelli sind hohl mit gerillter Oberfläche und werden in der Regel aus Eiernudelteig hergestellt. Cavatielli ähneln Gnocchetti, sind außen jedoch glatt. Caserecce, Gemelli und Strozzapreti bestehen aus in sich verdrehten dünnen Teigsträngen.
Verwendung: Gnocchetti und Gnobetti werden gern mit kräftigen Fleisch- oder Wildragouts sowie Tomatensaucen serviert. Orecchiette und Cavatielli passen zu Gemüse sowie zu stückigen Saucen mit Fisch und Meeresfrüchten. Garganelli liebt man zu Ragouts. Ebenso eignen sich die rustikalen Caserecce und ähnliche Formen für kräftige Ragouts.

RADIATORI INTERGRALI MIT ZWIEBELN

RADIATORI INTEGRALI MIT BRENNNESSEL UND MÖHRE

BANANE

RICCIOLI

GNOCCHETTI SARDI

GNOCCHETTI SARDI NEUTRAL, MIT TOMATEN, MIT SPINAT, MIT SAFRAN

MALLOREDDUS, FINI

MALLOREDDUS SARDI NEUTRAL, MIT TOMATEN, MIT SAFRAN, MIT SPINAT

GNOBETTI

GNOBETTI D'ABRUZZO

GLATTE ORECCHIETTE

RAUE ORECCHIETTE

ORECCHIETTE MIT SPINAT

GARGANELLI

CAVATIELLI

CASERECCE

STROZZAPRETI

CASERECCE, STROZZAPRETI INTERGRALI

CASERECCE, GEMELLI

FILEJA CALABRESE

- Pastina gibt es in vielen Varianten, sie ist als Suppeneinlage ideal.
- Getrocknete Nudeln aus anderen Ländern enthalten neben Hartweizengrieß meist einen Eianteil im Teig.

Pastina und internationale Formen

Die kleinsten Vertreter der Pasta-secca-Familie schwimmen gern in viel Flüssigkeit, europäische Nudeln erinnern oft an italienische Vorbilder.

Die Vielfalt an Pastina, Suppennudeln, ist in Italien groß. Betrachtet man die Nudelformen anderer Länder rund um den Mittelmeerraum, in Deutschland oder der Schweiz, finden sich Übereinstimmungen. Merkmale: Viele der gängigen Pastaformen wie Muscheln, Wagenräder oder Röhren gibt es auch im Miniaturformat, hinzukommen viele weitere Sorten wie Sternchen oder Buchstaben. Internationale Nudeln erinnern in der Form oft an italienische Pasta, ihr Teig enthält jedoch zumeist einen Anteil an Ei. Verwendung: Pastina ist als Einlage für Brühen und Suppen beliebt. Internationale Nudeln dienen je nach Form als Suppeneinlage oder Beilage, sind aber auch Grundlage für Nudelsalate und -aufläufe.

MINESTRINE

TEMPESTINE

FILINI

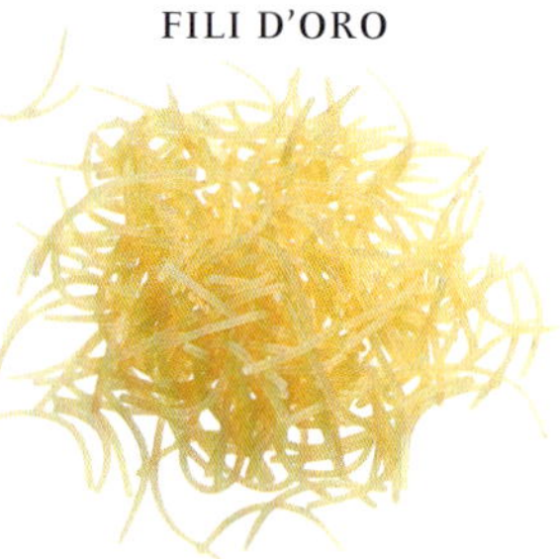
FILI D'ORO

QUADRETTI

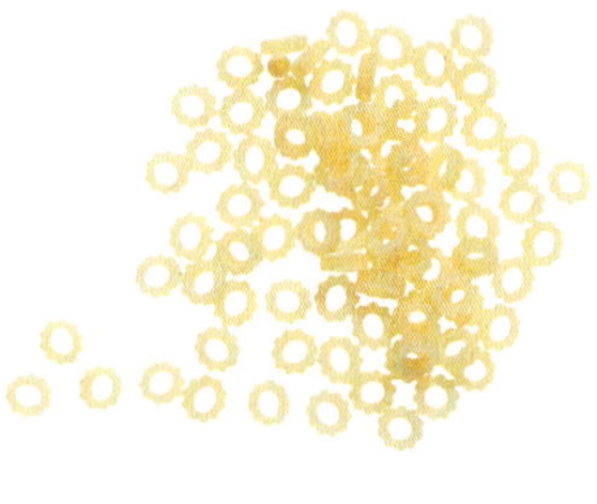
ANELLINI RIGATI

ANELLINI

OCCHI DI PERNICE

STELLINE

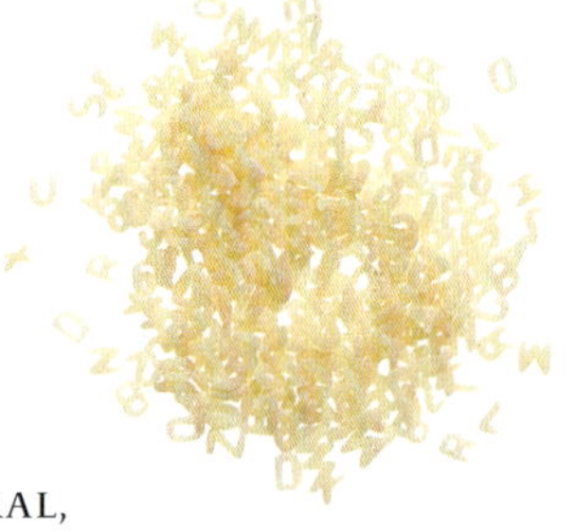
BUCHSTABEN (ITALIEN)

RICCIUTELLE

ROTELLINE

CONCHIGLIETTE

CONCHIGLIETTE NEUTRAL, MIT TOMATEN, MIT SPINAT

FUNGHINI

DITALINI

DITALI PICCOLI RIGATI

TUBETTI LISCI

RENETTE

RISONI

RIEBELE

BUCHSTABEN

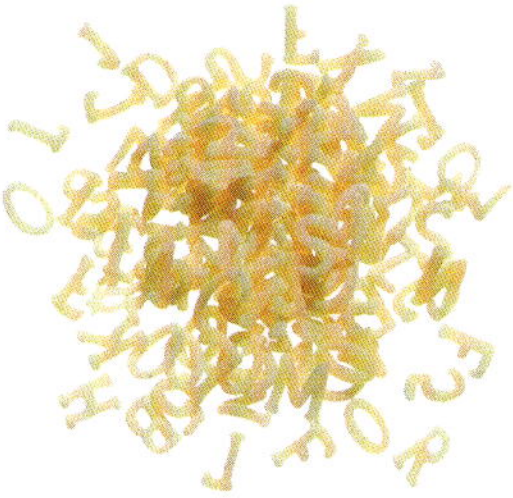

BUCHSTABEN, VOLLKORN

HERZEN

MUSCHELN

REISNUDELN, GRIECHENLAND

PEVIDE, PORTUGAL

GORHALIK SEHRIYE, TÜRKEI

SHORT CUT, ISRAEL

FEINE SUPPENNUDELN, NEST

FADENNUDELN

GEZACKTE BANDNUDELN

BREITE BANDNUDELN

WELLENBANDNUDELN

SHIPLI

SPIRALEN

GEDREHTE BANDNUDELN, VOLLKORN

GABELSPAGHETTI

LOCKENNUDELN, VOLLKORN

HÖRNCHEN

HÖRNCHEN, VOLLKORN

DOPPELHÖRNCHEN

TÄSCHLE

EMMENTALER HÜTLI, SCHWEIZ

SPÄTZLE

SPÄTZLE, VOLLKORN

GESCHABTE SPÄTZLE

KNÖPFLE

SCHUPFNUDELN

- Chinesische Mie-Nudeln werden aus Weizenmehl hergestellt, es gibt sie mit und ohne Eianteil.
- Japanische Somen-Nudeln sind aus Weizenmehl. Sobanudeln sind entweder vollständig oder zum Teil aus Buchweizenmehl.

Nudeln aus Fernost *werden aus verschiedenen Mehlarten und Stärkemehlen hergestellt. Bei uns sind die chinesischen und japanischen Nudelsorten überwiegend getrocknet erhältlich.*

Wie in Europa zählen auch in Asien Getreideprodukte zu den Grundnahrungsmitteln und haben einen entsprechend hohen Stellenwert. So werden Nudeln in China seit Jahrtausenden gegessen und gelangten wohl von dort auch in die anderen asiatischen Länder. In Japan reicht die Geschichte der Nudeln nicht so weit zurück, dafür entwickelten sich dort eigenständige Sorten und Formen.

LONG LIFE NOODLES, CHINESISCHE EIERNUDELN

POH CHAI MIE, HONGKONG-NUDELN

MALAYSISCHE VORGEDÄMPFTE NUDELN

MIE, CHINESISCHE NUDELN

CHINESISCHE INSTANT-EIERNUDELN

KANTON-SCHNITTNUDELN

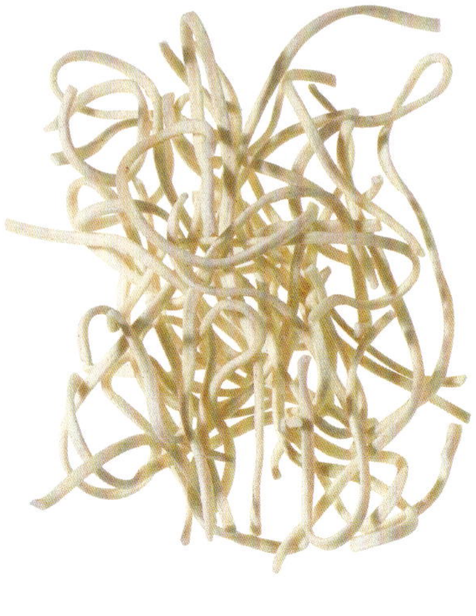

MIE, CHINESISCHE VOLLKORNNUDELN

CHINESISCHE NUDELN MIT SPINAT

CHINESISCHE WEIZENNUDELN

Die langen dünnen Mie oder Mee – Nudeln aus Weich- oder Hartweizen – sind in China und ganz Südostasien in vielen Varianten verbreitet: frisch, getrocknet oder auch als Instantnudeln.

Merkmale: Mie-Nudeln können einen runden, quadratischen oder flachen Querschnitt aufweisen, es gibt sie hell, gefärbt und aromatisiert sowie mit und ohne Eianteil. Neben Hühnereiern finden in China auch Enteneier für die Nudelherstellung Verwendung. Zum Trocknen werden die langen dünnen Nudeln dann häufig in Spiralen oder Locken gelegt und als Blocks, Nester oder Bündel verkauft.

Verwendung: Flache Mie-Nudeln finden oft als Suppeneinlage und in Salaten Verwendung, dickere robuste Sorten zum Braten im Wok. Im Asialaden sowie im Supermarkt erhältliche Mie-Nudeln sind oft vorgegart und benötigen daher nur eine Garzeit von wenigen Minuten (Packungsangabe beachten).

JAPANISCHE NUDELN

Traditionelle japanische Nudelsorten sind Udon und Soba, während die Nudeln aus Weizenmehl nach chinesischem Vorbild (Ramen) erst ab Mitte des 20. Jahrhunderts beliebt wurden und heute als Fertigprodukt eine große Rolle spielen.

Merkmale: Die in Form langer Stäbchen hergestellten Ramen-, Somen- und Udon-Nudeln sind aus Weizenmehl, Soba-Nudeln aus Buchweizenmehl oder aus einer Mischung von Buchweizen- und Weizen- oder Yamsmehl. Japanische Nudeln sind auch gefärbt und aromatisiert erhältlich, etwa mit grünem Tee oder rotem Shiso.

Verwendung: Japanische Nudeln werden meist gekocht, wobei die dünnen Somen am schnellsten gar sind (2 Minuten) und die etwas dickeren Udon-Nudeln am längsten brauchen (10 Minuten). Je nach Jahreszeit liebt man sie kalt oder warm, oft in der Brühe, separat zu einem Dip oder als Salat serviert.

- Glasnudeln bestehen aus Stärke und Wasser, Reisnudeln aus Reismehl und Wasser. Beim Garen hält man sich am besten jeweils an die Packungsangabe.
- Teigblätter aus Weizenteig oder Reismehl eignen sich zum Herstellen von Teigtaschen.

Glas- und Reisnudeln *gibt es wie die getrockneten oder tiefgekühlten Teigblätter für Frühlingsrollen und Wan-Tans in unterschiedlicher Beschaffenheit, Stärke und Größe.*

Die durchscheinenden Glas- und Reisnudeln sind in ganz Ost- und Südostasien beliebt, Letztere spielen vor allem in der Thai-Küche eine große Rolle.
Merkmale: Faden- oder bandförmige Glasnudeln unterschiedlicher Dicke und Breite werden oft aus Mungbohnenstärke und Wasser hergestellt. Aber auch andere Pflanzen wie Kartoffeln, Süßkartoffeln oder Erbsen liefern die zu ihrer Produktion benötigte Stärke. Beim Garen verlieren Glasnudeln ihre weißliche Farbe und werden beinahe durchsichtig. Anders die meist nur aus Reismehl und Wasser bestehenden Reisnudeln: Sie werden beim Kochen undurchsichtig und milchig-weiß. Reis-Vermicelli sind lang, sehr dünn und haben einen runden Querschnitt. Flache lange Nudeln, auch Reis-Tagliatelle genannt, gibt es 2 und 10 mm breit.

Verwendung: Getrocknete dünne Glasnudeln werden meist einige Minuten heiß oder kalt eingeweicht und anschließend direkt verwendet oder noch 1 Minute gekocht. Für breitere Varianten empfiehlt sich eine Garzeit von 3 bis 4 Minuten. Verwendung finden Glasnudeln als Suppeneinlage und in Salaten, sie schmecken aber auch gebraten und frittiert. Getrocknete breite Reisnudeln können in kochendem Wasser bissfest gegart werden, oder man überbrüht sie mit kochendem Wasser und lässt sie darin noch 10 Minuten ziehen. Einige Hersteller empfehlen ein etwa 10-minütiges Einweichen vor dem Kochen, um die Garzeit zu verkürzen. Reisnudeln eignen sich als Suppeneinlage, für Salate und zum Braten im Wok. Frittierte Reis-Vermicelli ergeben eine schöne Garnitur oder einen knusprigen Kontrast in Salaten.

JAPANISCHE GLASNUDELN MIT SÜSSKARTOFFEL- UND KARTOFFELSTÄRKE

JAPANISCHE GLASNUDELN MIT PFEILWURZ- UND KARTOFFELSTÄRKE

TAIWANESISCHE CHINA-GLASNUDELN MIT KARTOFFEL- UND MUNGBOHNENSTÄRKE

KOREANISCHE GLASNUDELN

Getrocknete Reisblätter, auch Reispapier genannt, gibt es rund, viertelkreisförmig und quadratisch in verschiedenen Größen.

In kleinen Betrieben werden frisch hergestellte Reis-Vermicelli zunächst über dünne Stangen gehängt und dann mitsamt dem Gestell zum Trocknen in einen speziellen Ofen geschoben.

TEIGBLÄTTER AUS WEIZEN- UND REISMEHL

Teigblätter zum Füllen sind in verschiedener Zusammensetzung und Größe fertig erhältlich.
Merkmale: Wan-Tan- und Frühlingsrollenblätter bestehen aus Weizenmehl, Wasser, Öl und Salz; Letztere enthalten mehr Wasser. Reispapierblätter werden aus Reismehl, Tapiokastärke und Wasser hergestellt.
Verwendung: Gefüllte dünne Wan-Tan-Blätter sind zum Garen in Brühe und zum Dämpfen ideal, dickere Varianten zum Frittieren. Frühlingsrollenblätter eignen sich zum Backen oder Frittieren, aber nicht zum Kochen oder Dämpfen. Reispapierblätter sind vielseitig verwendbar, müssen aber vor dem Füllen kurz angefeuchtet werden.

Teigblätter aus Weizenmehl sind bei uns überwiegend tiefgekühlt erhältlich. Links: gelbe quadratische Wan-Tan-Blätter. Rechts: durchscheinende Frühlingsrollenblätter in verschiedenen Größen.

- Fleischtomaten eignen sich für Salate und Saucen mit kurzer Garzeit.
- Flaschen- oder Eiertomaten sind ideal für Saucen, Ragouts sowie zum Konservieren.
- Kleine hocharomatische Sorten enthalten mehr Säure und finden oft roh oder nur kurz gegart Verwendung.

Tomaten *liefern mit ihrem einzigartigen Aroma das geschmackliche Grundgerüst für Nudelsaucen und Ragouts. Sie sind seit über 200 Jahren die klassischen Begleiter italienischer Pasta.*

Das Zusammenspiel von Säure und Süße macht die Tomate zu einem idealen Partner für Pasta. Ausschlaggebend für den Geschmack sind die jeweilige Sorte, der Boden, die klimatischen Verhältnisse und der Reifegrad. Weltweit existieren Tausende von Sorten, von denen hierzulande jedoch leider selten mehr als eine Handvoll erhältlich ist. Im Süden, in Italien oder Spanien, ist die Auswahl wesentlich größer. Tomaten sind nicht immer rund und rot, es gibt sie in den unterschiedlichsten Farben und Formen, von grün bis schwarz, klein und groß, glatt und gerippt, einfarbig und gestreift. Das erfrischend aromatische und ausgesprochen vielseitige Fruchtgemüse steht heute ganz oben auf der Beliebtheitsskala, doch das war nicht immer so. Als die Tomate im 16. Jahrhundert aus Lateinamerika nach Europa gelangte, galt sie lange Zeit als ungenießbar. Erst etwa 200 Jahre später entdeckte man ihre geschmacklichen Vorzüge; ihr Siegeszug begann um 1800 mit der steigenden Beliebtheit der Pasta secca. Da die Pflanze hohe klimatische Ansprüche stellt, können in Europa Tomaten in Freilandkultur nur in den Mittelmeerländern angebaut werden, unter Glas gedeihen sie auch in den Niederlanden mittlerweile in guter Qualität. Für die Teigwarenküche ideal sind reife Früchte mit hohem Zuckeranteil und ausgeprägtem Aroma. Unreife Tomaten enthalten giftiges Solanin und sollten nur selten verwendet werden. Aufbewahren lassen sich die kälteempfindlichen Tomaten am besten bei Zimmertemperatur.

(1) **MIRANDA,** eine große, stark gerippte und hocharomatische Fleischtomatensorte aus Sizilien.

(2) **COSTOLUTO** ist eine süßfruchtige, stark gerippte Fleischtomate aus Sizilien, hier halbreif.

(3) **FLASCHENTOMATEN** sind länglich-oval, fleischig und enthalten nur wenige Samen.

(4) **GEHÖRNTE DER ANDEN** heißt diese länglich-spitze Sorte. Sie ist fleischig und wenig saftig.

(5) **ROMA** ist eine rund-ovale, leicht spitze Eiertomate aus Italien mit hohem Fleischanteil.

(6) **EIERTOMATEN** gibt es in verschiedenen Sorten, hier eine kleinere Sorte aus Süditalien.

Fleischtomaten

Die mittelgroßen bis sehr großen Früchte wachsen an kräftigen Stängeln. Fleischtomaten (1, 2) sind häufig spätreifend und können je nach Sorte bis zu 1 Kilogramm auf die Waage bringen.
Merkmale: Fleischtomatensorten wie Cuore di bue, Ochsenherzen, sind reif meist rosa bis rot gefärbt, haben eine rundliche oder birnenförmige und leicht bis stark gerippte Form. Sie zeichnen sich durch einen hohen Fleischanteil aus und schmecken häufig süß und aromatisch.
Verwendung: Fleischtomaten eignen sich roh für Salate sowie für Pastasaucen mit frischen Tomaten, die keine lange Garzeit haben.

Je nach Sorte enthalten Tomaten mehr oder weniger Flüssigkeit und Samen. Die Vorteile der länglichen San-Marzano-Tomate (auf dem Teller und im Vordergrund) zeigen sich beim Aufschneiden: Ihr Fruchtfleisch ist kompakt, das und ihr gutes Aroma zeichnet sie aus.

Flaschen- und Eiertomaten

Flaschen- und Eiertomaten (3, 5, 6) zählen in Italien zu den meistkultivierten Sorten. Sie sind überwiegend mittelgroß bis großfrüchtig.
Merkmale: Flaschentomaten sind länglich-oval, Eiertomaten rund-oval. Sie sind überwiegend fleischig, dünnschalig, aromatisch und enthalten wenig Säure.
Verwendung: Flaschen- oder Eiertomaten sind ideal zum (Ein-)Kochen und Trocknen. Sie eignen sich sehr gut für Pastasaucen und Ragouts und liefern den Rohstoff für Tomatenprodukte (S. 48).

Kleine hocharomatische Sorten

Kleinfrüchtige Tomatensorten (7–9) wachsen häufig traubenförmig an langen Rispen.
Merkmale: Kirschtomaten (8, 9) sind rund oder oval und haben wie die Sardischen Tomaten (7) häufig eine feste Schale. Sie enthalten mehr Säure als Flaschentomaten und sind hocharomatisch.
Verwendung: Sie eignen sich für Salate, aber auch für kurz gegarte Saucen, zum Grillen und Trocknen.

(7) **SARDISCHE WEINBERG-TOMATEN** sind klein bis mittelgroß, rund und sehr aromatisch.

(8) **KIRSCHTOMATEN** sind klein, rund, süß und haben meist ein kräftiges Aroma.

(9) **FAVORITA** ist eine kleine, runde, saftig-süße Kirschtomate mit sehr gutem Aroma.

- Getrocknete Tomaten sind lange haltbar und kräftig im Aroma.
- Tomatenmark dient in unterschiedlicher Konzentration zum Färben und Würzen.
- Passierte Tomaten sind süß-aromatisch und die ideale Basis für Saucen.
- Geschälte Tomaten eignen sich als Grundlage für Saucen und Ragouts.

Aroma pur *bieten reife Tomaten auch in konservierter Form. Ob getrocknet, eingekocht oder stark konzentriert – mit ihrem kräftigen, vollen Geschmack sind diese Tomatenprodukte eine gute Alternative.*

Um außerhalb der Saison nicht auf das geschätzte Aroma reifer Tomaten verzichten zu müssen, werden sie auf unterschiedliche Art und Weise konserviert. Insbesondere die Italiener haben hierzu verschiedene Techniken entwickelt – nicht umsonst sind sie heute in Europa der größte Anbieter von konservierten Tomaten –, eingekocht in Dosen, konzentriert zu Mark oder an der Sonne getrocknet.

Getrocknete Tomaten

Das Trocknen der Tomaten zu »pomodori secchi« ist vor allem in Süditalien gebräuchlich. Man verwendet dafür reife, nicht zu große Flaschen- oder Eiertomaten. Diese werden längs halbiert, zum Teil leicht gesalzen und traditionell auf Rosten oder Matten zum Trocknen in der Sonne ausgelegt. Heute wird einem Großteil der Ernte das Wasser industriell in Hallen entzogen, was den Geschmack jedoch nicht beeinträchtigt.
Merkmale: Getrocknete Tomaten sind lose (1) mit trockenem, festem oder in Öl eingelegt (2) mit weichem Fruchtfleisch erhältlich. Sie schmecken intensiv und mehr oder weniger salzig. Besonders aromatisch sind die kleinen, nur halb getrockneten, in Öl eingelegten Tomaten aus Süditalien sowie die beispielsweise in Ligurien hergestellte »crema di pomodori secchi« aus getrockneten Tomaten.
Verwendung: Getrocknete Tomaten bereichern mit ihrem intensiven Aroma Salate, Füllungen und Pastasaucen (Pesto). Für Gerichte mit kürzerer Garzeit empfiehlt es sich, sie vorher einzuweichen, schmoren sie länger mit, kann das Einweichen entfallen. In Öl eingelegte getrocknete Tomaten lassen sich direkt aus dem Glas verwenden.

Tomatenkonzentrat

Tomatenmark oder -püree (3), wie es in der Schweiz heißt, wird aus reifen, geschälten und entkernten aromatischen Tomaten hergestellt. Ihr Fruchtfleisch wird passiert, eingedickt und pasteurisiert.
Merkmale: Tomatenmark ist ein-, zwei- oder dreifach konzentriert erhältlich. Der Anteil an Trockenmasse liegt zwischen 14 und 40 Prozent. Tomatenmark ist in Tuben, Dosen oder Gläsern erhältlich und schmeckt intensiv bis sehr intensiv. Eine sizilianische Spezialität ist »estratto di pomodoro«, für das Tomatenpüree langsam an der Sonne trocknet. Es ist leicht gesalzen und bis zu sechsfach konzentriert, daher im Geschmack besonders intensiv.
Verwendung: Je nach Grad der Konzentration färbt und aromatisiert Tomatenmark Nudelteige und Pastasaucen. Es wird meist eher sparsam verwendet und löffelweise dosiert. Tomatenmark ist lange haltbar und kann auch tiefgekühlt aufbewahrt werden.

(1) **GETROCKNETE TOMATEN** werden aus halbierten, wenig saftigen Tomatensorten hergestellt.

(2) **GETROCKNETE TOMATEN IN ÖL** sind meist etwas milder und weniger salzig.

(3) **TOMATENMARK** ist eine mehr oder weniger stark konzentrierte rote Paste aus Tomaten.

In Dosen und Gläsern konservierte reife Tomaten schmecken besser als unreife Frischware. Im Ganzen, stückig zerkleinert, passiert oder als konzentriertes Mark sind sie bei uns im Handel.

Passierte Tomaten

»Passata di pomodoro« wird aus reifen Tomaten hergestellt. Sie werden gepresst und passiert, um Schalen und Samen zu entfernen, aber nicht gekocht.
Merkmale: Passata liegt in der Konsistenz zwischen Saft und Püree, stückigere Varianten werden »Polpa« genannt. Passata schmeckt süß-aromatisch und wird pur oder mit Kräutern aromatisiert angeboten.
Verwendung: Passata und Polpa sind gute Grundlagen für Tomatensaucen, Passata auch für Suppen.

Dosentomaten

Vor allem der Süden Italiens ist berühmt für seine »Pelati«, geschälte, eingekochte Tomaten. Ideal dafür sind aromatische Flaschentomaten wie die San Marzano. Seltener sind auch kleine runde, Pomodorini genannte, Sorten in Dosen oder Gläsern erhältlich.
Merkmale: Geschälte Tomaten werden ganz oder gewürfelt mit Tomatensaft aufgefüllt und sterilisiert.
Verwendung: Geschälte Tomaten sind eine gute geschmackliche Basis für Pastasaucen und Ragouts.

»Pasta & Tomaten: perfekte kulinarische Ehe«

Was könnte klassischer sein als Spaghetti mit Tomatensugo? Die aromatische Frucht mit ihrer Süße und feinen Säure sorgt dafür, dass wir den Geschmack des Gerichts als rund empfinden: Sie enthält einen hohen Anteil Glutaminsäure, und die spricht den Geschmackssinn für »umami« (voll, fleischig, herzhaft) an. Besonders aromatische Tomaten wachsen in Süditalien, im Schatten des Vesuvs. Die Flaschentomate San Marzano darf sich sogar mit einer geschützten Herkunftsbezeichnung (DOP) schmücken, wenn sie aus dem gleichnamigen Ort bei Neapel stammt. Da sie eine sehr dünne Haut besitzt und sich daher schlecht transportieren lässt, verlässt sie ihre Heimat allerdings meist in Dosen oder Gläsern. Aber selbst in Italien greift man außerhalb der Saison auf Tomatenkonserven zurück, statt sich mit Treibhausware zu begnügen. Schließlich benötigt man das ganze Jahr über Tomaten für Pastagerichte. Übrigens: So selbstverständlich uns diese Kombination vorkommt – küchenhistorisch ist sie jüngeren Datums. Erst 1844 wurde in Italien das erste Rezept für »Vermicelli con salsa di pomodoro« veröffentlicht – mit getrockneten Tomaten.

Sabine Schlimm

(1) **JUNGER FRISCHER KNOBLAUCH** (links im Bild) hat grünliche Stängel und kleinere Zehen, die von einer weichen, zähen, weißen Haut umhüllt sind. Bei **GETROCKNETEM KNOBLAUCH** (rechts im Bild) sind Stängel und Hüllblätter trocken. In der Farbe variiert er je nach Sorte zwischen weiß und rötlich violett. Seine dickeren Zehen sind von einer papierartigen dünnen Haut überzogen.

- Knoblauch aromatisiert frisch und getrocknet Nudelgerichte weltweit.
- Mediterrane Kräuter verleihen vor allem italienischen Sugos und Ragouts Geschmack.
- Kräuter wie Koriandergrün und Thai-Basilikum verfeinern Nudelgerichte aus Fernost.

Knoblauch und Kräuter *bringen Farbe und Geschmack in Pastasaucen. Je nach Beschaffenheit und gewünschtem Aroma werden sie länger mitgegart oder erst zum Schluss hinzugefügt.*

Knoblauch und Kräuter sind frisch und getrocknet in der Pastaküche unverzichtbare, wertvolle Aromageber. Mediterran inspirierte Gerichte kommen keinesfalls ohne sie aus, aber auch in der asiatischen Nudelküche spielen sie eine wichtige Rolle.

Knoblauch

Der vermutlich aus Zentralasien stammende Knoblauch (1) war in Europa schon in der Antike bekannt und ist heute weltweit in vielen Arten verbreitet.
Merkmale: Botanisch ist die Knoblauchknolle eine Zwiebel mit kurzem, scheibenartigem Stamm und einer Mittelsäule, um die sich bis zu 15 eiförmige, Zehen genannte, Nebenzwiebeln gruppieren. Für das starke Aroma sind Schwefelverbindungen verantwortlich. Junge Knollen sind deutlich zurückhaltender als getrockneter Knoblauch, der ein durchdringendes Aroma hat und brennend scharf ist. Durch längeres Garen wird er milder und süßlicher.
Verwendung: Wohldosiert bereichert Knoblauch eine Vielzahl mediterraner und asiatischer Nudelgerichte und Saucen. Dabei sollte er jedoch niemals den Eigengeschmack der Hauptzutaten überdecken. Aufgrund seines weniger intensiven Aromas kann junger Knoblauch üppiger verwendet werden. Bei getrockneten Zehen empfiehlt es sich, sie geschält und fein gewürfelt (ohne grünen Keim) ausreichend lange bei mäßiger Hitze mitzugaren. Zu stark bräunen darf Knoblauch aber nicht, sonst schmeckt er bitter.

Kräuter

Kräuter (2–13) bringen Farbe und Geschmack in Nudelteige und Knödelmassen. Sie dienen als Garnitur für fertige Pastagerichte oder ergeben, in einzelnen Blättchen zwischen Teigbahnen gelegt und ausgerollt, ein dekoratives Muster. Die Auswahl rechts gibt einen Überblick über die wichtigsten in der Teigwarenküche gebräuchlichen Arten.

Merkmale: Je nach Art sind die Blätter der aromatischen Pflanzen von zarter oder derberer Struktur, was sich auf ihre Verwendung auswirkt.
Verwendung: Glatte Petersilie (2) ist aromatisch, robust und eignet sich zum Mitgaren in Saucen und Ragouts, für Pesto und als Garnitur. Ihr fernöstliches Pendant, das Korianderkraut (3), wird dagegen stets frisch zum Aromatisieren asiatischer Suppen, Saucen und Salate verwendet. Ebenfalls nicht mitgegart wird Basilikum (4, 5), das Saucen und Pesto würzt. Rucola (6) wird ebenfalls zu Pesto verarbeitet, roh passt er zu Vorspeisen und Salaten mit Nudeln. Thymian (7), Oregano (8), Salbei (9) und Rosmarin (10) würzen frisch oder getrocknet mediterrane Pastagerichte. Römische Minze (11) passt zu Saucen mit Fisch und Fleisch. Lorbeer (12) würzt Fonds, Saucen und Ragouts mit Fleisch. Limettenblätter (13) geben asiatischen Nudelgerichten eine Zitrusnote.

(2) **GLATTE PETERSILIE** hat dunkelgrüne, dreifach gefiederte Blätter und schmeckt würzig-mild.

(3) **KORIANDERKRAUT** oder -**GRÜN** hat zarte, fiedrige Blätter und ein typisches starkes Aroma.

(4) **GENOVESER BASILIKUM** hat leuchtend grüne Blätter, ist aromatisch, süß und leicht pfeffrig.

(5) **THAI-BASILIKUM** hat dunkelgrüne, spitze Blätter und erinnert an Anis und Lakritze.

(6) **RUCOLA** hat schmale, tief eingeschnittene, fiederteilige Blätter und schmeckt nussig-scharf.

(7) **GARTENTHYMIAN** hat kleine, länglich-ovale Blätter und ist würzig-bitter bis leicht scharf.

(8) **OREGANO** hat rote Stiele, grüne, spitz-ovale Blätter und ein würziges, leicht scharfes Aroma.

(9) **DALMATINISCHER SALBEI** hat rundliche, gestielte Blätter, ein feines Aroma und ist herb-würzig.

(10) **ROSMARIN** hat dunkelgrüne, nadelförmige, ledrige Blätter und ein harzig-würziges Aroma.

(11) **RÖMISCHE MINZE** hat rundliche Blätter. Ihr frisch-würziges Aroma ist nicht minzetypisch.

(12) **LORBEERBLÄTTER** sind ledrig und herb-würzig. Sie werden frisch und getrocknet verwendet.

(13) **KAFFIRLIMETTENBLÄTTER** sind dunkelgrün und ledrig, mit typischem Zitrusaroma.

- Sardellen und Bottarga schmecken sehr salzig und haben ein intensives Aroma.
- Peperoncini schärfen Nudelgerichte. Mit Kapern lässt sich eine pikante Note erzielen.
- Schinken und Speck sorgen für einen herzhaft-würzigen bis deftigen Geschmack.

Mediterrane Aromen *sind in der Pastaküche geschätzte Würzmittel, werden jedoch aufgrund des teilweise sehr intensiven Geschmacks meist nur in kleinen Mengen verwendet.*

Von salzig-pikant bis nussig-mild bietet der Mittelmeerraum dem Pastakoch eine große Palette an Aromen. Welche für die Teigwarenküche besonders wichtig sind, zeigt die Auswahl auf dieser Seite.

Sardellen und Bottarga

Sardellen (**1**), auch Anchovis genannt, und Bottarga sind in Italien, Frankreich und Spanien beliebt. Merkmale: Eingelegte Sardellen sind entweder mit Gräten oder filetiert in Salz oder Öl konserviert erhältlich. Bei Bottarga handelt es sich um gesalzenen, gepressten und getrockneten Rogen von Meeräsche (orangefarben) oder Thunfisch (bräunlich). Beide sind salzig und haben ein kräftiges, eigenes Aroma. Verwendung: Sardellen in Salz werden vor der Verwendung abgespült oder eingeweicht und aromatisieren zusammen mit Knoblauch und Olivenöl viele Pastasaucen. Frisch gehobelt oder gerieben würzt Bottarga Pastagerichte aus Süditalien.

Oliven

Oliven (**2**, **3**) sind Steinfrüchte und bei uns in vielen Sorten erhältlich. Ihre Farbe ist jedoch kein Sortenmerkmal, sondern abhängig vom Erntezeitpunkt:

(1) **SARDELLENFILETS** werden durch Einlegen in Öl (links) oder in Salz (rechts oben) haltbar gemacht. **BOTTARGA** (im Vordergrund rechts), der orangefarbene Rogen der Meeräsche, wird gesalzen, gepresst und getrocknet.

(2) **SCHWARZE ODER VIOLETTE OLIVEN** sind reif und haben ein weiches Fruchtfleisch.

(3) **GRÜNE OLIVEN** werden unreif geerntet und haben ein festes Fruchtfleisch.

(4) **ROTE PEPERONCINI** sind länglich-schlank und spitz zulaufend. Sie werden gereift geerntet.

(5) **KAPERN** werden in Salz oder Essig eingelegt, roh sind die kleinen Knospen ungenießbar.

(6) **MORCHELN** (oben) und **STEINPILZE** (im Vordergrund) sind getrocknet sehr aromatisch.

(7) **PINIENKERNE** aus dem Mittelmeerraum sind länglich-rund, asiatische eher dreieckig.

Grüne Oliven werden unreif geerntet, schwarze Oliven sind dagegen voll ausgereift.
Merkmale: Grüne Olivensorten schmecken meist herb-frisch und pikant, reife schwarze Oliven haben einen milderen und volleren Geschmack.
Verwendung: Schwarze Oliven aromatisieren viele südländische Pastasaucen und -gerichte mit Gemüse und Fisch. Aus ihnen wird auch eine Art Pesto hergestellt (Tapenade). Grüne Oliven finden dagegen eher in Vorspeisen und Salaten Verwendung.

Luftgetrocknete Spezialitäten aus Italien. Im Vordergrund von links nach rechts: Südtiroler Speck, Pancetta und Parmaschinken. Wie Prosciutto di San Daniele (rechts hinten) verleihen sie Pastagerichten eine herzhaft-würzige Note.

Peperoncini und Kapern

Peperoncini (4) werden im Mittelmeerraum in vielen Sorten angebaut. Kapern (5) liebt man in Süditalien, die besten Qualitäten sind klein und stammen von den Liparischen Inseln.
Merkmale: Peperoncini verfärben sich beim Reifen von Grün nach Rot und sind mäßig scharf. Kapern schmecken würzig-scharf und je nach Konservierungsart zusätzlich salzig oder säuerlich.
Verwendung: Peperoncini schärfen frisch oder getrocknet Pastagerichte. Abgespült oder eingeweicht aromatisieren Salzkapern Nudelsaucen und Ragouts.

Pilze

Wald- und Zuchtpilze sind im Mittelmeerraum und weit darüber hinaus verbreitet und sehr geschätzt.
Merkmale: Morcheln und Steinpilze (6) entwickeln getrocknet ein besonders würziges Aroma.
Verwendung: Pilze können Saucen, Ragouts, Füllungen, Gnocchi oder Knödel geschmacklich perfekt abrunden, frisch eignen sie sich als Hauptzutat für sahnige Nudelsaucen und als Begleitung für Knödel.

Pinienkerne

Pinienkerne aus dem Mittelmeerraum (7) sind hochwertiger und teurer als Importe aus Asien.
Merkmale: Pinienkerne schmecken mild und leicht harzig, sind fetthaltig und nur begrenzt haltbar.
Verwendung: Pinienkerne verfeinern Pesto, Salate und Pasta, geröstet sind sie besonders aromatisch.

Schinken- und Wurstprodukte

Feinen luftgetrockneten Schinken, Speck und grobe Schweinsbratwürste (8–11) gibt es in bester Qualität in vielen regionalen Spezialformen.
Merkmale: Je nach Herstellungsart schmecken die Schinken- und Speckerzeugnisse nussig-mild oder deftig würzig mit einem mehr oder weniger ausgeprägten Raucharoma.
Verwendung: Luftgetrockneter, geräucherter oder gekochter Schinken verfeinert Saucen, Ragouts, Füllungen für Ravioli und Co. und Salate. Speck und Würste verleihen Nudelsaucen eine herzhafte Note.

(8) **PARMASCHINKEN** wird gesalzen und luftgetrocknet, ist fein marmoriert und aromatisch.

(9) **PANCETTA** ist gepökelter und luftgetrockneter, selten geräucherter Schweinebauchspeck aus Italien.

(10) **RÄUCHERSPECK** aus Südtirol ist durchwachsen, gepökelt, kalt geräuchert und sehr würzig.

(11) **SALSICCIA FRESCA** ist eine grobe, frische und würzige Schweinsbratwurst aus Italien.

- Chilis und Ingwer bringen Schärfe, Zitronengras eine frische Zitrusnote in asiatische Nudelsuppen, Nudelgerichte und Füllungen für Teigtaschen.
- Würzpasten und -saucen dienen bei asiatischen Nudelgerichten zum Schärfen und als Salzersatz.

Asiatische Würzzutaten *von Chilis bis Zitronengras verleihen neben Würzpasten und -saucen Nudelsuppen, Wokgerichten, Frühlingsrollen und Teigtaschen ihr typisches Aroma.*

Asiens Köchen steht eine riesige Palette an frischen, getrockneten oder fermentierten Würzzutaten zur Verfügung. Die Auswahl auf dieser Seite zeigt einige der wichtigsten Zutaten für die Teigwarenküche.

Chili und Ingwer

Chilis (1) und Ingwer (2) sind aus Asiens Küchen nicht wegzudenken und spielen auch in der Nudelküche eine herausragende Rolle.
Merkmale: Kleine asiatische Chilisorten, die sich mit zunehmender Reife von Grün nach Rot verfärben, sind scharf bis sehr scharf. Die aromatischen Rhizome der Ingwerpflanze sind leicht bis brennend scharf.
Verwendung: Chilis und Ingwer schärfen Nudelsuppen, Wokgerichte mit Reis- oder Glasnudeln sowie diverse Füllungen für Teigtaschen. Zudem dienen beide zum Aromatisieren von Eiernudelteig.

Zitronengras und Wasabi

Zitronengras (3) ist in Asien in mehreren Arten verbreitet und als Würzzutat geschätzt. Wasabi (4) dient vor allem in Japan als Gewürz.
Merkmale: Zitronengras hat ein frisches Zitrusaroma. Wasabi erinnert an Meerrettich und ist scharf.
Verwendung: Zitronengrasblätter oder -stängel aromatisieren Nudelsuppen, die in Ringe geschnittene

(1) **HOT RED** wird diese dünne, spitz zulaufende und sehr scharfe asiatische Chilisorte genannt.

(2) **FRISCHER INGWER** ist im Innern gelbfleischig und fest und schmeckt scharf und aromatisch.

(3) **ZITRONENGRAS** hat lange, schmale, schilfartige Blätter und eine verdickte helle Stängelbasis.

(4) **WASABI**, auch japanischer Meerrettich genannt, ist als Pulver oder Paste erhältlich und scharf.

(5) **ASIATISCHE PILZE**, vorne getrocknete Mu-Err-Pilze, dahinter getrocknete und frische Shiitake.

(6) **CURRYPASTE** wird aus Chilis und Gewürzen in unterschiedlichen Schärfegraden hergestellt.

zartere Basis verfeinert Nudelgerichte und Füllungen. Wasabi schärft Saucen und Dips zu Nudeln.

Pilze

Zuchtpilze (5) wie Shiitake oder Mu-Err sind in Asien frisch und getrocknet als Würzzutat beliebt.
Merkmale: Shiitake haben einen runden Hut, Mu-Err-Pilze sind ohrförmig gelappt.
Verwendung: Pilze ergänzen frisch oder getrocknet (20 Minuten einweichen) asiatische Nudelgerichte.

Currypasten

Currypaste (6) unterschiedlicher Schärfe ist in den Küchen Südostasiens eine viel verwendete Zutat.
Merkmale: Rote Currypaste ist scharf, grüne noch schärfer. Gelbe Currypaste ist meist etwas milder.
Verwendung: Currypasten werden stets mitgegart und schärfen saucenreiche Nudel- und Wokgerichte.

Würzsaucen

Anstelle von Salz dienen zum Abschmecken asiatischer Gerichte oft fertige fermentierte Würzsaucen (7) wie Fisch-, Austern- und Sojasauce.
Merkmale: Helle Sojasauce ist salziger, dunkle voller und leicht süßlich. Chilisaucen schmecken scharf, Fisch- und Austernsaucen haben einen salzigen und zugleich leicht fischigen Geschmack.
Verwendung: Würzsaucen eignen sich zum schnellen Abschmecken von Nudelsuppen und -gerichten.

(7) **DIE WICHTIGSTEN ASIATISCHEN WÜRZSAUCEN** (von links nach rechts): helle dünnflüssige, darüber dunkle dickflüssigere Sojasauce – Letztere wird auch als Dip verwendet. In der Mitte hellrote süßsaure und scharfe Chilisauce, rechts darüber rotbraune salzige Fischsauce und rechts unten dunkle aromatische Austernsauce.

- Reibkäse mit extrahartem Teig sind würzig-pikant und eignen sich zum Aromatisieren und Überbacken.
- Cremige Frischkäse sind für Saucen und Füllungen gefragt.
- Mozzarella ist zum Überbacken ideal.
- Gut schmelzende Weich- und Hartkäsesorten werden für Füllungen, Saucen sowie zum Überbacken verwendet.

Käse und Nudeln *– diese Kombination ist ein Klassiker. Gekonnt dosiert verleiht frisch geriebener Hartkäse aus Kuh- oder Schafsmilch vielen Pastagerichten den letzten Schliff.*

Käse übernimmt in Verbindung mit Nudeln und Teigwaren gleich mehrere Aufgaben: Er dient zum Würzen und Aromatisieren, verleiht in geschmolzener Form Saucen und Füllungen eine sämig-cremige Konsistenz und sorgt beim Überbacken im Ofen für eine schöne goldbraune Kruste. Doch nicht jeder Käse ist für jede Aufgabe gleichermaßen geeignet. Daher lohnt ein genauerer Blick auf die wichtigsten Sorten und ihre Verwendung in der Pastaküche.

Extrahart: Käse zum Reiben

Käse mit sehr festem Teig werden als Hartkäse bezeichnet. Mit fortschreitender Reife – diese kann bis zu zwei Jahre und mehr dauern – trocknen die Laibe weiter aus, werden noch härter und eignen sich dann ausgezeichnet zum Reiben. Ihr Gehalt an Trockenmasse liegt in der Regel bei über 65 Prozent. Der langen Reifezeit verdanken diese Käse ihren kräftig-würzigen Geschmack und das intensive Aroma. Für die Pastaküche spielen vor allem die italienischen Mitglieder dieser Käsefamilie eine zentrale Rolle.

Parmesan

Der Parmigiano Reggiano (1) ist die berühmteste unter den italienischen Hartkäsesorten. Produziert werden darf der handwerklich hergestellte D.O.P.-Käse nur in einem begrenzten Gebiet in Norditalien zwischen der Po-Ebene und dem Appenin.
Merkmale: Der würzige Kuhmilchkäse mit nussigem Geschmack hat einen gelben, strohfarbenen Teig und eine feinkörnige Struktur mit kaum sichtbarer Lochung. Er reift zwischen einem und vier Jahren, im Schnitt sind es 22 bis 24 Monate.
Verwendung: Parmesan passt frisch gerieben ausgezeichnet zu Pastasaucen auf Butter- und Sahnebasis, wird aber auch für Pesto verwendet. Lasagne, Cannelloni und anderen mit Eierteig zubereiteten Gerichten aus dem Ofen verleiht er eine würzige Kruste.

Pecorino

Pecorino (2, 3) wird in verschiedenen Sorten mit unterschiedlicher Zusammensetzung in Mittel- und Süditalien sowie auf Sardinien hergestellt.

(1) **PARMIGIANO REGGIANO,** in Italien auch König der Käse genannt, hat einen gelben, krümeligen Teig. Wie alle Reibkäse sollte er am Stück gekauft und immer erst kurz vor der Verwendung frisch gerieben werden.

(2) **PECORINO ROMANO** hat einen strohfarbenen, bröckeligen Teig, hier mit leichter Lochung.

(3) **PECORINO SARDO** ist kompakt und weist einen weißlichen Teig mit leichter Lochung auf.

Merkmale: Die beiden ursprungsgeschützten Schafsmilchkäse Pecorino romano (D. O. P.) und Pecorino sardo (D. O. P.) haben einen hellen bis gelblichen Teig mit teilweise leichter Lochung. Die Reifezeit für Pecorino-Reibkäse beträgt mindestens acht Monate, im Geschmack ist er dann würzig bis salzig-pikant. Verwendung: Frisch geriebener Pecorino rundet besonders gut die auf Olivenöl basierenden Pastagerichte aus dem Süden Italiens ab, etwa Kombinationen mit schwarzen Oliven, Auberginen, Paprika und getrockneter Pasta aus Hartweizenmehl.

Andere Reibkäse

Daneben gibt es noch zahlreiche andere, zum Reiben bestens geeignete Hartkäse, die an Parmesan erinnern, aber aus einer anderen Region stammen. So zum Beispiel Grana padano, Grana trentino oder Trentingrana. Ausreichend lange gereift und dann mit dem Zusatz »piccante« oder »vecchio« versehen, eignen sich aber auch ansonsten oft jünger verzehrte Sorten wie Provolone, Montasio, Sbrinz oder Gouda als pikante Ergänzung zu Nudeln und Co. Merkmale: Hartkäse zum Reiben reifen zwischen acht und 24 Monate und haben einen hell- oder dunkelgelben, trockenen und bröckeligen Teig. Verwendung: Mit ihrem würzigen Geschmack bereichern sie Pastasaucen, Aufläufe und Füllungen.

Fingerspitzengefühl gefragt

Doch so zentral Käse in der Pastaküche ist, gelegentlich ist es ratsam, auch einmal auf ihn zu verzichten. So etwa bei exquisiten Nudelgerichten mit Fisch oder Meeresfrüchten. Hier sollten die feinen Geschmacksnuancen nicht von allzu intensiven Käsearomen überdeckt werden. Ebensowenig ist es ein Muss, aufwendig zubereitete, kräftige Fleisch- oder Wildragouts vor dem Servieren mit einer dicken Schicht frisch geriebenem Parmesan zu bestreuen.

Gereifte extraharte würzige Käse wie Parmesan, Pecorino oder alter Gouda eignen sich mit ihrem trockenen, bröckeligen Teig ideal zum Reiben.

»Parmesan gesucht!«

Neulich, im Supermarkt: Kein einziges Stück Parmesan mehr! Die Verkäuferin verweist auf geriebenen Käse. Auf einem Tütchen sind eine italienische Flagge und ein Stück Parmesan abgebildet. Gesucht – gefunden? Das Rücketikett des »Grangusto Pastissimo Classico« klärt auf: »Mischung aus frisch geriebenen Hartkäsesorten«. Nächster Versuch: »Parmonie«. Auch hier keine Spur von Parmesan, dafür erhält man »geriebenen Hartkäse mit Konservierungsstoff Lysozym aus Ei«. Weiter zum Bio-Supermarkt. Im Kühlregal findet sich »Pasta-Käse«, laut Zutatenliste ein »geriebener deutscher Hartkäse« oder »Fromage d'Allgäu«. Wer die Homepage des Herstellers besucht, wird vollends verwirrt: »Dieser Parmesan wird im Allgäu hergestellt.« Deutscher Parmesan? Den kann es gar nicht geben, innerhalb der EU darf nur solcher Käse als Parmesan bezeichnet werden, der die geschützte Ursprungsbezeichnung (g. U.) Parmigiano Reggiano trägt. Und der muss nach strengen Regeln hergestellt werden, die das »Consorzio del Formaggio Parmigiano Reggiano« mit Sitz in Reggio Emilia streng überwacht. Sicher ist also: Hübsche Verpackungen und schöne Worte suggerieren zwar Qualität, doch nur wo explizit Parmesan draufsteht, ist auch solcher drin.

Bärbel Schermer

Für die Teigwarenküche von Bedeutung sind zudem die hier exemplarisch vorgestellten Mitglieder weiterer großer Käsefamilien. Bei ihrem Einkauf sollte generell auf Qualität geachtet werden, denn nur dann stimmt das geschmackliche Ergebnis.

Mozzarella

Der aus Süditalien stammende Mozzarella ist heute als Kuhmilchkäse in vielen Ländern verbreitet. Echter Mozzarella di Bufala Campana (1) trägt dagegen seit 1996 ein D. O. P.-Siegel und ist herkunftsgeschützt.
Merkmale: Mozzarella ist ein weißer, frischer Brüh- oder Filatakäse. Die Büffelmilch-Variante ist weicher und hat ein feineres, frischeres Aroma als der feste, mild-säuerliche, in Salzlake eingelegte Kuhmilch-Mozzarella.
Verwendung: In der Teigwarenküche eignet sich Mozzarella für Nudelsalate, zum Überbacken von Aufläufen sowie für Füllungen. Gewürfelt bereichert er sommerliche Pastasaucen mit aromatischen frischen Tomaten.

Aus Molke hergestellt

Im Gegensatz zu üppigen Sorten wie Mascarpone oder Doppelrahmfrischkäse enthält aus Molke gewonnener Ricotta (S. 27) fast gar kein Fett. Er eignet sich ausgezeichnet als Basis für verschiedene Füllmassen mit Kräutern oder Gemüse.

Frischkäse

Der ursprünglich aus der Lombardei stammende Mascarpone (2) ist heute auch hierzulande fast überall erhältlich. Ziegenfrischkäse (3) gibt es in unterschiedlichen Qualitäten. Von Kennern geschätzt sind handwerklich produzierte Käse aus Ziegenrohmilch.
Merkmale: Der cremige, aus dickgelegter Sahne hergestellte Mascarpone hat einen hohen Fettgehalt und ist sahnig-mild. Ziegenfrischkäse weisen eine cremige, feinkörnige Struktur auf und schmecken in der Regel angenehm frisch und leicht säuerlich.
Verwendung: Frischkäse gibt Saucen eine cremige Konsistenz und eignet sich als Basis für Füllungen. Mascarpone und Ziegenfrischkäse können für pikante und süße Zubereitungen Verwendung finden.

Weichkäse

Taleggio (4) ist ein D. O. P.-Käse aus Norditalien. Dieses Siegel trägt auch der Fontina (5) aus dem Aostatal.
Merkmale: Der mild-würzige Taleggio ist ein Weichkäse mit Rotschmiere aus roher oder pasteurisierter Kuhmilch. Etwas fester in der Struktur und süßlich-mild ist Fontina, ein Kuhmilch-Rohmilchkäse.
Verwendung: Beide Käse schmelzen gut und eignen sich für Saucen, Füllungen und zum Überbacken.

Hartkäse

Im ganzen Alpenraum sowie im Alpenvorland werden Berg- und Alpkäse aus Kuhmilch (6–9) hergestellt, die regionale Teigwarenspezialitäten ergänzen.
Merkmale: Berg- und Alpkäse haben einen festen, geschmeidigen Teig mit mehr oder weniger starker Lochung. Jung sind sie mild, gereift würzig-pikant.
Verwendung: Hartkäse eignen sich zum Reiben und Überbacken. Sie geben aber auch Pastasaucen, Füllungen und Knödeln einen kräftigen, würzigen Geschmack. Gerade die Alpenküche kennt zahlreiche Kombinationen von Hartkäse und Teigwaren, etwa Kässpätzle, Älpler Magronen oder Kaspressknödel.

Blauschimmelkäse

Bei Käsesorten mit blauem Innenschimmel hängen Aroma und Geschmack vom Schimmeltyp, der Milchart und von der Reifezeit ab.
Merkmale: Gorgonzola, der bekannteste italienische D. O. P.-Blauschimmeltyp, ist ein Kuhmilchkäse. Zu »piccante« (10) reift er in etwa drei, zum milderen »dolce« in zwei Monaten. Ursprungsgeschützt (AOC) ist auch der pikante Roquefort (11), der in Frankreich aus roher Schafsmilch hergestellt wird und drei bis vier Wochen in Höhlen reifen muss.
Verwendung: In der Teigwarenküche gibt milder oder pikanter Blauschimmelkäse Pastasaucen eine pikante Note, er eignet sich aber auch für Nudelaufläufe, etwa mit Gemüse, sowie für Nudelsalate.

Regionale Käsesorten

Manche Käse haben vorwiegend regionale Bedeutung, so etwa zahlreiche süditalienische Brühkäse wie Cacetto (12) oder der Tiroler Graukäse (13).
Merkmale: Brühkäse mit festem Teig erinnern an Provolone und sind würzig-mild. Graukäse aus Magermilch ist fettarm und würzig-säuerlich.
Verwendung: Cacetto, Scarmoza oder Caciocavallo würzen süditalienische Pastagerichte. Graukäse aromatisiert Füllungen, Knödelmassen und Saucen.

(1) **MOZZARELLA DI BUFALA** ist ein Brühkäse aus Büffelmilch. Die größeren oder kleineren weißen Kugeln sind außen fest, haben im Inneren aber einen weichen Teig. Mozzarella aus Kuhmilch ist deutlich fester.

(2) **MASCARPONE** ist ein cremig-weicher, weißer Frischkäse mit sehr hohem Fettgehalt.

(3) **ZIEGENFRISCHKÄSE** ist cremig, weiß und weist eine feinkörnige Struktur auf.

(4) **TALEGGIO** ist quadratisch und hat einen weichen bis sehr weichen elfenbeinfarbenen Teig.

(5) **FONTINA** mit seinem hellgelben, elastisch weichen Teig weist eine leichte Lochung auf.

(6) **GREYERZER** weist einen hellgelben, mittelfesten, geschmeidigen Teig mit wenig Lochung auf.

(7) **COMTÉ** hat einen elfenbeinfarbenen, gelblichen, geschmeidig weichen Teig mit runder Lochung.

(8) **ALLGÄUER BERGKÄSE** hat einen hellgelben Teig mit mehr oder weniger ausgeprägter Lochung.

(9) **BEAUFORT** hat einen hellgelben, geschmeidigen Teig und weist fast keine Lochung auf.

(10) **GORGONZOLA PICCANTE** hat einen hellgelben Teig mit bläulichen Adern und rötlicher Rinde.

(11) **ROQUEFORT** hat einen weichen, weißlichen Teig mit graugrünem Innenschimmel.

(12) **CACETTI** sind kleine birnenförmige Brühkäse mit hellgelbem Teig, links natur, rechts geräuchert.

(13) **TIROLER GRAUKÄSE** aus Magermilch hat einen weißlich gelben, trockenen Teig.

KÜCHENPRAXIS

KÜCHENPRAXIS

Teigwaren herstellen

Das Einmaleins der Teigwaren

Von der Teigherstellung über das Formen und Kochen von Nudeln, Gnocchi und Knödeln bis hin zu Aufläufen, im Dampf gegarten oder frittierten Täschchen.

Das Geheimnis ihrer Zubereitung

Mit dem entsprechenden Know-how und ein bisschen Geduld gelingen selbst gemachte Nudeln und Ravioli garantiert, ebenso wie Spezialitäten aus Kartoffelteig, Knödel oder auch Wan-Tans und Dim-Sums.

MEHL, GRIESS UND EIER sind die Grundlage für frische Nudelteige. Auf was es dabei besonders ankommt und welcher Teig sich wofür am besten eignet, erfahren Sie auf den nächsten Seiten. Obwohl sie immer ähnlich ist, erfordert die Herstellung von selbst gemachten Nudeln doch etwas Fingerspitzengefühl. Faktoren wie Luftfeuchtigkeit, Trockenheit des Mehls oder Größe der Eier bestimmen das Ergebnis maßgeblich mit. Daher können die angegebenen Zutatenmengen immer nur Richtwerte sein. Häufig ist es erforderlich, noch etwas Wasser oder Mehl zuzufügen, um dem Teig die gewünschte zähelastische Konsistenz zu geben. Arbeitet man noch ein oder zwei Löffel Öl mit unter, wird der Teig besonders geschmeidig und lässt sich gut formen. Neben dem verwendeten Mehl spielt für die Bissfestigkeit frischer Nudeln vor allem der Anteil der Eier eine Rolle. Je mehr Eier und Eigelbe in den Teig kommen, desto kerniger wird er. Nicht von ungefähr gab es früher mit vielen (damals teuren) Eiern zubereitete Nudeln oder Spätzle nur an Festtagen. Darüber hinaus sind aber auch ausreichend langes Kneten – am besten von Hand –, das Ausrollen des Teiges zu dünnen Bahnen sowie das Antrocknen der Nudeln Voraussetzungen für ein optimales Geschmacksergebnis.

NUDELN RICHTIG GAREN

Ob frische oder getrocknete Nudeln – auch das Kochen ist entscheidend. Viel Wasser, etwas Salz sowie ein großer Topf werden dafür benötigt. Wichtig ist zudem, dass die Nudeln rasch in kochendem Wasser garen, damit sie schön bissfest bleiben. Legt man sie einfach nur in heißes Wasser, werden sie zwar irgendwann auch gar, sind dann allerdings pappig und weich – von al dente keine Spur. Darum müssen Nudeln nach dem Garen auch sofort abgegossen werden. Bleiben sie länger im Wasser, garen sie nach und verlieren ihren festen weißen Kern, der für das richtige Mundgefühl beim Essen sorgt.

DIE HOHE KUNST DER GEFÜLLTEN NUDELN

Die Herstellung kleiner gefüllter Täschchen und Halbmonde ist einer der aufwendigsten Vorgänge in der Teigwarenküche und braucht ihre Zeit. Doch die Mühe lohnt unbedingt, denn selbst gemacht übertreffen Tortellini, Agnolotti oder Ravioli die eingeschweißten Verwandten aus dem Supermarkt um Längen. In diesem Kapitel wird gezeigt, wie die kleinen Täschchen geformt und womit sie gefüllt werden können. Dabei lassen sich Teige und Füllungen immer wieder neu kombinieren und eröffnen damit einen großen Spielraum an Kreativität. Kulinarisch ebenfalls interessant sind die größeren Verwandten von Ravioli und Co. wie schwäbische Maultaschen, asiatische Wan-Tans, Dim-Sums oder Frühlingsrollen, deren Herstellung ebenfalls detailliert beschrieben wird.

GNOCCHI, NOCKEN, KNÖDEL UND POLENTA

Neben Nudeln jeglicher Art gibt es in diesem Kapitel noch mehr zu entdecken: Hier erfahren Sie, wie sich aus altbackenem Brot, Kartoffeln oder Maisgrieß Knödel, Klöße und Gnocchi formen lassen, wie man regionale Spezialitäten wie Schupfnudeln oder Paunzen zubereitet, oder wie Hefeklöße (Dampfnudeln, Dumplings) am besten gegart werden. Teigwaren müssen nicht immer in Salzwasser kochen, sondern eignen sich, kurz vorgegart, auch zum Überbacken im Ofen, wie die aus kaltem Polentabrei ausgestochenen Taler (»Gnocchi alla romana«) oder Nudelaufläufe (Lasagne, Cannelloni). Wieder anderes schmeckt knusprig frittiert (Reisnudeln, Wan-Tans, Frühlingsrollen) besonders gut. All diese hier erklärten Techniken und Tipps zur Herstellung und zum Garen von Nudeln, Knödeln und Co. machen Lust zum Ausprobieren. Entdecken Sie selbst Ihre Favoriten unter der großen Palette an Teigen und Teigwaren.

Fonds für gute Saucen

Geschmackvolle Fonds werden für die Zubereitung aromatischer Nudelsaucen benötigt und schmecken selbst gemacht am besten. Daher finden Sie am Ende des Kapitels die wichtigsten für die Teigwarenküche.

Nudelteig: Grundrezept & Varianten

Nach diesen Rezepten gelingen Nudelteige gewiss. Allerdings sollten alle Zutaten Raumtemperatur haben, damit sie sich gut verbinden.

ZUR HERSTELLUNG FRISCHER NUDELN sind Teige mit Eiern ideal. Sie lassen sich gut verarbeiten und bringen viel Geschmack mit. Hält man sich dabei an die Faustregel »1 Ei auf 100 g Mehl« und fügt noch etwas Salz hinzu, wie im folgenden Grundrezept empfohlen, gelingt der Teig bestimmt. Feinkörniges Salz hinterlässt beim Ausrollen des Teiges keine weiße Spuren, daher ist es hier gröberem Salz vorzuziehen. Beim Kneten ist es manchmal erforderlich, etwas Wasser oder Mehl hinzuzufügen, da Mehl trockener oder feuchter sein kann und auch die Größe der Eier nicht immer exakt gleich ist. Die Zugabe von Wasser sollte jedoch sparsam erfolgen, um den Teig nicht zu sehr zu durchfeuchten. Entscheidenden Einfluss auf die Teigqualität haben zudem die verwendete Mehlsorte und deren Körnung. Vorteilhaft sind Mehle mit einem hohen Kleberanteil (S. 18 f.) aus Hartweizen und Dinkel sowie Weizenmehl Type 550, das von allen Weichweizenmehlen den höchsten Klebergehalt aufweist. Dieser bildet bei ausreichend langem Kneten in Verbindung mit Flüssigkeit (Eier und/oder Wasser) ein Netzwerk, in das die Stärkekörner eingelagert werden. Solche Teige sind elastisch, die Nudeln bleiben beim Garen gut in Form und bissfest. Sehr fein gemahlenes, glattes Mehl nimmt Feuchtigkeit rasch auf und lässt sich leicht verarbeiten. Das Resultat sind etwas weichere Nudeln – ein Nachteil, der durch Zugabe von Eiern jedoch wieder wettgemacht werden kann. Mehle mit größerem Korndurchmesser wie griffiges oder doppelgriffiges Mehl (Dunst, S. 19) sind quellfähiger und benötigen daher etwas weniger Flüssigkeit. Ein hoher Ei- und Eigelbanteil, wie beim »Nudelteig für gefüllte Pasta« rechts, sorgt für noch mehr Biss, besonders kernige Nudeln ergeben Mischungen aus Hartweizengrieß und Weizenmehl (Type 405 oder 550). Dabei kann man auf fertige Mischungen (als Pasta- oder Spätzlemehl im Handel) zurückgreifen oder die einzelnen Komponenten im Verhältnis 1 : 1 selbst abwiegen, wie beim »Nudelteig mit Hartweizengrieß« ganz rechts vorgesehen. Italienischer Hartweizengrieß (»semola di grano duro«) ist in der Regel feiner als deutscher, sein Anteil kann daher etwas mehr als 50 Prozent betragen. Sowohl Teige aus doppelgriffigem Mehl als auch solche, die zur Hälfte aus Hartweizengrieß bestehen, lassen sich zu angenehm bissfesten Bandnudeln oder gefüllter Pasta verarbeiten. Um Nudelteige noch geschmeidiger zu machen, gibt man 1 bis 2 TL Olivenöl hinzu. Werden sie gleich weiterverarbeitet, lässt man sie, in Frischhaltefolie eingeschlagen, bei Raumtemperatur ruhen. Erfolgt das Ausrollen und Schneiden des Teiges erst einige Stunden später, kommt er zum Entspannen in den Kühlschrank.

Hilfreich ist beim Kneten des Nudelteiges ein Glas Wasser. Nimmt der Teig das Mehl nicht völlig auf, einfach kurz die Finger eintauchen – dies ermöglicht eine dosierte Wasserzugabe, ohne dass der Teig gleich zu feucht wird.

NUDELTEIG GRUNDREZEPT

- 300 g Weizenmehl Type 405 oder 550
- 3 Eier, ½ TL Salz

Alle Zutaten zu einen Nudelteig verarbeiten, wie unten gezeigt. Dabei, falls erforderlich, noch 1 bis 2 TL Wasser einarbeiten und den Teig 1 Stunde ruhen lassen.

NUDELTEIG FÜR GEFÜLLTE PASTA

- 300 g doppelgriffiges Weizenmehl
- 2 Eier, 4 Eigelb
- ½ TL Salz

Aus den Zutaten einen Nudelteig herstellen, wie unten beschrieben. Falls erforderlich, noch 1 bis 2 TL Wasser einarbeiten. Den Teig 1 Stunde ruhen lassen.

NUDELTEIG MIT HARTWEIZENGRIESS

- 125 g feiner Hartweizengrieß, ½ TL Salz
- 125 g Weizenmehl Type 405, 2 Eier, 1 Eigelb

Aus den Zutaten einen Teig herstellen, wie unten gezeigt, und bei Bedarf noch 1 bis 2 TL Wasser einarbeiten. Das Kneten dauert hier etwa doppelt so lange wie bei den beiden anderen Teigen. Den fertigen Nudelteig 1 Stunde ruhen lassen.

NUDELTEIG HERSTELLEN

(1) Das Mehl auf eine Arbeitsfläche sieben und mit den Händen leicht anhäufen.

(2) In die Mitte des Mehls mit einem Esslöffel eine kleine Mulde eindrücken.

(3) Die Eier einzeln aufschlagen und nach und nach in die Mehlmulde gleiten lassen.

(4) Anschließend das Salz zufügen. Es sollte für Nudelteige möglichst feinkörnig sein.

(5) Die Zutaten in der Mitte mithilfe einer Gabel gut verquirlen.

(6) Nach und nach in kreisenden Bewegungen immer mehr Mehl vom Rand mit einarbeiten, bis ein dickflüssiger Teig entsteht; anschließend mit den Händen weiterarbeiten.

(7) Das Mehl von außen über die dickflüssige Eier-Mehl-Mischung verteilen und untermischen.

(8) Alles gut miteinander verkneten, bei Bedarf ein wenig Wasser (1 bis 2 TL) einarbeiten.

(9) Den Teig zum Glattkneten mit den Handballen auseinanderdrücken ...

(10, 11) ... und wieder zusammenlegen. Auf diese Weise den Teig etwa 10 Minuten kneten, bis er glatt und geschmeidig ist; anschließend zur Kugel rollen, in Frischhaltefolie einschlagen und ruhen lassen.

Verschiedene Teige bringen Abwechslung in die Nudelküche

Einmal ist die Zahl der Eigelbe besonders hoch, ein andermal sind Vollkorn-, Kastanien- oder Buchweizenmehl mit von der Partie.

SCHON DIE FARBE eines Teiges verrät einiges über seine Zusammensetzung. Ein tiefes Gelb lässt auf einen hohen Eigelbanteil schließen. Solche Teige sind kernig, gehen beim Kochen schön auf und eignen sich sehr gut für Bandnudeln. Um ihren feinen Geschmack nicht zu überdecken, werden zu diesen »Festtagsnudeln« eher einfache Saucen wie Salbeibutter oder Pilzsaucen ohne zu viel Sahne serviert. Aber auch der Zusatz von Maismehl verleiht Teigwaren eine gelbe Farbe. Für selbst gemachte Nudeln wird es im Verhältnis 1 : 1 mit Weizenmehl vermischt und mit Eiern verknetet. Das Ergebnis ist ein formstabiler Teig, der sich leicht verarbeiten lässt. Die daraus hergestellten Nudeln haben einen angenehmen Biss. Vollkornmehl enthält alle Bestandteile des Korns, auch den Keimling sowie die ballast- und mineralstoffreichen Schalen. Es hat deswegen aber einen geringeren Klebergehalt, weshalb Vollkornmehl bei der Nudelherstellung oft mit Weizenmehl vermischt wird, um einen geschmeidigen Teig zu erhalten. Frische selbst gemachte Vollkornnudeln lassen sich wie Nudeln aus hellem Mehl verwenden und sind besonders kräftig im Geschmack. Für Kastaniennudeln wird Kastanienmehl im Verhältnis 1 : 2 mit Weizenmehl vermischt. Die dunklen, süßlich-würzigen Nudeln schmecken gut mit Nussbutter, aber auch zu Käse und Wild. Bei Buchweizennudeln ist das Mischungsverhältnis umgekehrt (2 Teile Buchweizenmehl auf 1 Teil Weizenmehl), wegen des geringeren Weizenmehlanteils wird aber relativ viel Wasser benötigt. Die herzhaften Buchweizennudeln passen mit ihrem besonderen Aroma gut zu Kohl, Speck und würzigem Käse.

EIGELB-NUDELTEIG FÜR BANDNUDELN

· 300 g Weizenmehl Type 405 oder 550
· 1 Ei, 7 Eigelb, ½ TL Salz

Mehl auf eine Arbeitsfläche sieben, anhäufen und in die Mitte eine Mulde drücken. Ei, Eigelbe und

»Eiernudeln«

Kracks. Das braune Ei bricht zackig entlang der Mittellinie und fällt mit einem satten Plumps in die Teigschüssel. Auf dem Geflügelhof von Familie Dinkel im oberbayerischen Malching werden die Eier für die hausgemachten Nudeln noch per Hand aufgeschlagen. »Wir verwenden nur ganz frische Eier von unseren eigenen Hennen«, erklärt Thomas Dinkel stolz. Für 50 Kilogramm Hartweizengrieß benötigt er 300 Stück. 30 Minuten lang werden Eier, Grieß und etwas Salz verrührt, bevor der Teig fertig ist. »Das Geheimnis besteht darin, den Teig möglichst lange zu rühren. Nur dann kann sich das ganze Korn voll Flüssigkeit saugen«, verrät Thomas Dinkel. Er verwendet eine Maschine mit Schneckenpresse, die den Teig mit hohem Druck durch die Matrize presst. Das verlangt Fingerspitzengefühl, da sich der Teig durch den Pressdruck erwärmt und das Eiweiß im schlimmsten Fall gerinnt. Anschließend müssen die Nudeln so langsam und schonend wie möglich getrocknet werden, ohne dadurch die Keimbelastung zu erhöhen – bei Eiernudeln ein wichtiger Aspekt.

Margarethe Brunner

Nudelteige aus verschiedenen Mehlsorten – von links nach rechts: gelber Mais-Nudelteig, Vollkorn-Nudelteig, dunkler Kastanien-Nudelteig und Buchweizen-Nudelteig.

Salz zufügen und weiterverfahren, wie auf S. 67 in Step 5 bis 11 gezeigt. Den Eigelb-Nudelteig vor der Weiterverarbeitung 1 Stunde kühl ruhen lassen.

MAIS-NUDELTEIG

- 150 g Maismehl, 150 g Weizenmehl Type 405
- 3 Eier, 3 Eigelb, 1 EL Olivenöl, ½ TL Salz
- frisch geriebene Muskatnuss

Beide Mehlsorten auf eine Arbeitsfläche sieben, anhäufen, eine Mulde eindrücken, die übrigen Zutaten zufügen und weiterverfahren, wie in der Bildfolge auf S. 67 in Step 5 bis 11 beschrieben.

VOLLKORN-NUDELTEIG

- 250 g Weizenvollkornmehl
- 250 g Weizenmehl Type 405, 2 Eier, 1 TL Salz
- 1 EL Öl, etwa 200 ml lauwarmes Wasser

Beide Mehlsorten auf eine Arbeitsfläche sieben, anhäufen und in die Mitte eine Mulde drücken. Eier, Salz und Öl zufügen und weiterarbeiten, wie auf S. 67 in Step 5 bis 8 gezeigt. Erneut eine Mulde in den Teig drücken, 200 ml lauwarmes Wasser zugießen und einarbeiten. Den Teig glatt kneten, in Frischhaltefolie einschlagen und 1 Stunde ruhen lassen.

KASTANIEN-NUDELTEIG

- 200 g Kastanienmehl (S. 21), 400 g Weizenmehl Type 405, 4 Eier, 5 Eigelb, 1 TL Salz

Aus den angegebenen Zutaten einen Nudelteig herstellen, wie auf S. 67 in Step 1 bis 11 gezeigt. Den Kastanien-Nudelteig vor der Weiterverarbeitung etwa 1 Stunde ruhen lassen.

BUCHWEIZEN-NUDELTEIG

- 300 g Buchweizenmehl
- 150 g Weizenmehl Type 405, ½ TL Salz

Beide Mehlsorten mit dem Salz in eine Schüssel sieben. 300 ml Wasser zugießen und mit einer Gabel zügig unterrühren. Sobald das Mehl das Wasser aufgenommen hat, die Mischung auf einer bemehlten Arbeitsfläche mit den Handballen zu einem glatten Teig verkneten.

Gefärbte und aromatisierte Teige

Je nach verwendeter Zutat stehen Farbe oder Geschmack im Vordergrund: Spinatmatte und Rote-Bete-Saft färben intensiv, haben aber wenig Aroma, genau umgekehrt ist es bei Knoblauch und Steinpilzen.

TEIGFARBE UND -AROMA können harmonisch auf eine Nudelsauce oder -füllung abgestimmt sein oder interessante geschmackliche Kontraste setzen. Bewährte Kombinationen sind grüne Nudeln zu roter Tomatensauce oder schwarze Nudeln zu hellen Meeresfrüchten. Mit Spinatmatte (siehe unten) gefärbte Teige sind schön gleichmäßig grün. Mit püriertem Spinat geht's etwas schneller, doch das Resultat ist in der Farbe weniger homogen.

GRÜNER NUDELTEIG MIT SPINATMATTE

- 200 g Spinatblätter, 160 g Weizenmehl Type 405
- 5 Eigelb, 1 EL Olivenöl, ½ TL Salz
- 40 g Butter, zerlassen, frisch geriebene Muskatnuss

Eine Spinatmatte herstellen, wie unten in Step 1 bis 4 gezeigt. Mehl auf eine Arbeitsfläche sieben, eine Mulde eindrücken, Eigelbe, Spinatmatte und übrige Zutaten zufügen, dann den Teig fertigstellen (S. 67).

SPINAT-NUDELTEIG

- 75 g Spinat, geputzt, blanchiert und gut ausgedrückt
- 250 g Weizenmehl Type 405 oder 550
- 2 Eier, 1 Eigelb, ½ TL Salz

Den Spinat sehr fein hacken oder mit dem Blitzhacker fein pürieren. Aus den angegebenen Zutaten einen Teig herstellen, wie auf S. 67 gezeigt, dabei das Spinatpüree zufügen.

SCHWARZER NUDELTEIG MIT SEPIATINTE (1)

- 300 g Weizenmehl Type 405 oder 550, 2 Eier
- ½ TL Salz, 1 EL Olivenöl, 20 ml Sepiatinte (4 Päckchen je 5 ml; Feinkost- oder Fischgeschäft)

Aus den angegebenen Zutaten einen Nudelteig herstellen, wie auf S. 67 in Step 1 bis 11 gezeigt, dabei das Öl und die Sepiatinte mit in die Mulde geben.

SPINATMATTE

zum Färben von Nudelteigen herstellen

(1) Die geputzten Spinatblätter nach und nach im Blitzhacker mit 2 bis 3 EL Wasser fein pürieren.
(2) Das Spinatpüree in ein Tuch füllen, den Saft durch Zusammendrehen gut auspressen und auffangen.
(3) Den Spinatsaft in eine Kasserolle geben und auf 65 °C erhitzen, aber nicht kochen.
(4) Das sich zusammenziehende Blattgrün (Chlorophyll) mit einem kleinen Teesieb abschöpfen und verwenden.

SAFRAN-NUDELTEIG (2)

- 1 Döschen gemahlener Safran (0,1 g)
- 250 g Weizenmehl Type 405 oder 550
- 2 Eier, 1 Eigelb, 2 EL Olivenöl, ½ TL Salz

Den gemahlenen Safran mit 1 EL Wasser verrühren. Aus den angegebenen Zutaten einen Nudelteig herstellen, wie auf S. 67 gezeigt, dabei den angerührten Safran mit in die Mulde geben.

KNOBLAUCH-NUDELTEIG (3)

- 3 Knoblauchzehen, geschält und zerkleinert
- ½ TL Salz, 2 EL Olivenöl
- 250 g Weizenmehl Type 405, 2 Eier, 1 Eigelb

Knoblauch mit Salz und Olivenöl verrühren. Aus den Zutaten einen Teig herstellen, wie auf S. 67 gezeigt, dabei den Knoblauch mit in die Mulde geben.

ROTE-BETE-NUDELTEIG (4)

- 8 EL Rote-Bete-Saft, 250 g Weizenmehl Type 405
- 2 Eier, 1 Eigelb, 2 EL Olivenöl, ½ TL Salz

Rote-Bete-Saft auf 2 EL einkochen. Aus den Zutaten einen Teig herstellen, wie auf S. 67 gezeigt, dabei die Rote-Bete-Reduktion mit in die Mulde geben.

TOMATEN-NUDELTEIG (5)

- 250 g Weizenmehl Type 405, 3–4 Eigelb
- 50 g Butterschmalz, zerlassen, ½ TL Salz
- 30–40 g Tomatenmark

KRÄUTER-NUDELTEIG (6)

- 250 g Weizenmehl Type 405, 2 Eier, 1 Eigelb
- 2 EL Olivenöl, ½ TL Salz, 120 g fein gehackte Kräuter (Salbei, Thymian, Petersilie)

STEINPILZ-NUDELTEIG (7)

- 250 g Weizenmehl Type 405, 2 Eier, 1 Eigelb
- 2 EL Olivenöl, ½ TL Salz, 10 g getrocknete Steinpilze, sehr fein gehackt, 1 EL gehackte Petersilie

CHILI-NUDELTEIG (8)

- 250 g Weizenmehl Type 405, 2 Eier, 1 Eigelb
- 2 EL Olivenöl, ½ TL Salz, 6 kleine getrocknete rote Chilischoten, sehr fein zerstoßen

Aus den Zutaten jeweils einen Nudelteig herstellen, wie auf S. 67, Step 1 bis 11 gezeigt. Dabei die würzenden Zutaten mit in die Mulde geben, beim Tomaten-Nudelteig noch etwa 5 EL Wasser zufügen.

GEFÄRBTE UND AROMATISIERTE NUDELTEIGE

(1) **MIT SEPIATINTE** gefärbte Nudeln passen gut zu Fisch und Meeresfrüchten. Die Tinte ist fertig abgepackt erhältlich.

(2) **SAFRANPULVER** verleiht Nudeln nicht nur eine schöne gelbe Farbe, sondern auch ein leichtes Safranaroma.

(3) **KNOBLAUCHPÜREE** dient zum Aromatisieren von Nudelteigen, sie erhalten dadurch eine kräftige Knoblauchnote.

(4) **ROTE-BETE-SAFT** bringt mehr Farbe als Geschmack in den Teig und kann auch für süße Nudeln verwendet werden.

(5) **TOMATENMARK** gibt Nudeln eine schöne leuchtend orangerote Farbe und zugleich ein feines Tomatenaroma.

(6) **MIT KRÄUTERN** gefärbte Teige sind je nach Anteil (zwischen 20 und 120 g) hell oder leuchtend grün und aromatisch.

(7) **GETROCKNETE STEINPILZE** geben den Nudeln einen einzigartigen, intensiven Geschmack.

(8) **MIT ZERSTOSSENEN CHILIS** lassen sich Nudeln färben und erhalten zudem eine angenehme Schärfe.

Aus der Nudelmaschine kommen die Nudeln perfekt – alle sind gleich breit und gleich stark. So ist ein optimales Kochergebnis garantiert.

Nudeln mit der Maschine herstellen

Eine Nudelmaschine ist kein Muss, erleichtert die Arbeit aber doch erheblich. Für handwerklich weniger erfahrene Nudelliebhaber lohnt daher ihre Anschaffung auf jeden Fall.

DANK MASCHINELLER HILFE wird das Ausrollen fester Nudelteige zum Kinderspiel. Dafür muss jedoch kein teures Spezialgerät mit Elektromotor angeschafft werden, bereits einfache Modelle mit Handkurbel leisten gute Dienste. Gängige Nudelmaschinen sind in der Regel aus Edelstahl und mit einem verstellbaren Walzensystem sowie mehreren Schneidvorsätzen ausgestattet. Wem das Kurbeln von Hand zu lange dauert, der kann meist (je nach Herstellerangebot) einen kleinen, separat erhältlichen Elektromotor dazuerwerben. Auch für hochwertige Küchenmaschinen gibt es in der Regel Aufsätze zum Walzen und Schneiden von Nudelteig als op-tionales Zubehör. Motorbetriebene Varianten haben den Vorteil, dass die Teigbahnen beim Ausrollen und Schneiden bequem mit beiden Händen festgehalten werden können. Und mit dem entsprechenden Zusatz lassen sich sogar Ravioli in einem Arbeitsgang formen und füllen.

NUDELTEIG AUSROLLEN UND SCHNEIDEN

Nachdem der Teig geruht hat, wird er auf Raumtemperatur gebracht und in Portionen, meist Viertel, geteilt. Damit er nicht zu schnell austrocknet und rissig wird, empfiehlt es sich, jeweils nur eine Portion zu verarbeiten und den übrigen Teig wieder in Frischhaltefolie einzuschlagen – so bleibt er schön elastisch. Anschließend wird die erste Teigportion von Hand leicht flach gedrückt und weiterverarbeitet, wie rechts in Step 1 gezeigt.

Besonders feste Teige können mit dem Nudelholz zu dicken Fladen verarbeitet werden, bevor sie zwischen die Walzen kommen. Anschließend wird der Teig ausgerollt, wie unten in Step 2 und 3 vorgeführt. Je nach Teigbeschaffenheit sollte dieser Vorgang einige Male wiederholt werden. Wenn der Teigstreifen schön glatt und fest ist, beginnt das weitere Ausrollen zu immer längeren, dünnen Teigbahnen, wie unten in Step 4 und 5 gezeigt. Dabei wird der Walzenabstand von Durchgang zu Durchgang um eine Stufe verringert, bis die gewünschte Teigstärke erreicht ist. Sollte der Nudelteig zu kleben beginnen, wird er mit etwas doppelgriffigem Mehl bestäubt. Dieses ist ideal zum Ausrollen, da es aufgrund seines größeren Korndurchmessers ein Ankleben des Teiges verhindert. Zum Schluss werden die Teigbahnen dann auf die gewünschte Länge gekürzt und mit dem entsprechenden Vorsatz in schmale Taglierini oder breitere Tagliatelle geschnitten, wie unten in Step 6 gezeigt. Anschließend bestreut man die Nudeln wieder mit doppelgriffigem Mehl und rollt sie dann zu Nestern oder hängt sie zum Trocknen auf, wie auf S. 77 beschrieben.

DEKORATIVE TEIGE HERSTELLEN

Mit ein paar Tricks lassen sich beim Ausrollen des Teiges dekorative Muster herstellen. Für gestreifte Nudelblätter, etwa für Tortelli oder Fazzoletti, benötigt man zwei verschiedenfarbige Teige. Beide werden separat dünn ausgerollt und in 1,5 bis 2 cm breite Streifen geschnitten. Anschließend feuchtet man die Ränder der Streifen leicht mit Wasser an, legt diese dann farblich abwechselnd leicht überlappend nebeneinander und drückt sie etwas an. Beim erneuten Ausrollen entsteht ein homogener Teig mit attraktivem Streifenmuster. Auch mit Kräutern lassen sich Akzente setzen. Dafür belegt man eine dünn ausgerollte Teigbahn mit dekorativen Blättchen (glatte Petersilie, Salbei oder Dill), legt ein zweites Teigblatt bündig auf und rollt den Teig erneut aus.

TEIG MIT DER NUDELMASCHINE WALZEN UND SCHNEIDEN

(1) Eine Teigportion auf der mit doppelgriffigem Mehl bestreuten Arbeitsfläche mit dem Handballen flach drücken.

(2) Anschließend die flache Teigplatte durch die Walzen der Nudelmaschine drehen, dabei den größtmöglichen Abstand einstellen.

(3) Die Teigbahn je nach Länge zusammenfalten oder beidseitig einschlagen und bei gleichem Walzenabstand erneut durchdrehen.

(4) Den Abstand der Walzen nun jeweils um eine Stufe verringern und den Teig durchdrehen. Diesen Vorgang mehrmals wiederholen.

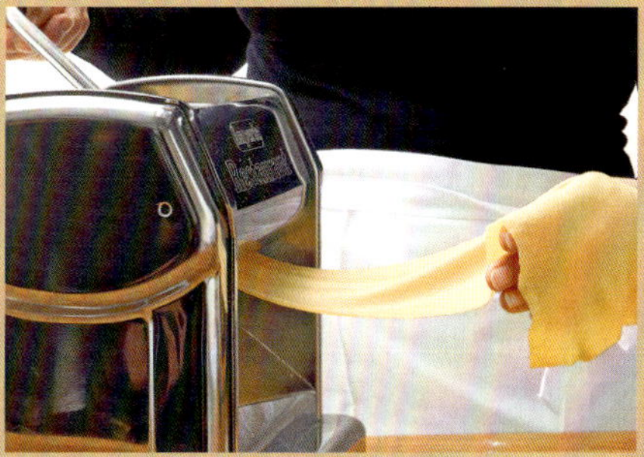

(5, 6) Hat der Teig die gewünschte Stärke, die Bahn auf der bemehlten Arbeitsfläche auslegen. Den restlichen Teig ebenso dünn ausrollen. Dann die Teigbahnen mit dem entsprechenden Vorsatz in Bandnudeln schneiden.

Nudelteig von Hand ausrollen und schneiden

Die Arbeit mit Nudelholz und Messer erfordert zwar etwas Erfahrung, hat man diese aber erst einmal, bleibt die Nudelmaschine immer öfter im Schrank, und die Pasta gelingt auch ohne maschinelle Hilfe perfekt.

DAS AUSROLLEN VON HAND erfordert eine gewisse Technik, damit der große Teigfladen überall gleich dünn ist. Perfekt beherrschen dies die italienischen »pastaie«, Nudelmacherinnen, die zur Herstellung der »sfoglie« genannten Fladen nichts anderes als ein langes glattes Rollholz ohne Griffe und einen großen Backtisch benötigen. Dabei wird der Teig zunächst mit gleichmäßigem Druck zu einem etwa 2 mm dünnen Kreis ausgerollt, bevor er dann mithilfe des Rollholzes auf eine Stärke von 0,5 bis 1 mm weiter ausgezogen wird und so dünn ist, dass man beinahe die Zeitung durchlesen kann. Nachdem diese Technik aber die meisten wohl etwas überfordern dürfte und heutige Küchen in der Regel auch nicht den erforderlichen Platz bieten, empfiehlt sich die einfachere, unten in Step 1 bis 6 prä-

TEIG VON HAND ZU BREITEN BAHNEN AUSROLLEN

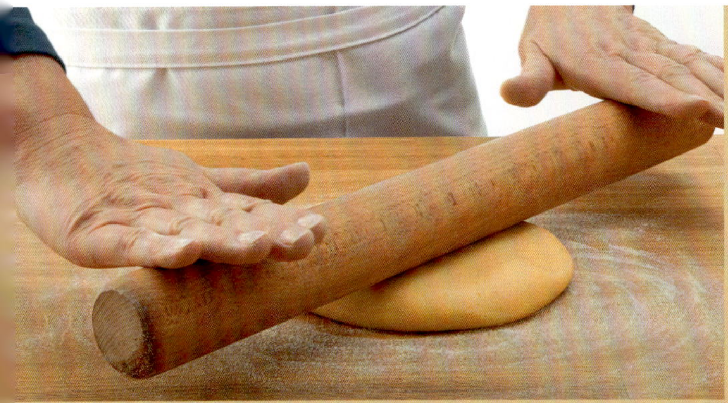

(1) Die Teigkugel leicht flach drücken und auf einer bemehlten Arbeitsfläche mit einem langen, leicht bemehlten Rollholz (etwa 80 cm lang, 5 cm Ø) zu einer dicken Scheibe ausrollen.

(2) Dabei das Rollholz immer vom Körper weg bewegen und den Teigfladen leicht drehen, sodass ein gleichmäßiger Kreis entsteht.

(3) Anschließend den Teigkreis auf die Hälfte zusammenklappen und die Arbeitsfläche erneut leicht mit Mehl oder Grieß bestäuben.

(4) Den Teig erneut dünn ausrollen. Diesen Vorgang, falls nötig, nochmals wiederholen, bis der Teig schön glatt und geschmeidig ist.

(5) Hat die Teigplatte eine Stärke von 3 mm, wird sie abwechselnd nach allen Seiten hin möglichst dünn ausgerollt.

(6) Die fertig ausgerollte Teigbahn sollte 1 bis 2 mm dick sein. Sie wird vor dem Schneiden noch kurz zum Trocknen aufgehängt.

sentierte Methode. Am besten verwendet man dafür ein etwa 80 cm langes Rundholz mit 4 bis 5 cm Durchmesser. Es muss jedoch nicht die Edelvariante aus Buchsbaumholz sein, eine Rundstange aus Buche, wie sie in jedem Baumarkt erhältlich ist, leistet ebenso gute Dienste. Für kleinere Teigmengen kann ihr Durchmesser auch kleiner sein (2 bis 3 cm). Wichtig ist es, vor Beginn des Ausrollens die Arbeitsfläche gut mit doppelgriffigem Mehl oder feinem Grieß zu bestreuen und auch Rollholz und Hände leicht zu bemehlen, damit nichts kleben bleibt. Dünn ausgerollt, muss der Teig dann vor dem Schneiden noch kurz antrocknen (S. 77).

Pasta »alla chitarra«: Bei dieser speziellen, aus den Abruzzen stammenden Methode der Pastaherstellung wird eine Teigbahn auf einen mit dünnen Drähten, die an Gitarrensaiten erinnern, bespannten Holzrahmen gelegt. Anschließend rollt man mit einem entsprechend breiten Nudelholz darüber und schneidet so den Teig in schmale Bandnudeln. Ihre Breite entspricht jeweils dem Abstand der Drähte auf der »Chitarra«.

NUDELN VON HAND SCHNEIDEN

Nun wird der Teig bemehlt und zu einem Streifen zusammengelegt, wie unten in Step 1 und 2 gezeigt. Sehr eng aufgerollt, würde er beim Schneiden stark zusammengedrückt und mehr gequetscht als geschnitten – mit der Folge, dass die Nudeln verkleben. Je nach gewünschter Nudelsorte schneidet man den vorbereiteten Teigstreifen dann am besten auf einem großen Holzbrett in breite Pappardelle, mittelbreite Tagliatelle, schmale Tagliolini oder Taglierini, wie unten gezeigt.

TEIG ZUM SCHNEIDEN VORBEREITEN

(1) Die leicht angetrocknete Teigbahn mit doppelgriffigem Mehl oder feinem Grieß bestreuen.

(2) Den Teig dann zu einem mehrlagigen breiten Streifen zusammenlegen und erneut mit Mehl oder Grieß bestreuen.

TEIG IN PAPPARDELLE SCHNEIDEN

(1) Den vorbereiteten Teig mit einem langen scharfen Messer mit nicht zu dicker Klinge in 1,5 bis 2 cm breite Streifen schneiden.

(2) Die mehrlagigen Streifen auffalten und die Pappardelle auf einem bemehlten Brett vor dem Garen kurz antrocknen lassen.

TAGLIATELLE UND TAGLIOLINI HERSTELLEN

(3) Für Tagliatelle den Teig in 5 bis 6 mm breite Streifen schneiden, zu Bandnudeln auffalten und kurz antrocknen lassen.

(4) Für Tagliolini wird der mehrlagige Teig in 2 bis 3 mm schmale Streifen geschnitten, auseinandergefaltet und kurz getrocknet.

Nudeln trocknen und schneiden

Erst durch mehrmaliges kurzes Antrocknen erhält der Teig die richtige Beschaffenheit. Dabei muss ein Teil des beim Kneten zugefügten Wassers vor dem Garen wieder entweichen.

TEIGBAHNEN UND LANGE BANDNUDELN hängt man zum Antrocknen am besten über lange Stangen. Hierbei heißt es meist improvisieren: Als nützliche Helfer erweisen sich dabei über Stuhllehnen oder offene Schranktüren gelegte lange Kochlöffel oder dünne Rundhölzer. Etwas kürzere Bandnudeln können auch über spezielle, im Handel erhältliche mehrarmige Nudeltrockner aus Holz oder Kunststoff gehängt werden. Oder man rollt sie zu Nestern und legt diese dann zum Trocknen auf einen gitterbespannten Holzrahmen. Kurze Nudelspezialitäten wie Maltagliati, Quadrucci oder Orecchiette (S. 78) sowie gefüllte Pasta (S. 86 ff.) lässt man vor dem Garen am besten etwa 30 Minuten auf einem leicht bemehlten Holzbrett trocknen.

KURZE PASTASPEZIALITÄTEN HERSTELLEN

Für »schlecht Geschnittene«, wie Maltagliati übersetzt heißen, sowie für Nudelfleckerl, italienisch Quadrucci, eignen sich alle auf S. 66 und 67 vorgestellten Teige. Diese werden dann möglichst dünn ausgerollt und geschnitten, wie unten gezeigt.

NUDELTEIG IN MALTAGLIATI SCHNEIDEN

(1) Den ausgerollten Teig mit Mehl bestäuben, mehrmals zusammenklappen und mit einem Messer erst schräg zwei kurze Dreiecke abschneiden, dann ein langes Dreieck abtrennen.

(2) Die auf diese Weise entstandenen mehrlagigen Nudeldreiecke vorsichtig voneinander lösen und zum Trocknen auf einem bemehlten Holzbrett auslegen.

NUDELTEIG IN QUADRUCCI ODER FLECKERL SCHNEIDEN

(1) Den Nudelteig zu mehreren dünnen Kreisen ausrollen, mit doppelgriffigem Mehl bestäuben, kurz antrocknen lassen, übereinanderstapeln und in 10 cm breite Bahnen schneiden.

(2) Die Teigbahnen erst quer in Streifen der gewünschten Breite, dann in entsprechend große Quadrate schneiden. Beliebt sind Formen mit 1 cm, 1,5 cm oder 2 cm Kantenlänge.

Nudelspezialitäten von Hand formen

Viele regional beliebte italienische Pastasorten wie Garganelli oder Orecchiette sind heute zwar getrocknet erhältlich. Gewusst wie und mit etwas Zeit und Geduld lassen sie sich aber auch gut selbst herstellen.

SPIRALEN, RÖLLCHEN, SCHMETTERLINGE – Pasta fresca gibt es in Italien in vielen, fantasievollen Formen. Für die meisten ist ein dünn ausgerollter Eierteig die Basis. Gut eignet sich dafür beispielsweise der Grundteig auf S. 67. Fügt man diesem zusätzlich noch 1 EL Olivenöl zu, wird er etwas elastischer und eignet sich dann besonders gut zum Formen. Teige mit besonders hohem Eigelbanteil (S. 68) sind schön kernig und bilden eine gute Grundlage für Garganelli oder Farfalle. Andere, vor allem in Süditalien beliebte Pastaspezialitäten wie Orecchiette oder Strozzapreti werden klassisch aus reinem Hartweizenteig ohne Zugabe von Eiern geformt (S. 79), es gibt sie aber auch mit Eianteil.

FUSILLI HERSTELLEN

(1) Eine dünn ausgerollte, etwa 8 cm breite Teigbahn auf einer bemehlten Arbeitsfläche in etwa 2 mm breite Streifen schneiden.

(2) Die Teigstreifen spiralförmig um ein dünnes Holzstäbchen (5 mm Ø) wickeln, dann das Stäbchen vorsichtig herausziehen.

ORECCHIETTE FORMEN

(1) Den Teig zu mehreren Strängen (1 cm Ø) rollen und mit einem scharfen Messer 5 mm bis 1 cm breite Stücke abschneiden.

(2) Die Teigstücke mit dem Daumen nach unten drücken und gleichzeitig zum Körper ziehen, dabei erhalten die Orecchiette ihre Form.

GARGANELLI FORMEN

(1) Aus einer dünn ausgerollten Teigbahn 6 cm große Quadrate ausschneiden und diese mit der Spitze nach vorn um ein dünnes Holzstäbchen (5 mm Ø) wickeln.

(2) Das aufgewickelte Teigquadrat mit leichtem Druck über ein geriffeltes Holzbrett abrollen. Anschließend das Holzstäbchen vorsichtig herausziehen.

FUSILLI, GARGANELLI UND FARFALLE

Für diese Varianten ist ein Eierteig notwendig. Er muss zunächst 30 Minuten bis 1 Stunde ruhen. Soll er gleich weiterverarbeitet werden, kann dies bei Raumtemperatur erfolgen, ansonsten kommt der Teig zum Entspannen in den Kühlschrank, wo er bis zu 2 Tage aufbewahrt werden kann. Vor dem Formen muss er dann rechtzeitig herausgenommen und auf Raumtemperatur erwärmt werden. Für die Herstellung von spiralförmigen Fusilli, gerillten Garganelli oder gezackten Farfalle (Schmetterlingen) wird er auf einer mit doppelgriffigem Mehl bestreuten Arbeitsfläche oder mithilfe der Nudelmaschine dünn ausgerollt. Wie der Teig im Einzelnen geschnitten und jeweilig weiterverarbeitet wird, ist in den Bildfolgen auf S. 78 (Fusilli, Garganelli) oder unten (Farfalle) beschrieben. Die fertigen Nudeln müssen dann vor dem Kochen nur noch 30 Minuten auf einem bemehlten Brett antrocknen.

ORECCHIETTE UND STROZZAPRETI

Der Nudelteig aus Hartweizengrieß und Weizenmehl (S. 67), dem noch 1 EL Olivenöl zugefügt wird, ist eine gute Basis für die Herstellung rustikaler Pastaspezialitäten, da er sich leichter kneten lässt als reiner Hartweizenteig, aus dem man Orecchiette (Öhrchen) oder die ähnlichen Cavatelli aus Apulien und Kampanien formt. Strozzapreti oder Strangulapreti (Priesterwürger) gibt es in vielen regionalen Variationen. Für einen reinen Hartweizenteig gibt man 500 g feinen Hartweizengrieß in eine Schüssel, fügt etwas lauwarmes Wasser (insgesamt etwa 1/8 l), 2 bis 3 EL Olivenöl sowie 1 TL Salz hinzu und verknetet alles. Nach und nach so viel lauwarmes Wasser zufügen, bis der Teig geschmeidig ist; diesen dann ausgiebig kneten. Aber egal, welcher Teig, er muss zunächst 30 Minuten bis 1 Stunde ruhen. Anschließend wird er geformt, wie auf S. 78 (Orecchiette) oder unten (Strozzapreti) gezeigt.

FARFALLE HERSTELLEN

(1) Eine dünn ausgerollte Teigbahn auf einer bemehlten Arbeitsfläche mit einem gezackten Teigrädchen in 3 cm große Quadrate schneiden.

(2) Die Teigquadrate dann mit dem gezackten Teigrädchen mittig teilen, so entstehen 1,5 cm breite und 3 cm lange Rechtecke.

(3) Die Teigrechtecke aufnehmen und mit Daumen und Zeigefingern in der Mitte zu Farfalle zusammendrücken.

STROZZAPRETI FORMEN

(1) Den Teig zu dünnen, etwa halb fingerbreiten Strängen rollen und mit einem scharfen Messer etwa 5 cm lange Stücke abschneiden.

(2, 3) Einen dünnen Metallstab längs auf die Teigstücke legen und diese unter leichtem Druck um das Stäbchen rollen. Dann die Nudeln abnehmen und wie eine Schraube einmal um sich selbst zu Strozzapreti drehen.

Nudeln für ein langes Leben

Schnell wie ein Springseil wirbelt der Koch den elastischen Nudelteig durch die Luft und zieht ihn dabei immer länger. Kurz bevor der Strang den Boden berührt, faltet er ihn mit einer einzigen gleitenden Bewegung zusammen und zwirbelt ihn auf. Die Prozedur wiederholt sich immer wieder: lang ziehen, aufzwirbeln. Wenige Minuten später lässt sich das dicke Teigtau in unzählige dünne Fädchen teilen – die »la mian«, die Weizenmehlnudeln aus Nordchina, sind fertig. Sie landen direkt im kochenden Wasser. Niemals würde der fingerfertige Koch die langen Fäden kürzer schneiden, um es seinen Gästen leichter zu machen: In China symbolisieren lange Nudeln ein langes Leben. Deshalb isst man sie gerne zu Geburtstagen, und manche Hersteller drucken auf die Packungen getrockneter Teigwaren sogar Glückwünsche.

AUS WEIZEN- ODER REISMEHL GEFORMT

Trotzdem sind Nudeln keineswegs Feiertagen vorbehalten. Im Gegenteil: Seit im 6. Jahrhundert erstmals die Grundnahrungsmittel Reis und Hirse zu Mehl gemahlen wurden, gehören Nudeln ebenso fest zur chinesischen Küche wie Sojasauce. Das gilt insbesondere für Nordchina, wo statt Reis vor allem Weizen angebaut wird. Und der lässt sich besonders gut zu Nudelteig verarbeiten. Weizennudeln (Mian) begegnet man heute in China auf Schritt und Tritt: frischen und getrockneten, fertig gekauften und hausgemachten, solchen mit und solchen ohne Ei. Und obwohl sie sich hervorragend braten oder im Wok mit Gemüse, Fleisch oder Fisch mischen lassen, liebt man sie vor allem in einer großen Schale mit heißer Brühe. Nudelsuppe, das ist chinesisches »comfort food«: Sie wärmt, sie sättigt, und sie lässt für einen Augenblick den Alltag in genüsslichem Schlürfen untergehen. Denn Schlürfen gehört ausdrücklich dazu, weil die eingesogene Luft die Aromen stärker zur Geltung bringt.

In Südchina treten Reisnudeln an die Stelle der nordchinesischen Weizennudeln. Allgemein als »fen« bezeichnet, gibt es sie als dünne Fäden, schmale oder breite Bandnudeln. Gegart leuchten sie meist perlweiß – im Unterschied zu den durchsichtigen Glasnudeln, mit denen sie hierzulande gelegentlich verwechselt werden. Glasnudeln werden aus Mungbohnenstärke hergestellt und gelten in China nicht als Beilage wie Reis und andere Nudeln, sondern fallen in die gleiche Kategorie wie Fisch, Fleisch und Gemüse. Neben Mungbohnen, Weizen und Reis werden in China auch Buchweizen, Mais, Kartoffelstärke und Pfeilwurzmehl zu Nudeln verarbeitet – was den Stellenwert verdeutlicht, der diesem Nahrungsmittel zukommt.

Wie nicht anders zu erwarten, steckten die Chinesen schnell ihre Nachbarn mit der Vorliebe für Nudeln an. Japan übernahm die kulinarische Anregung bereits im 8. Jahrhundert und entwickelte im Lauf der Zeit eine ganz eigene Nudelkultur. Reisnudeln allerdings spielen dabei überraschenderweise keine Rolle. Denn Reis genießt ein so hohes Ansehen in dem Inselstaat, dass er pur genossen, aber nicht weiterverarbeitet wird.

NUDELTRADITIONEN IN JAPAN

An die Stelle der Reisnudeln treten in Japan die hellbraunen Buchweizennudeln (Soba) mit ihrem nussigen Geschmack, die als Suppeneinlage ebenso beliebt sind wie gegart und mit einer Dipsauce serviert. In herzhaften, sättigenden Gerichten dage-

Der Teig für Kantoneser Nudeln besteht lediglich aus Wasser, Weizenmehl und etwas Salz. Nach einer kurzen Ruhezeit wird dieser zu einem Strang geformt, gefaltet, gedehnt, durch die Luft geschleudert, mit Mehl bestäubt und gedreht, bis Nudeln der gewünschten Stärke entstanden sind.

Wie ein Vorhang fächern sich die langen, gleichmäßigen Nudeln des chinesischen Teigwarenspezialisten Sang Koon Sung beim Durchstreifen auf. Die einzelnen Fäden sind so dünn, dass man sie sogar durch ein Nadelöhr ziehen kann.

gen werden häufig Udon verwendet, dicke Weizennudeln mit einer weichen, aber dennoch elastischen Konsistenz. Udon-Nudeln wärmen Leib und Seele im Winter, während ihre dünnen Verwandten, die Somen, für die Japaner zum Sommer gehören: eisgekühlt und mit Dips und verschiedenen Beilagen serviert.

Diesen traditionellen japanischen Nudelgerichten hat allerdings ein Neuankömmling inzwischen den Rang abgelaufen: Ramen. Vor allem seit dem Zweiten Weltkrieg schossen überall in den Städten Snackrestaurants aus dem Boden, die sich der chinesischen Nudelsuppe mit ihren dünnen Weizennudeln annahmen und sie dem japanischen Geschmack anpassten. Inzwischen haben sich Ramen von Japan aus über die ganze Welt verbreitet – vor allem in ihrer Instantversion. China und Japan haben zwar unter den asiatischen Küchen die eigenständigsten Nudelkulturen entwickelt. Das heißt allerdings nicht, dass die Nudelgerichte anderer Länder hinter ihnen zurückstehen müssten. Die Rindfleischbrühe »Pho bo« mit ihrer reichhaltigen Einlage aus Reisbandnudeln, Gemüse und vielen frischen Kräutern wird in Vietnam geradezu als Nationalgericht betrachtet. Ähnliche Wertschätzung genießt in Thailand »Pad thai«, eine Mischung aus gebratenen Reisnudeln mit Ei, Bohnensprossen, Fleisch oder Fisch, die ihr typisches Aroma Tamarindenpaste, Fischsauce und Erdnüssen verdankt. In Indonesien dagegen hat man sich die chinesischen Weizennudeln zu eigen gemacht und in den Bratnudeln »Bami goreng« mit landestypischen Gewürzen wie der süßen Sojasauce Ketjap manis und der Chilipaste Sambal oelek vermählt. Philippinische Teigwarenfans suchen in Scharen »Pansiterias« genannte Nudelrestaurants auf, um dort die Nudelpfanne »Pansit« zu essen. Und »Laksa«, eine Suppe mit Reisnudeln und Garnelen, deren Chilischärfe durch Kokosmilch gemildert wird, schätzt man nicht nur in Malaysia. Neben diesen berühmten Gerichten werden jeden Tag in ungezählten asiatischen Garküchen neue Zubereitungsarten, Würz- und Zutatenkombinationen für Nudeln erfunden. So schlicht der Grundgedanke eines geformten Teigs aus Stärke und Wasser auch sein mag: Nudeln garantieren nicht nur ein langes Leben, sondern auch ein genussreiches.

Sabine Schlimm

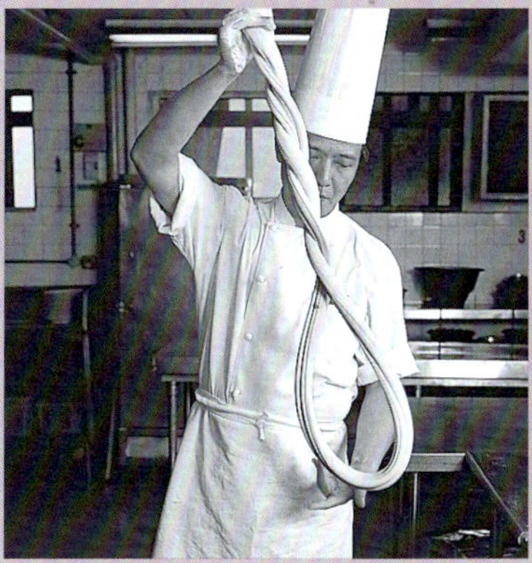

Nudeln al dente kochen

Das richtige Kochen von frischer oder getrockneter Pasta ist zwar nicht schwer, ein paar Grundregeln sollte man allerdings dennoch beachten.

VIEL WASSER UND ETWAS SALZ benötigen Nudeln beim Garen, wie es in der Bildfolge auf S. 83 detailliert gezeigt wird. Die erste Voraussetzung ist ein qualitativ hochwertiger Topf. Er sollte groß und hoch genug sein, um einer ausreichenden Menge Wasser sowie den Nudeln Platz zu bieten. Als Grundregel gilt: Pro 100 Gramm Nudeln werden 1 Liter Wasser und 10 Gramm Salz benötigt. Meist rechnet man etwa 100 Gramm Pasta pro Portion. Für vier Portionen muss der Topf also schon gute 5 Liter fassen. Aus Energiespargründen sollte er zudem die Wärme gut leiten, eben auf der Herdoberfläche aufliegen und einen gut schließenden Deckel haben. Letzterer garantiert, dass das Wasser nach Zugabe der Pasta schneller wieder kocht. Dann muss man ihn allerdings wieder abnehmen, damit die Nudeln nicht überkochen. Aus Energiespargründen kann man ihn auch zu zwei Dritteln auflegen. Im Verlauf des Kochprozesses sollten die Nudeln dann immer von Wasser umspült sein, damit sie gleichmäßig garen und gleichzeitig fertig sind. Während des Garens braucht das Wasser nicht unbedingt sprudelnd zu kochen, sollte aber doch ständig in Bewegung bleiben – das lässt sich an der kräuselnden Oberfläche gut überprüfen. Die Nudeln bewegen sich im Wasser leicht mit, dennoch empfiehlt es sich, sie gelegentlich umzurühren, um ein Ankleben am Boden zu vermeiden. Falls doch einmal ein zu kleiner Topf oder zu wenig Wasser verwendet wurde, kann Umrühren verhindern, dass die Nudeln verkleben. Öl ins Kochwasser zu gießen, bringt dagegen nichts, weil es nur auf der Oberfläche schwimmt.

Zum Kochen von Nudeln braucht es nicht viel. Hilfreich ist ein Siebeinsatz, mit dem sich die fertigen Nudeln aus dem Kochwasser heben lassen. Er ist jedoch nicht zwingend, ein gewöhnlicher Topf und ein Sieb zum Abgießen genügen auch.

WANN GENAU SIND DIE NUDELN FERTIG?

Beim Garen nehmen Nudeln an Volumen zu und werden weich. Verantwortlich dafür ist die enthaltene Stärke. Ab Temperaturen von etwa 70 °C beginnen die Stärkekörner im Innern der Nudeln, Wasser aufzunehmen und zu quellen – das macht sie weich. Das Aufquellen vollzieht sich immer von außen nach innen. Der ideale Gargrad ist erreicht, wenn die Nudeln außen weich sind, im Innern aber noch einen kleinen, festen, weißen Kern haben. Dann sind sie al dente, bissfest, und optimal gekocht. Zu kurz gegarte Nudeln sind zu hart und schmecken nach Mehl.

UNTERSCHIEDLICHE GARZEITEN

Frische Nudeln enthalten mehr Wasser als getrocknete und haben daher eine kürzere Garzeit. Oft steigen sie schon nach 1 bis 2 Minuten an die Oberfläche und sind dann fertig. Getrocknete Pasta muss dagegen je nach Sorte bis zu 12 Minuten und länger kochen. Auf die Herstellerangabe sollte man sich dabei nicht verlassen, sondern den Kochprozess im Auge behalten und gegen Ende eine Nudel testen. Ist die Pasta fertig, wird sie abgegossen (dabei etwas Kochwasser zum eventuellen Verdünnen der Sauce aufbewahren) und sofort mit der Sauce vermischt.

NUDELN AL DENTE KOCHEN

(1) In einem ausreichend großen Topf mit planem Boden und passendem Deckel pro 100 g Pasta 1 l Wasser zum Kochen bringen. Anschließend pro Liter Wasser noch 10 g Salz (etwa 1 EL) zufügen und den Deckel auflegen.

(2) Sobald das Wasser dann sprudelnd kocht, den Deckel abnehmen und beiseitelegen.

(3) Die Nudeln, in diesem Fall Spaghetti, alle auf einmal ins Kochwasser geben und den Deckel wieder auflegen.

(4) Das Wasser erneut aufkochen und die Nudeln mit einer Pastagabel oder einem Kochlöffel wiederholt umrühren.

(5) Anschließend den Deckel zu zwei Dritteln auf den Topf legen, sodass der Dampf entweichen kann.

(6) Während des Garens soll sich die Wasseroberfläche leicht kräuseln, dann garen die Nudeln schön gleichmäßig.

(7, 8) Gegen Ende der Garzeit mehrmals eine Garprobe machen. Sobald die Nudeln al dente sind, werden sie in ein Sieb abgegossen. Dabei bei Bedarf etwas Kochwasser für die Sauce aufbewahren.

Nudeln aufwärmen

Nudeln für Salate oder zum Aufbewahren lässt man nach dem Garen abkühlen. Werden sie warm serviert, bringt man sie in der Regel erst kurz vor dem Servieren wieder auf Temperatur.

DAS VORGAREN VON NUDELN kann sinnvoll sein, wenn im Rahmen der Zubereitung eines größeren Menüs ein Kochen à la minute nicht möglich ist. Auch in der Gastronomie bereitet man Teigwaren oft auf Vorrat zu, um sie dann bei Bedarf portionsweise rasch »wiederbeleben« – regenerieren – zu können. Damit die Nudeln beim Aufwärmen aber nicht weich und matschig werden, schüttet man sie 2 bis 3 Minuten vor Erreichen des Al-dente-Punktes ab. Nudeln, die für kalte Salate vorgesehen sind und nicht wieder erwärmt werden müssen, werden dagegen gleich al dente gekocht. Anschließend werden sie dann abgegossen und weiterverarbeitet, wie in der Bildfolge links gezeigt. Das Abschrecken mit kaltem Wasser dient dazu, den Garprozess zu stoppen und die anhaftende Stärke zu entfernen. Und das Abdecken mit Frischhaltefolie verhindert ein Austrocknen der Nudeln.

NUDELN KALT ABSPÜLEN UND AUFBEWAHREN

(1) Nudeln zum Aufbewahren nach dem Garen in einen Durchschlag abgießen und mit kaltem Wasser abspülen, um den Garprozess zu stoppen und die anhaftende Stärke etwas abzuspülen.

(2) Die Nudeln dann sehr gut abtropfen sowie etwas abkühlen lassen und in eine entsprechend große Schüssel umfüllen.

(3) Anschließend 1 bis 2 EL Öl zufügen, die Nudeln leicht durchmischen und mit Frischhaltefolie bedeckt kühl stellen.

STÄRKE IST HIER NICHT GEFRAGT

Während des Kochens lösen sich Proteine und vor allem Stärke aus den Nudeln. Sie färben das Kochwasser weiß und sind für die Schaumbildung verantwortlich. (Den Deckel beim Garen von Pasta nie ganz auflegen!) Je länger die Nudeln kochen, desto mehr Moleküle gelangen aus ihnen ins Wasser. Sobald die Pasta dann nach dem Abgießen leicht anzutrocknen beginnt, verhaken sich die langen, aus den Nudeln ragenden Moleküle – die Pasta verklebt unweigerlich. Dieser Effekt ist bei Nudeln, die sofort nach dem Kochen mit einer Sauce oder einem Ragout serviert werden, höchst willkommen. Denn er ist dafür verantwortlich, dass Nudeln und Sauce sich bestens verbinden. Dagegen ist bei Nudeln, die länger aufbewahrt werden sollen, etwa für einen Salat, ein Verkleben unerwünscht. Als wirksames Gegenmittel empfiehlt sich, einfach etwas Butter oder Öl unterzumischen. Dies bewirkt, dass die Wasser liebenden Stärke- und Proteinmoleküle sich zusammenziehen. Damit wird die Oberfläche der Nudeln glatter, und sie können nicht mehr aneinanderkleben. Insbesondere bei großen Nudelblättern wie Lasagne oder Fazzoletti muss daher nach dem Kochen und Abgießen unbedingt etwas Öl zugegeben werden, sonst lassen sie sich nicht mehr trennen und reißen eher, als sich voneinander zu lösen.

Im Dampfgarer lassen sich vorgegarte Nudeln gut regenerieren. Dazu kommen sie bei 90 bis 95 °C in einem passenden gelochten oder ungelochten Einsatz für etwa 5 Minuten in den Dampf.

NUDELN AUFWÄRMEN

Die einfachste Art, knapp bissfest gekochte Nudeln wieder aufzuwärmen, ist, sie kurz in etwas Butter oder Öl zu schwenken, wie unten gezeigt. Falls dieser Geschmack nicht erwünscht ist, erhitzt man sie entweder in kochendem Salzwasser, wie ganz unten beschrieben. Oder man erwärmt sie in wenig Kochwasser oder Fond, wie rechts unten vorgeführt.

NUDELN IM DAMPF REGENERIEREN

Mit Wasserdampf lassen sich vorgegarte Nudeln in wenigen Minuten »wiederbeleben« und schmecken dann fast wie frisch. Wer keinen speziellen Dampfgarer hat, stellt dafür einen passenden Dämpfeinsatz in einen mit 1 bis 2 cm Wasser gefüllten Topf, bringt dieses zum Kochen, fügt die Nudeln hinzu und erwärmt sie, wie ganz unten rechts beschrieben.

NUDELN AUFWÄRMEN UND REGENERIEREN

IN BUTTER ODER ÖL: In einer Pfanne oder einem Topf etwas Butter oder Öl erhitzen und die knapp bissfest gegarten Nudeln darin kurz schwenken.

MIT NUDELKOCHWASSER ODER FOND: Die Nudeln in einer Pfanne oder Kasserolle zusammen mit 50 ml Nudelkochwasser oder Fond erwärmen.

IN KOCHENDEM SALZWASSER: Die nicht ganz fertig gegarten Nudeln für 1 Minute in kochendes Salzwasser geben, abgießen und abtropfen lassen.

IM DAMPF REGENERIEREN: Die knapp gegarten Nudeln in einen gelochten Einsatz geben und vor der Weiterverwendung kurz im Wasserdampf erwärmen.

Pasta füllen: Ravioli-Grundrezept

Pasta ripiena, wie die gefüllten Nudeln auf Italienisch heißen, gehören zu den Highlights der italienischen Teigwarenküche. Ihre Herstellung erfordert etwas Fingerspitzengefühl und Geduld, doch die Mühe lohnt.

DIE HÜLLE DER TÄSCHCHEN besteht in der Regel aus einem frischen Eierteig. Gut geeignet sind dafür nach dem Grundrezept (S. 67) gefertigte Teige aus Weizenmehl Type 550 oder Dinkelmehl. Über extraviel Biss und Elastizität verfügt der Nudelteig für gefüllte Pasta (S. 67) aus doppelgriffigem Mehl. Diese Teige können nach Belieben weiter gefärbt und aromatisiert (S. 70 f., 97) werden. Dabei ist die Herstellung von Ravioli, Tortelli, Agnolotti und Co. immer ähnlich. Zunächst wird dafür der Teig auf einer leicht bemehlten Arbeitsfläche – hier empfiehlt es sich, doppelgriffiges Mehl zu verwenden, da es nicht klebt – 1 bis 2 mm dünn ausgerollt. Am besten portionsweise, denn der Teig trocknet rasch aus und lässt sich dann schlechter verarbeiten. Deshalb teilt man ihn in vier Portionen und rollt immer

HALBRUNDE RAVIOLI HERSTELLEN

(1) Die Zutaten für die Ricotta-Kräuter-Füllung zu einer homogenen Masse verrühren und diese mit Salz und Pfeffer abschmecken.

(2) Aus dem Nudelteig mit einem gezackten Metallring (6 cm Ø) Kreise ausstechen und sämtliche Teigreste dazwischen entfernen.

(3) Jeweils 1 TL Füllung in die Mitte der Kreise setzen und die Teigränder dünn mit Eiweiß oder Wasser bestreichen.

(4) Die Teigkreise zu Halbmonden zusammenklappen und die Ränder festdrücken. Die fertigen Ravioli auf einer bemehlten Arbeitsfläche kurz antrocknen lassen.

(5) Ravioli ins kochende Salzwasser geben und 8 bis 10 Minuten garen, dann herausheben, kurz abtropfen lassen und rasch servieren.

Zum Ausstechen der Teigkreise oder -quadrate gibt es spezielle runde oder eckige Ravioli-Ausstecher, zum Teil mit stabilem Holzgriff. Es können jedoch auch einfache gezackte oder glatte Ausstechringe aus Metall dafür verwendet werden.

nur ein Viertel aus, der Rest wird dann bis zur Verwendung in Frischhaltefolie eingeschlagen. Je nach gewünschter Form werden nun Kreise ausgestochen, wie auf S. 86 gezeigt, oder man schneidet den Teig in Rechtecke, Quadrate oder Dreiecke (S. 88). Anschließend kommt die Füllung hinzu – bei dem folgenden Grundrezept ist es eine leichte Masse aus Ricotta und Kräutern. Sie wird teelöffelweise auf dem Teig verteilt. Wichtig ist dabei, nicht zu viel Füllung auf den Teig zu setzen, damit sich die Ravioli gut zusammenklappen lassen. Zudem geht die Füllung beim Garen meist noch etwas auf. Anschließend eventuell eingeschlossene Luftblasen ausstreichen, damit sich die Ravioli im Wasser nicht öffnen. Die Teigränder gut andrücken und die Ravioli vor dem Garen leicht antrocknen lassen.

RICOTTA-KRÄUTER-RAVIOLI

- 1 x frischer Nudelteig für gefüllte Pasta (S. 67)
- 250 g Ricotta, 1 Ei, ½ TL Salz
- frisch gemahlener Pfeffer
- 1 EL gehackte Petersilie
- je 1 TL gehackter Liebstöckel, Salbei und Thymian
- einige Rosmarinnadeln, fein gehackt
- 80 g frisch geriebener Parmesan

Den Nudelteig in Frischhaltefolie einschlagen und 1 Stunde kühl ruhen lassen. Für die Füllung Ricotta mit Ei, Salz, Pfeffer, Kräutern und Parmesan in eine Schüssel geben und weiterverarbeiten, wie auf S. 86, Step 1 gezeigt. Den Teig auf einer bemehlten Arbeitsfläche 1 bis 2 mm dünn ausrollen und weiterverfahren, wie in Step 2 bis 4 gezeigt. In einem Topf ausreichend Salzwasser zum Kochen bringen und die Ravioli garen, wie in Step 5 beschrieben.

HERSTELLUNGSVARIANTE

Statt die Kreise einzeln auszustechen, können Ravioli auch aus langen Teigbahnen hergestellt werden, wie unten in Step 1 bis 4 gezeigt.

EINE ZWEITE MÖGLICHKEIT,
halbrunde Ravioli herzustellen

(1) Den Nudelteig mit dem Nudelholz oder mit der Maschine zu 12 cm breiten, langen, dünnen Bahnen ausrollen.
(2) Auf einer Teigbahn jeweils 1 TL Füllung im Abstand von etwa 8 cm knapp neben der Mitte daraufsetzen.
(3) Die Ränder mit Eiweiß bestreichen und die Teigbahn der Länge nach zu einem Streifen zusammenklappen.
(4) Den Teig rings um die Füllung festdrücken und mit einem gezackten Ausstechring (6 cm Ø) Ravioli ausstechen.

(1)

(2)

(3)

(4)

Verschiedene Herstellungsarten

Ob rund, eckig oder dreieckig – der eigenen Fantasie sind in Sachen Form und Füllung von Pasta ripiena keinerlei Grenzen gesetzt. Einige interessante Varianten finden Sie auf den folgenden Seiten.

WELCHE METHODE der Ravioli-Herstellung im Einzelfall gewählt wird, ist eine Frage der Geschicklichkeit und der zur Verfügung stehenden Zeit: Etwas größere Teigtaschen sind einfacher zu füllen und zu verschließen als sehr kleine. Und die Herstellung kleinster Täschchen dauert grundsätzlich länger als jene größerer Kreise, Dreiecke oder Rechtecke, da bei derselben Menge an Teig und Füllmasse deutlich mehr Täschchen gefüllt und geformt werden müssen. Die einfachste Methode der Ravioli-Herstellung ist, aus einer breiten Teigbahn mit einem gezackten oder glatten Teigrädchen Rechtecke oder Quadrate auszuradeln und diese dann zu füllen und zu formen, wie links unten gezeigt. Eine Alternative zum Ausstechen einzelner Kreise (S. 86) ist die im großen Bild unten gezeigte, etwas schnellere, aber nicht ganz einfache Methode für runde Ravioli oder Tortelli. Hier werden auf einer 13 bis 14 cm breiten Teigbahn mit einem Ausstechring (6 cm Ø) Kreise markiert, dann kommt jeweils 1 TL Füllung in die

RECHTECKIGE RAVIOLI HERSTELLEN

(1) Den Teig mit dem gezackten Teigrädchen in 4 x 8 cm große Rechtecke schneiden und jeweils 1 TL Füllung auf eine Hälfte setzen.

(2) Teigränder, falls nötig, mit Eiweiß oder Wasser bestreichen, die Rechtecke zu Quadraten zusammenklappen und die Ränder andrücken.

DREIECKIGE FORMEN (PANSOOTI) HERSTELLEN

(1) Den Nudelteig mit einem glatten Teigrädchen in 6 cm große Quadrate schneiden und jeweils 1 TL Füllung in die Mitte setzen.

(2) Die Teigränder, falls nötig, mit Eiweiß oder Wasser bestreichen und die Quadrate bündig zu glatten Dreiecken zusammenklappen.

Mitte. Ist der Teig etwas angetrocknet, wird er rings um die Füllung entweder mit Wasser, mit Eiweiß oder auch mit verquirltem Eigelb befeuchtet, bevor man dann eine zweite, gleich große Teigbahn bündig auflegt und rings um die Füllung leicht andrückt. Dann lassen sich runde Ravioli ausstechen.

MIT DEM RAVIOLIBRETT ARBEITEN

Wem das Ausstechen der einzelnen Täschchen zu viel wird, der kann auch zu Ravioliformen aus Alu greifen. Es gibt diese auch als Raviolibrett bezeichneten Formen mit runden oder viereckigen Vertiefungen und gezackten Rändern sowie einem Rollholz in passender Breite. Wie die Raviolherstellung damit funktioniert, ist unten in Step 1 bis 3 beschrieben. Darüber hinaus sind im Handel spezielle Aufsätze für Nudel- und Küchenmaschinen erhältlich, die das Formen und Füllen von in der Regel eckigen Ravioli in einem Arbeitsgang erledigen, dabei jedoch etwas Fingerspitzengefühl erfordern. Der Name der gefüllten Halbmonde, Dreiecke oder Quadrate verweist übrigens nicht unbedingt auf die Form, sondern gibt eher Auskunft über die Herkunft der gefüllten Täschchen. So liebt man dreieckige Pansooti in Ligurien, halbrunde Cialsons in Friaul und Agnolotti aller Art im Piemont.

AGNOLOTTI »DAL PLIN« HERSTELLEN

Eine besondere Spielart der Piemonteser Teigtäschchen sind die kleinen Agnolotti »dal plin« – mit Kniff –, bei denen man die Füllung in kleinen Portionen nebeneinander auf lange Teigbahnen setzt, wie ganz unten in Step 1 gezeigt. Anschließend wird der Teig dann über die Füllung geschlagen und jeweils zwischen der Füllung mit Daumen und Zeigefinger zusammengedrückt, wodurch die typische Form entsteht. Dann trennt man einzelne Agnolotti ab, wie unten in Step 2 und 3 gezeigt.

RAVIOLI MIT DEM RAVIOLIBRETT HERSTELLEN

(1) Eine bemehlte Ravioliform mit einer entsprechend breiten Teigbahn belegen und jeweils 1 TL Füllung in die Vertiefungen setzen.

(2) Eine zweite Teigbahn gleicher Breite darüberlegen und mit dem Rollholz vorsichtig darüberrollen, ohne die Füllung zu verschieben.

(3) Die Ravioli vorsichtig einzeln aus der Form lösen und auf einem leicht bemehlten Holzbrett kurz antrocknen lassen.

AGNOLOTTI »DAL PLIN« HERSTELLEN

(1) Die Füllung in haselnussgroßen Portionen in etwa 3 cm Abstand mit einem Teelöffel mittig auf den vorbereiteten Teigstreifen setzen.

(2, 3) Die Ränder mit Eiweiß oder Wasser bestreichen, die Teigbahnen zu schmalen Bändern zusammenklappen und um die Füllung herum gut andrücken. Den Teig zwischen Daumen und Zeigefinger etwas zusammendrücken, mit einem gezackten Teigrädchen Agnolotti abtrennen und kurz antrocknen lassen.

Feine Füllungen mit Gemüse, Steinpilzen und Kalbfleisch

Die Vorschläge für Füllmassen auf dieser Seite zeigen eine breite Palette an Möglichkeiten und lassen sich mit würzigem Käse sowie aromatischen Kräutern und Gewürzen immer weiter variieren.

FESTE REGELN gibt es nicht für die Zubereitung von Füllungen für Pasta ripiena. Alles, was sich klein schneiden oder hacken lässt (Fleisch, Fisch, Meeresfrüchte, Käse) oder eine weiche Konsistenz hat (Gemüse- oder Kartoffelpüree) ist geeignet. Für die Bindung sorgt meist Frisch- oder Reibkäse (Ricotta, Parmesan), oft auch Eigelb oder Ei. Wichtig ist, die Füllmasse gut zu würzen und auf die richtige Konsistenz zu achten. Sie darf weder zu trocken noch zu nass sein. Sehr feuchte Massen lassen sich durch Zugabe von Semmelbröseln korrigieren.

SPINAT-RICOTTA-FÜLLUNG

- 300 g junger Spinat, 200 g Ricotta
- ½ TL Salz, frisch gemahlener Pfeffer
- frisch geriebene Muskatnuss
- 100 g frisch geriebener Parmesan, 2 Eigelb

Den Spinat für die Füllung putzen, blanchieren, abgießen, abschrecken, sehr gut ausdrücken und grob hacken. Den Spinat mit den übrigen Zutaten in eine Schüssel geben und alles gut vermengen.

PAPRIKA-RICOTTA-FÜLLUNG

- 1 rote Chilischote, ohne Samen
- 100 g Paprikafruchtfleisch, gehäutet
- 30 g Frühlingszwiebeln, 1 Knoblauchzehe
- 50 g Parmaschinken (Ersatz: anderer luftgetrockneter Schinken)
- 1 Eigelb, 30 g frisch geriebener Pecorino
- 1 EL gehackte Petersilie
- 250 g Ricotta, Salz, frisch gemahlener Pfeffer

Für die Paprika-Ricotta-Füllung das Chili- und Paprikafruchtfleisch fein würfeln. Frühlingszwiebeln putzen und klein schneiden, Knoblauch schälen und fein würfeln. Den Parmaschinken ebenfalls in feine Würfel schneiden und weiterarbeiten, wie unten in Step 1 und 2 gezeigt.

KÜRBIS-AMARETTI-FÜLLUNG

- 1 Hokkaidokürbis (etwa 700 g)
- 100 g abgetropfte Senffrüchte aus dem Glas
- 3 Amaretti, 70 g frisch geriebener Parmesan
- Salz, Pfeffer, frisch geriebene Muskatnuss

PAPRIKA-RICOTTA-FÜLLUNG *fertigstellen*

(1) Chili- und Paprikawürfel mit Frühlingszwiebeln, Knoblauch und Parmaschinken in eine kleine Schüssel geben. Eigelb, Pecorino, Petersilie und Ricotta zufügen und alles salzen und pfeffern.

(2) Die zerkleinerten Zutaten in der Schüssel gut vermengen, bis eine homogene Masse entstanden ist. Die Füllung zum Schluss mit Salz und Pfeffer abschmecken.

Verschiedene Vorschläge zum Füllen von Ravioli – von links nach rechts: Kalbfleisch- und Spinat-Ricotta-Füllung, Kürbis-Amaretti- und Ricotta-Kräuter-Füllung (S. 87) sowie Steinpilzfüllung und Paprika-Ricotta-Füllung (im Bild rechts außen).

Den Backofen auf 200 °C vorheizen. Den Kürbis auf ein Blech setzen und im vorgeheizten Ofen 50 Minuten backen, dann herausnehmen und auskühlen lassen. Die Senffrüchte fein würfeln. Amaretti in eine Tüte füllen, mit dem Nudelholz darüberrollen und zerdrücken. Den Kürbis halbieren und die Kerne entfernen. Das Fruchtfleisch auslösen, 500 g abwiegen und sehr fein hacken. Das Kürbisfruchtfleisch in einer Schüssel mit den zerkleinerten Senffrüchten, den Amarettibröseln sowie dem geriebenen Parmesan vermischen und die Masse mit Salz, Pfeffer und Muskat würzen.

STEINPILZFÜLLUNG

- 300 g frische Steinpilze
- 50 g Zwiebel
- 30 g Butter, 1 EL gehackte Petersilie
- Salz, frisch gemahlener Pfeffer

Die Steinpilze für die Füllung putzen und fein würfeln. Die Zwiebel schälen, sehr fein hacken und in zerlassener Butter hell anschwitzen. Die Pilzwürfel zufügen und 2 bis 3 Minuten mit anschwitzen, dann die Petersilie unterrühren. Die Mischung mit Salz und Pfeffer würzen und abkühlen lassen.

KALBFLEISCHFÜLLUNG

- 250 g Kalbfleisch, 100 g weißer Spargel, Salz
- 1 Knoblauchzehe, geschält, 70 g Möhre
- 40 g Staudensellerie, 40 g Frühlingszwiebeln
- 100 g Pfifferlinge, geputzt
- 1 Ei, 3 Salbeiblätter, fein gehackt
- ½ TL Thymianblättchen
- 1 EL fein gehackte Petersilie
- frisch gemahlener Pfeffer
- 1 TL edelsüßes Paprikapulver

Für die Füllung das Kalbfleisch in sehr kleine Würfel schneiden. Den Spargel schälen und die holzigen Enden entfernen. Die Stangen in sprudelndem Salzwasser weich kochen und pürieren. Den Knoblauch fein hacken. Möhre, Staudensellerie und Frühlingszwiebeln schälen oder putzen und alles in kleine Würfel schneiden. Die Pfifferlinge klein hacken. Alle vorbereiteten Zutaten in eine Schüssel geben und das Ei sowie die Kräuter zufügen. Die Kalbfleischfüllung mit Salz, Pfeffer und Paprikapulver würzen und alles gut vermengen. Mit rohem Fleisch gefüllte Ravioli in siedendem Salzwasser in 8 bis 10 Minuten gar ziehen lassen, bis sie an die Oberfläche steigen.

Tortellini herstellen

Die ringförmige Variante der Pasta ripiena ist zwar in der Herstellung etwas aufwendiger als Ravioli, verspricht jedoch großen Genuss.

GEFÜLLT, GEFALTET UND GEZOGEN – ursprünglich stammen sie wohl aus Bologna, wo Tortellini bis heute von Hand hergestellt werden, meist mit einer Gemüsefüllung (Spinat) oder mit Fleisch und Mortadella gefüllt, wie unten beschrieben. Bei der etwas schwieriger herzustellenden Originalversion zeigt die Spitze des gefüllten Teigdreiecks in Richtung Handfläche, wird dann umgeklappt und der Tortellino vom Finger gezogen. Klassisch serviert man Tortellini entweder in Fleischbrühe, »in brodo«, oder mit einer Hackfleisch- oder Sahnesauce.

TORTELLINI ALLA BOLOGNESE

- 1 x frischer Nudelteig für gefüllte Pasta (S. 67)
- je 120 g Schweine- und Kalbfleisch
- 100 g Hähnchenbrust, 50 g Butter
- 125 g Mortadella, 60 g Parmaschinken, gewürfelt
- 3 Eigelb, 100 g frisch geriebener Parmesan
- Salz, frisch gemahlener Pfeffer
- frisch geriebene Muskatnuss

Den Nudelteig in Frischhaltefolie 1 Stunde kühl ruhen lassen. Für die Füllung Schweine-, Kalb- und Hähnchenfleisch klein würfeln und in Butter ringsum 10 Minuten hell anbraten, herausnehmen. Die Mortadella klein würfeln und kurz braten. Fleisch, Schinken und Mortadella durch die feine Scheibe des Fleischwolfs drehen. Eigelbe und Parmesan zufügen und alles gut vermengen. Die Masse mit Salz, Pfeffer und Muskat würzen und zugedeckt 2 bis 3 Stunden durchziehen lassen. Inzwischen den Teig ausrollen und weiterverfahren, wie unten gezeigt.

TORTELLINI HERSTELLEN

(1) Den Nudelteig auf einer leicht bemehlten Arbeitsfläche möglichst dünn ausrollen und mithilfe von Lineal (oder einem entsprechend breiten Kartonstreifen) und Teigrad in 5 cm große Quadrate schneiden.

(2) Jeweils etwa ½ TL der Fleisch-Schinken-Füllung in die Mitte der Teigquadrate setzen.

(3) Die Teigränder dünn mit verquirltem Eiweiß oder Wasser bestreichen, dabei zügig arbeiten.

(4) Die gefüllten Teigquadrate bündig zu Dreiecken zusammenfalten und die Ränder leicht andrücken.

(5) Die Teigdreiecke mit der Spitze nach vorne um den Zeigefinger legen und die Teigenden gut zusammendrücken.

(6) Die Teigspitze mit der anderen Hand umklappen und das Täschchen vorsichtig vom Finger ziehen.

(7) Die rohen Tortellini auf einem leicht bemehlten Holzbrett vor dem Kochen etwas antrocknen lassen.

Gerundete Bäuche & elegante Hüte

War es göttliche Inspiration, die zur Erfindung italienischer Nudeltäschchen anregte? Das behauptet man jedenfalls in Bologna: Der Legende zufolge wartete einst Venus, die Göttin der Liebe, in einem Bologneser Gasthof auf Jupiter. Der Wirt versuchte, durch das Schlüsselloch einen Blick auf die nackte Schöne zu erhaschen. Doch alles, was er sah, war – ihr Bauchnabel. Angeregt eilte der Wirt in die Küche und formte aus Nudelteig und einer Füllung aus Fleisch, Mortadella und Parmesan ein Gebilde, das dem appetitlichen Nabel glich. Die Tortellini waren geboren.
Eine hübsche Geschichte – und eine höchst irdische Antwort der Bologneser an das benachbarte Modena, das die Erfindung der Tortellini ebenfalls für sich beansprucht. Anderswo löst man solche kulinarische Konkurrenz pragmatischer: indem man einfach Füllungen und Form variiert und das Ergebnis dann ein wenig anders nennt. So schmückt sich in Italien jede Region, manchmal sogar jedes Dorf mit einer eigenen Version der Pasta ripiena, der gefüllten Pasta.

DIE GROSSE VIELFALT DER PASTA RIPIENA

In Mittel- und Norditalien bezeichnet man sie oft entweder als Ravioli oder mit Namen, die als Verkleinerungsformen von »torta« (Kuchen, Torte) abgeleitet sind: neben Tortellini auch Tortelloni und Tortelli. Was der Teig in diesen kleineren und größeren »Törtchen« umhüllt, reicht von Kartoffel- oder Ricotta-Mangold-Füllungen in der Toskana bis hin zu dem Kürbispüree der lombardischen »Tortelli di zucca«, das durch die berühmten Cremoneser Senffrüchte eine pikante Süße erhält. Als »Hütchen«, Cappelletti, bezeichnet man in den gleichen Gegenden Teigtäschchen mit vielerlei Innenleben. Und auch die Hutmode kann keineswegs als einheitlich gelten, kommen die Nudeln doch mal als runde Baskenmützen, mal mit hochgeschlagener Krempe daher. Die Spezialität des Piemont heißt Agnolotti, die häufig aussehen wie eckige Ravioli. Und um möglichst viel Fleischfüllung im Nudelteig unterzubringen, wendet man mancherorts einen Trick an. Durch einen Kniff, den »plin«, bekommen die Täschchen die pralle Form. Den ligurischen Pansooti gab die verheißungsvolle Rundung sogar den Namen: Die »Bäuchlein« (»pansa« ist im ligurischen Dialekt die Entsprechung von »pancia«, Bauch), die in den unterschiedlichsten Formen auftreten, bergen eine Kräuter-Ricotta-Mischung, in der häufig Borretsch die entscheidende Aromarolle spielt.

FÜLLUNGEN MIT ODER OHNE FLEISCH

Traditionell servierte man solche fleischlosen Füllungen an Fastentagen. Dass die Täschchen trotzdem aus der schlichten Alltagskost herausragen, unterstreicht eine Legende: Als der Einsiedler Wilhelm von Malavalle im 12. Jahrhundert einmal Ravioli segnete, verwandelte sich die ärmliche Kleiefüllung in eine köstlich gewürzte aus Ricotta. Das bescherte ein paar mittellosen Gläubigen einen unerwarteten Schmaus und dem Eremiten die spätere Seligsprechung. Fleischgefüllte Pasta dagegen gehört in vielen Gegenden zu den traditionellen Festtagsgerichten. In der Gegend von Parma und Piacenza werden heute noch runde oder halbmondförmige Anolini zu Weihnachten in Kapaunbrühe serviert.
Wer Italien bereist, wird in jeder Gegend auf weitere Rezepte für Pasta ripiena stoßen: auf die Cremoneser Marubini mit ihrer Füllung von Salami und Nüssen beispielsweise. Auf die Südtiroler Schlutzkrapfen mit ihrem Anteil Roggen- oder Buchweizenmehl im Teig. Auf einen wahren Reichtum von Rezepten für Casoncelli oder Casunziei in der Lombardei und Venetien – Täschchen mit Fleisch und Parmesan, mit Spinat und Ricotta, mit Kartoffeln oder mit Roter Bete gefüllt. Was einmal mehr beweist: Die Küche Italiens ist eine Küche der Regionen. Und die Bologneser Tortellini gleichen dem, was der Wirt aus der Legende durch das Schlüsselloch sah: einen winzigen Ausschnitt aus dem Gesamtbild.

Sabine Schlimm

In Sachen Pasta ripiena – gefüllter Nudeln – hat die italienische Küche eine enorme Auswahl anzubieten.

Maultaschen und Schlutzkrapfen

Die größeren Ravioli-Verwandten aus Süddeutschland und Südtirol schmecken mit einer herzhaften Füllung aus Fleisch oder Spinat.

MAULTASCHENTEIG kann man in Schwaben mancherorts bis heute einmal in der Woche beim Bäcker kaufen. Andernorts haben kleine Nudelmanufakturen die Herstelllung des Teiges übernommen. Da es sich dabei aber um einen einfachen Nudelteig handelt, lässt er sich auch gut selbst zubereiten (S. 67). Dünn ausgerollt wird der Teig dann in Rechtecke geschnitten und gefüllt, wie unten oder beim Bild rechts oben beschrieben. Maultaschen serviert man in der Brühe oder mit einer Schmelze aus gebräunten Zwiebeln. Und sollten einige übrig bleiben, schmecken sie am nächsten Tag in Scheiben geschnitten und gebraten oder mit Käse überbacken. Der Teig für Südtiroler Schlutzkrapfen enthält traditionell einen Teil Roggenmehl, weshalb er zügig verarbeitet werden sollte, da er rasch austrocknet.

MAULTASCHEN

- 300 g Mehl, 5 Eier, 1 TL Salz, 1 EL Öl
- 60 g Frühlingszwiebeln, geputzt und gewürfelt
- 60 g Zwiebel, geschält und gewürfelt, 40 g Butter
- 200 g Spinat, blanchiert und sehr fein gehackt
- 80 g Räucherspeck, fein gewürfelt
- 80 g Brötchen vom Vortag, klein gewürfelt

MAULTASCHEN

(1) Den Teig dünn ausrollen und mithilfe von Lineal und Teigrad oder Messer in 6 x 12 cm große Rechtecke schneiden.

(2) Jeweils 1 EL Füllung auf eine Hälfte der Teigrechtecke setzen und die Ränder dünn mit verquirltem Eiweiß bestreichen.

(3) Jeweils den Teig über die Füllung schlagen und die Rechtecke auf die Hälfte ihrer Größe zusammenklappen.

(4) Die Teigränder ringsum gut andrücken, damit beim Kochen der Maultaschen keine Füllung austreten kann.

SCHLUTZKRAPFEN

(1) Aus dem dünn ausgerollten Teig mithilfe eines Metallrings (8 cm Ø) Kreise ausstechen.

(2) Jeweils 1 TL Spinatfüllung in die Mitte setzen und die Teigränder mit Eiweiß bestreichen.

(3) Die Teigkreise über die Füllung schlagen und bündig zu Halbmonden zusammenklappen.

(4) Teigränder mit den Zinken einer Gabel zusammendrücken, so entsteht ein dekoratives Muster.

· 200 g Bratwurstbrät, 100 ml lauwarme Milch
· frisch gemahlener weißer Pfeffer
· 1 EL getrockneter Majoran
· 1 EL fein gehackte Petersilie, 1 Eiweiß

Aus Mehl, 3 Eiern, ½ TL Salz, Öl sowie bei Bedarf etwas Wasser einen Nudelteig herstellen, wie auf S. 67 gezeigt, und diesen 1 Stunde ruhen lassen. Für die Füllung Frühlingszwiebel- und Zwiebelwürfel in Butter hell anschwitzen und kurz abkühlen lassen. Die Zwiebeln in eine Schüssel geben und mit Spinat, Speck- und Brötchenwürfeln, Bratwurstbrät, Milch, den übrigen Eiern, ½ TL Salz, Pfeffer und Kräutern gut vermengen, dann weiterarbeiten, wie auf S. 94 in Step 1 bis 4 gezeigt. Die Maultaschen kurz antrocknen lassen, dann in Fleischbrühe je nach Größe 15 bis 20 Minuten garen und mit gebräunten Zwiebeln und Schnittlauch bestreut servieren.

SCHLUTZKRAPFEN

· 150 g Weizenmehl Type 405 oder 550
· 100 g Roggenmehl Type 997, Salz, 1–2 TL Öl
· 1 Ei, 380 g Spinat, gewaschen und geputzt
· 1 EL fein gehackte Petersilie
· 1 TL fein gehackter Liebstöckel
· 40 g Zwiebel, 20 g Butter, 10 g Mehl
· ⅛ l heiße Milch, frisch gemahlener Pfeffer
· frisch geriebene Muskatnuss
· 20 g frisch geriebener Parmesan, 1 Eiweiß

Die beiden Mehlsorten, ½ TL Salz, Öl, Ei sowie etwa 50 ml Wasser zu einem Nudelteig verarbeiten, wie auf S. 67 gezeigt, und diesen 1 Stunde ruhen lassen. Für die Füllung den Spinat blanchieren, abgießen, eiskalt abschrecken, sehr gut ausdrücken und fein hacken, dann die gehackten Kräuter untermischen. Die Zwiebel schälen und fein hacken. Die Butter in einer Kasserolle zerlassen und die Zwiebelwürfel darin glasig schwitzen. Das Mehl darüberstäuben und kurz mit anschwitzen, aber nicht bräunen. Die Milch unter Rühren zugießen und alles in etwa 20 Minuten sämig reduzieren. Spinat, Salz, Pfeffer, Muskat sowie den Parmesan zufügen, alles gut vermengen und die Mischung vom Herd nehmen. Den Nudelteig dünn ausrollen und weiterarbeiten, wie auf S. 94 in Step 1 bis 4 gezeigt. Die Schlutzkrapfen in sprudelnd kochendem Salzwasser etwa 10 Minuten garen, herausheben und abtropfen lassen. Die Schlutzkrapfen dann nach Belieben mit geriebenem Parmesan bestreuen und mit gebräunter Butter übergießen.

Für Maultaschen kann die Füllung auch auf der vorderen Hälfte einer Teigbahn (12 cm breit) in regelmäßigen Abständen verteilt werden. Die Ränder und Zwischenräume mit Wasser oder Eiweiß bestreichen, den Teig über die Füllung klappen, am Rand und zwischen der Füllung leicht andrücken und mit dem Teigrädchen Maultaschen abtrennen.

»Rund um die Maultaschen«

In Schwaben heißen sie auch »Herrgottsbscheißerla«. Als Suppeneinlage oder mit in Butter gebräunten Zwiebeln überzogen, verführen Maultaschen Schwaben wie Nichtschwaben zum Schlemmen. Der Spitzname erinnert an die findigen Mönche aus Maulbronn, die so schon vor Jahrhunderten das strenge Fastengebot umgingen. Heimlich versteckten sie das verbotene Fleisch unter einem Mantel unverdächtig wirkenden Nudelteigs und frönten so während der Fastenzeit sündigen Gaumenfreuden. Wie bei den Nürnberger Bratwürsten handelt es sich bei den schwäbischen Maultaschen um Lebensmittel mit dem EU-Siegel »geschützte geografische Angabe«. Und das ist auch nötig, denn heute sind Maultaschen weit verbreitet. Wenn sie echt sind, besteht ihre Füllung aus Kalbsbrät, Spinat, Zwiebeln und Semmeln. Aber es gibt natürlich lokale Unterschiede: So gehören für einige auch Schinken und kalter Braten zur originalen Maultasche. Über Qualität und Genussfaktor entscheidet aber weniger das Aussehen als der Inhalt: »En de kloinschte Täschla send oft de beschte Sächla.«

Margarethe Brunner

Teigtaschen auf Asiatisch: Wan-Tan und Dim-Sum

Diese ursprünglich aus Kanton stammenden kleinen Köstlichkeiten sind heute nicht nur in ganz China, sondern weltweit als Snack beliebt. Mit etwas Geschick lassen sie sich leicht selbst herstellen.

MIT FERTIGEN WAN-TAN-BLÄTTERN, wie sie im Asialaden tiefgekühlt (S. 45) erhältlich sind, ist die Zubereitung gefüllter Teigtaschen sehr einfach, da nur noch die Füllung fehlt. Sie kann aus Garnelen, Fleisch oder Gemüse oder aus einer Mischung derselben bestehen. Die gefüllten Wan-Tans oder Won-Tans, wie man sie auch nennt, können dann entweder in Brühe gegart, gedämpft oder in Öl frittiert werden. Im Kühlschrank aufgetaut lassen sich die kleinen Teigblätter aber auch – ganz unasiatisch – zu Ravioli oder Tortellini weiterverarbeiten. Dim-Sum, frei übersetzt »des Herzens Freude«, kennt man in China in Hunderten Varianten, oft handelt es sich dabei um gedämpfte gefüllte Klöße oder Teigtaschen. Für die Variante der offenen Körbchen mit Gemüsefüllung (S. 97) wird ein Teig aus Mehl, Stärke und kochendem Wasser zubereitet, der nicht ruhen muss, sondern gleich verarbeitet werden kann. Auch mit Ingwer oder grünem Tee aromatisierte Teige (S. 97) eignen sich gut als Hülle der hier vorgestellten Füllungen und überzeugen gekocht oder frittiert mit ihrem feinen Aroma.

WAN-TANS FÜLLEN UND FORMEN

(1) Jeweils etwas Schweinefleisch-Garnelen-Füllung auf das untere Drittel der doppelt gelegten Wan-Tan-Blätter setzen.

(2) Die Teigspitzen über die Füllung schlagen und die Wan-Tan-Blätter vorsichtig zu zwei Dritteln aufrollen.

(3) Die beiden seitlichen Teigspitzen mit Eiweiß bestreichen, ringförmig zusammenbiegen und gut festdrücken.

(4) Die Spitzen der Teigblätter vorsichtig auseinanderziehen und die fertigen Wan-Tans mit einem feuchten Tuch bedecken.

WAN-TANS

- 80 Wan-Tan-Blätter (TK)
- 60 g Frühlingszwiebeln, 10 g frischer Ingwer
- 1 Knoblauchzehe, 50 g frische Sojasprossen
- 200 g mageres Schweinefleisch und 100 g rohe geschälte Garnelen, beides sehr fein gewürfelt
- 1 rote Chilischote ohne Samen, in feinen Streifen
- 2 TL Sesamöl, 1 EL helle Sojasauce, 1 Eigelb
- Salz, frisch gemahlener Pfeffer, 1 Eiweiß

Die Wan-Tan-Blätter auftauen lassen. Für die Füllung Frühlingszwiebeln putzen und sehr fein hacken. Ingwer und Knoblauch schälen und wie die Sojasprossen fein hacken. Das Schweinefleisch mit den Garnelen, Frühlingszwiebeln, Ingwer, Knoblauch, Sojasprossen und Chilistreifen vermischen. Sesamöl, Sojasauce und Eigelb zufügen, alles mit Salz und Pfeffer würzen und gut vermengen. Dann je 2 Wan-Tan-Blätter übereinander auf eine leicht bemehlte Arbeitsfläche legen und weiterverfahren, wie links in Step 1 bis 4 gezeigt. Die fertigen Wan-Tans nach Belieben in Brühe garen, dämpfen oder in heißem Erdnuss- oder Sojaöl frittieren.

DIM-SUMS

- 10 g getrocknete Mu-Err-Pilze, 80 g Möhren
- 40 g frische Shiitake-Pilze, 50 g Zuckerschoten
- 20 g Frühlingszwiebeln, 1 rote Chilischote
- 1 Knoblauchzehe, geschält, 3 EL Erdnussöl
- 50 g Maiskörner, 2 EL helle Sojasauce
- 1 EL vegetarische Austernsauce, Salz
- 75 g Mehl, 20 g Speisestärke

Mu-Err-Pilze 20 Minuten in lauwarmem Wasser einweichen. Möhren, Shiitake sowie Zuckerschoten putzen und ½ cm groß würfeln. Frühlingszwiebeln putzen und in feine Ringe schneiden. Chilischote (ohne Stielansatz und Samen) und Knoblauch fein hacken. Mu-Err-Pilze abgießen und klein schneiden. 2 EL Öl im Wok erhitzen, Frühlingszwiebeln, Knoblauch und Chili darin kurz anbraten. Anschließend erst die Möhren 3 Minuten, dann Zuckerschoten und Mais 2 Minuten und die Pilze noch 1 Minute mitbraten. Die Pilz-Gemüse-Füllung mit Soja- und Austernsauce würzen und mit Salz abschmecken. Für den Teig das Mehl mit 10 g Speisestärke in eine Schüssel sieben und 75 ml kochendes Wasser unterrühren. Die restliche Stärke zufügen und unterkneten. Aus dem Teig kleine Kugeln (je 12 g) formen und weiterverfahren, wie unten in Step 1 bis 3 gezeigt. Den Boden eines Dämpfkörbchens mit dem restlichen Öl auspinseln, die Teigtaschen einsetzen und weiterarbeiten, wie unten in Step 4 beschrieben. Den Wok auf den Herd setzen, das Wasser zum Kochen bringen, dann die Hitze reduzieren und die Dim-Sums etwa 5 Minuten dämpfen.

NUDELTEIGVARIANTE MIT INGWER

- 200 g Weizenmehl Type 405
- 100 g Hartweizengrieß, 2 Eier, 3 Eigelb, Salz
- 2 EL frisch gepresster Ingwersaft (dafür frischen, dünnschaligen Ingwer grob zerkleinern und durch die Knoblauchpresse drücken)

Das Mehl auf eine Arbeitsfläche sieben, mit dem Hartweizengrieß vermischen, die übrigen Zutaten zufügen und alles zu einem glatten Nudelteig verarbeiten, wie auf S. 67 beschrieben. Dabei, falls nötig, noch etwas Wasser einarbeiten. Den Teig in Frischhaltefolie einschlagen und vor der Verwendung 1 Stunde kühl ruhen lassen.

NUDELTEIGVARIANTE MIT GRÜNEM TEE

- 200 g Weizenmehl Type 405, 2 Eier, 1 EL Öl
- 1 TL Matcha-Pulver (gemahlener grüner Tee)

Das Mehl auf eine Arbeitsfläche sieben und mit den übrigen Zutaten zu einem glatten Teig verkneten, wie auf S. 67 gezeigt. Den Teig in Frischhaltefolie einschlagen und 1 Stunde kühl ruhen lassen.

DIM-SUMS
formen und füllen

(1) Die Teigkugeln auf einer bemehlten Arbeitsfläche zu kleinen runden Fladen (8 cm Ø) ausrollen.
(2) Je einen Teigfladen auf die Handfläche legen und etwas Pilz-Gemüse-Füllung in die Mitte setzen.
(3) Den Teig ringsum hochschlagen und die Zipfel locker zu offenen Körbchen zusammendrücken.
(4) Den Dämpfkorb mit dem Deckel verschließen und in einen zu einem Drittel mit Wasser gefüllten Wok setzen.

Spätzle und Knöpfle

Diese Teigwaren-Spezialitäten sind, mal länglich, mal tropfenförmig, vor allem in Süddeutschland und in der Schweiz beliebt. Je nach Ei- und Wasseranteil kann ihre Konsistenz sehr unterschiedlich ausfallen.

DIE HEIMAT DER SPÄTZLE liegt im deutschen Südwesten, genauer gesagt, in Schwaben. Dort sind sie nicht nur geschätzte Beilage zu Braten oder Wild, sondern auch Teil eigenständiger Gerichte wie »Linsen und Spätzle«, »Allgäuer Kässpätzle« oder »Gaisburger Marsch«. Nicht umsonst heißt die Spätzlepresse daher auch »Spätzleschwob«, wenngleich die »Handgeschabten« bei Kennern höher im Kurs stehen. Der Grund dafür liegt in der Teigbeschaffenheit: Je größer der Eianteil, desto zäher ist der Teig und desto kerniger werden die Spätzle. Solch feste Teige eignen sich allerdings zum Pressen oder Hobeln nicht, sie können nur geschabt werden. Aber auch das Mehl spielt eine Rolle: Mehle mit hohem Kleberanteil wie Weizenmehl Type 550 – auch Spätzlemehl genannt – oder Dinkelmehl ergeben Spätzle mit gutem Biss, ebenso wie Teige aus doppelgriffigem Mehl (Dunst, S. 19). Einige Mühlen bieten auch eine Mischung geeigneter Mehltypen und Korngrößen als »Nudel- oder Spätzlemehl« an. Die Spätzleproduktion aus weicheren Teigen, wie in den unteren drei Bildreihen auf S. 99 gezeigt, ist etwas einfacher. Mit der richtigen Ausrüstung ist aber auch das Schaben kein Hexenwerk. Ideal dafür sind ein Spätzlebrett aus Holz mit abgeschrägter Vorderkante sowie ein gerades Messer, eine Palette oder ein Spätzleschaber aus Metall. Zunächst gibt man eine nicht zu große Portion Teig auf das angefeuchtete Brett, streicht diesen nach vorn dünn aus, hält das Brett über den Topf und schabt dünne Teigstreifen ins gesalzene, leicht siedende Wasser. Ist die vordere dünne Teigpartie verbraucht, wird der Teig mit einem angefeuchteten Messer zusammengeschoben, auf dem Brett zur Vorderkante hin erneut dünn ausgestrichen und in Streifen abgeschabt.

KNÖPFLE UND ANDERE VERWANDTE

Obwohl der Grundteig ähnlich ist, ändert sich der Name der Spätzle je nach Region: Die kurze, tropfenförmige, mit einem Hobel oder Model hergestellte Variante kennt man im Alemannischen als »Knöpfle«, in der Schweiz als »Knöpfli«. In Bayern sind sie als »Spatzen«, in Tirol als »Spatzln« bekannt, und im Engadin liebt man »Pizokel«.

»Hobeln oder schaben – eine Glaubensfrage?«

Die reine Lehre in Sachen Spätzleherstellung gibt es nicht. Jeder hat seine eigenen Vorlieben, was Form und Konsistenz betrifft. Deshalb ist die Entscheidung für das richtige Werkzeug eine rein praktische Frage. Welche Form sollen die fertigen Spätzle haben? Sind einheitlich lange und nudelförmige Exemplare gewünscht, fällt die Entscheidung zugunsten der Spätzlepresse aus. Wer ungleichmäßige Spätzle schätzt, sollte eher zum Hobel greifen. Und auch hier gibt es Unterschiede. Spätzlehobel mit ovalen Löchern und kleinen Metallnasen an der Unterseite bringen kurze, längliche Spätzle hervor, wie sie die Badener lieben. Wer die kugeligen »Knöpfle« aus dem Allgäu bevorzugt, für den ist der Rundloch-Hobel das Werkzeug der Wahl. Und schaben? Schaben ist vor allem etwas für Liebhaber und Küchenprofis, die mit dem Spätzlebrett groß geworden sind. Für alle anderen ist diese aufwendigere Methode nur bedingt geeignet. Aber einerlei, ob Presse, Hobel oder Brett, in einem sind sich alle einig: Auf den Teller kommen nur selbst gemachte Spätzle.

Margarethe Brunner

FESTER SPÄTZLETEIG (1)

- 500 g Weizenmehl Type 405 oder 550, doppelgriffiges Mehl oder Dinkelmehl
- 5 Eier (Größe L), 1 TL Salz

Das Mehl in eine Schüssel sieben, Eier und Salz zufügen und 25 bis 50 ml Wasser dazugießen. Anschließend alles mit einem Kochlöffel gut vermengen. Den Teig kräftig schlagen, bis er zähflüssig ist und Blasen wirft, dabei, falls nötig, noch etwas Wasser zufügen. Dieser zähflüssige Teig eignet sich gut für geschabte Spätzle. Soll er durch die Spätzlepresse gedrückt werden, empfiehlt sich, etwas mehr Wasser einzuarbeiten, da das Durchdrücken des Teiges sonst sehr viel Kraft erfordert.

WEICHER SPÄTZLE-/KNÖPFLETEIG (2)

- 400 g Weizenmehl Type 405 oder 550 oder Dinkelmehl
- 2 Eier (Größe L), 1 gestr. TL Salz

Den Spätzle- oder Knöpfleteig zubereiten, wie oben bei Variante (1) beschrieben, dabei knapp ¼ l Wasser zufügen. Dieser durch den größeren Wasser- und geringeren Eianteil weichere Teig eignet sich für die Spätzlepresse sowie zur Herstellung von gehobelten oder durch das Sieb gestrichenen Spätzle oder Knöpfle.

SPÄTZLE UND KNÖPFLE KOCHEN

In einem großen Topf ausreichend Salzwasser zum Kochen bringen, dann die Temperatur etwas reduzieren. Anschließend den Spätzleteig portionsweise ins siedende Wasser schaben, pressen, hobeln oder streichen (siehe rechts). Steigen die Spätzle oder Knöpfle an die Oberfläche, sind sie fertig, werden mit einem Schaumlöffel herausgehoben und können nach dem Abtropfen in einem Sieb weiterverwendet werden. Sollen Spätzle länger aufbewahrt werden, schreckt man sie sofort nach dem Herausheben kurz in kaltem Wasser ab, das am besten in einer Schüssel neben dem Herd bereitsteht. Nach dem Abtropfen verteilt man sie dann auf einem großen Holzbrett oder einem Blech. Mit Küchenpapier oder Frischhaltefolie bedeckt, lassen sich Spätzle so gut mehrere Stunden bis zu einem Tag aufbewahren. Vor der Verwendung werden sie dann kurz in heißem, aber nicht kochendem Wasser erwärmt und nach Belieben in etwas Butter oder Öl geschwenkt.

SPÄTZLE/KNÖPFLE HERSTELLEN

(1) **SPÄTZLE SCHABEN:** Dafür Teig (1) dünn verstreichen und mit einer Palette in schmalen Streifen vom Brett schaben.

(2) Sobald die ungleich langen, unregelmäßigen Spätzle an die Oberfläche steigen, sind sie gar und werden herausgehoben.

(1) **SPÄTZLE DURCHPRESSEN:** Den Teig (2) portionsweise in die Spätzlepresse füllen und die Griffe zusammendrücken.

(2) Bei dieser »halbmaschinellen« Methode entstehen gleichmäßig geformte, lange, fadenartige Spätzle.

(1) **SPÄTZLE/KNÖPFLE HOBELN:** Den Teig (2) in den Schlitten füllen und über dem Lochblech hin- und herschieben.

(2) Der Teig tropft durch die Löcher ins kochende Salzwasser und ergibt kurze, tropfenförmige Spätzle oder Knöpfle.

(1) **SPÄTZLE/KNÖPFLE DURCH EIN SIEB STREICHEN:** Den Teig (2) auf dem Sieb ver- und durch die Löcher streichen.

(2) So gelangt eine größere Menge der kurzen, unregelmäßig geformten Spätzle oder Knöpfle gleichzeitig ins Kochwasser.

Besondere Teige für Spätzle und Knöpfle

Auch Spätzleteige lassen sich mit Spinat, Kräutern oder Tomatenmark färben und aromatisieren. Quark macht sie besonders locker.

GRÜN ODER ROT GEFÄRBT sind Spätzle nicht nur ein attraktiver Blickfang auf dem Teller, sondern bringen auch noch viel Aroma mit. Als Färbe- und Würzzutaten für Spätzleteige (S. 99) eignen sich neben den auf dieser Seite vorgestellten auch noch Safran- (0,1 bis 0,2 g) oder Paprikapulver (2 bis 3 EL). Verwendet man für den Spätzleteig eine Mischung aus Vollkorn- und Weizenmehl Type 405 (1 : 1), muss zusätzlich zu den Würzzutaten noch so viel Wasser eingearbeitet werden, dass der Teig zähflüssig ist. Aromatisierte Spätzle schmecken entweder pur, nur kurz in etwas Butter geschwenkt, sie können aber je nach Aroma auch eine geschmackvolle Beilage abgeben. So schmecken beispielsweise Bärlauchspätzle mit ihrem intensiven Knoblaucharoma ausgezeichnet zu Schinken, Käse oder Pilzen. Buchweizenspätzle passen mit ihrem eigenen, leicht süßlichen Aroma gut zu Gemüse, Käse und Speck. Und lockere Topfenspätzle sind eine gute Beilage für feine Wild- und Wildgeflügelgerichte. Enthalten die Würzzutaten sehr viel Flüssigkeit, oder ist mehr Biss erwünscht, kann ein kleiner Teil des Mehls (etwa 50 g) auch durch feinen Hartweizengrieß ersetzt werden.

SPINATSPÄTZLE HERSTELLEN

(1) Die blanchierten, sehr gut ausgedrückten Spinatblätter auf ein Küchenbrett legen und mit einem großen, scharfen Messer sehr fein hacken. Oder den gut ausgedrückten Spinat im Blitzhacker fein pürieren.

(2) Den gehackten Spinat zu dem Teig in die Schüssel geben und mit den Knethaken des Handrührgeräts einarbeiten.

(3) Sobald die Spinatspätzle an die Oberfläche steigen, diese mit dem Schaumlöffel herausheben und abtropfen lassen.

SPINATSPÄTZLE

- 250 g junger Spinat (oder 200 g TK-Spinat)
- 250 g Weizenmehl Type 405 oder 550
- 4 Eier, Salz, frisch geriebene Muskatnuss

Spinat putzen, waschen, kurz blanchieren, abgießen, sehr gut ausdrücken und weiterarbeiten, wie links in Step 1 gezeigt. Mehl, Eier, ½ TL Salz, Muskat sowie 1 bis 2 EL Wasser mit den Knethaken des Handrührgeräts vermengen und weiterverfahren, wie links in Step 2 gezeigt. Den Spinatteig in siedendes Salzwasser schaben oder hobeln, wie auf S. 99 beschrieben. Die Spinatspätzle dann garen, bis sie an die Oberfläche steigen.

BÄRLAUCHSPÄTZLE

- 100 g Bärlauchblätter, gewaschen und geputzt
- 250 g Mehl, 4 Eier, 1 EL Öl, ½ TL Salz
- frisch geriebene Muskatnuss

Verschiedene Spätzlevarianten im Uhrzeigersinn: Kräuterspätzle, Spinatspätzle, Topfenspätzle und Tomatenspätzle.

Bärlauch trocken tupfen und sehr fein hacken. Mehl, Eier, Öl, Salz, Muskat und 1 bis 2 EL Wasser vermengen und den Teig kräftig rühren, bis er Blasen wirft. Den gehackten Bärlauch und, falls nötig, noch etwas Wasser zufügen und den Teig zu Spätzle verarbeiten, wie auf S. 99 beschrieben.

KRÄUTERSPÄTZLE

- 500 g Weizenmehl Type 405 oder 550, 5 Eier
- 1 TL Salz, 5–6 EL sehr fein gehackte Kräuter (etwa Petersilie, Schnittlauch, Kerbel, Basilikum, Thymian, Oregano)

Mehl in einer Schüssel mit Eiern, Salz und Kräutern vermischen. Den Teig mit dem Kochlöffel kräftig schlagen, bis er Blasen wirft, dabei, falls nötig, noch etwas Wasser zufügen. Dann den Teig zu Spätzle verarbeiten, wie auf S. 99 gezeigt.

TOMATENSPÄTZLE

- 500 g Weizenmehl Type 405 oder 550, 6 Eier
- 1 TL Salz, 3–4 EL Tomatenmark

Mehl mit Eiern, Salz und Tomatenmark vermengen und den Teig schlagen, bis er Blasen wirft, dabei, falls nötig, noch etwas Wasser zufügen. Dann den Teig zu Spätzle verarbeiten, wie auf S. 99 gezeigt.

BUCHWEIZENSPÄTZLE

- 150 g Buchweizenmehl
- 100 g Weizenmehl Type 405
- 3 Eier, 1 EL Öl
- ½ TL Salz, frisch geriebene Muskatnuss

Buchweizen- und Weizenmehl gut vermischen und in eine Schüssel sieben. Die Eier separat mit 50 ml Wasser sowie dem Öl verrühren und möglichst rasch in die Mehlmischung einarbeiten, dabei, falls nötig, weitere 50 ml Wasser zufügen – der Teig sollte dickflüssig und zäh sein. Den Teig mit Salz, Muskat und nach Belieben mit Pfeffer abschmecken und zu Spätzle verarbeiten, wie auf S. 99 gezeigt.

TOPFENSPÄTZLE

- 200 g Weizenmehl Type 405 oder 550
- 100 g trockener Quark (Topfen, S. 124)
- 2 Eier, 1 Eigelb, Salz, frisch gemahlener Pfeffer
- frisch geriebene Muskatnuss

Das Mehl in eine Schüssel sieben und den Quark, die Eier sowie das Eigelb zufügen. Den Teig mit Salz, Pfeffer und Muskatnuss würzen und kräftig schlagen, bis er Blasen wirft. Den Teig anschließend mit der Spätzlepresse zu Spätzle verarbeiten oder vom Brett schaben, wie auf S. 99 gezeigt.

Schupfnudeln in verschiedenen Varianten

Für die Zubereitung dieser vorwiegend in Süddeutschland und im Alpenraum bekannten Spezialität gibt es keine festen Regeln – gemeinsam ist all ihren regionalen Ausprägungen die ähnliche Form.

MAL FINGERDICK UND RUNDLICH, mal bleistiftdünn und spitz zulaufend sind diese aus verschiedenen Teigen geformten, fingerlangen, in der Mitte etwas dickeren Nudeln, die in Schwaben auch als »Bubaspitzla« bekannt sind. Gelegentlich heißen die zwischen den Handflächen »geschupften« oder auf einer bemehlten Arbeitsfläche gerollten Teigwaren auch »Wargele«, »Baunzen« oder »Fingernudeln«. Ursprünglich wurden sie nur aus Mehl und Wasser hergestellt, später kam dann oft ein Teil gekochter, durch die Presse gedrückter Kartoffelschnee hinzu. Bis heute gibt es aber auch noch kartoffelfreie Varianten aus Weizenmehl und Eiern sowie solche aus einer Roggen- und Weizenmehlmischung. Die geformten Nudeln kommen zum Garen in siedendes, leicht gesalzenes Wasser, bis sie nach wenigen Minuten an die Oberfläche steigen. Dann werden sie mit einem Schaumlöffel herausgehoben und zum sofortigen Servieren auf einer vorgewärmten Platte angerichtet. Oder man schreckt die Schupfnudeln kalt ab, lässt sie abkühlen und brät sie später in Butter(schmalz) appetitlich goldgelb an. Schupfnudeln isst man zu Sauerkraut; sie sind aber auch eine beliebte Beilage zu herzhaften Braten oder Ragouts. Sehr gut schmecken sie auch pur, nur mit gebräunter Butter beträufelt und mit geriebenem Käse bestreut. Noch würziger werden sie, wenn man 100 g geriebenen Parmesan unter den Teig mischt.

Auf einem Bett aus grobem Salz gebackene mehligkochende Kartoffeln sind schön trocken und daher bestens zur Herstellung von Kartoffelteigen geeignet.

WEICHE SCHUPFNUDELN MIT HOHEM KARTOFFELANTEIL

- 600–700 g mehligkochende Kartoffeln
- 200 g Weizenmehl Type 405 oder 550
- 2 Eier, Salz, frisch gemahlener Pfeffer
- frisch geriebene Muskatnuss

Den Backofen auf 200 °C vorheizen. Die Kartoffeln in Alufolie wickeln oder auf ein Bett aus grobem Salz setzen und im vorgeheizten Ofen 1 Stunde backen. Anschließend herausnehmen, die Kartoffeln pellen und weiterarbeiten, wie in der Bildfolge rechts in Step 1 bis 9 gezeigt.

FESTE SCHUPFNUDELN MIT GERINGEM KARTOFFELANTEIL

- 200 g mehligkochende Kartoffeln
- 300 g Weizenmehl Type 405 oder 550
- 3 Eier
- Salz, frisch gemahlener Pfeffer
- frisch geriebene Muskatnuss

Kartoffeln backen, wie bei den weichen Schupfnudeln erklärt, und mit den übrigen Zutaten zu einem Teig verarbeiten, wie unten in Step 1 bis 9 gezeigt.

SCHUPFNUDELN OHNE KARTOFFELN

- 500 g Weizenmehl Type 405 oder 550
- 2 Eier, 4–5 EL heißes Wasser, 1 EL Salz

Aus den Zutaten einen glatten Teig herstellen, diesen etwa 20 Minuten ruhen lassen, dann zu Schupfnudeln formen, wie unten in Step 7 bis 9 gezeigt.

SCHUPFNUDELN MIT ROGGENMEHL

- 150 g Roggenmehl
- 300 g Weizenmehl Type 405, 2 Eier, 1 TL Salz

Für die Schupfnudeln beide Mehlsorten in eine Schüssel sieben. Eier, Salz sowie 100 ml Wasser zufügen und alles gründlich miteinander vermengen. Die Mischung dann auf einer bemehlten Arbeitsfläche rasch zu einem glatten, geschmeidigen Teig verkneten, 15 Minuten ruhen lassen und weiterverarbeiten, wie unten in Step 7 bis 9 gezeigt.

SCHUPFNUDELN HERSTELLEN UND KOCHEN

(1) Die gebackenen Kartoffeln gegebenenfalls aus der Alufolie nehmen, leicht abkühlen lassen und pellen.

(2) Das Mehl auf eine Arbeitsfläche sieben und in die Mitte mit einem Löffel eine Mulde eindrücken.

(3) Anschließend die Kartoffeln noch warm durch die Kartoffelpresse auf den Mehlrand drücken.

(4) Die Eier in eine Schale aufschlagen, nacheinander in die Mulde gleiten lassen und die Gewürze zufügen.

(5) Dann mit den Fingern die Kartoffelmasse, das Mehl sowie die Eier krümelig vermengen.

(6) Die Masse rasch zu einem glatten und geschmeidigen Teig verkneten und diesen 10 Minuten ruhen lassen.

(7) Den Teig halbieren und auf einem bemehlten Brett zu zwei Strängen (etwa 4 cm Ø) rollen.

(8) Von der Teigrolle anschließend mit einem großen Messer etwa 1 cm breite Stücke abschneiden.

(9) Die Teigstücke mit der flachen Hand auf der bemehlten Arbeitsfläche zu Schupfnudeln rollen oder zwischen den bemehlten Handflächen »schupfen«, das heißt, mit leichtem Druck hin- und herrollen.

Gnocchi in vielen Formen

In Italien gibt es Gnocchi mal flach, mal rund oder oval, gerillt oder auch mit einem Gittermuster versehen. Aus Kartoffelteig waren sie nicht immer, heute sind die »Gnocchi di patate« jedoch am bekanntesten.

KARTOFFELTEIGE FÜR GNOCCHI zu kneten, ist nicht schwer. Im Vergleich zur Herstellung von Pastateigen gibt es aber wesentliche Unterschiede: Kartoffelteig muss weder ausdauernd geknetet werden, noch ist langes Ruhen erforderlich. Ganz im Gegenteil: Hier muss alles schnell gehen, denn sind die Kartoffeln beim Verkneten der Masse schon zu kalt, wird der Teig zäh und lässt sich nicht mehr formen. Darum werden die Kartoffeln heiß durch die Presse gedrückt, sofort mit den übrigen Zutaten – meist Mehl, Eier und Gewürze – vermischt und dann rasch verknetet. Jetzt wird der Teig noch in Portionen geteilt, zu dünnen Strängen gerollt und in Stücke geschnitten. Auch dies sollte möglichst schnell gehen, sofern man den Gnocchi noch ein dekoratives Muster eindrücken will. Für ein optimales Ergebnis kommt es aber auch auf die richtigen Kartoffeln an. Mehligkochende, aromatische Sorten (S. 24 f.) sind ideal, da ihr Fruchtfleisch nach dem Garen schön locker ist. Es sollte zudem möglichst trocken sein, weil Teigbeschaffenheit und Geschmack dann besser sind. Deshalb lässt man in Salzwasser gekochte Kartoffeln oft noch 5 bis 10 Minuten im Ofen (120 °C) trocknen. Oder, besser noch, man gart sie gleich im Backofen (1 Stunde bei 200 °C) – entweder in Alufolie, dann lassen sie sich leichter pellen, sind aber feuchter, oder einfach in der Schale auf einem Salzbett. So ist das Schälen zwar mühsamer, und das Fruchtfleisch muss oft mit einem Löffel ausgelöst werden, für Gnocchi sind die Kartoffeln so aber ideal.

KARTOFFELGNOCCHI HERSTELLEN

(1) Die Kartoffeln noch heiß durch die Kartoffelpresse kranzförmig auf den Mehlrand drücken und das Eigelb in die Mulde gleiten lassen. Anschließend 1 TL Salz sowie frisch geriebene Muskatnuss zufügen.

(2) Alles mit den Fingern gut vermengen und möglichst rasch zu einem glatten Teig verkneten.

(3) Den Kartoffelteig anschließend in zwei oder mehrere etwa gleich große Portionen teilen.

(4) Die Teigportionen auf einer bemehlten Arbeitsfläche zu gleich langen, dünnen Strängen (etwa 2 cm Ø) rollen.

(5) Die Teigstränge nebeneinanderlegen und mit einem großen scharfen Messer etwa 1 cm lange Stücke abtrennen.

(6) Die einzelnen Teigstücke zu Kugeln formen und nach Belieben einzeln über eine umgedrehte Raspel abrollen.

(7) Dabei erhalten die Gnocchi ein dekoratives Gittermuster eingedrückt und sind nun fertig zum Garen.

Kartoffelgnocchi in verschiedenen Varianten (von links nach rechts): Gnocchi mit Gittermuster, noch ungeformte Gnocchi mit Spinat (S. 106) und die etwas festeren gerillten Gnocchi aus Kartoffelteig mit einem Anteil an Hartweizengrieß.

KARTOFFELGNOCCHI (GRUNDREZEPT)

- 600 g mehligkochende Kartoffeln
- grobes Meersalz
- 100 g Weizenmehl Type 405 oder 550
- 1 Eigelb, Salz, frisch geriebene Muskatnuss

Den Backofen auf 200 °C vorheizen. Die Kartoffeln auf einem mit grobem Meersalz bestreuten Blech im vorgeheizten Ofen etwa 1 Stunde backen, bis sie weich sind. Dann die Kartoffeln herausnehmen und pellen. Das Mehl auf eine Arbeitsfläche sieben, in die Mitte eine Mulde drücken und einen Kartoffelteig herstellen, wie auf S. 104 in Step 1 und 2 gezeigt. Den Teig zu Strängen formen, in Portionen teilen und mit einem dekorativen Muster versehen, wie auf S. 104 in Step 3 bis 7 oder unten in Step 2 gezeigt. Die Gnocchi in siedendem Salzwasser gar ziehen lassen, bis sie an die Oberfläche steigen, dann mit einem Schaumlöffel herausheben.

FESTERE GNOCCHI AUS KARTOFFELTEIG MIT HARTWEIZENGRIESS

- 600–700 g mehligkochende Kartoffeln
- 250 g Weizenmehl Type 405 oder 550
- 100 g Hartweizengrieß
- Salz, 1 Eigelb

Den Backofen auf 200 °C vorheizen. Die Kartoffeln in Alufolie einschlagen und im vorgeheizten Ofen 1 Stunde backen. Anschließend die Kartoffeln herausnehmen, kurz ausdampfen lassen und pellen. Das Mehl auf eine Arbeitsfläche sieben, eine Mulde eindrücken und den Grieß, 1 gestrichenen EL Salz sowie das Eigelb zufügen. Die Kartoffeln noch warm durch die Kartoffelpresse auf den Mehlrand drücken und dann weiterarbeiten, wie auf S. 104 in Step 2 und 3 gezeigt. Den Teig zu dünnen Strängen (1–1,5 cm Ø) rollen, in Stücke schneiden und zu Gnocchi formen, wie unten in Step 1 und 2 gezeigt.

(1)

(2)

RILLENMUSTER

mit der Gabel eindrücken

(1) Den Kartoffelteig auf einer bemehlten Arbeitsfläche zu dünnen Strängen (1–1,5 cm Ø) formen und mit einem scharfen Messer in 1,5–2 cm lange Stücke schneiden.

(2) Die Teigstücke mit den Händen zu ovalen Gnocchi formen und über den Rücken einer Gabel drücken. Dabei entsteht ein schönes Rillenmuster. Ein ähnlich dekoratives Muster erhält man auch, wenn man die Gnocchi auf ein geriffeltes Holzbrettchen drückt.

Bunte Gnocchi mit Spinat und Kürbis

Ob als Beilage oder eigenständiges Gericht – die hier vorgestellten Gnocchispezialiäten bereichern die Teigwarenküche in jedem Fall.

ABWANDELN lässt sich das Gnocchi-Grundrezept (S. 105) für (flaumig) lockere Gnocchi mit hohem Kartoffelanteil durch Zugabe von etwas mehr Mehl und Eiern. Dann geraten die Klößchen fester. Zu viel von beidem sollte es jedoch nicht sein, sonst werden die Gnocchi zu hart. Für eine besonders würzige Variante kann man noch geriebenen Parmesan unter den Teig mischen. Bewährt hat sich das folgende Mischungsverhältnis: Auf 500 g durchgedrückte Kartoffeln kommen 200 g Mehl, 100 g geriebener Parmesan sowie 2 Eier, Salz, Pfeffer und Muskat. Die vor allem in Norditalien, beispielsweise in Verona, so beliebten Kartoffelgnocchi lassen sich aber noch weiter variieren, etwa mit Spinat (Bild unten), der ihnen eine schöne grüne Farbe verleiht. Weiter im Süden Italiens spielen Kartoffeln dagegen bei der Zubereitung von Gnocchi keine große Rolle mehr. Hier bilden eher Kürbis, Spinat, Ricotta und Parmesan die Basis der Teige. Ein Vertreter dieser Familie sind die Kürbisgnocchi (Rezept, S. 107), bei denen Mehl und Parmesan mit Kürbispüree vermengt werden. Die aus Hartweizengrieß und Wasser hergestellte Variante, die auf S. 107 ganz rechts beschrieben ist, gilt als Urform der Gnocchi und ist wohl der Vorläufer ähnlich geformter, getrockneter Hartweizenpasta (Gnocchi, Malloreddus, S. 38 f.). So oder so, Gnocchi schmecken sehr gut mit gebräunter Butter und Parmesan, lassen sich aber auch mit Pesto oder Steinpilzen kombinieren. Sie passen zu cremigen Käsesaucen ebenso gut wie zu fruchtigen Tomatensugos. Klassisch werden sie mit »Ragout alla bolognese« oder zu herzhaften Wildragouts serviert.

Grüne Gnocchi bilden zu hellen Saucen, etwa mit Pilzen, oder auch zu Ragouts mit Tomatenanteil einen interessanten farblichen Kontrast.

KARTOFFELGNOCCHI MIT SPINAT

- 250 g junger Spinat (oder 200 g TK-Spinat)
- Salz, 450 g mehligkochende Kartoffeln
- 40 g Butter, zerlassen
- 100 g Weizenmehl Type 405
- 3 Eigelb, frisch gemahlener Pfeffer
- frisch geriebene Muskatnuss

Den Backofen auf 200 °C vorheizen. Spinat waschen, putzen und in Salzwasser kurz blanchieren. Abgießen, den Spinat sehr gut ausdrücken und sehr fein hacken oder im Blitzhacker fein pürieren. Die Kartoffeln in Alufolie oder auf einem Salzbett (S. 102) im vorgeheizten Ofen etwa 1 Stunde backen. Das Mehl auf eine Arbeitsfläche sieben, in die Mitte eine Mulde drücken, Eigelbe, Salz, Pfeffer und Muskat zufügen. Die Kartoffeln pellen und noch heiß durch die Presse auf den Mehlrand drücken. Alles rasch glatt kneten, den Teig in Portionen teilen, zu Strängen (1,5 cm Ø) rollen und jeweils 1 bis 2 cm lange Stücke abschneiden. Diese entweder

Aus Kürbisfruchtfleisch, Mehl und Parmesan besteht der Teig dieser appetitlich dunkelgelben Gnocchi, die mit Salbeibutter und frisch gehobeltem Parmesan ganz hervorragend schmecken.

von oben und von der Seite leicht andrücken oder formen und mit einem Muster versehen, wie auf S. 104, Step 6 oder S. 105, Step 2 gezeigt.

KÜRBISGNOCCHI

- 1 kleiner Hokkaidokürbis (etwa 1 kg)
- 100 g Weizenmehl Type 405 oder 550
- 1 Ei, 100 g frisch geriebener Parmesan
- Salz, frisch gemahlener Pfeffer

Den Backofen auf 200 °C vorheizen. Den Kürbis auf ein Backblech legen und im vorgeheizten Ofen 1 Stunde 30 Minuten garen. Herausnehmen, etwas abkühlen lassen, den Kürbis halbieren und mit einem Löffel die Kerne und das fasrige Innere entfernen. Das Fruchtfleisch mit einem Löffel auslösen und 500 g abwiegen, den Rest anderweitig verwenden. Das abgewogene Kürbisfruchtfleisch im Standmixer oder Blitzhacker fein pürieren und in eine Schüssel geben. Mehl, Ei sowie den Parmesan zufügen. Alles mit Salz und Pfeffer würzen und die Masse zu einem glatten Teig verarbeiten. In einem Topf ausreichend Salzwasser zum Kochen bringen. Mit einem in kaltes Wasser getauchten Esslöffel etwas Kürbismasse abstechen und mit einem zweiten, in Wasser getauchten Löffel zu länglichen Gnocchi formen. Sobald das Wasser kocht, die Hitze reduzieren. Die Kürbisgnocchi in das Wasser gleiten lassen und portionsweise im siedenden Wasser in etwa 5 Minuten gar ziehen lassen. Anschließend mit dem Schaumlöffel herausheben. Die Kürbisgnocchi nach Belieben mit gebräunter Butter und frisch gehobeltem Parmesan servieren.

GNOCCHI AUS HARTWEIZENGRIESS (OHNE ABBILDUNG)

- 200 g feiner Hartweizengrieß
- 200 ml lauwarmes Wasser, Salz
- 2 EL frisch geriebener Parmesan

Den Grieß in eine Schüssel geben und das lauwarme Wasser dazugießen. Salz und Parmesan zufügen und alles zu einem glatten Teig verkneten. Den Teig auf einem bemehlten Brett zu zwei Strängen (2 cm Ø) formen, in 1 cm breite Stücke schneiden und diese leicht flach drücken. In einem Topf ausreichend Salzwasser aufkochen und die Gnocchi darin etwa 5 Minuten garen, bis sie an die Oberfläche steigen, anschließend abgießen und abtropfen lassen. Die Hartweizengnocchi in 4 bis 5 EL zerlassener Butter schwenken und nach Belieben mit frisch gehobeltem Parmesan bestreuen.

Kartoffelteig-Spezialitäten aus dem Alpenraum

In Österreich, Südtirol und anderen Regionen, in denen die braunen Knollen angebaut werden, kennt man zahlreiche Schmankerln aus Kartoffelteig, die oft nicht gekocht, sondern in Fett ausgebacken werden.

LUFTIG AUFGEGANGEN schmecken »Paunzen« und »Blattln« unwiderstehlich. Sie sind, wie viele über ihre Herkunftsregion hinaus wenig bekannte, einfache Gerichte, eine echte kulinarische Entdeckung.

PAUNZEN (1)

- 500 g mehligkochende Kartoffeln in der Schale
- Salz, 200 g Weizenmehl Type 405
- 150 g trockener Quark (Topfen, S. 124)
- 1 Ei, frisch gemahlener Pfeffer
- frisch geriebene Muskatnuss
- 2 EL Butter, 100 g Sahne, 100 ml Milch
- 3 EL Schnittlauchröllchen

Kartoffeln in Salzwasser weich kochen, abgießen, in den Topf zurückgeben und kurz ausdampfen lassen. Das Mehl auf eine Arbeitsfläche sieben, in die Mitte eine Mulde drücken, dann Quark und Ei zufügen. Die Kartoffeln pellen und noch heiß durch die Presse auf den Mehlrand drücken. Alles mit Salz, Pfeffer und Muskat würzen und rasch zu einem glatten Teig verarbeiten. Den Kartoffelteig auf einer bemehlten Arbeitsfläche zu 2 cm langen Strängen rollen. Diese in 3 bis 4 cm lange Stücke schneiden und seitlich leicht andrücken. Die Paunzen in zerlassener Butter bei schwacher Hitze ringsum in etwa 10 Minuten goldbraun braten. Sahne und Milch zufügen, in 4 bis 5 Minuten cremig einkochen und die Paunzen mit Schnittlauch bestreut servieren.

KARTOFFELTEIGTASCHEN MIT SPINAT (2)

- 500 g mehligkochende Kartoffeln, Salz
- 60 g Weizenmehl Type 405, 2 EL Butter
- frisch geriebene Muskatnuss, 2 Eigelb
- 20 g Schalottenwürfel, 150 g Spinat, blanchiert, gut ausgedrückt und fein gehackt
- 50 g trockener Quark (Topfen, S. 124)
- 20 g frisch geriebener Parmesan, Pfeffer

»Von Blattln und Tascherln«

Kartoffeln sind international, und jede Landesküche kennt besondere Spezialitäten. Dabei wird manch alte Rezeptur heute als Küchenschatz wiederentdeckt, vor allem Gerichte aus Kartoffelteig, die früher ein normales Alltagsessen waren. In Tirol (Österreich) und Südtirol zu Hause sind »Erdäpfelblattln«, in Fett ausgebacken und mit Sauerkraut gereicht. Ebenfalls aus Tirol kommen »Paunzen«, im Volksmund auch »Eadöpfilabal« (Erdapfellaibchen) genannt. Sie ähneln schwäbischen Schupfnudeln, sind aber dicker und haben stumpfe Enden. Pikant oder süß kommen sie mit Sauerkraut, Kompott oder in heißer Milch schwimmend auf den Tisch. Die aus der böhmischen Küche stammenden »Powidltascherl« liebt man in Österreich und Tschechien. Gefüllt mit Pflaumenmus (Powidl) werden sie in Salzwasser gegart, in reichlich Butter mit Semmelbröseln gebräunt und mit Zucker bestreut. Auch »Sächsische Quarkkeulchen« kommen in Butter oder Schmalz gebraten auf den Tisch. Ihr Teig enthält traditionell neben Kartoffeln auch Quark, Eier, Zucker und Rosinen.

Bärbel Schermer

VERSCHIEDENE SPEZIALITÄTEN AUS KARTOFFELTEIG

(1) **ÖSTERREICHISCHE PAUNZEN** erinnern von der Form her an große Gnocchi – hier eine Variante aus Kartoffel-Quark-Teig, es gibt aber auch Zubereitungen ohne Quark.

(2) **KARTOFFELTEIGTASCHEN** kennt man in Tirol und Südtirol als Variante der beliebten Schlutzkrapfen. Wie diese isst man auch sie gern mit zerlassener Butter beträufelt.

(3) **ERDÄPFELBLATTLN**, aus Kartoffelteig ausgestochene und in Fett ausgebackene Kreise, kennt man in Tirol und Südtirol, wo sie gerne zu Sauerkraut serviert werden.

(4) **ERDÄPFELRAUTEN** sind eine Südtiroler Variante der Blattln und schmecken wie diese zu Kraut, aber auch als Beilage zu Fleischgerichten.

Den Backofen auf 200 °C vorheizen. Kartoffeln schälen, in Salzwasser garen, abgießen, im vorgeheizten Ofen 5 Minuten trocknen, noch heiß durch die Presse drücken und auskühlen lassen. Mehl, 1 EL Butter in Flocken, Salz, Muskat und Eigelbe darüber verteilen und alles rasch verkneten. Den Teig 2 mm dünn ausrollen und Kreise (8 cm Ø) ausstechen. Schalottenwürfel in der übrigen Butter anschwitzen und abkühlen lassen, dann mit Spinat, Quark und Käse vermengen. Die Masse mit Salz, Pfeffer und Muskat würzen und die Kartoffelteigtaschen fertigstellen, wie auf S. 94 (Schlutzkrapfen) gezeigt.

ERDÄPFELBLATTLN (3)

- 300 g mehligkochende Kartoffeln, 40 g Butter
- 3 Eigelb, Salz, frisch geriebene Muskatnuss
- 70 g Weizenmehl Type 405, Öl zum Frittieren

Kartoffeln schälen, in Salzwasser weich kochen, abgießen, im Topf kurz ausdampfen lassen, noch heiß durch die Presse drücken und etwas abkühlen lassen. Die Butter zerlassen, mit den Eigelben zu den Kartoffeln geben und die Masse mit Salz und Muskat würzen. Das Mehl zufügen und alles rasch verkneten. Den Kartoffelteig auf einer bemehlten Arbeitsfläche ½ cm dick ausrollen, Kreise (6–7 cm Ø) ausstechen und in heißem Öl goldgelb frittieren.

ERDÄPFELRAUTEN (4)

- 500 g mehligkochende Kartoffeln, Salz
- 30 g Butter, zerlassen, 130 g Weizenmehl Type 405
- etwas abgeriebene Schale von 1 Bio-Zitrone
- 2 Eigelb, Butterschmalz zum Ausbacken

Kartoffeln vorbereiten, wie bei den Erdäpfelblattln beschrieben. Die Masse salzen, Butter, Mehl, Zitronenschale und Eigelbe zufügen und alles rasch verkneten. Den Kartoffelteig ½ cm dick ausrollen, mit einem gezackten Teigrädchen in Rauten schneiden und in heißem Butterschmalz goldgelb ausbacken.

Grießnockerl und Nocken für Suppen und als Hauptgericht

Flaumig und locker schätzt man Grießnockerl in der Brühe. Die größeren Nocken mit Spinat oder Käse sollten dagegen etwas fester sein.

DIE KONSISTENZ der Nocken hängt von der Masse ab, aus der sie gestochen werden. Bei luftigen Grießnockerln (Grundrezept) besteht diese lediglich aus Butter, Ei und Grieß. Wichtig dabei ist, dass der Grieß langsam untergerührt wird und die Masse genug Zeit zum Quellen hat. Es empfiehlt sich, nach einer Ruhezeit von 30 Minuten zunächst ein Probenockerl zu formen und dieses in siedender Brühe gar ziehen zu lassen. Behält es seine Form, wird auch die übrige Masse zu Nockerln verarbeitet und gegart. Andernfalls fügt man noch etwas Hartweizengrieß hinzu und lässt die Masse erneut 20 bis 30 Minuten quellen. Einfacher gelingen die Grießnockerl mit gekochtem Grieß (unten). Sie werden etwas fester, da die Masse weniger Butter, dafür aber mehr Eier enthält. Der Teig für Spinat- und Kasnocken enthält keinen Hartweizengrieß, sondern besteht wie Semmelknödel aus altbackenem, in Milch eingeweichtem Weißbrot und Eiern.

GRIESSNOCKERL (GRUNDREZEPT)

- 50 g weiche Butter, 100 g Hartweizengrieß
- 1 Ei, Salz, frisch geriebene Muskatnuss
- 1–1 ½ l heller Rinderfond (S. 140)

Aus den angegebenen Zutaten eine Nockerlmasse herstellen, wie rechts oben in Step 1 und 2 gezeigt. Diese mindestens 30 Minuten oder 1 Stunde ruhen lassen und anschließend weiterarbeiten, wie in Step 3 beschrieben. In einem entsprechend großen Topf den Fond zum Kochen bringen, die Temperatur reduzieren und die Grießnockerln darin gar ziehen lassen, wie rechts in Step 4 und 5 gezeigt.

GRIESSNOCKERL MIT GEKOCHTEM GRIESS

- ¼ l Milch, 1 EL Butter
- Salz, frisch geriebene Muskatnuss
- 100 g Hartweizengrieß, 4 EL Schnittlauchröllchen
- 2 Eier, 1–1 ½ l heller Rinderfond (S. 140)

Milch und Butter aufkochen und mit Salz und Muskat würzen. Den Grieß unter ständigem Rühren einrieseln und bei schwacher Hitze 5 Minuten quellen lassen, dabei gelegentlich umrühren. Den gekochten Grieß vom Herd nehmen, 2 EL Schnittlauchröllchen sowie die Eier einzeln unterrühren. Aus der Masse mit zwei Teelöffeln kleine Nockerl formen und auf Backpapier setzen. Den Fond zum Kochen bringen, die Hitze reduzieren und die Grießnockerln im siedenden Fond in etwa 5 Minuten gar ziehen lassen. Alles vor dem Servieren mit dem übrigem Schnittlauch bestreuen.

SPINATNOCKEN

- 500 g junger Spinat, Salz
- 250 g Weißbrot vom Vortag, ohne Rinde, in kleine Würfel geschnitten
- 100 ml warme Milch
- 2 Eier
- 80 g Weizenmehl Type 405
- frisch gemahlener Pfeffer
- frisch geriebene Muskatnuss

Den Spinat verlesen, waschen und in kochendem Salzwasser blanchieren. Dann den Spinat abgießen, sehr gut ausdrücken und fein hacken. Die Brotwürfel in eine Schüssel geben, mit der warmen Milch übergießen, beides gut vermengen und kurz ziehen lassen. Anschließend den Spinat, die Eier, das Mehl sowie die Gewürze zum Brot geben und alles gut durchmischen. Die Spinatmasse zu eigroßen Nocken formen und portionsweise garen, wie rechts unten in Step 1 bis 3 gezeigt. Sobald die Spinatnocken an die Oberfläche steigen, diese mit dem Schaumlöffel herausnehmen und kurz abtropfen lassen. Die Spinatnocken schmecken pur, nur mit etwas Nuss- oder Salbeibutter beträufelt. Sie eignen sich aber auch ausgezeichnet als Beilage zu herzhaften Ragouts mit Fleisch oder Wild.

KASNOCKEN

- 250 g Brötchen oder Weißbrot vom Vortag, in dünne Scheiben geschnitten
- 200 ml warme Milch, 1 EL Butter
- 80 g Zwiebeln, geschält und fein gewürfelt
- 250 g würziger Bergkäse, klein gewürfelt
- 15 g Mehl, 2 Eier, 1 Eigelb
- 2 EL gehackte Kräuter (Petersilie, Schnittlauch)
- Salz, frisch gemahlener Pfeffer
- frisch geriebene Muskatnus

Das Brot in einer Schüssel mit der warmen Milch übergießen und gut durchziehen lassen. In einer Pfanne die Butter zerlassen, die Zwiebelwürfel darin goldgelb anschwitzen, kurz abkühlen lassen, mit den weiteren Zutaten zum Brot geben und alles gut vermengen. Die Masse zu eigroßen Nocken formen, wie unten bei den Spinatnocken gezeigt. Die Kasnocken in siedendem Salzwasser in 12 bis 15 Minuten gar ziehen lassen und nach Belieben mit gebräunter Butter und Parmesan servieren.

GRIESSNOCKERL HERSTELLEN

(1) Die weiche Butter in eine Rührschüssel geben und mit dem Handrührgerät cremig-weiß rühren. Anschließend ein wenig Hartweizengrieß unter Rühren einrieseln lassen.

(2) Das Ei zufügen und unterrühren. Dann in 2 bis 3 Portionen den übrigen Grieß, Salz und Muskat einarbeiten.

(3) Mit einem Löffel etwas Masse abstechen und mithilfe eines zweiten Löffels zu einem kleinen Probenockerl formen.

(4) Das Probenockerl in den kochenden Fond einlegen und bei reduzierter Hitze in etwa 20 Minuten gar ziehen lassen.

(5) Behält es seine Form, auch die übrige Masse zu Nockerln formen und portionsweise im Fond gar ziehen lassen.

SPINATNOCKEN FORMEN

(1) Mit einem in Wasser getauchten Esslöffel eine kleine Menge von der Spinat-Brot-Masse abstechen.

(2, 3) Die Masse mithilfe des Löffels in der nassen Hand zu eigroßen Nocken formen. Die Spinatnocken in kochendes Salzwasser einlegen, die Hitze reduzieren und die Nocken in 5 bis 7 Minuten gar ziehen lassen; dann herausheben.

Polenta kochen und verarbeiten

Gekochter Maisgrieß ist sehr vielseitig: Cremig-weiche Polenta schmeckt als Beilage zu Fleisch und Wild. In fester Form eignet sie sich – geschnitten oder ausgestochen – zum Braten und Überbacken.

FEIN, MITTELFEIN ODER GROB gemahlen ist der gelbe Maisgrieß erhältlich und hat je nachdem eine unterschiedlich lange Garzeit. Unerlässlich ist dabei das ständige Rühren, damit sich bei der Zubereitung von Polenta keine Klümpchen bilden. Bei feinem Grieß genügt es, ihn 5 bis 10 Minuten unter Rühren zu kochen. Bei mittelfeinem Maisgrieß dauert die Polentazubereitung mit 20 Minuten in etwa doppelt so lange. Und grober Maisgrieß (»Polenta bramata«), wie man ihn im Friaul und in den anderen Maisanbaugebieten Norditaliens sowie in der Schweiz bevorzugt, muss mindestens 30 Minuten, manchmal bis zu 1 Stunde, unter Rühren quellen. In welcher Flüssigkeit dies erfolgt, ist eine Frage des Geschmacks – die Möglichkeiten reichen hier von Salzwasser über Milch bis hin zu hellem Geflügel- oder Rinderfond (S. 138 ff.). Soll es einmal besonders schnell gehen, ist Instantpolenta eine Alternative, da sie bereits in 3 bis 5 Minuten fertig ist. Es empfiehlt sich hier, jeweils die Packungsangabe zu beachten. Das folgende Grundrezept kann für cremige sowie für feste Polenta verwendet werden.

POLENTA KOCHEN

(1) Den Maisgrieß in das kochend heiße Salzwasser einrieseln lassen, dabei ständig mit einem Kochlöffel rühren.

(2) Da es beim Rühren anfangs stark spritzen kann, empfiehlt es sich, den Topf mit einem Tuch abzudecken.

(3) Die Masse 20 Minuten weiterköcheln. Damit die Polenta nicht am Topfboden anbrennt, muss sie ständig gerührt werden.

(4) Die Polenta ist fertig, wenn die Maisgrießmasse schön cremig ist und sich vom Topfboden löst.

POLENTA KOCHEN (GRUNDREZEPT)

· 1 TL Salz, 200 g mittelfeiner Maisgrieß

In einem Topf 1 l Wasser mit dem Salz aufkochen und weiterarbeiten, wie links in Step 1 bis 4 gezeigt. Will man die Polenta als cremige Beilage reichen, kann auch etwas mehr Wasser zugefügt werden.

CREMIGE POLENTA VERFEINERN

Geschmacklich abrunden lässt sich die fertige weiche Polenta mit 2 bis 3 EL zerlassener Butter. Besonders würzig schmeckt cremige Polenta, wenn zusätzlich noch 60 g geriebener Parmesan untergerührt wird. Im Aostatal liebt man »Polenta grassa«, eine üppige Version, die mit viel Butter (150 g), Fontina (200 g) und Parmesan (100 g) auf 300 g groben Maisgrieß, 3/4 l Milch und 3/4 l Wasser zubereitet wird. Cremige Polenta lässt sich nicht aufbewahren, da sie beim Abkühlen erstarrt.

FESTE POLENTA BRATEN UND ÜBERBACKEN

Für die Weiterverarbeitung von Polenta muss der weiche Polentabrei sofort ausgestrichen werden, wie auf S. 113 in Step 1 bis 3 gezeigt. Sonst wird er schnell zu fest und lässt sich nicht mehr formen.

Das Ausstreichen kann auf einem Brett (wie unten gezeigt) oder auch auf einem mit Frischhaltefolie ausgelegten Blech erfolgen. Nach dem Abkühlen ist die Polenta dann fest und kann jetzt gut in Rauten oder Rechtecke geschnitten werden. Mithilfe eines Metallrings lassen sich aber auch Kreise oder spitzovale Scheiben ausstechen. Feste Polenta hält sich im Kühlschrank bis zu 3 Tage. Vor dem Servieren werden die Schnitten oder Scheiben dann entweder in Butter oder Öl gebraten oder, wie unten bei den »Gnocchi alla romana«, in eine ofenfeste Form eingeschichtet und im Ofen überbacken.

GNOCCHI ALLA ROMANA

- Salz, 300 g mittelfeiner Maisgrieß, 200 g Butter 2 Knoblauchzehen, geschält und angedrückt
- 4 EL gehackte Kräuter (Petersilie, Oregano, Rosmarin)
- 1–2 EL Butter für die Form
- 80 g frisch geriebener Parmesan

In einem Topf 1 l Wasser mit 1 TL Salz aufkochen, dann den Maisgrieß langsam einrieseln lassen und zu Polenta rühren, wie auf S. 112 in Step 2 bis 4 gezeigt. Den fertigen Polentabrei dann sofort auf einem nassen Brett verstreichen, wie unten in Step 1 bis 3 beschrieben. Den Backofen auf 220 °C vorheizen. Die Butter in einer Kasserolle zerlassen, den Knoblauch darin hell anschwitzen und die gehackten Kräuter unterrühren. Anschließend den Knoblauch wieder entfernen und die flüssige Kräuterbutter beiseitestellen. Eine große ofenfeste Form mit Butter ausstreichen. Aus der kalten, inzwischen fest gewordenen Polentaplatte Kreise ausstechen und in die Form einschichten, wie unten in Step 4 bis 6 beschrieben. Die Maisgrießgnocchi dann in den vorgeheizten Ofen schieben und etwa 10 Minuten überbacken. Anschließend die Temperatur erhöhen (Grillstufe) und die »Gnocchi alla romana« vor dem Servieren noch 1 Minute unter dem Backofengrill gratinieren.

POLENTA AUSSTREICHEN UND FORMEN AUSSTECHEN (GNOCCHI ALLA ROMANA)

(1) Die fertige Polenta auf ein nasses Holzbrett oder auf ein feuchtes Blech geben und leicht verstreichen.

(2) Den Polentabrei mit einer Palette oder einem Teigschaber in alle Richtungen gleichmäßig dick (etwa 1 cm hoch) ausstreichen.

(3) Die Polenta anschließend mit Frischhaltefolie bedecken, um sie vor dem Austrocknen zu schützen und 30 Minuten kühl ruhen lassen.

(4) Aus der inzwischen fest gewordenen Polentaplatte mit einem glatten Metallring (6 cm Ø) Kreise ausstechen.

(5, 6) Die Polentascheiben dachziegelartig in eine gebutterte ofenfeste Form schichten und mit geriebenem Parmesan bestreuen. Die Oberfläche mit flüssiger Kräuterbutter beträufeln und die Polentascheiben im vorgeheizten Ofen fertig garen, wie im Rezept oben beschrieben.

Knödel aus gekochten und rohen Kartoffeln

Kartoffelknödel oder -klöße, wie sie in Norddeutschland heißen, gibt es in zahlreichen Varianten, weich oder fester, ungefüllt oder gefüllt, in Salzwasser gegart oder gebacken – hier eine kleine Auswahl.

TEIGE AUS GEKOCHTEN KARTOFFELN ergeben weiche, lockere Knödel. Klöße aus rohen Kartoffeln sind fester und haben eine leicht glasige Oberfläche. Bei ihrer Herstellung gilt es, zügig zu arbeiten, damit sich die geriebenen rohen Kartoffeln nicht unschön verfärben. Oft besteht der Teig auch aus einer Mischung von gekochten und rohen Kartoffeln, wie beim Rezept auf S. 115 unten. Hier handelt es sich um den Grundteig für Thüringer Klöße, die im Original noch mit gerösteten Brotwürfeln (S. 116) gefüllt sind. Generell muss bei Kartoffelteigen auf eine ausreichende Bindung geachtet werden. Diese erfolgt entweder durch Mehl und Eier oder auch durch Zugabe von Kartoffelstärke, wie oft bei Teigen aus rohen Kartoffeln. Kartoffelknödel aller Art sind eine beliebte Beilage zu Braten.

KNÖDEL AUS GEKOCHTEN KARTOFFELN (GRUNDREZEPT)

- 1 kg mehligkochende Kartoffeln
- 75 g Weizenmehl Type 405 oder 550
- Salz, 2 Eier

Den Backofen auf 200 °C vorheizen. Die Kartoffeln in Alufolie wickeln und auf dem Rost (mittlere Schiene) im vorgeheizten Ofen etwa 1 Stunde backen. Anschließend herausnehmen, die Kartoffeln aus der Folie wickeln und weiterarbeiten, wie unten in Step 1 bis 4 gezeigt. Auf diese Weise den gesamten Teig zu Knödeln formen. In einem Topf ausreichend Salzwasser aufkochen, die Kartoffelknödel einlegen und bei reduzierter Temperatur in 15 bis 20 Minuten halb zugedeckt gar ziehen lassen.

KARTOFFELKNÖDEL
aus gekochten Kartoffeln

(1) Die heißen Kartoffeln mit einer Gabel oder einer Pellkartoffelgabel aufspießen und pellen.
(2) Anschließend die Kartoffeln noch heiß durch die Kartoffelpresse in eine Schüssel drücken.
(3) Mehl, Salz und Eier zufügen und alles rasch zu einem geschmeidigen Teig verkneten.
(4) Eine knappe Handvoll Teig abnehmen und zwischen bemehlten Händen zu einem Knödel rollen.

KNÖDEL AUS GEKOCHTEN KARTOFFELN MIT STÄRKE

- 1 kg mehligkochende Kartoffeln, Salz
- 375 ml Milch, 250 g Kartoffelstärke

Kartoffeln in Salzwasser in 20 bis 25 Minuten weich garen, kurz ausdampfen lassen, pellen, noch heiß durch die Presse drücken und auskühlen lassen. Die Milch aufkochen. Den Kartoffelschnee in eine Schüssel geben, Stärke und Salz darauf verteilen und alles bröselig vermischen. Die heiße Milch darübergießen und alles rasch zu einem glatten Teig verarbeiten. Aus der Masse Knödel formen und diese in siedendem Salzwasser halb zugedeckt in etwa 20 Minuten gar ziehen lassen.

PANIERTE KNÖDEL AUS GEKOCHTEN KARTOFFELN

- 500 g mehligkochende Kartoffeln, Salz
- 50 g Butter, 100 g Kartoffelstärke, 4 Eigelb
- frisch gemahlener Pfeffer
- frisch geriebene Muskatnuss
- Semmelbrösel zum Wenden, zerlassene Butter

Die Kartoffeln schälen, grob würfeln und in Salzwasser in etwa 20 Minuten weich garen, dann durch ein Sieb in eine Schüssel streichen. Die Butter bräunen und mit der Kartoffelstärke, 3 Eigelb, Salz, Pfeffer und Muskat zu dem Kartoffelpüree geben. Alles glatt rühren, den Teig 1 Stunde ruhen lassen, dann zu Knödeln formen und diese nach Belieben füllen (S. 116). Den Backofen auf 200 °C vorheizen. Die Knödel erst im übrigen verquirlten Eigelb, dann in Semmelbröseln wenden und diesen Vorgang noch einmal wiederholen. Die Knödel in kochendes Salzwasser einlegen und bei reduzierter Hitze in etwa 5 Minuten halb zugedeckt gar ziehen lassen. Dann die Knödel herausheben, kurz abtropfen lassen, mit zerlassener Butter bepinseln und im vorgeheizten Ofen noch 5 Minuten bräunen.

KLÖSSE AUS ROHEN UND GEKOCHTEN KARTOFFELN (»HALB UND HALB«)

- 2 kg mehligkochende Kartoffeln, Salz
- 1 EL Essig, 100 ml Milch

500 g Kartoffeln schälen, grob würfeln und in Salzwasser weich garen. Übrige Kartoffeln schälen und reiben, wie rechts in Step 1 gezeigt. Die Milch aufkochen und weiterarbeiten, wie unten in Step 2 gezeigt. Die aufgefangene Flüssigkeit beiseitestellen, damit sich die Stärke absetzen kann. Die geriebenen, ausgedrückten Kartoffeln in einer Schüssel mit heißer Milch übergießen und weiterarbeiten, wie in Step 3 bis 6 gezeigt. Die fertigen Kartoffelklöße herausheben, abtropfen lassen und servieren.

KARTOFFELKLÖSSE »HALB UND HALB«

(1) Die geschälten rohen Kartoffeln in mit 1 EL Essig versetztes Wasser reiben, damit sie sich nicht verfärben.

(2) Die geriebenen Kartoffeln in einem Tuch oder Leinensäckchen sehr fest auspressen, dabei die Flüssigkeit auffangen.

(3) Die gekochten Kartoffeln noch heiß durch die Kartoffelpresse zu den geriebenen Kartoffeln drücken.

(4) Das aufgefangene Presswasser abgießen und die am Boden gesammelte weißliche Stärke zu den Kartoffeln geben.

(5) Die Kartoffelmasse salzen und rasch zu einem weichen Teig verarbeiten, dann sofort zu gleich großen Klößen formen.

(6) Die Klöße in kochendes Salzwasser einlegen und bei reduzierter Temperatur halb zugedeckt 20 bis 30 Minuten garen.

Zweierlei gefüllte Kartoffelknödel

Auch mit einer delikaten Füllung sind Knödel eine beliebte Beilage. Dabei sind der Fantasie kaum Grenzen gesetzt – von Brotwürfeln über Käse bis hin zu Schinken und Kräutern ist alles möglich.

EXPERIMENTIEREN ERLAUBT: Die Füllung von Kartoffelknödeln kann beispielsweise auch aus gewürfeltem, gekochtem Kasseler bestehen, oder, ganz italienisch, aus einer Mischung von Kirschtomaten und Mozzarella, eingepackt in Basilikumblätter. Gut macht sich auch eine Mischung aus Wildkräutern, Quark (Topfen) und Gorgonzola – hier gilt es, seine Favoriten zu finden. Die Kartoffelknödel mit Schinken-Kräuter-Füllung können auch in Öl ausgebacken werden und heißen dann Krapfen.

Kartoffelknödel mit Innenleben: im Vordergrund Kartoffelknödel mit Croûtons, rechts dahinter Kartoffelknödel mit einer feinen Schinken-Kräuter-Füllung.

KARTOFFELKNÖDEL MIT CROÛTONS

- 1 x Kartoffelteig aus gekochten Kartoffeln (S. 114)
- 20 g Butter, 50 g Weißbrot ohne Rinde, in ½ cm große Würfel geschnitten

Einen Teig aus gekochten Kartoffeln herstellen, wie im Grundrezept auf S. 114 beschrieben. In einer Pfanne die Butter zerlassen, die Brotwürfel (Croûtons) darin goldgelb anrösten und abkühlen lassen. Aus dem Teig Knödel formen, wie auf S. 114 in Step 4 gezeigt. Eine Mulde in die Knödel drücken und jeweils 1 TL Croûtons einfüllen. Den Teig darüber zusammendrücken und zu runden Knödeln formen. Die gefüllten Kartoffelknödel in kochendes Salzwasser einlegen, die Hitze reduzieren, die Knödel garen, wie beschrieben, und nach Belieben mit Petersilie bestreut servieren.

KARTOFFELKNÖDEL MIT SCHINKEN-KRÄUTER-FÜLLUNG

- 650 g mehligkochende Kartoffeln
- 3 Eigelb, 40 g Butter, zerlassen
- 250 g Weizenmehl Type 405 oder 550
- Salz, frisch gemahlener Pfeffer
- frisch geriebene Muskatnuss
- 300 g gekochter Schinken, klein gewürfelt
- 4 EL Schmand, 3 EL fein gehackte Kräuter (Petersilie, Schnittlauch, Majoran)

Kartoffeln in kochendem Salzwasser in etwa 25 Minuten weich garen, abgießen, kurz ausdampfen lassen und pellen. Die Kartoffeln noch heiß durch die Presse in eine Schüssel drücken. Mit Eigelben, Butter und Mehl vermengen und die Masse mit Salz, Pfeffer und Muskat würzen. Den Schinken mit Schmand und Kräutern vermischen. Von dem Kartoffelteig jeweils eine Portion abnehmen, zu einer Kugel formen und diese leicht flach drücken. Jeweils 1 TL Schinkenfüllung daraufsetzen, den Teig darüber zusammendrücken und wieder zu runden Knödeln formen. Diese in kochendes Salzwasser einlegen, die Temperatur reduzieren und die gefüllten Knödel in etwa 20 Minuten gar ziehen lassen.

Fix und fertig auf den Tisch

Mit Tortellini fing es an. Seit auch in Italien kaum noch jemand Zeit hat, die liebevoll aufgedrehten Nudeltaschen selbst herzustellen, hat die Stunde der Nahrungsmittelindustrie geschlagen. Maschinell gefertigte und haltbar gemachte Tortellini finden seitdem reißenden Absatz – nicht nur in Italien. Heute liegt im Kühlregal eines durchschnittlichen deutschen Supermarkts eine unüberschaubare Vielfalt an gefüllten Nudeln. Allerdings: Da den Verbrauchern zwar das Angebot, aber durchaus nicht jeder Preis schmeckt, sparen die Hersteller oft am Inhalt. Auffallend häufig strecken Kartoffelflocken die teure Füllung. Kompensiert wird dies außerdem mit geschmacksverstärkenden Zutaten: Zucker und Salz, aber auch Hefe oder Natriumglutamat. Ein Blick auf die Zutatenliste lohnt sich daher gerade für empfindliche Personen. Das gilt übrigens auch für klassische Maultaschen, und auch Bioware ist davon nicht ausgenommen, bei der gerne Hefe eingesetzt wird. Übrigens gibt es gefüllte Nudeln auch in der lange haltbaren Trockenversion. Hier braucht allerdings die Füllung beim Kochen so lange, um weich zu werden, dass unterdessen häufig die Nudelhülle lappig wird wie nasses Papier. Ungefüllte Frischnudeln, von Fettuccine bis zu deutschen Bandnudeln erfreuen sich ebenfalls großer Beliebtheit. Aber sie sind auch Geschmackssache: Dem einen ist diese Nudel zu dünn, dem anderen jene zu dick und teigig; der eine mag intensiven Eiergeschmack, der andere nicht. Und bei Spätzle muss sich jeder selbst fragen, ob sich der Griff ins Kühlregal lohnt. Denn mit einer Spätzlepresse ist das schwäbische Leib- und Magengericht ebenfalls schnell gemacht – und schmeckt viel besser. Wirklich viel Zeit lässt sich dagegen da sparen, wo Kartoffelteige zubereitet werden müssen. Schon lange werden daher fertige Gnocchi angeboten. Doch auch hier ist es unumgänglich, die Produkte zu testen. Manche haben einen säuerlichen Nachgeschmack. Andere fallen hart wie kleine Gummibälle aus der Packung und behalten auch beim Kochen ihre kautschukartige Konsistenz. Als Alternative bieten sich frisch gemachte Gnocchi aus guten Feinkosttheken an. Schupfnudeln aus der Frischepackung eignen sich dagegen perfekt, um sie im Alltag schnell aufzubraten.

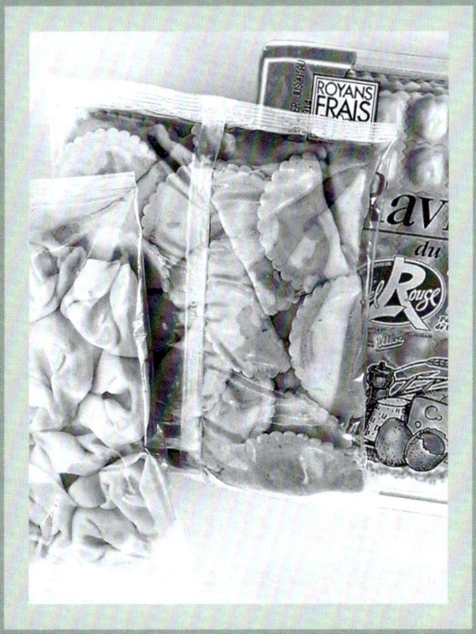

Wer ohne viel Aufwand Kartoffelknödel zum Braten servieren möchte, hat die Wahl zwischen tiefgekühlten Knödeln, Kloßteig aus dem Kühlregal und trockenen Kartoffelflocken, die mit Wasser angerührt werden. Die beiden Letzteren haben den Vorteil, dass sich aus dem Teig ganz nach Belieben auch Kartoffelschnecken, -taschen oder -plätzchen formen lassen. Intensiven Kartoffelgeschmack bieten alle Produkte. Die Konsistenz allerdings tendiert häufig in Richtung zäh oder gummiartig.

Wer jetzt glaubt, das müsse so sein, weil der Kloß auf dem Restaurantteller der Gabel schließlich genauso viel Widerstand entgegenbringt – der sitzt einem Irrtum auf: Denn die Wahrscheinlichkeit ist hoch, dass es sich beim Restaurantknödel ebenfalls um ein Fertigprodukt handelt. Außerdem lohnt sich auch beim Kauf von Fertigknödeln wieder der Blick aufs Etikett: Dort tauchen oft Schwefelverbindungen auf, beispielsweise Natriummetabisulfit. Sie sorgen dafür, dass der Kartoffelteig an der Luft nicht gräulich braun wird. Dieser Zusatz ist keineswegs eine Erfindung der Industrie: In vielen Haushalten wird selbst gemachter Kloßteig heute noch geschwefelt. Wer aber empfindlich auf Schwefel reagiert, bereitet den Teig besser selbst zu. Und für ein Sonntagsessen lohnt sich das auch. Denn obwohl (gute) Fertigprodukte den Alltag durchaus erleichtern: Selbst gemacht ist und bleibt etwas besonders Gutes.

Sabine Schlimm

Semmelknödel pur und mit Spinat

Entscheidend ist die richtige Konsistenz: Semmelknödel sollen beim Garen gut in Form, im Inneren aber schön locker bleiben.

IN SCHEIBEN ODER WÜRFEL geschnittenes altbackenes (das heißt 1 bis 2 Tage altes) Weißbrot ist die Grundlage für Semmelknödel. Diese sind in Süddeutschland, Österreich und Böhmen eine traditionelle Beilage zu Schweinebraten, geschmortem Rindfleisch (Gulasch) oder zu Wildragouts. Aber auch zu Pfifferlingen oder Steinpilzen in sahnigen Saucen passen sie gut. Ist das Brot älter als 2 Tage und sehr trocken, kann es noch verwendet werden, allerdings benötigt man dann etwas mehr Milch. Zudem kommt es auf die Temperatur der Milch an – lauwarm nimmt sie das Brot besser auf als heiß. Die in den folgenden Rezepten angegebenen Mengen können daher nur Richtwerte sein. Sicherheitshalber formt man aus der Masse zunächst einen Probeknödel, legt diesen in kochendes Salzwasser, reduziert die Temperatur und lässt ihn in etwa 20 Minuten gar ziehen. Ist der Knödel zu weich, mischt man noch etwas Semmelbrösel, Mehl oder Grieß unter den Teig. Zu feste Massen lassen sich mit Zugabe von Ei lockern. Die Knödel mit feuchten Händen formen, dann werden sie beim Rollen in der flachen Hand schön rund. Zum Kochen empfiehlt sich ein weiter Topf, in dem möglichst viele Knödel nebeneinander Platz finden. Übereinander- oder zu eng aneinanderliegen sollten die Semmelknödel nicht,

SEMMELKNÖDEL HERSTELLEN

(1) Die altbackenen Semmeln (oder die entsprechende Menge Weißbrot) mit einem großen Sägemesser in 2 bis 5 mm dicke Scheiben schneiden und das »Knödelbrot« in eine entsprechend große Schüssel geben.

(2) Die Semmelscheiben mit der lauwarmen Milch übergießen und zugedeckt 20 bis 30 Minuten durchziehen lassen.

(3) Die Petersilie kurz mit anschwitzen, die Mischung mit Salz, Pfeffer und Muskat würzen und kurz abkühlen lassen.

(4) Die Eier und die abgekühlte Zwiebelmischung zu dem eingeweichten Brot geben und alles gut vermengen.

(5) Mit angefeuchteten Händen aus der Masse 8 bis 10 Knödel formen und diese auf ein bemehltes Holzbrett setzen.

(6) Die Semmelknödel in kochendes Salzwasser einlegen, dieses kurz aufkochen, dann die Hitze etwas reduzieren.

(7) Die Knödel in siedendem Wasser in etwa 20 Minuten halb zugedeckt garen, dann mit dem Schaumlöffel herausheben.

Selbst gemachte Semmelknödel – nicht zu weich und nicht zu fest – sind eine wundervolle Beilage zu Fleisch. Besonders gut passen sie zu Schmorgerichten mit viel Sauce.

da sie beim Garen noch aufgehen. Geformt und leicht bemehlt lassen sich die rohen Knödel gut tiefkühlen. Übrig gebliebene gekochte Brotknödel schmecken, in Butter angebraten und mit einem Salat der Saison serviert, auch noch am nächsten Tag.

SEMMELKNÖDEL

- 5 Semmeln (Brötchen) vom Vortag
- etwa 1/8 l warme Milch
- 1 kleine Zwiebel
- 20 g Butter
- 2 EL fein gehackte Petersilie
- Salz, frisch gemahlener Pfeffer
- frisch geriebene Muskatnuss
- 3 Eier

Die Semmeln in Scheiben schneiden und verarbeiten, wie links in Step 1 und 2 gezeigt. In der Zwischenzeit die Zwiebel schälen und sehr fein hacken. In einer Pfanne die Butter zerlassen und die Zwiebelwürfel darin glasig anschwitzen, dann weiterarbeiten, wie links in Step 3 und 4 beschrieben. Die Knödelmasse etwa 10 Minuten ruhen lassen. In einem Topf ausreichend Salzwasser zum Kochen bringen. Dann die Masse zu Knödeln formen und garen, wie in Step 5 bis 7 erklärt. Die fertigen Knödel kurz abtropfen lassen und sofort servieren.

SPINATKNÖDEL

- 250 g Weißbrot vom Vortag
- 1/8 l warme Milch, 2 Eier
- 100 g junger Spinat, 1 kleine Zwiebel
- 1 Knoblauchzehe, 20 g Butter
- Salz, frisch gemahlener Pfeffer
- frisch geriebene Muskatnuss
- 100 g Weizenmehl Type 405

Das Weißbrot in dünne Scheiben schneiden und in eine Schüssel geben. Milch und Eier verquirlen, über das Knödelbrot gießen und dieses zum Einweichen beiseitestellen. In der Zwischenzeit den Spinat verlesen, waschen, putzen, abtropfen lassen und grob hacken. Zwiebel und Knoblauch schälen und beides fein würfeln. In einer Pfanne die Butter zerlassen und die Zwiebelwürfel darin glasig anschwitzen. Dann Spinat und Knoblauch zufügen und kurz mit anschwitzen. Alles mit Salz, Pfeffer und Muskat würzen und kurz abkühlen lassen. Die Spinatmischung mit dem Mehl zu dem eingeweichten Knödelbrot geben, alles gut vermengen und 25 bis 30 Minuten durchziehen lassen. Aus der Masse Knödel formen, wie links in Step 5 gezeigt, und in siedendem Salzwasser in 15 bis 20 Minuten gar ziehen lassen, dann herausheben.

Semmelknödel – gefüllt oder aus der Serviette

Mit einer feinen Füllung lassen sich Knödelmassen vielfach variieren, und »am Stück« gegart ist ihre Herstellung besonders rationell.

PILZE, SPECK, SCHINKEN ODER KÄSE geben Brotknödeln noch mehr Aroma, sie können dann auch als eigenständiges Gericht oder Vorspeise serviert werden. Dabei sind die würzigen Zutaten entweder von Knödelmasse umhüllt, im Teig verteilt oder beides, wie bei den Steinpilzknödeln unten. Schlägt man die Masse locker – sie dehnt sich beim Garen noch aus – in ein Tuch ein, wie beim Serviettenknödel auf S. 121, der durch den untergehobenen Eischnee besonders locker wird, spart man sich das Knödelformen, dafür erhöht sich aber die Garzeit. Alternativ kann man die Knödelmasse aber auch zuerst in hitzebeständige Frischhaltefolie, dann in Alufolie einrollen und fest verschlossen garen.

GEFÜLLTE STEINPILZKNÖDEL

- 200 g Weißbrot vom Vortag, ohne Rinde
- 50 g Sahne, 100 ml Milch, 50 g Butter, zerlassen
- 3 Eier, $\frac{1}{2}$ TL Salz, frisch gemahlener Pfeffer
- frisch geriebene Muskatnuss
- 20 g Butter, 20 g Schalottenwürfel
- 1 Knoblauchzehe, geschält und gehackt
- 300 g Steinpilze, geputzt und klein gewürfelt
- je 1 EL gehackte Petersilie und Oregano
- 40 g Weizenmehl Type 405 oder 550

Weißbrot sehr klein würfeln und in einer Schüssel mit Sahne, Milch und zerlassener Butter übergießen. Eier zufügen, alles mit Salz, Pfeffer und Muskat würzen und 1 Stunde einweichen lassen. In einer Pfanne die Butter zerlassen, Schalotten- und Knoblauchwürfel darin anschwitzen. Die Pilzwürfel kurz mitbraten, dann die Kräuter unterrühren und alles etwas abkühlen lassen. Die Hälfte der Pilzmischung und das Mehl mit dem eingeweichten Brot vermengen und dann weiterarbeiten, wie unten in

STEINPILZKNÖDEL

füllen und wieder rund formen

(1) Von der Brotmasse etwa 50 g abnehmen, zu einem Knödel formen und in die Mitte eine Mulde drücken.
(2) 1 EL Steinpilzfüllung in die Mitte geben und die Knödelmasse vorsichtig mit den Fingern darüberklappen.
(3) Die Masse über der Füllung vollständig schließen und die Knödel in der flachen Hand wieder rund formen.
(4) Die restliche Knödelmasse ebenso mit Füllung versehen, rund rollen und auf ein bemehltes Brett setzen.

(4)

(1)

(2)

(3)

Step 1 bis 4 gezeigt. Die Knödel in kochendes Salzwasser einlegen und halb zugedeckt bei reduzierter Temperatur je nach Größe in 10 bis 15 Minuten gar ziehen lassen. Die Knödel mit zerlassener Butter beträufeln und nach Belieben zu Salat servieren.

LOCKERER SERVIETTENKNÖDEL

- 8 Brötchen vom Vortag, ¼ l lauwarme Milch
- 60 g Zwiebel, sehr fein gewürfelt, 120 g Butter
- 4 EL fein gehackte Petersilie
- 1 EL fein geschnittenes Basilikum
- 6 Eier, 1 TL Salz, frisch gemahlener Pfeffer
- frisch geriebene Muskatnuss
- 1 feuchtes Tuch oder eine Serviette (80 x 80 cm)

Brötchen würfeln und weiterarbeiten, wie unten in Step 1 und 2 gezeigt. Zwiebelwürfel in 20 g Butter anschwitzen, Kräuter unterrühren und alles kurz abkühlen lassen. Eier trennen, die Eiweiße beiseitestellen. Die übrige Butter mit den Eigelben schaumig rühren und mit Salz, Pfeffer und Muskat würzen. Eiweiße steif schlagen und weiterarbeiten, wie unten in Step 3 bis 7 gezeigt. Den fertigen Serviettenknödel in Scheiben schneiden, wie in Step 8 gezeigt.

SERVIETTENKNÖDEL HERSTELLEN

(1) Die Brötchen vom Vortag mit einem großen Sägemesser erst längs in etwa 1 cm dicke Scheiben, dann quer in Streifen und zum Schluss in etwa 1 cm große Würfel schneiden. Die Brotwürfel in eine entsprechend große Schüssel geben.

(2) Die Brotwürfel mit der lauwarmen Milch übergießen und zugedeckt etwa 15 Minuten durchziehen lassen.

(3) Die Zwiebel-Kräuter-Mischung sowie die gewürzte Eigelb-Butter-Masse zum Brot geben und gut untermengen.

(4) Den Eischnee nach und nach mit einem Kochlöffel vorsichtig unter die Knödelmasse heben.

(5) Das Tuch ausbreiten und die Masse darauf mit feuchten Händen oder einem Löffel zu einer dicken Rolle formen.

(6) Die Masse locker in das Tuch rollen, die Enden zusammenbinden und die Rolle an einem Kochlöffelstiel befestigen.

(7, 8) In einem großen, ovalen Topf ausreichend Salzwasser aufkochen und den Serviettenknödel zur Hälfte einhängen. Die Temperatur reduzieren und den Knödel offen in etwa 1 Stunde gar ziehen lassen, dabei nach 30 Minuten wenden.

Verschiedene Knödelspezialitäten

Auch aus Laugengebäck oder Schwarzbrot lassen sich Knödel herstellen, mit Kräutern, Speck und Käse sind sie besonders herzhaft.

WELCHE BROTSORTE auch ihre Grundlage bildet, die Knödelherstellung ist immer gleich: Nach dem Einweichen des Brots kommen würzende Zutaten hinzu. Aus der Masse werden dann runde Knödel oder längliche Rollen geformt und in Salzwasser gegart. Nur die Kaspressknödel werden nicht gekocht, sondern von beiden Seiten in Butterschmalz angebraten und anschließend in der Brühe serviert.

BREZENKNÖDEL MIT SPECK

- 5 Laugenbrezen vom Vortag, etwa 400 g
- etwa ¼ l warme Milch
- 50 g Räucherspeck, fein gewürfelt, 10 g Butter
- 60 g Frühlingszwiebeln, geputzt und fein gehackt
- 2 EL geschnittene Kräuter (Petersilie, Schnittlauch)
- 2 Eier, Salz, frisch gemahlener Pfeffer
- 1 Msp. gemahlener Piment

Die Brezen schneiden, wie unten in Step 1 gezeigt. Die Speckwürfel kurz in Butter anbraten, dann die Frühlingszwiebeln 2 bis 3 Minuten mitbraten. Die Kräuter unterrühren, die Mischung vom Herd nehmen, abkühlen lassen und weiterarbeiten, wie unten in Step 2 gezeigt. Dann die Brezenknödel in kochendes Salzwasser einlegen und bei reduzierter Temperatur in 15 bis 20 Minuten gar ziehen lassen.

SCHWARZBROTKNÖDEL

- 500 g mildes Roggenbrot (ohne Sauerteig) vom Vortag, etwa 1 cm groß gewürfelt
- etwa ¼ l warme Milch, 1 kleine weiße Zwiebel
- 50 g Räucherspeck, fein gewürfelt
- 20 g Butter, 2 EL gehackte Petersilie
- 50 g Walnusskerne, fein gehackt
- 3 Eier, Salz, Pfeffer, frisch geriebene Muskatnuss
- Alufolie, 30 g Butter, zerlassen, Küchengarn

Brotwürfel in einer Schüssel mit der warmen Milch übergießen und 30 Minuten einweichen. Die Zwiebel schälen und fein hacken. Den Speck in der Butter kurz anbraten. Die Zwiebel zufügen und 2 bis 3 Minuten mitbraten. Petersilie und Walnüsse noch 1 Minute mitgaren. Die Mischung etwas abkühlen lassen, zum Brot geben, Eier und Gewürze zufügen und alles gut vermengen. Den Teig in 3 Portionen teilen und jede zu einer Rolle (3 cm Ø) formen. Drei entsprechend große Stücke Alufolie mit Butter fetten. Jede Knödelrolle in ein Stück Alufolie wickeln, die Enden zusammendrehen und mit Küchengarn verschnüren. Die Knödelrollen in kochendes Wasser einlegen und bei reduzierter Temperatur in etwa 30 Minuten gar ziehen lassen. Herausnehmen und die Schwarzbrotknödel in Scheiben schneiden.

BREZEN SCHNEIDEN
und Knödelmasse fertigstellen

(1) Die altbackenen Brezen grob von Salz befreien und mit einem Sägemesser in etwa 4 mm dicke Scheiben schneiden und in eine Schüssel geben. Die Brezenscheiben mit warmer Milch übergießen und etwa 30 Minuten einweichen.

(2) Die Speck-Frühlingszwiebel-Mischung zu den eingeweichten Brezen geben. Anschließend Gewürze und Eier zufügen und alles gut vermengen. Aus der Masse mit feuchten Händen kleine Knödel formen. Diese sollten alle gleich groß sein, damit die Brezenknödel gleichzeitig gar werden.

SPECKKNÖDEL

- 8 Brötchen vom Vortag, in Scheiben
- 375 ml warme Milch, 3–4 Eier
- 100 g geräucherter Bauchspeck, fein gewürfelt
- 70 g Zwiebelwürfel, 2 EL fein gehackte Petersilie
- Salz, frisch gemahlener Pfeffer

Aus den angegebenen Zutaten Knödel herstellen und garen, wie auf S. 118 beschrieben.

KASPRESSKNÖDEL MIT BERGKÄSE (OHNE ABBILDUNG)

- 500 g Weißbrot vom Vortag, 1 kleine Zwiebel
- 1 EL Butter, 1–2 EL fein gehackte Petersilie
- 3 Eier, etwa ¼ l warme Milch
- 250 g würziger Bergkäse, klein gewürfelt
- Salz, frisch gemahlener Pfeffer, Butterschmalz

Aus den angegebenen Zutaten eine Knödelmasse herstellen, wie auf S. 118 beschrieben, und 15 Minuten durchziehen lassen. Aus der Masse Knödel formen, flach drücken und beidseitig in Butterschmalz braten.

BUCHWEIZENKNÖDEL MIT GRAUKAS (OHNE ABBILDUNG)

- 80 g trockenes Schüttelbrot oder Schwarzbrot
- 100 g Brötchen vom Vortag, in Scheiben
- 150 ml warme Milch
- 1 Knoblauchzehe, geschält und gehackt
- 60 g Zwiebelwürfel, 50 g feine Lauchstreifen
- 20 g Butter, 2 EL gehackte Kräuter (Petersilie, Schnittlauch und Liebstöckel)
- ½ TL Salz, frisch gemahlener weißer Pfeffer
- frisch geriebene Muskatnuss, 2 Eier
- 60 g Buchweizenmehl, 180 g Tiroler Graukäse

Brot zerbröckeln, mit dem Brötchen in eine Schüssel geben, mit der warmen Milch übergießen und 15 Minuten ziehen lassen. Knoblauch, Zwiebel und Lauch in Butter anschwitzen und zum eingeweichten Brot geben. Kräuter, Gewürze, Eier und Buchweizenmehl zufügen, alles vermengen und 15 Minuten ruhen lassen. Den Käse klein würfeln und untermischen. Aus der Masse Knödel formen und in siedendem Salzwasser in 12 Minuten gar ziehen lassen.

Brotknödel-Variationen von links nach rechts: Semmelknödel mit Käse, Schwarzbrotknödel und Speckknödel.

Süße Knödel aus Quark- und Kartoffelteig

Aus verschiedenen Teigarten geformt und gefüllt oder ungefüllt serviert, sind auch die süßen Mitglieder der Knödelfamilie sehr vielseitig.

IN ÖSTERREICH, aber auch in Bayern oder Südtirol, kennt man zahlreiche Rezepte für süße Knödel, die meist auf einem Quark-Mehl-Teig oder auf Kartoffelteig basieren. Es gibt aber auch Varianten, bei denen ein Teil Quark unter eine Brötchenmasse gemischt wird, wie es bei den Topfenknödeln unten der Fall ist. Entscheidend ist dabei – sowohl beim Quark- wie beim Kartoffelteig –, dass nicht zu viel Feuchtigkeit in die Masse gelangt. Aus diesem Grund sollte der hierzulande erhältliche feuchte Quark vor der Verwendung entweder in einem Tuch zum Abtropfen aufgehängt oder sehr gut ausgedrückt werden. Die Kartoffeln wiederum gart man am besten im Ofen, da ihr Fruchtfleisch dann die ideale lockere, trockene Konsistenz hat (S. 102 ff.). Für ungefüllte süße Knödel, wie etwa die Topfenknödel, sind fruchtige Kompotte oder luftig aufgeschlagene Sabayons eine gute Begleitung. Mit Früchten gefüllte Knödel werden oft nur mit in Butter gerösteten Semmelbröseln und Puderzucker serviert.

TOPFENKNÖDEL ZUBEREITEN

(1) Den trockenen Quark, Zucker, 1 Prise Salz sowie die zerlassene Butter zu den Brötchen geben und alles gut vermengen.

(2) In einer zweiten Schüssel saure Sahne und Eier verquirlen und die Mischung über die Brötchen-Quark-Masse verteilen.

(3) Brötchenmasse und Eiermischung miteinander verrühren, dann das Mehl dazuschütten und untermischen.

(4) Die Knödel in kochendes Salzwasser einlegen und bei reduzierter Temperatur in 12 bis 15 Minuten gar ziehen lassen.

TOPFENKNÖDEL (QUARKKNÖDEL)

- 4 Brötchen vom Vortag, 150 g Semmelbrösel
- 200 g trockener Quark (Topfen), 30 g Zucker
- Salz, 80 g Butter, 120 g saure Sahne
- 4 Eier, 60 g Weizenmehl Type 405 oder 550
- 80 g Butter, Puderzucker

Von den Brötchen die Rinde abreiben. Das weiße Innere fein würfeln, mit 50 g Semmelbröseln in eine Schüssel füllen und weiterarbeiten, wie links in Step 1 bis 3 gezeigt. Die Masse 30 Minuten ruhen lassen. Inzwischen die Butter in einer Pfanne zerlassen und die übrigen Semmelbrösel darin unter ständigem Rühren goldbraun, aber nicht zu trocken rösten, bei Bedarf noch etwas Butter zufügen. Aus der Masse 4 bis 5 cm große Knödel formen und halb zugedeckt garen, wie links in Step 4 gezeigt. Die Knödel mit dem Schaumlöffel herausheben, kurz abtropfen lassen, mit den gebräunten Bröseln bestreuen, mit Puderzucker besieben und nach Belieben mit einem fruchtigen Kompott servieren.

MARILLENKNÖDEL

- 2 Eigelb, 50 g weiche Butter
- 200 g trockener Quark (Topfen), 100 g Mehl, Salz
- 8–10 Marillen (Aprikosen), je nach Größe
- 8–10 Stück Würfelzucker
- 1 EL Zucker, 1 Stange Zimt

Die Eigelbe mit der Butter cremig rühren, dann den Quark, das Mehl sowie 1 Prise Salz untermengen und den Teig 20 Minuten ruhen lassen. Sollte er zu weich und schlecht formbar sein, noch etwas Mehl oder Semmelbrösel einarbeiten. Die Aprikosen ein-, aber nicht durchschneiden, entsteinen und weiterarbeiten, wie unten in Step 1 gezeigt. Den Teig mit bemehlten Händen in 8 bis 10 Portionen teilen, zu Kugeln formen und weiterverfahren, wie unten in Step 2 bis 4 gezeigt. In einem Topf ausreichend Wasser mit Zucker und Zimtstange aufkochen, die Knödel einlegen und halb zugedeckt bei reduzierter Temperatur in etwa 10 Minuten gar ziehen lassen.

Zwetschgenknödel zählen zu den großen Klassikern der österreichischen Mehlspeisenküche. Überzogen von in reichlich Butter goldbraun gerösteten Semmelbröseln und mit Puderzucker bestreut, sind sie ein echter Genuss.

ZWETSCHGENKNÖDEL

- 1 kg mehligkochende Kartoffeln, 250 g Butter
- 100 g Hartweizengrieß, Salz, 1 Ei, 2 Eigelb
- 200 g Weizenmehl Type 405, 20 Zwetschgen
- nach Belieben 20 Stück Würfelzucker
- 200 g Semmelbrösel, Puderzucker

Den Backofen auf 200 °C vorheizen und die Kartoffeln darin etwa 1 Stunde backen. Herausnehmen, die Kartoffeln pellen, noch heiß durch die Presse in eine Schüssel drücken und erkalten lassen. 100 g weiche Butter in Stücken, Grieß, 20 g Salz, Ei und Eigelbe zufügen. Das Mehl darübersieben, alles rasch zu einem glatten Teig verarbeiten und 15 Minuten ruhen lassen. Den Kartoffelteig auf einer bemehlten Arbeitsfläche 5 mm dick ausrollen und in 7 cm große Quadrate schneiden. Die Zwetschgen entsteinen, nach Belieben mit 1 Stück Würfelzucker füllen, wie unten bei den Aprikosen in Step 1 gezeigt. Jedes Teigquadrat mit 1 Zwetschge belegen und zu einem runden Knödel formen, wie unten in Step 2 bis 4 gezeigt. Die übrige Butter zerlassen und die Semmelbrösel darin goldbraun und knusprig rösten. Die Zwetschgenknödel in kochendes Salzwasser einlegen und bei reduzierter Temperatur in 10 bis 12 Minuten gar ziehen lassen. Die Knödel herausheben, kalt abschrecken, in den gerösteten Bröseln wenden und mit Puderzucker besieben.

MARILLENKNÖDEL

aus Quarkteig füllen und formen

(1) Die Aprikosen jeweils mit 1 Stück Würfelzucker füllen und fest zusammendrücken.
(2) Die Teigkugeln flach drücken, jeweils 1 gefüllte Aprikose auflegen und die Teigränder seitlich hochbiegen.
(3) Den Teig rings um die Aprikose weiter hochdrücken und die Frucht komplett mit Teig umhüllen.
(4) Dann den Aprikosenknödel zwischen den Handflächen wieder rund formen.

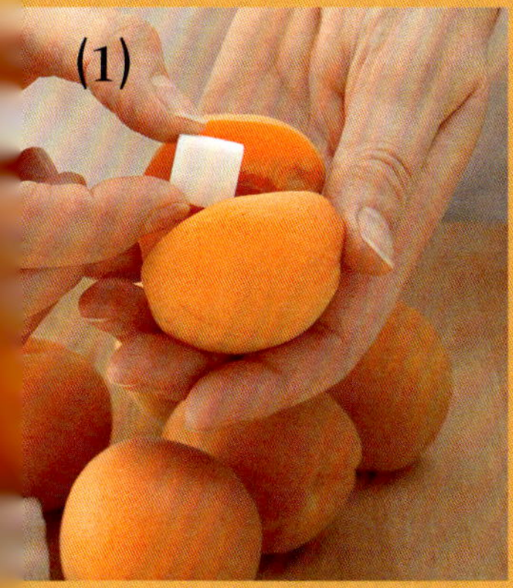
(1)

(2)

(3)

(4)

Dampfnudeln und Dumplings

In Flüssigkeit und Dampf gegarte oder im Bambuskörbchen gedämpfte Klöße aus Hefeteig gibt es gefüllt oder ungefüllt sowie süß und salzig.

SCHÖN AUFGEGANGEN sollte der Hefeteig für die in Süddeutschland, Österreich und im Elsass beliebten Dampfnudeln sein. Anschließend wird er portioniert, geformt und auf dem Herd im zugedeckten Topf in einer Mischung aus Milch, Wasser und Butter gegart. Für die nebenstehende salzige Variante gibt man noch 1 Prise Salz dazu. Bei süßen Dampfnudeln lässt man dies weg, dafür kann nach Belieben der Butter- und Hefeanteil im Teig verdoppelt werden. Damit sie gut aufgehen, darf der Topf während des Garens nicht geöffnet werden. Stimmt die Temperatur, ist von Zeit zu Zeit ein schwaches Blubbern zu hören. Knistert es im Topf, sind die Dampfnudeln fertig. Salzige Dampfnudeln werden gern zu einem grünen Salat serviert, süße bestreut man mit Zimt und Zucker und reicht sie mit Kompott oder Vanillesauce. Verwandt sind die in Österreich und Bayern bekannten Germknödel. Die mit Powidl (Zwetschgenmus) gefüllten und mit zerlassener Butter und einer Mischung aus Mohn und Puderzucker servierten Hefeklöße werden aber im Unterschied zu Dampfnudeln in Salzwasser gekocht oder in Wasserdampf gegart. Zum Dämpfen eignen sich ebenso viele der chinesischen Dumplings oder Baozi, gefüllte Teigklöße aus Weizenmehl, die aber auch gekocht oder ausgebacken werden. Dumplings oder Teigtaschen sind in vielen Regionen in süßen und salzigen, fleischgefüllten oder vegetarischen Varianten erhältlich und werden in China zum Frühstück oder als kleine (Zwischen)mahlzeit gegessen.

SALZIGE DAMPFNUDELN ZUBEREITEN

(1) Den gut aufgegangenen Hefeteig aus der Schüssel nehmen, auf ein leicht bemehltes Backbrett geben, sofort in 8 gleich große Portionen teilen und diese mit bemehlten Händen zu glatten Kugeln formen.

(2) Die Teigkugeln (Nudeln) auf dem bemehlten Brett nochmals 10 bis 15 Minuten gehen lassen.

(3) Inzwischen in einem weiten Topf (etwa 22 cm Ø) die Milch mit $^1/_8$ l Wasser, Butter und 1 Prise Salz aufkochen.

(4) Anschließend die nochmals leicht gegangenen Teigkugeln dicht an dicht in die heiße Flüssigkeit setzen.

(5) Einen gut schließenden Deckel auflegen und die Dampfnudeln bei mittlerer Hitze 12 bis 15 Minuten köcheln lassen.

(6) Den Deckel erst abnehmen, wenn das Knistern und der Geruch der sich bildenden Kruste wahrnehmbar sind.

SALZIGE DAMPFNUDELN

- 250 g Weizenmehl Type 405 oder 550
- 10 g frische Hefe
- etwa ¼ l lauwarme Milch
- 40 g weiche Butter, Salz
- 1 EL Butter zum Kochen

Das Mehl in eine Schüssel sieben und in die Mitte eine Mulde drücken. Die Hefe mit ⅛ l lauwarmer Milch verrühren, in die Mehlmulde gießen und mit etwas Mehl verrühren. Den Vorteig dann an einem warmen Ort zugedeckt etwa 15 Minuten gehen lassen. Anschließend die weiche Butter sowie ½ TL Salz zufügen und alles gut verkneten. Die Schüssel mit einem Tuch bedecken und den Hefeteig an einem warmen Ort erneut etwa 30 Minuten gehen lassen. Anschließend weiterverfahren, wie links in Step 1 bis 4 gezeigt. Den Deckel während des Kochens der Dampfnudeln nicht abnehmen. Sie sind fertig, wenn die gesamte Flüssigkeit verkocht ist und sich am Topfboden eine braune Kruste gebildet hat.

GEDÄMPFTE TEIGTASCHEN (DUMPLINGS)

- 250 g Weizenmehl Type 405 oder 550
- ½ Päckchen Trockenhefe
- 175 ml lauwarmes Wasser
- 3 getrocknete Shiitake-Pilze, ohne Stiele
- 50 g Klebreismehl
- 50 g Bambussprossen
- 100 g Schweinefilet
- 50 g rohe Garnelenschwänze, ohne Darm
- 1 EL Reiswein, 1 TL helle Sojasauce
- Salz, frisch gemahlener Pfeffer
- 12 rohe Garnelenschwänze, entdarmt und geschält

Das Mehl in eine Schüssel sieben. Die Hefe mit ⅛ l lauwarmem Wasser verrühren. Die Hefemischung unter das Mehl rühren und alles zu einem glatten, nicht klebenden Teig verkneten. Anschließend den Teig mit einem feuchten Tuch bedecken und etwa 20 Minuten ruhen lassen. In der Zwischenzeit die Shiitake-Pilze mit kochendem Wasser überbrühen und 10 Minuten ziehen lassen. Das Reismehl mit dem übrigen lauwarmen Wasser verrühren. Die Bambussprossen klein würfeln. Das Schweinefilet fein hacken und die Garnelen in kleine Stücke schneiden. Die Shiitake-Pilze abgießen, abtropfen lassen und fein hacken, dann mit dem angerührten Reismehl, dem gehackten Fleisch, den zerkleinerten Garnelen sowie den gewürfelten Bambussprossen vermischen. Anschließend die Masse mit Reiswein, Sojasauce, Salz und Pfeffer würzen. Den Teig kurz durchkneten, zu einer Rolle (2 cm Ø) formen und in 12 Portionen teilen. Diese erneut durchkneten und zu Kreisen (10 cm Ø) ausrollen. Jeweils etwas Füllung in die Mitte setzen, den Teig über die Masse nach oben klappen und die Teigenden zusammendrehen, bis die Taschen fast geschlossen sind. Die Teigtaschen jeweils mit einer Garnele und nach Belieben noch mit geschnitztem Gemüse garnieren. Ein großes Bambusdämpfkörbchen mit einem feuchten Tuch auskleiden und die Teigtaschen daraufsetzen. Das Körbchen über kochendes Wasser in den Wok stellen und die gefüllten Teigtaschen darin 10 Minuten dämpfen.

Dumplings, wie die chinesischen Varianten der Hefeteigkugeln auch genannt werden, überraschen mit einer feinen Füllung und werden in Wasserdampf gegart.

Lasagne und Cannelloni: Klassiker aus dem Ofen

Mit einer goldgelben Kruste und einer herzhaft-würzigen Füllung kommt diese »Pasta al forno« auf den Teller – ein wahrer Genuss.

MIT FRISCHEM, VORGEGARTEM TEIG zubereitete Lasagne und Cannelloni haben eine Garzeit von etwa 20 Minuten. Bereitet man sie mit gekauften, vorbehandelten Teigblättern oder -rollen zu, benötigen sie mehr Flüssigkeit und je nach Hersteller auch eine etwas längere Garzeit (30 bis 35 Minuten). Für aufrechte Cannelloni werden Teigstreifen flächig mit Füllung bestrichen, aufgerollt, in breite Stücke geschnitten und dann in eine gebutterte Form gestellt.

LASAGNE MIT HACKFLEISCHSAUCE

- 1 x grüner Nudelteig mit Spinatmatte (S. 70)
- 3 EL Olivenöl, je 250 g Rind- und Schweinehack
- je 70 g Zwiebel, Möhre und Staudensellerie, alles geschält oder geputzt und fein gewürfelt
- 3 EL Tomatenmark, Salz, gemahlener Pfeffer
- ½ l heller Rinderfond (S. 140)
- 1 EL gehackte Petersilie
- 1 Rezept Sauce béchamel (S. 158)
- 1 ofenfeste Form (28 x 16 cm), 1 EL Butter
- 80 g frisch geriebener Parmesan

Den Nudelteig dünn ausrollen und in 8 Platten (15 x 15 cm) schneiden. In einer Pfanne das Öl erhitzen und das Hackfleisch darin krümelig braten. Gemüse und Tomatenmark kurz mitbraten, dann alles salzen und pfeffern. Den Fond sowie die Petersilie zufügen und die Fleischsauce 30 Minuten offen köcheln lassen. Die Sauce béchamel zubereiten, wie auf S. 158 beschrieben, dann durch ein Sieb passie-

LASAGNE ZUBEREITEN

(1) Die Teigplatten portionsweise in Salzwasser 2 Minuten kochen. Die Teigplatten mit dem Schaumlöffel herausheben, sofort einzeln auf einer Arbeitsfläche auslegen und mit einem feuchten Tuch bedecken. Die Form mit Butter ausstreichen.

(2) Den Boden der gebutterten Form mit zwei sich leicht überlappenden Teigplatten auslegen.

(3) Ein Drittel der Fleischsauce darauf verteilen, etwas glatt streichen und mit einer Schicht Lasagneblätter bedecken.

(4) Eine Schicht Sauce béchamel daraufgeben und verstreichen. Anschließend erneut zwei Nudelplatten auflegen.

(5) Diese wieder mit Fleischsauce (zweites Drittel) bedecken und den gesamten Vorgang nochmals wiederholen.

(6) Mit einer Schicht Sauce béchamel abschließen und die Oberfläche mit frisch geriebenem Parmesan bestreuen.

(7) Die Lasagne im vorgeheizten Ofen auf der mittleren Schiene in etwa 20 Minuten goldbraun überbacken.

ren. Den Backofen auf 220 °C vorheizen. Die Teigplatten vorgaren und die Lasagne fertigstellen, wie auf S. 128 in Step 1 bis 7 gezeigt.

Auch große Muschelnudeln eignen sich vorgegart gut zum Füllen und Gratinieren. In trockene Cannellonirollen bringt man die Füllung am besten mithilfe eines Einwegspritzbeutels.

CANNELLONI MIT FLEISCHFÜLLUNG

- 1 x Nudelteig für gefüllte Pasta (S. 67)
- 4 EL Olivenöl, 70 g feine Zwiebel-, 40 g Möhren- und 80 g Staudenselleriewürfel
- 1 Knoblauchzehe, geschält und gewürfelt
- 400 g Schweine- und Rinderhackfleisch
- Salz, frisch gemahlener Pfeffer
- 1 EL edelsüßes Paprikapulver
- 1 EL Tomatenmark
- 200 g junger Spinat, geputzt
- 1/2 l heller Kalbsfond (S. 140), auf 5 EL reduziert
- 150 g Champignons, geputzt und gewürfelt
- 2 EL gehackte Petersilie
- 2 Eigelb, 100 g Butter
- 300 g Tomatenfruchtfleisch, gewürfelt
- 20 Basilikumblätter, in Streifen, 125 g Sahne
- 50 g frisch geriebener Parmesan

Den Nudelteig dünn ausrollen und in 7 x 8 cm große Rechtecke schneiden. In einer Pfanne das Öl erhitzen und 60 g Zwiebel- sowie die Möhren-, Sellerie- und Knoblauchwürfel darin hell anschwitzen. Das Hackfleisch zufügen, krümelig braten und mit Salz, Pfeffer und Paprikapulver würzen. Tomatenmark und Spinat unterrühren, kurz mitgaren und die Mischung auskühlen lassen. Anschließend den reduzierten Kalbsfond, Pilze, Petersilie und Eigelbe untermischen. Die restlichen Zwiebelwürfel in 50 g Butter anschwitzen und die Tomatenwürfel zufügen. Die Tomatensauce mit Salz, Pfeffer und Basilikum würzen und in einer rechteckigen ofenfesten Form verteilen. Den Backofen auf 200 °C vorheizen. Die Teigblätter in Salzwasser 2 Minuten kochen, herausheben, sofort auf einem feuchten Tuch ausbreiten und füllen, wie links unten in Step 1 und 2 gezeigt. Sahne und Parmesan verrühren und die Cannelloni fertigstellen, wie in Step 3 gezeigt.

CANNELLONI FÜLLEN

(1) Einen schmalen Streifen Fleischfüllung auf jedes Teigrechteck setzen.

(2) Den Teigrand über die Füllung schlagen und die Rechtecke zu Cannelloni aufrollen.

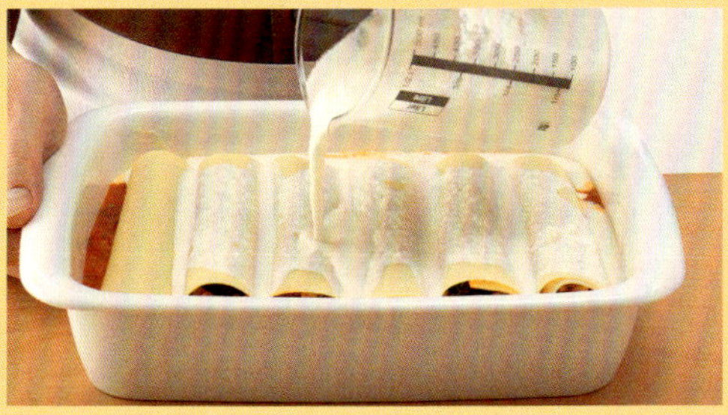

(3) Cannelloni in die Form legen, mit der Käsesahne übergießen, übrige Butter in Flöckchen darauf verteilen und alles im vorgeheizten Ofen 20 Minuten backen.

AUFRECHTE CANNELLONI HERSTELLEN

(1) Nudelteig für gefüllte Pasta zu einer dünnen Platte ausrollen und in vier Rechtecke (15 x 30 cm) schneiden.

(2) Rechtecke in Salzwasser 2 Minuten kochen, flächig füllen, am oberen Rand mit Eiweiß bestreichen und aufrollen.

(3) Die gefüllten Teigrollen 20 Minuten tiefkühlen und anschließend quer in etwa 3 cm breite Stücke schneiden.

(4) Die Stücke aufrecht in eine gebutterte Form setzen, mit Butter beträufeln und mit einer Brösel-Parmesan-Mischung bestreuen.

Nudelaufläufe & Gratins

Da die Zutaten in der Regel vorgegart sind, kann man Aufläufe und Gratins mit Nudeln, Gnocchi oder anderen Teigwaren sehr gut vorbereiten, sie müssen dann nur noch zur Vollendung in den Ofen.

MIT FISCH, FLEISCH ODER GEMÜSE lassen sich Nudeln, je nach Jahreszeit, immer wieder neu kombinieren und als Auflauf auf den Tisch bringen. Dafür werden die Nudeln zunächst in Salzwasser knapp al dente gekocht, abgegossen und mit etwas Olivenöl oder Butter vermischt, damit sie nicht zusammenkleben. Ebenso gart man Fisch, Meeresfrüchte, Fleisch und Pilze sowie die meisten Gemüsearten vor, damit alles zur selben Zeit fertig ist. Lediglich bei roh genießbarem Gemüse wie Tomaten oder Zucchini ist ein Vorgaren nicht notwendig. Manchmal werden sie aus geschmacklichen Gründen aber dennoch kurz in der Pfanne oder im Ofen gebraten. Ist eine Bindung der Zutaten erwünscht, übergießt man den Auflauf mit einer Eiermilch oder einer Royale, wie rechts (unterste Bildreihe) beschrieben. Ebenso lässt sich eine Bindung mit einer Sauce béchamel (S. 158) herstellen. Dafür wird diese mit den übrigen Zutaten vermengt und in eine mit Butter oder Öl gefettete ofenfeste Form gefüllt. Für noch mehr Geschmack kommt häufig noch Käse hinzu. Wird nur die Oberfläche mit Reibkäse und Butterflöckchen bestreut, wie rechts (erste Bildreihe) gezeigt, bleibt das Ergebnis eher trocken. Mischt man dagegen einen gut schmelzenden Käse direkt unter die Zutaten, sorgt dieser für zusätzliche Bin-

Goldgelb überbacken kommen Aufläufe mit Nudeln und Co. aus dem Ofen. Durch das Bestreuen mit geriebenem Käse und/oder mit Bröseln ergeben sich geschmacklich interessante Varianten.

dung. Oft kommt würziger Käse auch in Form einer Sauce (Sauce Mornay, S. 158) hinzu, um eine gleichmäßige Verteilung der Aromen zu erzielen. Vollendet werden Aufläufe und Gratins durch eine schöne goldgelbe Kruste. Welche der rechts vorgestellten Varianten und welcher Käse dabei zum Einsatz kommen, richtet sich nach den jeweiligen Hauptzutaten und persönlichen Vorlieben. Manchmal, etwa bei Nudelaufläufen mit Fisch oder süßen Gratins, passt Käse nicht, hier empfiehlt sich die Verwendung von Bröselbutter (zweite Bildreihe von unten). Ist hingegen Käse mit von der Partie, hat dieser, abhängig von seiner Schmelzeigenschaft, einen starken Einfluss auf die Konsistenz der Kruste. Ob ein Käse unter Oberhitze (bei Aufläufen meist 200 °C, bei kurzem Gratinieren 220 °C) eher flächig zerläuft oder bröselig bleibt, hängt vom Fettgehalt und seinem Wasseranteil im Verhältnis zur Trockenmasse ab. Junge vollfette (45 % Fett i. Tr. oder mehr), wasserreiche Käse wie Mozzarella oder Fontina schmelzen leicht. Aber auch mittelalte Hartkäse mit hohem Fettgehalt (Emmentaler, Bergkäse, Gouda) schmelzen gut und ergeben frisch gerieben eine würzige Kruste (zweite Bildreihe von oben). Blauschimmelkäse bringen eine besonders pikante Note mit, schmelzen aber aufgrund der Schimmeladern weniger gleichmäßig. Länger gereifte, trockenere Hartkäse sowie extraharte Reibkäse mit geringerem Fettgehalt (Parmesan, Pecorino), die aufgrund ihres sehr würzigen Aromas in der Teigwarenküche hoch geschätzt sind, zerlaufen beim Überbacken nicht, sondern ergeben eine bröselige Kruste (erste Bildreihe oben).

NUDELAUFLAUF MIT GEMÜSE

- 4 EL Olivenöl, 70 g Zwiebelwürfel
- 2 Knoblauchzehen, geschält und fein gehackt
- 200 g Zucchini, in Scheiben, Salz, Pfeffer
- 250 g Rigatoni, knapp al dente gegart
- 2 EL gehackte Kräuter (Petersilie, Thymian)
- 300 g Tomatenfruchtfleisch, grob gewürfelt
- 60 g frisch geriebener Pecorino oder Parmesan
- 1 Ei, verquirlt mit 100 g Sahne

Eine ofenfeste Form mit 1 EL Öl ausstreichen. Zwiebel und Knoblauch im restlichen Öl anschwitzen, Zucchini 2 Minuten mitbraten, salzen, pfeffern und mit Nudeln, Kräutern und Tomaten vermengen. Alles in die Form geben, mit Käse bestreuen und mit der Eiersahne übergießen. Den Auflauf bei 200 °C im vorgeheizten Ofen 30 Minuten überbacken.

NUDELN ÜBERBACKEN UND GRATINIEREN

(1) **MIT PARMESAN:** Die Oberfläche mit frisch geriebenem Parmesan bestreuen und mit Butterflöckchen belegen.

(2) Extraharte Reibkäse bleiben beim Gratinieren körnig und sorgen für eine würzige goldbraune, bröselige Kruste.

(1) **MIT GERIEBENEM KÄSE:** Zutaten mit 50–80 g frisch geriebenem Fontina, Emmentaler oder Greyerzer bestreuen.

(2) Fettreiche Käsesorten schmelzen gut beim Überbacken. Käse allein bindet die Zutaten jedoch nur wenig.

(1) **MIT BRÖSELBUTTER:** Semmelbrösel und Butter vermengen und auf der Oberfläche in größeren Flocken verteilen.

(2) Diese Mischung ergibt eine knusprige Kruste. Ist ein Käsearoma erwünscht, mischt man geriebenen Parmesan unter.

(1) **MIT EINER ROYALE:** 3 Eier, 125 g Sahne und $\frac{1}{8}$ l Milch, Salz und Pfeffer verrühren und über die Zutaten gießen.

(2) Die Royale bringt beim Überbacken eine gute Bindung, aber wenig Kruste. Sie empfiehlt sich für trockene Zutaten.

Knusprig frittiert: Reis-Vermicelli und Frühlingsrollen

Das Bad im heißen Fett verwandelt hauchdünne Nudelfäden in luftige Nester und verleiht gefüllten Teigtaschen eine krosse Hülle.

BEIM FRITTIEREN von Nudelfäden wie Reis-Vermicelli oder türkischen Engelshaarnudeln, gefüllten Taschen aus Nudel- oder Kartoffelteig oder Frühlingsrollen kommt es neben der Wahl des richtigen Fetts auch auf Menge und Temperatur desselben an. Zum Frittieren gut geeignet sind sortenreine, hitzestabile, geschmacksneutrale Pflanzenöle wie Sonnenblumen-, Erdnuss- oder Sojaöl. Schweineschmalz oder das für sein feines Aroma geschätzte Butterschmalz sind ebenfalls klassische Fette zum Ausbacken. Auch an der Menge darf nicht gespart werden, da sich das Fett beim Eintauchen des Gargutes sonst zu rasch abkühlt – je nach Größe des Gefäßes und der Menge an Frittiergut werden mindestens ½ l (Wok) oder 1 bis 2 l (Fritteuse) Öl oder anderes flüssiges Fett benötigt. Ob dieses dann in einem hohen Topf, im Wok oder in der Fritteuse erhitzt wird, ist im Grunde zweitrangig. Eine Fritteuse hat jedoch den Vorteil, dass sich die Temperatur mittels Thermostat exakt steuern lässt und die unangenehme

REIS-VERMICELLI FRITTIEREN

(1) Im Wok ausreichend Erdnuss- oder Sojaöl erhitzen. Sobald an einem Holzstäbchen Blasen aufsteigen, hat es die richtige Temperatur.

(2) Eine kleine Portion Reisnudeln ins heiße Öl geben. Sie blähen sich in Sekundenschnelle auf und vergrößern ihr Volumen deutlich.

(3) Anschließend die knusprig frittierten Reis-Vermicelli mit einem Schaumlöffel sofort wieder herausnehmen.

(4) Die frittierten Reisnudeln – sie haben ihr Volumen in etwa verdreifacht – sofort auf einem Tuch oder auf Küchenpapier entfetten.

Goldbraun und knusprig sind Frühlingsrollen ein großer Genuss. Damit die Hülle knusprig trocken bleibt, werden sie sofort nach dem Frittieren auf Küchenpapier oder auf einem Tuch entfettet.

Geruchsbildung bei geschlossenen Geräten mit Geruchsfilter geringer ist. Ob das Fett die richtige Temperatur hat, lässt sich mit einem Thermometer oder durch Eintauchen eines Holzkochlöffels überprüfen: Bilden sich kleine Bläschen, stimmt die Hitze. Auch mit einem Brotwürfel lässt sich die Temperatur messen: Bei 170 °C bräunt er in 20 Sekunden, bei 180 °C in 15 Sekunden und bei 190 °C in 10 Sekunden. Zu heiß (über 180 °C) sollte das Fett allerdings nicht werden, sonst bildet sich beim Frittieren stärkehaltiger Lebensmittel das gesundheitsschädliche Acrylamid. Daher gelten heute Temperaturen zwischen 160 und 170 °C als Richtwert. Wie heiß das Fett sein sollte, hängt aber auch vom Volumen des Garguts ab: Bei größeren Teigtaschen oder -rollen empfiehlt sich ein längeres Fettbad bei etwas niedrigerer Temperatur (jedoch nicht unter 150 °C), sonst wird die Hülle zu dunkel, bevor die Füllung gar ist. Damit alles schön gleichmäßig bräunt, kommt das absolut trockene Frittiergut (Achtung, sonst extreme Spritzgefahr!) jeweils in kleinen Portionen ins heiße Fett. Größeres Frittiergut wie Frühlingsrollen sinkt nicht ab und wird während des Frittierens gelegentlich gewendet. Die fertigen Stücke nimmt man mit dem Schaumlöffel heraus und legt sie zum Entfetten sofort auf Küchenpapier. Dieses saugt das anhaftende Öl ab, die Kruste bleibt knusprig, und der Fettgehalt der frittierten Stücke verringert sich erheblich. Nicht goldbraun, sondern strahlend weiß kommen die für Salate oder als Garnitur verwendbaren dünnen Reisnudeln oder Reis-Vermicelli aus dem Öl, wie links gezeigt. Dieses muss hier ausnahmsweise sehr heiß sein (mindestens 180 °C), da sich die Fäden sonst nicht wie gewünscht aufblähen.

FRÜHLINGSROLLEN MIT GARNELEN

- 1 Paket TK-Frühlingsrollenblätter, (21,5 x 21,5 cm)
- 4 EL Erdnussöl, 300 g rohe Garnelenschwänze, geschält, entdarmt und fein gewürfelt
- 60 g Frühlingszwiebeln, geputzt, in Ringen
- 2 Knoblauchzehen, geschält und fein gewürfelt
- ½ TL fein gewürfeltes rotes Chilifruchtfleisch
- 80 g dünne Bohnen, geputzt, in dünnen Scheiben
- 80 g Staudensellerie, 100 g Möhren, beides geputzt, in feinen, 5 cm langen Streifen
- 150 g rotes, gelbes und grünes Paprikafruchtfleisch, in feinen, 5 cm langen Streifen
- 80 g Sojasprossen, gewaschen und verlesen
- 4 EL helle Sojasauce, 2 EL Fischsauce
- Salz, frisch gemahlener Pfeffer, 1 Eiweiß
- ½ l Erdnuss- oder Sojaöl zum Frittieren

Die Frühlingsrollenblätter langsam im Kühlschrank oder nach Packungsangabe bei Zimmertemperatur auftauen lassen. Inzwischen das Öl im Wok erhitzen, die Garnelen darin 2 bis 3 Minuten unter Rühren braten und herausnehmen. Frühlingszwiebeln, Knoblauch und Chili im verbliebenen Öl kurz anbraten. Bohnen, Sellerie und Möhren 3 bis 4 Minuten mitbraten. Dann die Paprikastreifen zufügen und 3 Minuten unter Rühren braten, Sojasprossen noch 1 Minute mitrühren. Die Garnelen wieder zufügen, alles noch 1 bis 2 Minuten unter Rühren braten, dann mit Soja- und Fischsauce, Salz und Pfeffer würzen und die Füllung abkühlen lassen. Acht aufgetaute Frühlingsrollenblätter aus der Packung nehmen, diese wieder verschließen und die übrigen Teigblätter anderweitig verwenden. Ein Frühlingsrollenblatt auf der Arbeitsfläche ausbreiten, die übrigen mit einem feuchten Tuch bedecken, damit sie nicht austrocknen. 1 bis 2 EL Füllung in die Mitte setzen und eine Spitze des Teigblattes darüberklappen. Teigränder mit Eiweiß bestreichen, die beiden seitlichen Spitzen nach innen schlagen, andrücken, dann die Füllung in das restliche Teigblatt einrollen und den Rand festdrücken. Die übrigen Teigblätter ebenso füllen. Das Öl auf 170 °C erhitzen, die Frühlingsrollen darin in etwa 5 Minuten goldbraun frittieren, dann herausheben und auf Küchenpapier entfetten.

Geräte in der Teigwarenküche

Es gab Zeiten, in denen war »handgemacht« das Prädikat für Qualität schlechthin – und das weitgehend ohne Hilfsmittel. Heute geht der Trend zur Technisierung im Haushalt und macht auch vor der Teigwarenherstellung und -zubereitung nicht halt. Doch was nützen mechanische oder elektrische Hilfsmittel, Kocher und Vollautomaten für Nudeln, Spätzle und Co. tatsächlich?

MULTIFUNKTIONALE BASICS

Das wichtigste Hilfsmittel bei der Teigwarenherstellung sind trotz aller technischer Errungenschaften nach wie vor die Hände: Um Teig zu kneten und die Konsistenz zu fühlen, gibt es nichts Besseres. Und nur der perfekte Teig garantiert auch ein perfektes Ergebnis bei Pasta, Klößen und Co.

Zu den unverzichtbaren Küchenutensilien gehören eine große Schüssel zum Teigmischen (für Semmelknödel oder Spätzleteig), eine Reibe für Kartoffeln (für Klöße) und ein großer Topf zum Garen (für Nudeln, Knödel und Spätzle). Außerdem benötigt man einen Schaumlöffel und ein Sieb, um die fertigen Knödel oder die Pasta aus dem Wasser zu heben. Und will man Dim-Sums garen, braucht man einen Dämpfer; das kann ein asiatisches Bambuskörbchen für den Wok sein oder ein Locheinsatz für einen herkömmlichen Topf. Praktisch sind beide: Es lässt sich auch gut Gemüse oder Fisch darin zubereiten. Für Gnocchi, Schupfnudeln und Co. ist ein Arbeitsbrett (Nudelbrett) praktisch; eine Granit- oder Marmorarbeitsplatte geht natürlich auch – und ist sogar schöner, zudem hygienischer als Holz und spart auch noch den Stauraum, den man für ein zusätzliches Nudelbrett benötigt. Soll Teig ausgerollt werden, leistet das Nudel- oder Rollholz gute Dienste. Allerdings ist das Prozedere etwa bei Nudelteig schweißtreibend, weshalb Pastafans die Nutzung einer per Handkurbel angetriebenen Pastawalze oder Nudelmaschine bevorzugen. Letztere hat eine glatte, verstellbare Doppelwalze zum Ausrollen sowie eine bis zwei Schneidewalzen für Bandnudeln. Pastafreaks können Nudelmaschinen mit zusätzlichen Walzaufsätzen nachrüsten, etwa für Ravioli, runde Spaghetti etc. Natürlich gibt es solche Geräte auch motorbetrieben oder mit einem kleinen Zusatzmotor; gerade für größere Haushalte mit größerem Bedarf kann das eine Erleichterung darstellen. Auch viele Küchenmaschinen lassen sich mittels Pastawalzen und Pastaschneider hervorragend für die Nudelherstellung nutzen.

Für Spätzleteig sehr praktisch ist ein elektrisches Rührgerät, wenn man größere Mengen herstellen möchte, denn dann wird das Rühren des zähen Teigs von Hand zum Kraftakt. Um Spätzleteig in Form zu bringen, gibt es mehrere Möglichkeiten: Die simpelste und wohl älteste Methode ist das Schaben der Spätzle, wozu man ein Brett (meist abgeschrägt) und einen Spatel nebst etwas Geschick benötigt. Mit dem Spätzlesieb wird Teig mithilfe eines Spatels durch ein Lochblech ins kochende Wasser gestrichen. Ein ähnliches Ergebnis erzielt man auch mit dem Spätzlehobel. Lange Spätzlefäden kann man mit der Spätzlepresse herstellen, in Schwaben auch »Spätzleschwob« genannt.

Dämpfeinsätze wie Bambuskörbchen (unten) leisten beim Garen von Teigwaren, etwa Dumplings, im Wasserdampf gute Dienste. Handbetriebene Nudelmaschinen (unten rechts) sind ein nützlicher Helfer bei der Pastaherstellung.

Mit Ravioliformen lässt sich eine größere Anzahl der gefüllten Täschchen auf einmal herstellen. Steht ein solches Raviolibrett jedoch nicht zur Verfügung, reicht auch ein gewöhnliches gezacktes Teigrädchen zum Ausschneiden des Teiges.

ENTBEHRBARER EINZELNUTZEN

Nicht so wichtig, weil leicht ersetzbar, sind manche Kleingeräte: Ein Pasta-Trockengestell, das an einen Mini-Wäscheständer erinnert, ist eher für Perfektionisten wichtig, die ihre Pasta nicht zu Nestern rollen, sondern fein säuberlich lang gestreckt aufhängen wollen. Auch der sogenannte Spätzleshaker scheint entbehrlich: In ihm werden nach James-Bond-Manier die Zutaten für zwei bis vier Portionen zum Teig geschüttelt und dieser direkt aus dem Shaker durch einen gelochten Deckelaufsatz ins kochende Wasser gedrückt. Ähnlich verhält es sich mit dem Nutzen eines gerillten Gnocchibretts: Soll eine große Gnocchimenge zubereitet werden, kann es helfen, etwas Zeit zu sparen; bei kleinen Mengen tut es aber auch eine Gabel, über deren Zinken man die fertig geformten Nocken rollt. Wer gefüllte Teigtaschen, Tortellini etc. herstellt, hat die Auswahl zwischen allerlei formgebenden Hilfsmitteln vom Teig- beziehungsweise Raviolirad über diverse Ausstecher bis hin zum Raviolibrett. Sie helfen dabei, gefüllte Teigwaren von einheitlicher Größe und Profi-Aussehen herzustellen. Dennoch sind sie nicht unbedingt notwendig: Teig lässt sich auch mit einem Messer schneiden, zum Ausstechen reichen ganz normale Ausstecher (Ringe), wie man sie etwa zum Backen verwendet. Bereitet man regelmäßig größere Mengen Ravioli zu, ist ein Raviolibrett sinnvoll, das ermöglicht, mehrere Teigtaschen in einem Arbeitsgang zu füllen und zu verschließen.

AUTOMATISCH HEISST NICHT AUTOMATISCH GUT

Es grenzt an Zauberei: Klappe auf, sämtliche Zutaten hinein und die Maschine macht den Rest: Der Nudelvollautomat übernimmt das komplette Programm vom Rühren/Kneten bis zum Formen – nur leider nicht das Putzen! Dafür bietet er diverse auswechselbare Matrizen für unterschiedlich geformte Nudeln, zum Teil auch für Hohlnudeln wie Röhren, Makkaroni oder Hörnchen, die man mit althergebrachten Handgeräten nicht herstellen kann. Der Vielfalt ist kaum eine Grenze gesetzt, allenfalls durch den Geldbeutel, denn über hundert Euro aufwärts sind zu investieren, bevor es losgehen kann. Auch zum Garen von Teigwaren gibt es Automaten: Als echte Erleichterung im Haushalt wird seit Neuestem auch der vollautomatische Pastakocher angepriesen. Topf auf, Wasser und Salz rein, getrocknete Pasta in den Vorratstank einfüllen und das Gerät einschalten (Hightechgeräte lassen sich sogar auf eine Startzeit programmieren): Schon geht's los, das Wasser wird gekocht, der Tank entleert automatisch sein Gut in den brodelnden Sud, und die Uhr läuft. Nach der vorgegebenen Garzeit wird die Pasta automatisch aus dem Sud gehoben und kann verzehrt werden. In der Praxis sieht das jedoch anders aus: Soll Pasta wirklich al dente werden, also nicht zu hart und nicht zu weich, bleibt dem Koch nichts anderes übrig, als von Zeit zu Zeit den rechten Gargrad direkt am Objekt Nudel zu prüfen.

VON GIMMICKS UND DEKADENZ

Was also manche so alles in der Küche haben, braucht man nicht wirklich unbedingt. »Selbermachen« kann sogar extrem reduziert ausfallen, was die Handarbeit oder die nötigen Utensilien angeht. Für Nudeln benötigt man neuerdings sogar nur noch einen PC mit Internetanschluss, dann kann man sich im Onlineshop eine Wunschnudel kreieren: die gewünschte Nudelform anklicken, die Lieblingsgemüse- oder Gewürzsorten aus dem Angebot hinzufügen und in der modifizierbaren Verpackung per Mausklick bestellen. So macht man seine Pasta heute – beziehungsweise lässt sie machen. Das hat natürlich seinen Preis: Ein Pfund von der individuellen Wunschnudel schlägt inklusive Versand mit einem Betrag im zweistelligen Bereich zu Buche. Was die Frage nahelegt: Wie teuer darf Genuss sein, bevor er zur Dekadenz führt?

Bärbel Schermer

Aromatische Basis: Fisch-, Krustentier- und Gemüsefond

Aus Karkassen und Gemüse hergestellte Fonds dienen auch in der Teigwarenküche als geschmackliche Grundlage von Saucen und Suppen.

MIT IHREM INTENSIVEN AROMA sind Fonds in der Teigwarenküche unverzichtbar, die wichtigsten Vertreter finden Sie darum auf den folgenden Seiten. Abgestimmt auf die jeweilige Hauptzutat, liefern Fonds die aromatische Basis für viele Pastasaucen, oft in Kombination mit Wein oder Sahne. Sie dienen zudem als Grundlage für feine Suppen mit einer Einlage aus Nudeln oder anderen Teigwaren. Neben den drei auf dieser Doppelseite vorgestellten Varianten eignen sich vor allem helle, aus Fleisch gezogene Fonds als Suppenbasis, wie etwa heller Geflügel- (S. 138) oder heller Rinderfond (S. 140). Stärker konzentrierte oder kräftige, aus Knochen gezogene Fonds eignen sich dagegen besser für Saucen. Bei der Zubereitung von Fonds werden die geschmacksgebenden Zutaten erst zerkleinert, dann in Fett angeschwitzt und schließlich in Wasser gegart. Anschließend muss der Fond nur noch passiert werden; dabei sollte man die Rückstände im Sieb nicht ausdrücken, damit der Fond nicht trüb wird. Noch klarer bleibt er, wenn man ihn durch ein mit einem Passiertuch ausgelegtes Sieb gießt. In Portionsbehälter gefüllt eignen sich all diese Fonds bestens zum Tiefkühlen. Gesalzen werden sie in der Regel erst nach dem Einkochen, damit das Ergebnis nicht zu salzig wird. Für Fischfonds benötigt man topfrische Karkassen mit angenehmem Geruch (Gräten, Flossen, Haut und Köpfe ohne Kiemen von Weißfischen wie Seezunge, Steinbutt oder Seeteufel). Fischfonds dürfen nicht länger als 20 bis 30 Minuten köcheln, sonst werden sie leimig. Krustentierfonds müssen dagegen ebenso wie die in der vegetarischen Teigwarenküche geschätzten Gemüsefonds 10 bis 15 Minuten länger köcheln.

FISCHFOND

aus Karkassen von Weißfischen zubereiten

(1) Lauch in Ringe, Staudensellerie und Petersilienwurzeln in dünne Scheiben scheiden. Den Fenchel klein würfeln.

(2) Die Butter in einem Topf zerlassen und die Karkassen darin unter Wenden 3 bis 4 Minuten hell anschwitzen.

(3) Den Topfinhalt zum Kochen bringen und den Fond 20 bis 30 Minuten köcheln lassen, dabei wiederholt abschäumen.

(4) Zum Schluss den fertigen Fond durch ein Tuch passieren.

Links: aromatischer Fischfond (hell) und Krustentierfond (dunkler). Rechts: Zutaten für einen geschmackvollen Gemüsefond.

FISCHFOND (ERGIBT ETWA 1,5 L)

- 1 kg Fischkarkassen (Seezunge, Seeteufel)
- 80 g Schalotten, 100 g Lauch, ½ Fenchelknolle
- 80 g Staudensellerie, 100 g Petersilienwurzeln
- 3 EL Butter, ¼ l trockener Weißwein
- 2–3 Zweige Thymian, 1 Lorbeerblatt
- ½ TL weiße Pfefferkörner

Die Karkassen zerkleinern, gründlich kalt abspülen und abtropfen lassen. Schalotten schälen und fein würfeln. Lauch, Fenchel und Staudensellerie putzen, die Petersilienwurzeln schälen und weiterarbeiten, wie links in Step 1 und 2 gezeigt. Schalotten und Gemüse kurz mit anschwitzen, aber nicht bräunen, dann mit Weißwein ablöschen und diesen etwas reduzieren. Kräuter und Gewürze zufügen, alles mit 2 l kaltem Wasser auffüllen und den Fischfond fertigstellen, wie links in Step 3 und 4 gezeigt.

KRUSTENTIERFOND (ERGIBT ETWA 1 L)

- Karkassen von 1 gekochten Hummer oder von 500 g Flusskrebsen oder Kaisergranaten
- 250 g Möhren, 50 g Staudensellerie
- 50 g Lauch, 50 g Schalotten, 2 Knoblauchzehen
- 2 Tomaten, 2 EL Öl, 2 cl Cognac, 2 EL Butter
- Salz, Pfeffer, 1 Lorbeerblatt, 1 Gewürznelke
- 3 Wacholderbeeren, 1 Zweig Thymian
- 1 Stängel Estragon, 50 g Tomatenmark

Die Karkassen abspülen, gut abtropfen lassen oder im Ofen trocknen und zerkleinern. Das Gemüse putzen oder schälen und in Scheiben schneiden oder würfeln, die Tomaten achteln. Die Karkassen in Öl anbraten, mit Cognac ablöschen und beiseitestellen. Das Gemüse in Butter hell anschwitzen, dann Gewürze, Kräuter und Tomatenmark zufügen und alles 2 Minuten ziehen lassen. Die Karkassen untermischen, mit 1 ½ l kaltem Wasser bedecken und aufkochen, dabei mehrfach umrühren. Den Krustentierfond etwa 45 Minuten köcheln lassen, wiederholt abschäumen und durch ein Tuch passieren.

GEMÜSEFOND (ERGIBT ETWA 1,5 L)

- 2 Gemüsezwiebeln, 300 g Möhren
- 100 g Brokkolistiele, 200 g Staudensellerie
- 250 g Lauch, 150 g Zucchini, 2 EL Butter
- ¼ l Weißwein, ½ gebräunte Zwiebel
- 1 Zweig Thymian, 1 Zweig Rosmarin
- 1 Lorbeerblatt, 1 Knoblauchzehe, geschält
- 1 Gewürznelke, 10 weiße Pfefferkörner, Salz

Das Gemüse schälen oder putzen und grob würfeln oder Ringe schneiden. Gemüsezwiebeln in der Butter hell anschwitzen, dann das übrige vorbereitete Gemüse kurz mit anschwitzen. Alles mit Weißwein ablöschen und mit 3 l Wasser auffüllen. Die gebräunte Zwiebel, Kräuter, Knoblauch, Gewürznelke und Pfefferkörner zufügen, alles zum Kochen bringen und den Fond 30 bis 40 Minuten köcheln lassen, dabei gelegentlich abschäumen. Den Gemüsefond durch ein feines Sieb oder ein Tuch passieren, auf 1 ½ l reduzieren und zum Schluss leicht salzen.

Geschmackvolle Geflügelfonds

Sie sind in der Teigwarenküche unverzichtbar, bleiben unaufdringlich im Hintergrund und runden Saucen und Pastagerichte harmonisch ab.

SELBST GEKOCHT ergeben Geflügelfonds eine ausgezeichnete, überaus vielseitige Basis für die Teigwarenküche. Helle, mit einem ganzen Hähnchen oder Suppenhuhn zubereitete Varianten werden auch als Hühnerbrühe bezeichnet und weisen einen besonders feinen Geschmack auf. Sie sind eine ideale Grundlage für Suppen mit Nudeln, Nocken und Knödeln. Eine andere Möglichkeit ist, einen Geflügelfond nur aus Karkassen und Innereien vom Huhn zuzubereiten. In diesem Fall werden oft noch Kalbsknochen mitgekocht (wie im Rezept auf S. 139), um ein kräftigeres Aroma zu erhalten. Dieser Fond eignet sich gut zum Abrunden heller Saucen und Ragouts mit Geflügel. Dunkler Geflügelfond verdankt sein intensives Aroma und die dunkle Farbe den Röststoffen, die beim Anbraten der Karkassen im Ofen entstehen, und findet für dunkle Saucen und herzhafte Geflügelragouts Verwendung. In der Teigwarenküche kommen Geflügelfonds häufig zum Einsatz, da sie Kombinationen mit Gemüse, Geflügel, Fleisch, ja sogar Gerichte mit Meeresfrüchten geschmacklich perfekt ergänzen.

HELLER GEFLÜGELFOND (ERGIBT ETWA 2 L)

- 1 küchenfertiges Suppenhuhn
- ½ Knoblauchzehe, 1 Möhre, ½ Stange Lauch
- 1 Stängel Staudensellerie
- ½ gebräunte Zwiebel
- 1 Zweig Thymian, 1 Lorbeerblatt
- 1 Gewürznelke, 1 Prise Salz

HELLER GEFLÜGELFOND

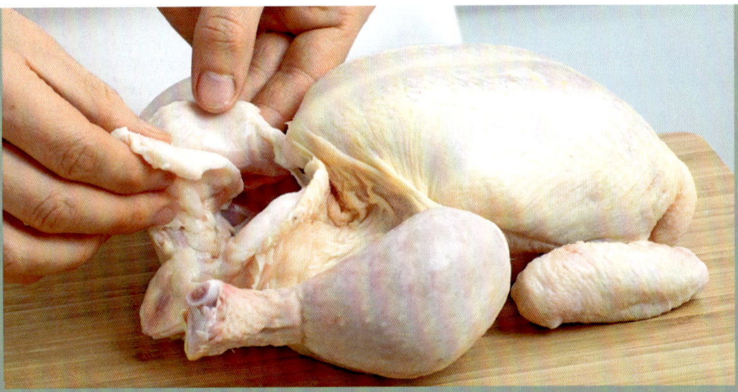

(1) Das Suppenhuhn sorgfältig von allem sichtbaren Fett befreien und erneut kalt ausspülen. Anschließend das Huhn in einen großen Topf geben, mit etwa 3 ½ l kaltem Wasser bedecken und alles zum Kochen bringen.

(2) Das Suppenhuhn etwa 40 Minuten köcheln lassen, dabei den Fond mehrfach abschäumen und entfetten.

(3) Die Möhre, den Staudensellerie sowie den Lauch in etwa gleich große Stücke schneiden.

(4) Das vorbereitete Gemüse, die gebräunte Zwiebel, die Gewürze sowie Thymian und Lorbeerblatt zufügen.

(5) Anschließend den Geflügelfond bei schwacher Hitze noch 1 weitere Stunde offen köcheln lassen.

(6) Das Suppenhuhn herausnehmen und anderweitig verwenden. Den Fond durch ein feines Sieb passieren.

(7) Den hellen Geflügelfond rasch auf Eiswasser abkühlen und bei Bedarf nochmals mit einem Löffel entfetten.

Das Suppenhuhn innen und außen kalt waschen, dann weiterarbeiten, wie auf S. 138 in Step 1 gezeigt. Den Knoblauch und die Möhre schälen, Lauch und Staudensellerie putzen und den hellen Geflügelfond fertigstellen, wie in Step 2 bis 7 gezeigt.

GEFLÜGELFOND MIT KALBSKNOCHEN (ERGIBT ETWA 2,5 L)

- 2 kg Karkassen vom Huhn und Innereien (Hals, Magen, Herz)
- 750 g Kalbsknochen, in Scheiben (vorbestellen!)
- 100 g Möhren, 40 g Knollensellerie
- 80 g Lauch, 80 g Staudensellerie, 4 EL Öl
- 1/4 l trockener Weißwein, 1 Lorbeerblatt
- 15 Pfefferkörner, 4 Pimentkörner
- 1 Knoblauchzehe, angedrückt

Die Karkassen und Innereien vom Huhn klein hacken, gründlich kalt abspülen und abtropfen lassen. Die Kalbsknochen ebenfalls kalt abspülen und abtropfen lassen. Das Gemüse schälen oder putzen und in etwa 1 cm große Stücke schneiden. In einem großen Topf das Öl erhitzen und weiterverfahren, wie rechts in Step 1 bis 6 gezeigt.

DUNKLER GEFLÜGELFOND (ERGIBT ETWA 1 L – OHNE ABBILDUNG)

- 2 kg Hähnchenkarkassen, zerkleinert
- 2–3 Hähnchenflügel, zerkleinert, 4 EL Öl
- 1/2 Zwiebel, gespickt mit 1 Lorbeerblatt und 1 Gewürznelke
- 200 g Knollensellerie, 100 g Lauch und 150 g Möhren, alles geputzt und grob gewürfelt
- 1 Knoblauchzehe, geschält
- 10 Pfefferkörner, 1 EL Tomatenmark
- 300 ml Weißwein
- 3 Stängel glatte Petersilie, 2 Zweige Thymian
- 2 Stängel Selleriegrün, 2 Salbeiblätter

Den Backofen auf 250 °C vorheizen. Karkassen und Hähnchenflügel vom sichtbaren Fett befreien, kalt abspülen und abtropfen lassen. In einem Bräter das Öl erhitzen, Karkassen und Hähnchenflügel zufügen und im vorgeheizten Ofen kräftig anrösten. Die gespickte Zwiebel, Gemüse, Knoblauch und Pfefferkörner kurz mitrösten. Dann das Tomatenmark unterrühren, kurz mitrösten und mit 100 ml Weißwein ablöschen. Die Flüssigkeit fast vollständig reduzieren, dann die Karkassen erneut mit 100 ml Wein ablöschen und diesen Vorgang nochmals wiederholen. Alles mit 2 1/2 l Wasser auffüllen, nochmals gut durchkochen und den Bratensatz vom Boden lösen. Den Inhalt des Bräters in einen Topf umfüllen, kurz aufkochen lassen, mehrmals abschäumen, die Kräuter zufügen und den Fond 3 bis 4 Stunden köcheln lassen. Den fertigen dunklen Geflügelfond durch ein Tuch passieren, erkalten lassen und vor der Verwendung entfetten.

GEFLÜGELFOND MIT KALBSKNOCHEN

(1) Die zerkleinerten, gut abgetropften Hühnerkarkassen und Kalbsknochen unter Wenden im Öl farblos anbraten.

(2) Das Gemüse zufügen und mitbraten, aber nicht bräunen. Alles mehrmals wenden, dann mit dem Weißwein ablöschen.

(3) Alles mit 3 l Wasser auffüllen und aufkochen, dann den Fond 1 Stunde köcheln, dabei wiederholt abschäumen.

(4) Gewürze und Knoblauch zufügen und den Fond noch 1 weitere Stunde bei schwacher Hitze köcheln lassen.

(5) Den fertigen Geflügelfond durch ein mit einem Passiertuch doppelt ausgelegtes Sieb in einen Topf gießen.

(6) Ein in Topfgröße zurechtgeschnittenes Stück Küchenpapier über die Oberfläche ziehen und den Fond entfetten.

Rinder- und Kalbsfond

Helle Fleischfonds sind in der Teigwarenküche häufig Basis für Suppen und Consommés, dunkle Varianten aromatisieren Saucen und Ragouts.

EIN MEHR AN GESCHMACK lässt sich beim hellen Rinder- und Kalbsfond durch einen hohen Fleischanteil erzielen, weshalb beim Rinderfond ein Stück Querrippe, beim Kalbsfond Fleischknochen mitköcheln. Aus Fleisch gezogene Fonds werden auch als Brühen bezeichnet und ergeben eine sehr gute Grundlage für kräftige Suppen mit Nudeln, Nocken oder Grießnockerln. Als Basis für aromatische Saucen und helle Fleischragouts eignet sich der aus Fleischknochen und Kalbsfüßen hergestellte helle Kalbsfond (rechte Spalte). Dunkler Kalbsfond empfiehlt sich für dunkle Pastasaucen und würzige Ragouts.

HELLER RINDERFOND (FLEISCHBRÜHE) (ERGIBT ETWA 3 L – OHNE ABBILDUNG)

- 1,2 kg Rinderknochen (von Rippen oder Hals), in kleine Stücke gehackt
- 2 kg Querrippe, 1–2 EL Meersalz
- 200 g Möhren, 100 g Petersilienwurzeln
- 120 g Knollensellerie, 80 g Lauch
- 1 große ungeschälte Zwiebel (150 g), halbiert und gebräunt
- 1 Bouquet garni aus 5 Zweigen Thymian, 5 Stängeln Petersilie, 1 Staudenselleriherz, 100 g Lauch und 1 Stängel Liebstöckel

Die Rinderknochen kalt abspülen, 3 bis 4 Minuten blanchieren, abgießen, kalt abbrausen und mit der Querrippe in einen Topf geben. Alles mit 5 bis 6 l Wasser auffüllen, salzen und langsam zum Kochen bringen. Die Temperatur reduzieren und den Fond 1 Stunde köcheln lassen, dabei wiederholt abschäumen. Inzwischen das Gemüse, die gebräunte Zwiebel und das Bouquet garni zufügen und den Fond noch 2 Stunden köcheln lassen, dann durch ein Passiertuch gießen, abkühlen lassen und entfetten.

HELLER KALBSFOND (ERGIBT ETWA 1,5 L)

- 1 kg Kalbsknochen, in Stücke gehackt (Rippenknochen mit Fleisch; vorbestellen!)
- 500 g Kalbsfuß, in Stücke gehackt (vorbestellen!)
- Salz, 200 g Zwiebeln, 180 g Staudensellerie
- 200 g Lauch (nur der helle Teil)
- ½ Bund glatte Petersilie, 1 Lorbeerblatt

Die Kalbsknochen kalt abspülen, 3 bis 4 Minuten blanchieren, abgießen, kalt abbrausen, mit 3 l Wasser in einen Topf geben und aufkochen. Anschließend die Hitze reduzieren, den Fond leicht salzen und bei schwacher Hitze 2 Stunden köcheln lassen, dabei wiederholt abschäumen, aber nicht umrühren. Inzwischen das Gemüse schälen oder putzen, in Stücke schneiden, mit den Kräutern zufügen und alles bei schwacher Hitze 1 weitere Stunde köcheln lassen. Den fertigen Fond durch ein mit einem Tuch ausgelegtes Sieb passieren und entfetten.

DUNKLER KALBSFOND (ERGIBT 2–2,5 L)

- 2 ½ kg Kalbsknochen (Rippenknochen mit Fleisch, Kalbsschwanz; vorbestellen!)
- 500 g Kalbsfuß, in Stücke gehackt (vorbestellen!)
- 5 EL Sonnenblumenöl

Heller (links) und dunkler Kalbsfond (rechts) liefern eine hervorragende geschmackliche Grundlage für Pastagerichte, Saucen und herzhafte Ragouts mit Fleisch.

· ½ frische Knoblauchknolle (etwa 25 g oder 2–3 mittelgroße getrocknete Knoblauchzehen)
· 200 g Zwiebeln, 150 g Möhren
· 100 g Staudensellerie, 300 g Flaschentomaten
· 40 g Tomatenmark, 2–3 Lorbeerblätter
· 2–3 Zweige Thymian, 2 Gewürznelken
· 1 Bouquet garni aus 50 g Lauch (nur der helle Teil), ½ Staudensellerieherz, 3 Stängeln glatte Petersilie und 3 Zweigen Thymian

Den Backofen auf 200 °C vorheizen. Die Kalbsknochen zerkleinern, wie unten in Step 1 gezeigt. Die Knochen mit dem Öl übergießen und im vorgeheizten Ofen etwa 30 Minuten rösten. Inzwischen die frische Knoblauchknolle quer halbieren oder die getrockneten Knoblauchzehen schälen. Zwiebeln und Möhren schälen, Staudensellerie putzen und weiterarbeiten, wie unten in Step 2 bis 5 gezeigt. Den Bräter aus dem Ofen nehmen und den Inhalt in einen großen Topf umfüllen. Den Bratensatz mit Wasser lösen, zu der Knochen-Gemüse-Mischung in den Topf geben und weiterverfahren, wie in Step 6 bis 9 gezeigt. In Portionsbehälter gefüllt und tiefgekühlt hält sich der dunkle Kalbsfond einige Monate.

DUNKLER KALBSFOND

(1) Die Kalbsknochen (Rippenknochen, Kalbsschwanz) mit einem schweren Küchenbeil in etwa 5 cm große Stücke hacken und mit den Kalbsfußstücken locker in einem entsprechend großen Bräter verteilen.

(2) Stangensellerie und Möhren in Stücke schneiden. Die Tomaten achteln, dabei jeweils den Stielansatz entfernen.

(3) Das Gemüse auf den gerösteten Knochen verteilen und etwa 20 Minuten mitrösten.

(4) Tomaten, Tomatenmark, Lorbeerblätter, Thymian und Gewürznelken zufügen und alles noch 15 Minuten rösten.

(5) Erst jetzt die Knochen mit dem Gemüse vermischen und alles noch etwa 10 Minuten weiterbraten.

(6) Die gerösteten Kalbsknochen und das Gemüse mit 4 ½ l kaltem Wasser aufgießen und zum Kochen bringen.

(7) Die Temperatur reduzieren, Bouquet garni einlegen und den Fond 5 bis 6 Stunden bei schwacher Hitze köcheln lassen.

(8) Den Fond während des Kochens mehrmals entfetten, dann durch ein mit einem Tuch ausgelegtes Sieb passieren.

(9) Das noch vorhandene Fett mit einem Löffel abheben und den dunklen Kalbsfond auskühlen lassen.

REZEPTE

REZEPTE

Teigwaren genießen

Pastasaucen und Pesto

Ob auf Basis von Butter oder Olivenöl, mit Gemüse, Fisch, Meeresfrüchten, Fleisch oder Käse: Erst mit der richtigen Sauce wird der Nudelgenuss perfekt.

Saucen: von einfach bis raffiniert

Mit ihren köstlichen Saucen, Sugos und Ragouts überzeugen Italiens Köche immer wieder aufs Neue. Aber auch andere mediterrane Kreationen erweisen sich als ideale Pastabegleiter und Gaumenschmeichler.

PASTA OHNE SAUCE – undenkbar! Tatsächlich verlangen frische und getrocknete Nudeln ebenso wie Gnocchi, Teigtaschen oder Knödel immer nach einer würzigen Begleitung. Diese kann einfach aus etwas Butter und Parmesan bestehen oder aus mit Knoblauch und Sardellen aromatisiertem Olivenöl. Doch auch in Kombination mit aufwendig zubereiteten Sugos und Ragouts werden Teigwaren zum echten Genuss. Mit den begleitenden Saucen können in der Teigwarenküche immer wieder neue Akzente gesetzt werden. So schmecken im Frühjahr leichte Kompositionen mit Kräutern besonders gut, Saucen mit Fisch und Meeresfrüchten oder mit Gemüse im Sommer. Im Herbst bereichern Steinpilze und Pfifferlinge viele Pastasaucen, und in der kalten Jahreszeit liebt man herzhafte Ragouts mit Fleisch und Wild. Wichtig ist dabei jedoch vor allem, dass die Sauce immer zuerst zubereitet wird – bevor Nudeln und Co. ins kochende Wasser kommen. Denn sie sind in der Regel in wenigen Minuten gar und sollten dann nicht mehr lange stehen, sondern sofort mit der aromatischen Sauce vermischt werden.

GRUNDSAUCEN UND NEUE KREATIONEN

Im folgenden Kapitel finden Sie sowohl wichtige Grundsaucen als auch neue, raffinierte Kreationen aus der Sterneküche. Angefangen von milden und pikanten Tomatensaucen über Fleischragouts bis hin zu Kräuter-, Käse-, Gemüse- und Pilzsaucen ist hier alles vertreten. Auch die Sauce béchamel als Bestandteil von Cannelloni oder Lasagne oder die verwandte Sauce Mornay mit Käse, die gern zum Überbacken verwendet wird, dürfen nicht fehlen. Ebenso wenig wie die Klassiker »alla carbonara« oder »Ragout alla bolognese«. Besondere Highlights des Kapitels sind die »lauwarme San-Marzano-Tomatensauce« (S. 150 f.), eine Kombination von einer kurz gegarten, frischen Tomatensauce mit würzigen Ofentomaten. Oder die helle Bolognese (S. 154 f.) – eine Variante des Klassikers mit Kalbfleisch ohne Tomaten –, die Sie unbedingt auch einmal versuchen sollten, ebenso wie die weiße Krustentiersauce mit Hummer (S. 162 f.), deren feiner Geschmack so gut zu dünnen Bandnudeln passt.

SAUCEN ZU GEFÜLLTER PASTA

Um den ausgewogenen Geschmack aufwendig hergestellter gefüllter Pasta nicht zu überdecken, sollte man dagegen zu Ravioli, Tortellini und Co. keine allzu würzigen Saucen reichen. Ein zu kräftiger Geschmack der Sauce würde hier das harmonische Zusammenspiel von Pasta und Füllung eher stören. Gerade bei gefüllter Pasta oder Pasta ripiena, wie es in Italien heißt, erweisen sich daher besonders einfache Saucenvarianten wie gebräunte Butter (Nussbutter) oder in Butter kross gebratene Salbeiblättchen oft als geschmacklich beste Kombination.

IMMER ZUR HAND: PESTO

Gerade im Sommer, wenn frische Kräuter in Hülle und Fülle zur Verfügung stehen, empfiehlt sich die Herstellung von aromatischem Pesto. Ob mit Basilikum, Rucola oder getrockneten Tomaten zubereitet: In saubere Gläser gefüllt hält es sich 3 bis 4 Wochen im Kühlschrank. Damit zaubert man dann im Handumdrehen eine perfekte Begleitung zu selbst gemachten Nudeln auf den Teller. Ein weiterer Vorteil ist, dass die am Ende dieses Kapitels vorgestellten Pestovarianten auch ausgezeichnet zu gebratenem oder gegrilltem Fleisch und Fisch passen. In Verbindung mit Frischkäse eignen sie sich sogar als Füllung für Ravioli und Co. Entdecken Sie Ihr Lieblingspesto und finden Sie Ihren persönlichen Favoriten unter den feinen Pastasaucen auf den nächsten Seiten.

Wie viel Sauce?

Wie viel Sauce die Nudeln nun eigentlich benötigen, darüber gehen die Meinungen auseinander. Hierzulande liebt man Nudeln oft in reichlich Flüssigkeit. In Italien bevorzugt man Pasta dagegen eher trocken. Dort werden die Nudeln in der Regel nur mit so viel Sauce vermengt, dass sie gerade eben davon überzogen sind.

Einfache Pastasaucen auf Basis von Olivenöl und Tomaten

Hochwertige Pasta wird schon alleine mit aromatisiertem Olivenöl zum Genuss. »Spaghetti aglio e olio« ist ein beliebter Klassiker, der sich mit Sardellen oder Kräutern ergänzen lässt. Zu den Grundpfeilern der Pastaküche zählen auch die vielen fruchtigen und pikanten Tomatensaucen. Die im Folgenden vorgestellte Grundsauce ist eine leichte Variante auf Tomatenbasis, die überall dort verwendet werden kann, wo passierte Tomaten gefragt sind. Zusätzlich mit Kräutern und Knoblauch oder anderen mediterranen Zutaten wie Oliven oder Kapern verfeinert, ergeben sich weitere Varianten. Stehen reife Tomaten nicht zur Verfügung, sind geschälte Tomaten aus der Dose ein guter Ersatz. Die frische Tomatensauce sollte aber tatsächlich nur aus vollreifen aromatischen Früchten zubereitet werden, mit etwas anderem lässt sich der gewünschte Geschmack nicht erzielen. Viele schätzen Tomatenhaut in Saucen nicht, daher werden Tomaten in der gehobenen Gastronomie oft gehäutet. Tatsächlich ist dies aber nicht unbedingt nötig, ebensowenig wie das Entfernen der Kerne, da in Haut und Samen besonders viel Aroma und Inhaltsstoffe stecken.

S. 52
WARENKUNDE mediterrane Aromen

S. 82
KÜCHENPRAXIS Nudeln kochen

AGLIO, OLIO E PEPERONCINI

ZUBEREITUNGSZEIT 15–20 Min.; ABB. LINKS

ZUTATEN

- 5 Knoblauchzehen, 2 rote Peperoncini
- $\frac{1}{8}$ l Olivenöl, Salz, 400 g Spaghetti
- frisch gemahlener Pfeffer

1. Knoblauch schälen und sehr fein würfeln. Die Peperoncini halbieren, von Samen und Scheidewänden befreien und in feine Streifen schneiden.

2. In einem kleinen Topf das Öl erhitzen, den Knoblauch darin bei schwacher Hitze leicht Farbe nehmen lassen, aber nicht bräunen. Die Peperoncini kurz mitbraten, dann den Topf vom Herd nehmen.

3. In einem großen Topf ausreichend Salzwasser zum Kochen bringen und die Spaghetti darin al dente garen. Anschließend abgießen, die Spaghetti in eine vorgewärmte Schüssel geben und mit dem Knoblauchöl übergießen. Alles gut vermengen, mit Pfeffer würzen und sofort servieren.

TOMATENGRUNDSAUCE

ZUBEREITUNGSZEIT 1 Std.; ABB. S. 149 LINKS

ZUTATEN

- 50 g Möhre, 100 g Zwiebeln
- 100 g Staudensellerie
- 800 g aromatische Eier- oder Flaschentomaten
- Salz, frisch gemahlener Pfeffer, 4 EL Olivenöl
- 1 EL geschnittene Basilikumblätter

1. Die Möhre schälen und klein würfeln. Zwiebeln schälen und fein hacken. Den Staudensellerie putzen und in kleine Würfel schneiden. Die Tomaten waschen, von Stielansätzen befreien, halbieren, vierteln und klein würfeln. Anschließend die Tomaten-

würfel in einen weiten Topf geben, Möhren-, Zwiebel- und Selleriewürfel zufügen und alles bei schwacher Hitze zugedeckt etwa 40 Minuten köcheln lassen.

2. Die weiche Tomaten-Gemüse-Mischung portionsweise durch ein nicht zu feines Sieb passieren, dabei die Rückstände im Sieb gut ausdrücken und das am Sieb anhaftende Püree abstreifen. Die Tomatensauce in eine Kasserolle umfüllen, langsam erwärmen und mit Salz und Pfeffer würzen. Zum Schluss das Olivenöl löffelweise unterziehen, das Basilikum unterrühren, die Tomatensauce abschmecken und zu Nudeln nach Wahl servieren.

FRISCHE TOMATENSAUCE

ZUBEREITUNGSZEIT 30 Min.; OBEN MITTE

ZUTATEN

- 800 g aromatische Tomaten
- 20 Basilikumblätter
- 100 g Butter oder 100 ml Olivenöl, Salz, Pfeffer

1. Die Tomaten waschen, kreuzweise einschneiden, blanchieren, abschrecken, häuten und halbieren. Jeweils Stielansätze und Samen entfernen und das Tomatenfruchtfleisch klein würfeln. Die Basilikumblätter waschen und trocken tupfen.

2. In einer Kasserolle die Butter zerlassen und die Tomatenwürfel darin anschwitzen. Alles 5 Minuten köcheln lassen, dann die Sauce salzen und pfeffern.

3. Die Basilikumblätter grob hacken, unterrühren, die frische Tomatensauce abschmecken und zu Nudeln nach Wahl servieren.

TOMATENSAUCE MIT RICOTTA SALATA

ZUBEREITUNGSZEIT 45 Min.; OBEN RECHTS

ZUTATEN

- 500 g aromatische Eier- oder Flaschentomaten
- 80 g Zwiebeln, 1 Knoblauchzehe
- 1 roter Peperoncino, 5 EL Olivenöl
- 2 EL gehackte glatte Petersilie, 1 EL gehackte Kräuter (Oregano, Salbei und Rosmarin)
- 50 ml heller Kalbsfond (Glas oder S. 140)
- 30 g Ricotta salata, Salz

1. Die Tomaten waschen, kreuzweise einschneiden, blanchieren, kalt abschrecken häuten und halbieren. Die Tomaten von Stielansätzen und Samen befreien und klein würfeln.

2. Zwiebeln und Knoblauch schälen, die Zwiebeln fein würfeln, den Knoblauch in dünne Scheiben schneiden. Peperoncino halbieren, von Samen und Scheidewänden befreien und fein hacken.

3. In einer Kasserolle das Öl erhitzen und Zwiebeln und Knoblauch darin hell anschwitzen. Dann die Kräuter, Peperoncino und Tomatenwürfel zufügen. Den Kalbsfond angießen und alles zugedeckt bei schwacher Hitze etwa 20 Minuten köcheln lassen. Den gesalzenen Ricotta fein reiben, unterrühren, die Sauce mit Salz abschmecken und nach Belieben zu Röhrennudeln servieren.

S. 46, 47
WARENKUNDE Tomaten
S. 82
KÜCHENPRAXIS Nudeln kochen

Hitze schadet nicht!

Eingekocht liefern Tomaten besonders viel wertvolles Lycopin. Der zur Gruppe der Karotinoide zählende Farbstoff gibt Tomaten ihre rote Farbe. Roh enthalten diese 3 bis 5 mg/100 g Fruchtfleisch. In erhitzten Produkten ist die Konzentration des als Antioxidans geschätzten Lycopin noch höher: Dosentomaten enthalten bis zu 10 mg/100 g, Tomatenmark sogar bis zu 62 mg/100 g.

Spaghettini mit lauwarmer San-Marzano-Tomatensauce

ZUBEREITUNGSZEIT 1 Std.
TROCKENZEIT 6 Std.

FÜR DIE GETROCKNETEN TOMATEN
- 4 große San-Marzano-Tomaten oder 8 kleine, sehr aromatische Tomaten
- Salz, Zucker, frisch gemahlener Pfeffer
- 1–2 EL Olivenöl

FÜR DIE TOMATENSAUCE
- 400 g San-Marzano-Tomaten oder andere sehr aromatische Tomaten
- 50 g Butter, ½ TL Salz, frisch gemahlener Pfeffer
- 15 Basilikumblätter, grob zerkleinert
- 1 Schalotte, 2 Knoblauchzehen, 3 EL Olivenöl
- je 1 Zweig Thymian und Rosmarin

AUSSERDEM
- Salz, 400 g Spaghettini
- 10 Kirschtomaten, halbiert
- 1 Bund Rucola, gewaschen, trocken geschleudert und etwas zerkleinert
- Salz, Pfeffer, Zucker
- 10 Basilikumblätter, grob geschnitten
- Parmesan nach Belieben

1. Für die getrockneten Tomaten die Früchte waschen und den Stängel dranlassen oder mitsamt dem Stielansatz keilförmig herausschneiden. Anschließend die Tomaten 15 Sekunden blanchieren, dann sofort in Eiswasser abschrecken, häuten, vierteln und die Samen entfernen. Die Viertel auf ein Backblech legen, leicht mit Salz, Zucker und Pfeffer bestreuen und mit Olivenöl beträufeln. Das Blech in den Backofen schieben und die Tomaten bei 80 °C etwa 6 Stunden trocknen lassen.

2. Die Tomaten für die Sauce waschen, kreuzförmig einritzen, kurz blanchieren, kalt abschrecken und häuten. Jeweils den Stielansatz entfernen und das Fruchtfleisch klein würfeln. In einem Topf die Butter zerlassen und die Tomatenwürfel darin kurz anschwitzen. Alles salzen, pfeffern, das Basilikum unterrühren und die Sauce beiseitestellen.

3. Schalotte und Knoblauch schälen und fein würfeln. In einer großen Pfanne das Öl erhitzen und die Schalotten- und Knoblauchwürfel darin hell anschwitzen. Tomatensauce und Kräuterzweige zufügen, die Temperatur reduzieren und alles noch einige Minuten ziehen lassen, dann Thymian und Rosmarin wieder entfernen.

4. In einem Topf ausreichend Salzwasser zum Kochen bringen und die Nudeln darin al dente garen, dann abgießen. Die Pasta mit den getrockneten Tomaten, den Kirschtomaten und dem Rucola zu der Sauce geben und kurz durchschwenken. Alles mit Salz, Pfeffer und Zucker abschmecken und das Basilikum zufügen. Die Spaghettini auf vorgewärmten Tellern oder in einer Schüssel anrichten, nach Belieben etwas Parmesan darüberhobeln und die Pasta sofort servieren.

Ofentomaten

Die getrockneten Tomaten lassen sich gut vorbereiten, auch mehrere Tage im Voraus. Dann die fertigen Ofentomaten einfach in ein Behältnis geben und mit Olivenöl bedecken. Bleibt dafür keine Zeit, kann man auch auf fertige, in Öl eingelegte getrocknete Tomaten zurückgreifen.

S. 46–49
WARENKUNDE Tomaten
S. 82
KÜCHENPRAXIS Nudeln kochen

Tomaten-Chorizo-Sauce

ZUBEREITUNGSZEIT 55 Min.

FÜR DIE SAUCE

- 4 rote Paprikaschoten
- 3 EL Olivenöl
- 2 Schalotten, geschält und in feine Würfel geschnitten
- 1 Knoblauchzehe, geschält und halbiert
- 150 g Chorizo, in dicke Scheiben geschnitten
- 1 EL Tomatenmark
- 1 Dose geschälte Tomaten (Pelati; 800 g)
- 200 ml heller Geflügelfond (Glas oder S. 138)
- 1 Zweig Thymian
- 1 Lorbeerblatt
- 1 EL aromatisches Olivenöl
- Salz, Cayennepfeffer

AUSSERDEM

- 500 g Penne rigate
- Salz

S. 49
WARENKUNDE Dosentomaten

S. 138
KÜCHENPRAXIS heller Geflügelfond

1. Die Paprikaschoten waschen, trocken reiben und jeweils von Stielansatz, Samen sowie Scheidewänden befreien. 3 der Schoten grob zerkleinern und die Paprikastücke mithilfe eines Entsafters entsaften. Steht ein solcher nicht zur Verfügung, die Paprikastücke im Mixer fein pürieren, das Püree in einem Sieb abtropfen lassen und den Paprikasaft auffangen. Die Pressrückstände aufbewahren. Die übrige Paprikaschote in feine Würfel schneiden.

2. In einer großen Pfanne 1 EL Olivenöl erhitzen und die Paprikawürfel darin bei mittlerer Hitze bissfest garen, dann wieder herausnehmen. 2 EL Öl zufügen, erhitzen und die Schalottenwürfel sowie den Knoblauch darin hell anschwitzen. Die Temperatur erhöhen, Chorizoscheiben zufügen und kurz anbraten.

3. Die Pressrückstände der Paprikaschoten aus dem Sieb und das Tomatenmark unterrühren und kurz mitbraten. Die geschälten Tomaten mitsamt dem Saft dazugeben und aufkochen. Dann den Paprikasaft, Geflügelfond, Thymian und Lorbeerblatt zufügen und alles zugedeckt bei mittlerer Hitze 30 Minuten köcheln lassen. Zum Schluss Kräuter und Knoblauch sowie die Chorizoscheiben wieder herausnehmen.

4. Die Penne in kochendem Salzwasser al dente garen. In der Zwischenzeit die Sauce mit dem Pürierstab fein pürieren und durch ein Sieb passieren. Dann das aromatische Olivenöl zufügen und die Sauce mit dem Pürierstab erneut kurz aufmixen. Die Chorizoscheiben in kleine Würfel schneiden, mit den angebratenen Paprikawürfeln unter die Sauce rühren und diese mit Salz und Cayennepfeffer abschmecken. Die Penne abgießen, abtropfen lassen, mit der Sauce vermischen und sofort servieren.

Pikante Tomatensauce mit Kapern und Sardellen

ZUBEREITUNGSZEIT 35–40 Min.

FÜR DIE SAUCE

- 600 g Flaschentomaten
- 2 große Peperoncini
- 40 g Kapern, in Salz eingelegt, abgespült oder kurz gewässert
- 80 g schwarze Oliven, entsteint
- 1–2 Schalotten
- 2 Knoblauchzehen
- 12 Sardellenfilets, in Salz eingelegt, abgespült oder kurz gewässert
- 6 EL Olivenöl

AUSSERDEM

- 400 g Spaghettini, Salz
- 60 g frisch geriebener Pecorino

S. 52
WARENKUNDE Kapern, Sardellen
S. 82
KÜCHENPRAXIS Nudeln kochen

1. Die Tomaten waschen, trocken reiben und halbieren. Die Stielansätze entfernen und die Tomatenhälften in kleine Würfel schneiden. Die Peperoncini von Stielansätzen, Samen und Scheidewänden befreien und fein hacken.

2. Die abgetropften Kapern sowie die entsteinten Oliven fein hacken. Schalotten und Knoblauch schälen und beides in feine Würfel schneiden. Die abgetropften Sardellenfilets in kleine Stücke schneiden.

3. In einer großen Pfanne das Öl erhitzen und die Schalottenwürfel darin hell anschwitzen. Anschließend Knoblauch, Kapern, Oliven und Sardellen zufügen und alles noch 2 bis 3 Minuten unter ständigem Rühren anbraten.

4. Dann Tomaten und Peperoncini zufügen und alles bei mittlerer Hitze zugedeckt weitere 15 Minuten garen. In der Zwischenzeit die Spaghettini in kochendem Salzwasser al dente garen, abgießen und mit der pikanten Tomatensauce vermischen. Die Pasta zum Schluss mit geriebenem Pecorino bestreuen und sofort servieren.

Kapern wässern

Salzkapern bester Qualität kommen von Sizilien, insbesondere von den Liparischen Inseln. Damit sie nicht zu viel Salz mitbringen, spült man sie (wie in Salz eingelegte Sardellen auch) vor der Verwendung kalt ab oder legt sie zum Wässern 10 Minuten in kaltes Wasser.

Saucen mit Fleisch »alla bolognese«

RAGOUT ALLA BOLOGNESE

ZUBEREITUNGSZEIT 2 Std.; ABB. MITTE

ZUTATEN
- je 200 g Möhren und Zwiebeln, geschält
- 160 g Staudensellerie, geputzt
- 300 g Rinderschulter, 200 g Schweineschulter
- 800 g Dosentomaten (Pelati), 4 EL Olivenöl
- 2 Knoblauchzehen, geschält und fein gewürfelt
- 4 EL gehackte Petersilie, 200 g Parmaschinken
- 80 g Butter, 600 g Tomatenfruchtfleisch, klein gewürfelt, 6 EL Tomatenmark
- 1/4 l heller Kalbsfond (Glas oder S. 140)
- 1 TL Salz, Pfeffer, 1/2 TL Zucker nach Belieben

1. Möhren, Zwiebeln und Sellerie klein würfeln. Beide Fleischsorten grob würfeln und durch die feine Scheibe des Fleischwolfs drehen. Dosentomaten würfeln, dabei den Saft auffangen und beiseitestellen.

2. In einem Topf das Öl erhitzen, Möhren und Zwiebeln darin hell anschwitzen. Sellerie, Knoblauch und Petersilie zufügen und unter gelegentlichem Rühren mit anschwitzen. Das Fleisch unter Rühren mitbraten, bis es krümelig zerfällt. Den Parmaschinken fein würfeln und 5 Minuten unter Rühren mitbraten.

3. Die Hälfte der Butter einrühren. Tomatenwürfel und Dosentomaten mit Saft zufügen und alles offen 5 Minuten köcheln. Tomatenmark einrühren, 5 Minuten mitköcheln, dann mit Kalbsfond auffüllen. Die Sauce salzen, pfeffern und nicht ganz zugedeckt 1 Stunde schmoren, dann nach Belieben mit Zucker abschmecken und die übrige Butter einrühren. Das Ragout alla bolognese schmeckt zu Tagliatelle und eignet sich auch für Lasagne.

HELLE BOLOGNESE

ZUBEREITUNGSZEIT 1 Std.; ABB. LINKS

ZUTATEN
- 200 g Kalbsschulter, 2 weiße Zwiebeln (150 g)
- 50 g Lauch, nur der helle Teil
- 50 g Knollensellerie, 20 g Staudensellerie
- 20 g Möhre, 1/2 Knoblauchzehe, geschält
- 1 Stängel Basilikum, 1 Zweig Thymian
- 2 EL Olivenöl, Salz, frisch gemahlener Pfeffer
- 100 ml Weißwein, 200 ml heller Geflügelfond (Glas oder S. 138) oder heller Kalbsfond (S. 140)
- 100 g Sahne, 1 Msp. Cayennepfeffer
- 1 EL Zitronensaft
- 2–3 EL gehackte glatte Petersilie

1. Das Kalbfleisch grob würfeln und durch die feine Scheibe des Fleischwolfs drehen. Das Gemüse schälen oder putzen und 1 cm groß würfeln. Den Knoblauch fein würfeln. Basilikum und Thymian zu einem Kräutersträußchen zusammenbinden.

2. In einem weiten Topf das Olivenöl erhitzen und die Gemüsewürfel darin bei mittlerer Hitze kurz anschwitzen, dann den Knoblauch unterrühren. Das Fleisch kurz mitbraten, aber nicht bräunen. Alles salzen und pfeffern, Weißwein zugießen und diesen fast vollständig reduzieren. Dann den Fond angießen, das Kräutersträußchen einlegen und alles bei reduzierter Hitze 30 Minuten köcheln lassen.

3. Die Kräuter wieder entfernen, die Sahne unterrühren, alles erneut kurz aufkochen und die Sauce mit Salz, Pfeffer, Cayennepfeffer sowie Zitronensaft abschmecken und die Petersilie unterrühren. Die helle Bolognese schmeckt zu grünen Pappardelle oder Farfalle, eignet sich aber auch gut für Lasagne.

LAMMHACKFLEISCHSAUCE

ZUBEREITUNGSZEIT 1 Std. 30 Min.; RECHTS

ZUTATEN

- 600 g Lammschulter, gewürfelt, 80 ml Olivenöl
- 170 g Zwiebeln, geschält und fein gewürfelt
- 1 Knoblauchzehe, geschält und angedrückt
- 1 EL Mehl, 200 ml Weißwein
- 100 ml Gemüsefond (Glas oder S. 137)
- Salz, frisch gemahlener Pfeffer, 2 Lorbeerblätter
- 1 TL fein gehackte Rosmarinnadeln
- Schale von ¼ Bio-Zitrone, 1 mm groß gewürfelt
- 100 g junger Spinat, geputzt und grob gehackt
- 1 Schalotte, geschält und fein gewürfelt
- 100 g Egerlinge, geputzt, in dünnen Scheiben
- 200 g Tomatenfruchtfleisch, in 1 cm breite Streifen geschnitten
- 100 g frisch gehobelter Pecorino, nach Belieben

1. Lammfleisch durch die feine Scheibe des Fleischwolfs drehen. In einer Pfanne 60 ml Olivenöl erhitzen, Zwiebeln und Knoblauch darin hell anschwitzen. Lammhack zufügen, krümelig braten und mit Mehl bestäuben. Alles gut vermengen, Wein und Fond zugießen, salzen und pfeffern. Lorbeer einlegen und die Sauce bei mittlerer Hitze 40 Minuten köcheln, bei Bedarf noch etwas Fond angießen.

2. Etwa 5 Minuten vor Ende der Garzeit ½ TL Rosmarin und Zitronenschale zufügen und alles sämig einkochen lassen. Knoblauch und Lorbeer entfernen, Spinat untermischen und die Sauce beiseitestellen.

3. Die Schalotte im übrigen Öl glasig schwitzen. Pilze und Tomaten kurz mit anschwitzen, dann salzen, pfeffern und den übrigen Rosmarin zugeben. Die Lammsauce mit Farfalle oder Pappardelle vermengen, die Tomaten-Pilz-Mischung darüber verteilen und alles nach Belieben mit Pecorino bestreut servieren.

S. 137
KÜCHENPRAXIS Gemüsefond

S. 138
KÜCHENPRAXIS Geflügelfond

S. 140
KÜCHENPRAXIS Kalbsfond

Formvollendeter Geschmack

Schenkt man Experten Glauben, so gibt es weltweit mehrere Hundert Nudelformen; allein für Italien werden etwa hundert Typen definiert – Tendenz steigend! Doch warum wird um solch eine Kleinigkeit wie die Form von Nudeln eigentlich derart viel Aufhebens gemacht, die schmecken doch sowieso alle gleich, mag sich der Pragmatiker fragen?

ARCHITEKTUR FÜR DEN GAUMEN

Als »Architektur für den Gaumen« hat Peter Kubelka, ein Film- und Kochkünstler, die Formenvielfalt einst umschrieben. Seine Begründung: Man könne blind, nur mit dem Mund die einzelnen Sorten unterscheiden. Doch Architektur ist zweckgebunden und muss eine Funktion erfüllen, wie es die Gestaltungsmaxime »form follows function« zusammenfasst. Hat also jede Nudelform, egal ob glatt, geriffelt, gerade, gebogen, gedreht, lang, kurz oder gelocht auch eine bestimmte Funktion? Und welche Rolle spielt dabei noch die Sauce?

Vermutlich braucht man nicht wirklich alle derzeit bekannten Formen, und das darf auch angesichts der ständig weiterwachsenden Vielfalt in Zweifel gezogen werden. Und doch gibt es Argumente für die Formenvielfalt: Geschmack hängt nämlich von zahlreichen Faktoren ab. Wären nur die verwendeten Zutaten für die Qualität einer Nudel ausschlaggebend, wie könnte es dann sein, dass Conchiglie anders schmecken als Farfalle und diese wiederum anders als Penne? Außerdem ist der Mensch ein fantasievolles Wesen, er liebt die Abwechslung (auch beim Essen), und mit neuen Formen lässt sich gutes Geld verdienen. Schon aus diesem Blickwinkel ist das Ganze mehr als eine Spielerei, und es stellt sich nicht mehr die Frage »Warum brauchen wir so viele Nudelformen?«, sondern eher »Warum denn eigentlich nicht?«

WELCHE SAUCE ZU WELCHER PASTA?

Seit der Erfindung der Nudel haben sich im Wesentlichen drei Grundformen herausgebildet, die später abgewandelt beziehungsweise weiterentwickelt wurden: Kurze Nudeln (zum Beispiel Röhren, Spiralen, Öhrchen) nehmen besonders feinstückige Saucen gut auf, lange Nudeln (beispielsweise Bandnudeln) eignen sich vor allem für dickere, kräftig-aromatische oder grobstückige Saucen, und feine oder sehr kleine Sorten (etwa Fadennudeln) sind aufgrund ihrer Fein- und Kleinheit prädestiniert für die Suppe. Aus diesen Grundformen entwickelten sich traditionelle, zweckmäßige Kombinationen, wie wir sie auch heute noch kennen: Zu Makkaroni oder Bandnudeln reicht man üblicherweise Sauce bolognese, zu Spaghetti Tomatensugo oder eine sonstige, nicht zu grobe Gemüsesauce. Breitere Bandnudeln passen perfekt zu kräftigem Fleischragout, Penne kommen meist mit einer Gemüsesauce auf den Tisch und die schmalen Linguine harmonieren mit Pesto.

Die Sauce ist dabei keinesfalls nur schmückendes Beiwerk, sondern vielmehr das passende Gegenstück, das erst den »formvollendeten« Genuss möglich macht. Mit der falschen Nudel zur Sauce lässt sich ein Gericht ebenso verderben wie mit der falschen Sauce zur Nudel! Der Begriff Sauce ist jedoch dehnbar, wie am Beispiel von Italien zu sehen ist, wo auch schon eine einfache Kombination mit Knoblauch, Öl, Salz und Pfeffer als Sauce gewertet wird. Dabei sind die Nudelbegleiter ebenso vielfältig wie die Nudelformen: Die Palette reicht von fix zubereitet (Carbonara) bis stundenlang gekocht (Bolognese), von feinsämig (Sahnesauce) bis grobstückig (Ragout) und von mild (Tomatensauce) bis scharf (Arrabiata).

Als Grundregel gilt: Dünne Nudeln schmecken am besten mit einer feinen Sauce. Rustikale, unregelmäßig geformte Pasta wird von herzhaften Ragouts gut begleitet.

SO KOMBINIEREN SIE RICHTIG

Bei der Kombination von Sauce und Nudel gilt: Erlaubt ist grundsätzlich, was schmeckt. Allerdings sollte die Paarung zweckmäßig und wohlproportioniert ausfallen, denn hauchdünne Fadennudeln sind zu grobem, würzigem Fleischragout ebenso unpassend wie etwa breite Bandnudeln in der Suppe. Grundsätzlich gibt es nur wenige Grundregeln zur harmonischen Verbindung von Nudelform und Sauce: Je größer und dicker ein Nudeltyp ist, desto kräftiger darf die begleitende Sauce ausfallen, je dünner, desto feiner. Makkaroni passen also besser zu einer Bolognese als zu Sahnesauce, feine Tagliolini harmonieren perfekt mit Butter (und Trüffel) oder einer leichten Tomatensauce. Lange, flache Pasta (zum Beispiel Linguine) wird häufig mit Fisch und Meeresfrüchten kombiniert. Die Nudeln sollten aber nicht zu breit sein, damit sie nicht das zartere Beiwerk zerdrücken oder »begraben«.

Pasta mit gerillter Oberflächenstruktur (zum Beispiel Rigatoni) nimmt grundsätzlich mehr Sauce auf als solche ohne Rillen. Man serviert sie beispielsweise mit nicht zu feinen, sämigen Gemüsesaucen, aber nie mit Pesto. Rigatoni eignen sich auch wie alle anderen Röhrennudeln (Penne, Makkaroni) zum Gratinieren und für Aufläufe. Die Hohlräume schaffen dabei kleine Luftpolster, damit der Auflauf nicht zu kompakt wird. Kurze Formnudeln wie Orecchiette, Farfalle, Fusilli schmecken am besten mit Gemüsesaucen aller Art. Zu unregelmäßig geformten Nudeln (wie etwa handgeschnittenen Maltagliati) wird eine rustikalere Sauce serviert, beispielsweise Ragout oder Tomatensugo mit größeren Stücken. Gefüllte Teigwaren kommen mit einfachen, leichten Saucen auf den Tisch, da sie selbst schon durch die Füllung intensiv schmecken und ansonsten mit der Sauce um die Aufmerksamkeit des Gaumens konkurrieren würden. Am besten geeignet sind etwa Tomatensauce, Butter oder Bratensaft.

WELCHE ROLLE SPIELT DIE HERSTELLUNG?

Ist auch der Rahmen zur optimalen Paarung von Nudel und Sauce abgesteckt, kommt es dennoch immer wieder vor, dass das Ergebnis nicht optimal ist. Die Gründe hierfür liegen oft in der Nudelqualität, und die ist – abgesehen von der Qualität der Zutaten – vor allem herstellungsabhängig. Industriemaschinen zur Pastaherstellung sind heute meist mit teflonbeschichteten Formdüsen ausgestattet. Diese sind zwar robust, machen die Nudeloberfläche aber glatt. Nur wenige Hersteller verwenden Formdüsen aus Buntmetall (Bronze). Diese hinterlassen auf der Nudeloberfläche genau die raue Struktur, die es zur perfekten Verbindung der Nudel mit der Sauce braucht. Ein winziger Unterschied, den der Verbraucher nur mit der Lupe erkennen kann. Oder an den Bezeichnungen »Bronze« oder »al bronzo«, die als Prädikat auf der Verpackung stehen. Einfache Qualitäten versuchen diesen Effekt durch allerhand Rillen, Wendungen und Drehungen nachzuahmen. Das gelingt aber nur zum Teil, weil solche Pasta zwar eine größere Oberfläche hat und mehr Sauce transportieren kann, aber eben trotzdem eine vergleichsweise »glatte« Oberfläche aufweist, in die die Sauce nicht eindringen kann. En detail gesehen stimmt es also auch für Pasta, dass Form und Funktion in direktem Zusammenhang stehen – wenn man dazu auch den Blick durch die Lupe oder aufs Etikett wagen muss. Kleinigkeiten können eben doch wichtig sein, manchmal sogar (geschmacks)entscheidend – wie im Falle der Pasta.

Bärbel Schermer

Sauce béchamel, Sauce Mornay und Tagliolini alla carbonara

Weiße Saucen wie die Sauce béchamel benötigt man für Lasagne und zum Überziehen von Nudelaufläufen. Mischt man noch ein Eigelb, Sahne und geriebenen Käse darunter, schmeckt sie würziger und wird zur Sauce Mornay. Und die »Carbonara« mit Eiern und Speck ist ein Klassiker für sich.

SAUCE BÉCHAMEL

ZUBEREITUNGSZEIT 25 Min.; ABB. VORNE

ZUTATEN

- 30 g Butter, 30 g Mehl, ½ l kalte Milch
- ½ TL Salz, frisch gemahlener weißer Pfeffer
- frisch geriebene Muskatnuss

1. In einem Topf die Butter zerlassen, vom Herd nehmen, das Mehl auf einmal dazuschütten und unterrühren. Die Butter-Mehl-Mischung bei mittlerer Hitze unter Rühren 1 bis 2 Minuten hell anschwitzen.

2. Nach und nach die kalte Milch zugießen und immer mit dem Schneebesen glatt rühren. Alles noch etwa 20 Minuten köcheln lassen, dabei gelegentlich umrühren. Die Sauce béchamel zum Schluss mit Salz, weißem Pfeffer und Muskat abschmecken und durch ein Sieb passieren.

S. 56–59
WARENKUNDE Käse
S. 67
KÜCHENPRAXIS Nudelteig

SAUCE MORNAY (KÄSESAUCE)

ZUBEREITUNGSZEIT 30 Min.; ABB. HINTEN

ZUTATEN

- 30 g Butter, 30 g Mehl, ½ l kalte Milch
- Salz, frisch gemahlener weißer Pfeffer
- geriebene Muskatnuss, 1 Eigelb, 100 g Sahne
- 30–60 g frisch geriebener Käse (Greyerzer)

1. Aus Butter, Mehl und Milch eine Sauce béchamel herstellen und mit Salz, weißem Pfeffer und Muskat abschmecken, wie im Rezept links beschrieben.

2. Vom Herd nehmen, Eigelb und Sahne verquirlen, unterrühren und die Sauce durch ein Sieb passieren. Den Käse zufügen und in der heißen Sauce schmelzen lassen, diese jetzt aber nicht mehr kochen.

TAGLIOLINI ALLA CARBONARA

ZUBEREITUNGSZEIT 1 Std. 30 Min.

ZUTATEN

- 150 g Weizenmehl Type 405 oder 550
- 250 g feiner Hartweizengrieß, 6 Eier, Salz
- 4 Scheiben Pancetta (150 g), je etwa ½ cm dick
- 150 g frisch geriebener Parmesan

1. Aus Mehl, Grieß, 4 Eiern und 1 TL Salz einen Teig herstellen (S. 67) und 1 Stunde ruhen lassen. Pancetta klein würfeln und in einer beschichteten Pfanne ohne Fett auslassen. Übrige Eier in einer Schüssel verquirlen und den Parmesan unterrühren.

2. Den Teig mit der Nudelmaschine zu dünnen Bahnen ausrollen, 25 bis 30 cm lange Stücke abtrennen und diese in 1,5 bis 2 mm breite Tagliolini schneiden.

3. Die Pasta in kochendem Salzwasser 1 bis 2 Minuten garen, aus dem Wasser heben, direkt zu der Eier-Parmesan-Mischung geben und gut durchschwenken. So viel heißes Nudelkochwasser zugeben, bis die Sauce eine cremige Konsistenz hat, dann die Pancettawürfel untermischen.

4. Die »Tagliolini alla carbonara« auf vorgewärmte tiefe Teller verteilen. Alles nach Belieben noch mit etwas Parmesan bestreuen und sofort servieren.

»Spaghetti alla carbonara«

Der Ursprung der Nudeln nach Köhlerart, wie sie wörtlich übersetzt heißen, ist nicht ganz geklärt. Die romantische Version besagt, dass das Gericht auf die Köhler zurückgeht, die in Latium rund um Rom an ihren einsamen Kohlenmeilern einfache Mahlzeiten zubereiteten. Und in der Tat ist die Vorstellung verführerisch: Man geht morgens mit einem Stück Parmesan und Pancetta, einem Ei und ein paar Nudeln los, um sich inmitten von Ruhe und Natur ein köstliches Mahl zuzubereiten. Der Duft des brutzelnden Bauchspecks steigt einem in die Nase, der würzige Käse verbindet sich mit dem Ei zu einer cremigen Sauce, Pfeffer sorgt für die nötige Würze. Ein idyllischer Traum! Wahrscheinlicher ist jedoch, dass das Gericht aus den Lebensmittelrationen der amerikanischen Besatzer entstanden ist, die meist Eier und Bacon enthielten. Römische Hausfrauen erweiterten diese Grundzutaten um 2 Zehen Knoblauch, brieten den Speck in Olivenöl aus, dünsteten den Knoblauch im Speckfett an, verquirlten das Ei mit 2 EL Sahne und geriebenem Parmesan und vermischten die fertigen Nudeln mit den so vorbereiteten Zutaten – geboren war der Klassiker.

Margarethe Brunner

Pastasaucen mit Käse und Kräutern

GORGONZOLASAUCE

ZUBEREITUNGSZEIT 15 Min.; ABB. UNTEN

FÜR DIE SAUCE
- 2–3 EL Butter, 140 g Gorgonzola, klein gewürfelt
- 120 g Sahne, grob gemahlener Pfeffer

AUSSERDEM
- Salz, 400–500 g Penne lisce oder Spaghetti
- 2 EL gehackte Walnusskerne nach Belieben

1. In einem Topf ausreichend Salzwasser zum Kochen bringen und die Nudeln darin al dente garen. Inzwischen in einer Sauteuse die Butter zerlassen, die Gorgonzolawürfel portionsweise darin schmelzen lassen. Dann 2 EL Sahne unterrühren und die Sauce weiter erhitzen, aber nicht aufkochen.

2. Die Nudeln abgießen und kurz abtropfen lassen. Die übrige Sahne unter die Käsesauce rühren, diese noch kurz erhitzen und mit Pfeffer würzen.

3. Die Nudeln mit der Gorgonzolasauce vermengen, dabei nach Belieben noch gehackte Walnüsse zufügen. Alles auf vorgewärmten Tellern anrichten und sofort servieren.

S. 56–59
WARENKUNDE Käse
S. 82
KÜCHENPRAXIS Nudeln kochen

WILDKRÄUTER-ZIEGENFRISCHKÄSE-SAUCE

ZUBEREITUNGSZEIT 50 Min.; ABB. UNTEN

FÜR DIE SAUCE
- 2 Schalotten, geschält, 30 g Butter, 1 EL Mehl
- ¼ l heller Geflügelfond (Glas oder S. 138)
- 5 EL Sherry (Manzanilla) oder Noilly Prat
- 100 g Sahne, 1 Knoblauchzehe, geschält
- Salz, frisch gemahlener weißer Pfeffer
- 100 g sehr würziger Ziegenfrischkäse, etwa Rocamadour, etwas Zitronensaft
- 3 Handvoll Wildkräuter (200 g)
- frisch geriebene Muskatnuss

AUSSERDEM
- 500 g Rigatoni, Salz, 2 EL gehackte Walnusskerne

1. Die Schalotten fein würfeln. In einer Kasserolle 20 g Butter zerlassen, die Hälfte der Schalotten darin hell anschwitzen, mit Mehl bestäuben und mit Geflügelfond und Sherry ablöschen.

2. Dann die Sahne unterrühren, alles langsam zum Kochen bringen und bei mittlerer Hitze um ein Drittel reduzieren. Die Sauce mit Salz und Pfeffer würzen, Ziegenfrischkäse darin schmelzen lassen und alles mit ein paar Tropfen Zitronensaft abschmecken.

3. Die Rigatoni in kochendem Salzwasser al dente garen. Inzwischen die Wildkräuter waschen und grob, den Knoblauch fein hacken. Die übrigen Schalottenwürfel mit dem Knoblauch in der restlichen Butter hell anschwitzen. Die Wildkräuter tropfnass zufügen, mit Salz, Pfeffer sowie 1 Prise Muskat würzen und die Kräuter zusammenfallen lassen.

4. Die Rigatoni abgießen und abtropfen lassen. Die Pasta mit der Sauce vermischen und die Wildkräuter unterheben. Zum Schluss alles mit gehackten Walnüssen bestreuen und sofort servieren.

KRÄUTERSAUCE

ZUBEREITUNGSZEIT 40 Min.; ABB. OBEN

FÜR DIE SAUCE
- 100 g junger Spinat, gewaschen und geputzt
- je ½ Bund Brunnenkresse und glatte Petersilie, gewaschen und die Blätter abgezupft
- 100 g weiche Butter, 2 Schalotten, geschält
- 1 Frühlingszwiebel, geputzt, 3 Stängel Estragon
- 4 Stängel Dill, 40 g Kerbel, 2 Knoblauchzehen
- 200 ml heller Geflügelfond (Glas oder S. 138)
- 50 ml Noilly Prat, 50 ml Weißwein, 100 g Sahne
- 2 kleine Lorbeerblätter, 10 g Mehlbutter (halb Mehl, halb Butter, miteinander verknetet)
- Saft von ½ Zitrone
- Salz, Cayennepfeffer, 20 ml Verjus

AUSSERDEM
- 400 g frische Tagliatelle, Salz

1. Die Spinat- und Kräuterblätter hacken, dann im Blitzhacker in mehreren Durchgängen zerkleinern. 75 g Butter mit dem Schneebesen glatt rühren und die fein gehackten Kräuter untermischen.

2. Schalotten und Frühlingszwiebel klein würfeln. Estragon, Dill und Kerbel waschen, trocken schütteln und hacken, Knoblauch schälen und grob zerkleinern. In einer Kasserolle die übrige Butter zerlassen, Schalotten- und Frühlingszwiebel darin glasig anschwitzen, dann mit Geflügelfond, Noilly Prat und Weißwein ablöschen. Sahne, Kräuter, Lorbeer und Knoblauch zufügen und 10 Minuten köcheln lassen.

3. Anschließend die Mehlbutter unterrühren und die Sauce damit leicht binden. Die Sauce mit Zitronensaft, Salz, Cayennepfeffer und Verjus vorsichtig abschmecken, mit dem Pürierstab aufmixen und durch ein feines Sieb passieren.

4. Die Tagliatelle in kochendem Salzwasser al dente garen. Die Kräuterbutter unter die passierte Sauce mixen. Die Nudeln abgießen, mit der Kräutersauce vermengen und sofort servieren.

S. 50
WARENKUNDE Kräuter

S. 138
KÜCHENPRAXIS Geflügelfond

Exquisite weiße Krustentiersauce mit Cognac und Hummer

S. 32
WARENKUNDE Trenette

S. 82
KÜCHENPRAXIS Nudeln kochen

ZUBEREITUNGSZEIT 1 Std. 30 Min.

FÜR DIE SAUCE
- 1 Hummer (etwa 1,2 kg), gekocht, oder 20 Flusskrebse, gekocht
- 1 Zwiebel, 50 g Möhre
- 50 g Knollensellerie
- 1 Knoblauchzehe
- 2 Stängel Estragon
- 1 Zweig Thymian
- 40 ml Distel- oder Maiskeimöl
- 2 cl Cognac
- ½ l heller Geflügelfond (Glas oder S. 138)
- 100 ml Noilly Prat, 200 g Sahne
- 2 Lorbeerblätter
- 1 TL Korianderkörner
- Salz, Cayennepfeffer
- 20 g kalte Butter, in Stücken

AUSSERDEM
- Salz, 400 g Trenette oder andere schmale Bandnudeln
- Estragonblättchen für die Garnitur

1. Das Hummerfleisch auslösen und weiterarbeiten, wie rechts in Step 1 bis 3 gezeigt. Die Zwiebel, die Möhre und den Sellerie schälen und alles klein würfeln. Den Knoblauch schälen und fein würfeln. Die Kräuter waschen und trocken schütteln.

2. In einem großen Topf das Öl erhitzen und die zerkleinerten Hummerkarkassen darin unter Rühren anbraten. Die Zwiebel-, Möhren- und Selleriewürfel zufügen und kurz mit anschwitzen, aber nicht bräunen.

3. Alles mit Cognac ablöschen, dann mit Geflügelfond, Noilly Prat und Sahne auffüllen. Estragon, Thymian und Lorbeerblätter einlegen, Knoblauch und Korianderkörner zufügen und die Sauce noch 20 Minuten köcheln lassen.

4. In der Zwischenzeit in einem Topf ausreichend Salzwasser zum Kochen bringen und die Trenette darin al dente garen. Die Krustentiersauce durch ein feines Sieb passieren und mit Salz und Cayennepfeffer abschmecken. Die kalte Butter in Stücken untermixen (montieren) und das Hummerfleisch in der Sauce kurz erwärmen, diese aber nicht mehr aufkochen.

5. Die Trenette abgießen, kurz abtropfen lassen, kegelförmig aufrollen und auf vorgewärmten tiefen Tellern anrichten. Das Hummerfleisch aus der Krustentiersauce nehmen und diese über die Pasta gießen. Das Hummerfleisch daneben verteilen, alles jeweils mit ein paar Estragonblättchen garnieren und sofort servieren.

(1)

(2)

(3)

GEKOCHTEN HUMMER
auslösen und zerkleinern

(1) Vom Hummer Scheren und Beine abdrehen. Schwanz- und Kopfteil mittig halbieren, den Darm entfernen und das Fleisch mit den Fingern auslösen. Die Scheren aufbrechen und das Fleisch ebenfalls auslösen.

(2) Die Hummerkarkassen kalt abspülen oder kurz wässern und in einem Sieb gut abtropfen lassen. Anschließend die Karkassen mit einem kräftigen Messer in Stücke schneiden.

(3) Das ausgelöste Schwanz- und Scherenfleisch mit einem scharfen Messer in Scheiben schneiden. Das restliche Hummerfleisch klein würfeln.

Avocadocreme mit Walnüssen

ZUBEREITUNGSZEIT 1 Std. 30 Min.

FÜR DIE BANDNUDELN
- 400 g Weizenmehl Type 405 oder 550
- 4 Eier, 1–2 EL Olivenöl
- 1 gestrichener TL Salz

FÜR DIE AVOCADOCREME
- 1 Knoblauchzehe, geschält
- 90 g Walnusskerne, grob gehackt
- 50 g Pinienkerne, ½ TL Salz
- 1 große reife Avocado oder 2 kleine reife Avocados
- frisch gemahlener Pfeffer
- 120 g Naturjoghurt

AUSSERDEM
- ½ TL grob gehackte Majoranblättchen
- ½ kleine Avocado, das Fruchtfleisch ausgelöst und klein gewürfelt
- grob zerstoßener Pfeffer zum Bestreuen
- nach Belieben frisch gehobelter Parmesan oder Pecorino
- gutes Olivenöl zum Beträufeln

S. 52
WARENKUNDE Pinienkerne

S. 67
KÜCHENPRAXIS Nudelteig herstellen

1. Aus Weizenmehl, Eiern, Olivenöl und Salz einen Nudelteig herstellen, wie auf S. 67 gezeigt. Den Teig in Frischhaltefolie einschlagen und 1 Stunde ruhen lassen. Inzwischen für die Creme den Knoblauch grob zerkleinern. Die Walnüsse in einer beschichteten Pfanne ohne Fett kurz anrösten, dann herausnehmen. Die Pinienkerne ebenfalls ohne Fett goldbraun rösten. Beide kurz abkühlen lassen, dann mit Knoblauch und Salz im Mörser nicht zu fein zerstoßen.

2. Die Avocado halbieren, den Kern entfernen und das Fruchtfleisch auslösen. Eine Avocadohälfte im Mixer pürieren, die andere Hälfte in kleine Würfel schneiden. Avocadopüree und -würfel mit der Nusspaste vermischen, mit Pfeffer würzen und den Joghurt unterheben.

3. Den Nudelteig von Hand oder mit der Maschine dünn ausrollen und in etwa 1 cm breite Bandnudeln schneiden. In einem Topf ausreichend Salzwasser zum Kochen bringen und die Nudeln darin al dente garen.

4. Die Nudeln abgießen, kurz abtropfen lassen und auf vorgewärmte Teller verteilen. Die Avocadocreme mittig darauf anrichten oder auf den Nudeln verteilen und alles mit Majoran, Avocadowürfeln und grobem Pfeffer garnieren. Die Nudeln nach Belieben noch mit gehobeltem Parmesan oder Pecorino bestreuen, mit ein paar Tropfen Olivenöl beträufeln und sofort servieren.

Auch gut mit Walnussöl

Statt mit Olivenöl können Sie die Nudeln zum Schluss auch mit würzigem Walnussöl beträufeln. Und falls Sie die delikate Avocadocreme einmal zu kurzen Nudeln servieren wollen, rühren Sie nur 60 g Naturjoghurt unter. Die Avocadocreme erhält dadurch eine leicht bröselige Struktur und passt so besser zu Fusilli, Eliche, Farfalle, Cravattini oder Orecchiette.

Fusilli mit Kürbis-Curry-Sauce

ZUBEREITUNGSZEIT 1 Std.

ZUTATEN
- 300 g Fruchtfleisch vom Hokkaidokürbis
- 1 kleine Schalotte
- 1 Stück frischer Ingwer (etwa 1 cm)
- 30 g Butter, ½–1 TL gelbe Currypaste
- 50 ml Noilly Prat, 150 ml Orangensaft
- 150–200 ml heller Geflügelfond (Glas oder S. 138), Salz, 400 g Fusilli
- frisch geriebene Muskatnuss
- 1–2 EL Obstessig, 3 EL geschlagene Sahne
- frisch gemahlener Pfeffer
- 2 EL fein geschnittene Petersilie

S. 55
WARENKUNDE Currypaste

S. 138
KÜCHENPRAXIS Geflügelfond

1. Vom Kürbisfruchtfleisch 100 g abtrennen und in dünne Spalten schneiden. Das übrige Kürbisfruchtfleisch klein würfeln. Die Schalotte und den Ingwer schälen und beides fein hacken.

2. In einer Kasserolle 20 g Butter zerlassen und die Kürbiswürfel mit der Schalotte, dem Ingwer und der Currypaste darin 4 Minuten hell anschwitzen. Alles mit Noilly Prat ablöschen, mit Orangensaft und Fond auffüllen, salzen und die Kürbiswürfel bei schwacher Hitze weich garen.

3. Die Fusilli in kochendem Salzwasser al dente garen, abgießen und kurz abtropfen lassen. Die Kürbiswürfel mit dem Pürierstab nicht ganz glatt mixen, sodass sie noch leicht stückig sind. Die Sauce mit Muskat und Essig abschmecken und die Sahne unterziehen. Die Kürbisspalten in der restlichen Butter 1 Minute schwenken, salzen und pfeffern. Die Fusilli mit der Kürbissauce auf vorgewärmten Tellern anrichten, mit Petersilie bestreuen, mit Kürbisspalten garnieren und sofort servieren.

Mit Käse gratiniert

Sie können die gegarten Fusilli auch mit der Kürbissauce und der Petersilie vermengen und in eine ofenfeste Form füllen. Mit 100 g frisch geriebenem Greyerzer bestreut und unter dem Backofengrill kurz goldbraun gratiniert, schmecken sie ebenfalls ganz ausgezeichnet.

Artischockenragout

ZUBEREITUNGSZEIT 45 Min.

FÜR DAS RAGOUT

- 4 große Artischocken, je 150–200 g oder 8 kleine Artischocken zu je 100 g
- Saft von 1 Zitrone, 2 Schalotten (100 g)
- 1 Knoblauchzehe, 2 Tomaten (100 g)
- 1 kleine rote Paprikaschote
- 1 Zweig Zitronenthymian oder 1 Stängel glatte Petersilie
- 2–3 EL Olivenöl
- Salz, frisch gemahlener Pfeffer
- 100 ml Gemüsefond (Glas oder S. 137)
- 100 ml Weißwein

AUSSERDEM

- Gnocchi oder Pasta nach Wahl
- Salz, nach Belieben frisch geriebener Parmesan oder Gouda zum Bestreuen

S. 104
KÜCHENPRAXIS Gnocchi herstellen

S. 137
KÜCHENPRAXIS Gemüsefond

1. Die Stiele der Artischocken mit einem scharfen Messer abtrennen. Die Hüllblätter auf ein Drittel kürzen. Anschließend die verbliebenen Hüllblätter sowie die Blattansätze auf der Unterseite mit einem kleinen Messer entfernen. Die Artischockenböden dann mit einem Kugelausstecher oder mit einem scharfkantigen Teelöffel vom »Heu« befreien und sofort in mit Zitronensaft versetztes Wasser legen, damit sie sich nicht braun verfärben.

2. Die Schalotten und den Knoblauch schälen und beides in feine Scheiben schneiden. Die Tomaten kreuzweise einschneiden, blanchieren und häuten. Stielansätze und Samen entfernen und das Tomatenfruchtfleisch klein würfeln. Die Paprikaschote waschen, von Stielansatz, Samen und Scheidewänden befreien und in feine Würfel schneiden. Den Thymian abbrausen, trocken schütteln und die Blättchen abstreifen.

3. In einer Pfanne das Olivenöl erhitzen und Schalotten und Knoblauch darin glasig anschwitzen. Die Artischockenböden in 3 bis 5 mm breite Scheiben schneiden, kurz mit anschwitzen und mit Salz und Pfeffer würzen. Alles mit Gemüsefond und Weißwein ablöschen, die Paprikawürfel zufügen und das Ragout 5 Minuten bei schwacher Hitze köcheln lassen. Dann Tomatenwürfel und Thymian zufügen und die Flüssigkeit noch etwas einkochen lassen.

4. Gnocchi oder Pasta in kochendem Salzwasser al dente garen, mit dem Artischockenragout auf vorgewärmten Tellern anrichten und vor dem Servieren mit geriebenem Käse bestreuen.

Fertig vorbereitet

Auf italienischen Märkten und gelegentlich auch bei uns gibt es fertig vorbereitete, in Zitronenwasser eingelegte Artischockenböden zu kaufen. Diese müssen dann nur noch in Scheiben geschnitten werden, was die Zubereitungszeit erheblich verkürzt.

Safran-Fazzoletti mit Pfifferlingen

ZUBEREITUNGSZEIT 1 Std. 30 Min.

FÜR DEN NUDELTEIG
- 50 ml Noilly Prat
- 1 Döschen gemahlener Safran (0,1 g)
- 300 g Weizenmehl Type 405 oder 550
- 3 Eier, 1 EL Olivenöl, ½ TL Salz

FÜR DIE PILZSAUCE
- 1 Schalotte, 20 g Räucherspeck
- 250 g Pfifferlinge, geputzt
- 20 g Butter
- Salz, frisch gemahlener Pfeffer
- 50 ml trockener Weißwein
- 50 ml heller Geflügelfond (Glas oder S. 138)
- 1 Lorbeerblatt, 100 g Sahne
- 1 EL Crème fraîche
- Saft von ½ Zitrone

AUSSERDEM
- 1 EL Olivenöl zum Beträufeln
- 1 EL in Streifen geschnittene glatte Petersilie

1. Für den Nudelteig in einer Kasserolle den Noilly Prat fast vollständig reduzieren. Dann den Safran unterrühren und die Mischung abkühlen lassen.

2. Aus Weizenmehl, Eiern, Olivenöl, Salz und dem angerührten Safran einen Nudelteig herstellen, wie auf S. 67 gezeigt. Den Teig in Frischhaltefolie einschlagen und 1 Stunde ruhen lassen.

3. Für die Pilzsauce inzwischen die Schalotte schälen und in feine Würfel schneiden. Den Speck klein würfeln. Die Pfifferlinge je nach Größe ganz lassen, halbieren oder vierteln. In einer Kasserolle die Butter zerlassen und die Schalotten- und Speckwürfel darin bei mittlerer Hitze leicht bräunen. Die Pfifferlinge 2 Minuten mitbraten, salzen und leicht pfeffern. Alles mit Weißwein und Geflügelfond ablöschen und beides stark reduzieren. Anschließend Lorbeerblatt und Sahne zugeben, alles einmal kurz aufkochen lassen, dann die Crème fraîche unterrühren. Zum Schluss die Sauce mit Zitronensaft, Salz und Pfeffer abschmecken.

4. Den Nudelteig mit der Maschine zu dünnen Bahnen ausrollen und in 8 bis 10 cm breite, 15 cm lange Streifen (Fazzoletti) schneiden. In einem Topf reichlich Salzwasser aufkochen und die Teigblätter darin al dente garen, dann einzeln herausnehmen, auf vorgewärmten Tellern anrichten und mit Olivenöl beträufeln. Die Sauce kurz erwärmen und mit den Pfifferlingen auf den Fazzoletti verteilen. Alles mit Petersilie und nach Belieben mit 1 Lorbeerblatt garnieren und sofort servieren.

Alternativ mit Tagliolini

Zu dieser feinen Pilzsauce passen auch Tagliolini ausgezeichnet. Dafür den Nudelteig mit dem entsprechenden Vorsatz einfach in schmale Bandnudeln schneiden. Statt Safranpulver kann man zum Färben des Teiges auch 10 Safranfäden verwenden. Diese werden 1 Stunde kalt eingeweicht und dann mit der Noilly-Prat-Reduktion kurz aufgekocht.

S. 67
KÜCHENPRAXIS Nudelteig herstellen

S. 138
KÜCHENPRAXIS Geflügelfond

Pesto mit Kräutern und Tomaten

PESTO ALLA GENOVESE

ZUBEREITUNGSZEIT 25 Min.; ABB. LINKS

ZUTATEN

- 4 Knoblauchzehen
- 50 g Pinienkerne
- 120 g Basilikumblätter (4–5 Töpfe), grob gehackt
- 50 g frisch geriebener Pecorino
- 80 g frisch geriebener Parmesan
- Salz, frisch gemahlener Pfeffer
- etwa 150 ml Olivenöl

1. Den Knoblauch schälen und grob hacken. Die Pinienkerne in einer beschichteten Pfanne ohne Fett goldbraun rösten und weiterverfahren, wie rechts in Step 1 und 2 gezeigt.

2. Das Olivenöl in dünnem Strahl einlaufen lassen und gut einarbeiten. Soll das Pesto eine geschmeidige Sauce ergeben, ein paar Löffel Nudelkochwasser einrühren, bis es die gewünschte Konsistenz hat.

BÄRLAUCHPESTO

ZUBEREITUNGSZEIT 30 Min.; ABB. MITTE

ZUTATEN

- 70 g Bärlauchblätter, entstielt
- 70 g glatte Petersilienblätter
- 60 g Pinienkerne, geröstet
- Salz
- 30 g frisch geriebener Pecorino
- 100 g frisch geriebener Parmesan
- ¼ l Olivenöl

1. Die Bärlauch- und Petersilienblätter waschen, trocken tupfen und grob zerkleinern. Pinienkerne und Salz im Mörser fein zerreiben, dann die Kräuter zufügen und alles zu einer feinen Paste verarbeiten.

2. Die Paste in eine Schüssel umfüllen, Pecorino und Parmesan unterrühren und das Öl zugießen. Alles gut vermengen und das Pesto mit seinem intensiven Knoblaucharoma zu Pasta nach Wahl servieren.

RUCOLAPESTO

ZUBEREITUNGSZEIT 30 Min.; ABB. RECHTS

ZUTATEN
- 300 g Rucola, geputzt, Erdnussöl zum Frittieren
- 100 g Walnusskerne, grob gehackt
- 100 g frisch geriebener Parmesan
- 1 Knoblauchzehe, geschält
- abgeriebene Schale von ½ Bio-Zitrone
- 200 ml Olivenöl, Meersalz

1. Die trockenen Rucolablätter in Erdnussöl frittieren und auf Küchenpapier abtropfen lassen.

2. Walnüsse im Blitzhacker zerkleinern, dann Rucola, Parmesan und Knoblauch untermixen. Die abgeriebene Zitronenschale zufügen, das Olivenöl einrühren und das Pesto mit Meersalz abschmecken.

PESTO ROSSO

ZUBEREITUNGSZEIT 25 Min.; ABB. HINTEN

ZUTATEN
- 300 g getrocknete Tomaten, in Öl eingelegt
- 30 g Pinienkerne, 4 Knoblauchzehen, geschält
- 1 TL Salz, frisch gemahlener Pfeffer
- 30 Basilikumblätter
- 100 g frisch geriebener Pecorino sardo, Olivenöl

1. Die eingelegten getrockneten Tomaten abtropfen lassen, dabei das Öl auffangen. Dann die Tomaten grob zerkleinern und im Blitzhacker fein pürieren.

2. Alle Zutaten bis auf das Olivenöl zufügen und untermixen. Anschließend noch so viel Olivenöl unterrühren, bis das Pesto eine cremige Konsistenz hat.

S. 48
WARENKUNDE getrocknete Tomaten

S. 51
WARENKUNDE Basilikum, Rucola

S. 56
WARENKUNDE Parmesan, Pecorino

PESTO ALLA GENOVESE
mit dem Mörser herstellen

(1) Den Knoblauch mit den gerösteten Pinienkernen in einen Mörser geben und zerstoßen. Anschließend das grob gehackte Basilikum zufügen und alles zu einer feinen Paste zerreiben.

(2) Nach und nach den geriebenen Pecorino sowie den geriebenen Parmesan zufügen und einarbeiten. Das Pesto zum Schluss vorsichtig mit Salz und Pfeffer abschmecken.

(1)

(2)

Pesto, mal neu interpretiert, mal exquisit mit Trüffeln

BASILIKUMPESTO MIT SULTANINEN

ZUBEREITUNGSZEIT 1 Std. 20 Min.; VORNE

ZUTATEN

- 100 g Basilikum (etwa 4 Töpfe), die Blätter abgezupft, 50 g Spinat, geputzt
- 80 g Sultaninen, 2 Knoblauchzehen
- 1 rote Chilischote, 1 Bio-Zitrone
- 100 g Pinienkerne, 300 ml Olivenöl, Salz

1. Basilikum- und Spinatblätter waschen und gut abtropfen lassen. Die Sultaninen grob hacken. Den Knoblauch schälen, die Zehen halbieren und 2 mm groß würfeln. Die Chilischote von Stielansatz, Samen und Scheidewänden befreien und fein würfeln. Die Zitrone heiß waschen, trocknen und die Schale fein abreiben. Pinienkerne in einer beschichteten Pfanne ohne Fett goldbraun rösten.

2. In einer Pfanne 50 ml Olivenöl erhitzen und die Knoblauchwürfel darin goldbraun frittieren, dann beiseitestellen. Basilikum- und Spinatblätter grob zerkleinern und in einen Mixbecher geben. Sultaninen, Pinienkerne, Chili, Knoblauch mitsamt dem Öl, das übrige Olivenöl sowie Zitronenschale und Salz zufügen. Alles fein pürieren, das Pesto in Gläser füllen und kalt stellen. Es passt zu Röhrennudeln oder Orecchiette sowie zu gegrilltem Fisch oder Fleisch.

SPINATPESTO MIT SARDELLEN

ZUBEREITUNGSZEIT 45 Min.; ABB. HINTEN

ZUTATEN

- 400 ml Olivenöl, 3 Knoblauchzehen
- 10 Basilikumblätter, 100 g Spinat, 50 g Rucola
- 3 Sardellenfilets, in Öl eingelegt, 1 Bio-Zitrone
- 4 EL Sonnenblumenkerne
- 50 g frisch geriebener Parmesan
- 1 TL Salz, frisch gemahlener Pfeffer

1. In einem Topf 350 ml Olivenöl mit den ungeschälten Knoblauchzehen erhitzen und diese bei schwacher Hitze in 25 Minuten weich garen.

2. Inzwischen Basilikum, Spinat und Rucola waschen, verlesen und die groben Stiele entfernen. Die Blätter zerkleinern. Die Sardellen klein schneiden. Die Zitrone heiß waschen, abtrocknen und die Schale fein abreiben. Die Sonnenblumenkerne in einer beschichteten Pfanne ohne Fett rösten.

3. Knoblauch aus dem Öl nehmen, aus der Schale in einen Mixbecher drücken und das heiße sowie das restliche kalte Olivenöl zufügen. Basilikum, Spinat, Rucola, Sardellen, Zitronenschale, Sonnenblumenkerne und den Käse zum Öl geben und alles mit dem Pürierstab sehr fein pürieren. Das Pesto mit Salz und Pfeffer würzen und in Gläser füllen. Es passt gut zu Orecchiette oder Cavatelli sowie zu kurz gebratenem oder gegrilltem Fisch oder Fleisch.

TRÜFFELPESTO

ZUBEREITUNGSZEIT 30 Min.; ABB. MITTE

ZUTATEN

- 80 g Sommertrüffeln, gründlich gesäubert (Ersatz: Trüffelabschnitte in Fond aus dem Glas)
- 70 g Pinienkerne
- 40 g frisch geriebener Parmesan
- 50 ml Trüffelöl, 50 ml Olivenöl, Salz
- 20 ml alter Aceto balsamico
- 1 TL Thymianblättchen, 1 TL Butter

1. Die Trüffeln fein hacken. Die Pinienkerne in einer beschichteten Pfanne ohne Fett goldbraun rösten, abkühlen lassen und im Mörser fein zerreiben. Erst die Trüffelstückchen untermischen, dann den Parmesan unter die Trüffelmasse rühren.

2. Anschließend das Trüffel- und das Olivenöl langsam einlaufen lassen und nach und nach unterrühren. Dann den Essig zugießen und das Pesto salzen. Die Thymianblättchen fein hacken. In einer Pfanne die Butter zerlassen, die Thymianblättchen darin kurz schwenken und unterrühren. Das Trüffelpesto zu Spaghetti oder Röhrennudeln servieren.

S. 51
WARENKUNDE Basilikum

S. 52
WARENKUNDE Pinienkerne

Salate und Vorspeisen

In Kombination mit Fisch und Meeresfrüchten, Gemüse oder zartem Fleisch lassen sich Nudeln nicht nur warm, sondern auch kalt genießen.

Solo oder als feines Entree serviert

Innerhalb der Teigwarenküche spielen mediterran oder asiatisch inspirierte Salate eine geringere, kulinarisch aber doch interessante Rolle. Und als kleine Vorspeise lässt sich fast jedes Teigwarengericht servieren.

KALT ODER LAUWARM schmecken Salate mit Nudeln am besten. Wer sich dabei mit Grausen an riesige Schüsseln matschiger Hörnchen oder Spiralen erinnert, die einst auf keiner Party fehlen durften, liegt jedoch völlig falsch. Im Gegensatz zu jenen mayonnaiseschweren Melangen, die vor allem als billige Sattmacher dienten, geht es bei den feinen Salaten mit Nudeln auf den folgenden Seiten vielmehr um Kreationen, die den Gaumen aufs Angenehmste verwöhnen. Wie wenig sie mit den Nudelsalaten von damals zu tun haben, lässt sich auf den ersten Blick erkennen: Keine Nudelmassen drängen sich mehr auf den Tellern, sondern Pasta wird hier mit weiteren Zutaten elegant kombiniert und mit Vinaigrettes oder anderen aromatischen Saucen geschmacklich perfekt abgerundet.

NUDELN FÜR SALATE VORBEREITEN

Damit die Nudeln – und um die geht es in diesem Kapitel vornehmlich – die richtige Konsistenz haben, werden sie in kochendem Salzwasser zunächst al dente gegart, wie auf S. 82 f. gezeigt, dann aber sofort kalt abgeschreckt, um den Garprozess zu unterbrechen. Im Gegensatz zu warm servierten Pastagerichten, bei denen die Sauce gut an den Nudeln haften soll, ist dieser Effekt bei Salaten unerwünscht, deshalb wird die Stärke in der Regel durch Abbrausen entfernt. Sollen die Salate kalt serviert werden, müssen die Nudeln vor dem Vermengen mit den übrigen Zutaten vollständig auskühlen.

FEINE SALATVARIATIONEN MIT PASTA

Kalte oder lauwarme Salate mit Nudeln, wie die »Salade niçoise mit Farfalle und Thunfisch« (S. 174), die selbst gemachten Bandnudeln mit Calamares oder auch die lauwarmen Tortellini mit Rucola (S. 175 ff.) schmecken an heißen Tagen besonders gut. Dasselbe gilt für die erfrischenden asiatischen Salate mit Reis- oder Glasnudeln und Gemüse oder für die marinierten Sobanudeln mit Rinderfilet (S. 178 ff.).

VORSPEISEN MIT TEIGWAREN

Sollen Nudeln, Gnocchi, gefüllte Teigtaschen oder Knödel als Entree innerhalb eines Menüs serviert werden, kommt es in erster Linie auf die richtige Menge an. Nicht zu schwer darf eine solche Vorspeise sein und nicht zu üppig, sonst ist man bei den weiteren Gängen schon zu satt. Ansonsten ist hier fast alles möglich: Auch kalte oder lauwarme Salate mit Pasta eignen sich als Vorspeise, meist wird jedoch eine kleine warme Teigwarenkreation gereicht. Die Kombinationsmöglichkeiten reichen dabei von Fisch und Meeresfrüchten über Gemüse der Saison, Pilze, Geflügel und Kaninchen bis hin zu Fleisch und Wild. Je nach Jahreszeit und Menükomposition lassen sich mit der Hauptzutat zu den Teigwaren spannende Akzente zu den weiteren Gängen des Menüs setzen. Der Fantasie sind hier so gut wie keine Grenzen gesetzt: Erlaubt ist, was schmeckt und den Magen nicht zu sehr füllt.

DELIKATE VORSPEISEN

Im zweiten Teil des Kapitels finden Sie einige interessante Vorschläge für Vorspeisen aus der Teigwarenküche. Angefangen von den knusprig frittierten und köstlich gefüllten Frühlingsrollen (S. 181) bis hin zu mediterranen Varianten mit Pasta und Fisch oder Kaninchen. Ein besonderes Highlight, gerade auch wenn Gäste kommen, sind die mit zweierlei Farce gefüllten und mit gebratenen Pfifferlingen servierten »Makkaroni-Timbales« (S. 185). Sie sind zwar etwas aufwendig, aber nicht schwierig und lassen sich gut vorbereiten. Neben den Rezeptvorschlägen dieses Kapitels eignen sich aber auch Suppen, die Kombinationen von Pasta mit Gemüse, Fisch und Fleisch sowie gefüllte Nudeln, Gnocchi oder Knödel – in überschaubarer Menge serviert – als delikate Vorspeisen. Lassen Sie sich auch von den raffinierten Rezepten dieser Kapitel inspirieren.

Für draußen ideal

Kalte Nudelsalate lassen sich gut vorbereiten und können in der Regel ein paar Stunden im Kühlschrank aufbewahrt werden. Sie eignen sich daher gut für die Bewirtung von Freunden unter freiem Himmel auf dem Balkon oder der Terrasse.

Salade niçoise mit Farfalle und Thunfisch

ZUBEREITUNGSZEIT 1 Std.

FÜR DEN SALAT
- 100 g dünne grüne Bohnen (Prinzessbohnen)
- Salz, 1 große festkochende Kartoffel (etwa 250 g)
- 100 g Farfalle
- ½ rote Zwiebel
- 1 ½ EL Zitronensaft
- frisch gemahlener Pfeffer
- ½ TL Zucker, 4 EL Olivenöl
- ½ TL getrocknetes gerebeltes Bohnenkraut
- 8 Wachteleier
- 300 g frischer Thunfisch

AUSSERDEM
- nach Belieben 1 Tomate, gehäutet, entkernt und klein gewürfelt

S. 36
WARENKUNDE Farfalle

S. 82
KÜCHENPRAXIS Nudeln kochen

1. Die Bohnen waschen, putzen, in 3 bis 4 cm lange Stücke schneiden und in Salzwasser in 15 bis 20 Minuten bissfest garen. Die Kartoffel waschen, schälen, in 1 cm große Würfel schneiden und in Salzwasser separat in etwa 10 Minuten bissfest kochen, danach abgießen und abtropfen lassen. Die Kartoffelwürfel in eine Salatschüssel geben. Die Bohnen abgießen, kalt abschrecken, abtropfen lassen und zu den Kartoffelwürfeln geben.

2. In einem Topf ausreichend Salzwasser zum Kochen bringen und die Farfalle darin al dente garen. Dann abgießen, kalt abschrecken und die Nudeln unter die Kartoffeln und Bohnen mischen.

3. Die rote Zwiebel schälen und fein würfeln. 1 EL Zitronensaft, Salz, Pfeffer, Zucker und 2 EL Olivenöl verrühren und die Zwiebelwürfel untermischen. Die Vinaigrette über die Salatzutaten in der Schüssel gießen, das Bohnenkraut zufügen und alles gut vermengen. Den Salat auf Schalen oder tiefe Teller verteilen.

4. Die Wachteleier in sprudelnd kochendem Wasser 2 Minuten 30 Sekunden kochen, kalt abschrecken, pellen und nach Belieben halbieren. Den Thunfisch in 8 gleiche Scheiben schneiden und mit Salz und Pfeffer würzen. In einer Pfanne das restliche Öl erhitzen und die Thunfischscheiben darin auf jeder Seite 1 bis 2 Minuten anbraten, herausnehmen, auf einen Teller legen und mit dem übrigen Zitronensaft beträufeln.

5. Die Thunfischscheiben mit den Wachteleiern auf dem Salat anrichten. Nach Belieben alles noch mit ein paar Tomatenwürfelchen bestreuen und den Salat servieren.

Lauwarmer Nudelsalat mit Calamares

ZUBEREITUNGSZEIT 1 Std.; KÜHLZEIT 1 Std.

FÜR DIE BANDNUDELN
- 250 g Mehl Type 550, 100 g Hartweizengrieß
- 2 Eier, 2 Eigelb, 1 EL Olivenöl, Salz

FÜR DEN SALAT
- 200 g küchenfertige frische Kalmartuben (Ersatz: TK-Kalmare), 80 g Frühlingszwiebeln
- 80 g Staudensellerie, ½ Bio-Zitrone
- 4 EL Tomatensaft, 3 EL Gemüsefond (S. 137)
- Salz, frisch gemahlener Pfeffer
- 4 EL Olivenöl, Honig nach Belieben

AUSSERDEM
- Schnittlauchröllchen oder 10 Basilikumblätter, in feine Streifen geschnitten

1. Aus den angegebenen Zutaten einen Nudelteig herstellen, wie auf S. 67 beschrieben. Den Teig in Frischhaltefolie einschlagen und 1 Stunde kühl ruhen lassen.

2. In der Zwischenzeit für den Salat die Kalmartuben gründlich waschen und in 5 cm lange und 5 mm breite Streifen schneiden. Frühlingszwiebeln und Staudensellerie putzen, waschen und in feine Streifen schneiden.

3. Die Zitrone heiß waschen und trocken reiben. Die Schale dünn abschälen, 5 Minuten in wenig kochendem Wasser blanchieren, herausnehmen, auf Küchenpapier abtropfen lassen und in sehr feine Streifen schneiden. Die Zitronenhälfte auspressen.

4. Den Tomatensaft mit dem Gemüsefond und dem Zitronensaft verrühren und die Marinade mit Salz und Pfeffer würzen. Anschließend 3 EL Olivenöl kräftig unterrühren und die Zitronenschale zufügen. Die Tomatenmarinade zum Schluss mit Honig abschmecken.

5. Den Nudelteig mit der Maschine zu dünnen Bahnen ausrollen, in 5 mm breite Bandnudeln schneiden, wie auf S. 73 gezeigt, und antrocknen lassen.

6. In einem Topf Salzwasser zum Kochen bringen und die Nudeln darin in 2 bis 3 Minuten al dente garen, anschließend abgießen. In einer Pfanne das übrige Olivenöl (1 EL) erhitzen, die Kalmarstreifen darin 1 bis 2 Minuten anbraten und beiseitestellen.

7. Nudeln, Gemüse und Kalmarstreifen in eine Schüssel geben, mit der Tomatenmarinade übergießen und alles gut vermengen. Den Nudelsalat mit Salz und Pfeffer abschmecken, mit Schnittlauch oder Basilikum bestreuen und lauwarm servieren.

S. 19
WARENKUNDE Hartweizengrieß

S. 67
KÜCHENPRAXIS Nudelteig herstellen

S. 73
KÜCHENPRAXIS Bandnudeln herstellen

Lauwarmer Tortellinisalat

ZUBEREITUNGSZEIT 2 Std. 30 Min.
RUHEZEIT 1 Std., FÜR 6–8 PORTIONEN

FÜR DIE TORTELLINI
- 300 g doppelgriffiges Weizenmehl (Dunst), 2 Eier
- 4 Eigelb, Salz, 1 Schalotte, 5 Champignons
- 250 g Bresaola, in dünnen Scheiben
- 3 EL Olivenöl, je 1 EL fein geschnittene Salbei-, Basilikum- und Thymianblättchen
- 100 g Frischkäse, etwa Ricotta oder Doppelrahmfrischkäse
- 1 EL Pinienkerne, leicht geröstet und gehackt
- frisch gemahlener Pfeffer

FÜR DIE VINAIGRETTE
- 2–3 EL Aceto balsamico, Salz, 1 Prise Zucker
- frisch gemahlener Pfeffer, 90 ml gutes Olivenöl

AUSSERDEM
- doppelgriffiges Mehl (Dunst) zum Arbeiten
- 1 Eigelb, mit 1 EL Wasser verquirlt zum Bestreichen (Ersatz: Eiweiß oder Wasser)
- 10 getrocknete Tomaten, in Streifen
- 1 Bund Rucola, gewaschen und geputzt
- grob gehobelter Parmesan zum Bestreuen

S. 19
WARENKUNDE Dunst

S. 67
KÜCHENPRAXIS Nudelteig herstellen

S. 92
KÜCHENPRAXIS Tortellini herstellen

1. Aus doppelgriffigem Mehl, Eiern, Eigelben, ½ TL Salz sowie bei Bedarf 1 bis 2 TL Wasser einen Nudelteig herstellen, wie auf S. 67 beschrieben. Den Teig in Frischhaltefolie einschlagen und 1 Stunde kühl ruhen lassen.

2. Die Schalotte schälen und fein würfeln. Von den Champignons die Stiele abdrehen und anderweitig verwenden. Die Pilzköpfe häuten und in kleine Würfel schneiden. Die Bresaolascheiben erst in Streifen, dann in feine Würfel schneiden.

3. In einer Pfanne das Olivenöl erhitzen und die Schalottenwürfel darin hell anschwitzen. Die Kräuter und Champignonwürfel zufügen und kurz mit anschwitzen. Anschließend die Bresaolawürfel zugeben und einmal kurz durchschwenken. Die Masse in eine Schüssel füllen und lauwarm abkühlen lassen. Zum Schluss den Frischkäse sowie die gehackten Pinienkerne untermischen, die Füllung mit Salz und Pfeffer abschmecken und beiseitestellen.

4. Den Nudelteig mit der Maschine und etwas doppelgriffigem Mehl zu dünnen, breiten Bahnen ausrollen. Diese anschließend auf einer bemehlten Arbeitsfläche mithilfe eines Lineals und eines glatten Teigrädchens in 4 bis 5 cm große Quadrate schneiden.

5. Die Füllung mit einem Teelöffel in haselnussgroßen Häufchen in die Mitte der Teigquadrate setzen und diese zu Dreiecken zusammenklappen. Die Teigränder bei Bedarf (je nach Trockenheit des Teiges) mit verquirltem Eigelb, Wasser oder Eiweiß bestreichen und die Ränder gut andrücken.

6. Anschließend die Dreiecke zu Tortellini formen. Dafür jeweils ein Dreieck mit der Spitze nach unten (zur Handwurzel) um den Zeigefinger legen und die Enden gut festdrücken. Die Teigspitzen mit der anderen Hand umklappen und das Täschchen vom Finger ziehen (S. 92). Die Tortellini auf einem bemehlten Brett leicht antrocknen lassen.

7. In einem Topf ausreichend Salzwasser zum Kochen bringen, die Tortellini zufügen und in 5 Minuten gar kochen. Inzwischen für die Vinaigrette den Balsamico mit Salz, Zucker und Pfeffer verrühren, dann das Olivenöl kräftig unterschlagen.

8. Die Vinaigrette in einer Pfanne lauwarm erhitzen, dann vom Herd nehmen. Tortellini abgießen, abtropfen lassen und untermischen, bis sich die Vinaigrette gut verteilt hat. Dann die getrockneten Tomaten sowie den Rucola zugeben. Den lauwarmen Tortellinisalat in eine große Schüssel füllen, mit gehobeltem Parmesan garnieren und servieren.

Salat von Reisnudeln und Thai-Mango

ZUBEREITUNGSZEIT 1 Std.

ZUTATEN

- 1 Kokosnuss, 4 EL Erdnussöl, 2 reife Thai-Mangos oder andere reife Mangos
- 50 g Thai-Schalotten oder andere Schalotten, geschält
- 200 g Reisnudeln (2 mm breit)
- 5 Korianderwurzeln, ½ Chilischote
- 3 Kaffirlimettenblätter, zerkleinert
- 50 g Palmzucker oder Zucker
- 2 EL Fischsauce, Saft von 1 Limette
- 200 g Frühlingszwiebeln, geputzt
- 1–2 EL Korianderblättchen, zerzupft
- 2 EL geröstete Erdnusskerne, gehackt

S. 45
WARENKUNDE Reisnudeln

S. 82
KÜCHENPRAXIS Nudeln kochen

1. Zwei Augen der Kokosnuss mit einem Nagel aufstechen, das Kokoswasser ablaufen lassen, die Kokosnuss mit dem Hammer öffnen und die Schale entfernen. Das Fruchtfleisch von der dünnen braunen Schale befreien, in schmale Streifen schneiden und in 2 EL Öl hell rösten, dann beiseitestellen. Die Mangos schälen, das Fruchtfleisch vom Stein lösen und 1 cm groß würfeln.

2. Die Schalotten fein würfeln. In einer Pfanne das übrige Öl erhitzen und die Schalotten darin knusprig braten. Die Reisnudeln nach Packungsangabe kochen, abgießen, in Eiswasser abkühlen und gut abtropfen lassen.

3. Korianderwurzeln putzen, Chilischote von Samen und Scheidewänden befreien und beides mit den Limettenblättern im Mörser zerreiben. In einem Topf den Palmzucker leicht karamellisieren, die Paste aus dem Mörser zufügen und alles mit Fischsauce und Limettensaft ablöschen.

4. Reisnudeln zufügen, alles gut vermengen und die Mangowürfel unterheben. Frühlingszwiebeln in feine Ringe schneiden und mit den gerösteten Schalotten sowie den Korianderblättchen untermischen. Den Salat mit Fischsauce abschmecken, anrichten, mit gehackten Erdnüssen und Kokosstreifen bestreuen und servieren.

Kokosnuss öffnen

Etwas einfacher geht das Öffnen der Kokosnuss, wenn man sie nach dem Ablassen des Kokoswassers für etwa 15 Minuten in den auf 200 °C vorgeheizten Backofen legt.

Glasnudelsalat mit Rindfleisch

ZUBEREITUNGSZEIT 1 Std.
EINWEICHZEIT 20 Min.

ZUTATEN
- Salz, 250 g Rindfleisch aus der Wade
- 50 g Mu-Err-Pilze, 1 rote Paprikaschote
- 1 Chilischote, 1 reife Thai-Mango oder eine andere reife Mango
- 2 reife Avocados, 20 Blätter Thai-Basilikum
- 50 g Cashewkerne, 50 g Kokosraspel
- 100 g Glasnudeln, 2 EL Rapsöl
- frisch gemahlener Pfeffer
- Saft von 2 Limetten, 1 EL dunkles Sesamöl
- 1 EL rosa Pfeffer, grob zerstoßen
- 2 TL schwarze Sesamsamen

1. In einem Topf ausreichend Wasser zum Kochen bringen und salzen. Das Fleisch einlegen, die Temperatur reduzieren und das Fleisch in etwa 40 Minuten weich garen. Die Mu-Err-Pilze in reichlich kaltem Wasser 20 Minuten einweichen.

2. Die Paprikaschote mit dem Sparschäler schälen, halbieren und wie die Chilischote von Stielansatz, Samen und Scheidewänden befreien. Beides in dünne Streifen schneiden.

3. Die Mango schälen, den Stein entfernen und das Fruchtfleisch in Streifen schneiden. Die Avocados halbieren, von den Kernen befreien, das Fruchtfleisch mit einem Löffel auslösen und in Würfel schneiden. Die Thai-Basilikumblätter kalt abbrausen, trocken tupfen und in feine Streifen schneiden.

4. Die Mu-Err-Pilze abgießen, kalt abbrausen, um eventuell vorhandenen Sand zu entfernen, und die Stielansätze mit einem kleinen scharfen Messer entfernen. Die Mu-Err-Pilze anschließend in schmale Streifen schneiden.

5. Eine beschichtete Pfanne ohne Fett erhitzen und die Cashewkerne darin hell anrösten, dann herausnehmen und grob hacken. Die Kokosraspel ebenfalls ohne Fett hell anrösten. Die Glasnudeln nach Packungsangabe garen, abgießen, kalt abschrecken und kurz abtropfen lassen. Lange Nudeln bei Bedarf mit einer Schere oder einem scharfen Messer in kürzere Stücke schneiden.

6. Das Rindfleisch aus dem Topf nehmen, kurz abtropfen lassen und in schmale Streifen schneiden. Im Wok oder in einer großen Pfanne 1 EL Rapsöl erhitzen, die Fleisch- und Chilistreifen darin 3 bis 4 Minuten unter Rühren anbraten, dann salzen, pfeffern und herausnehmen. Das übrige Öl erhitzen und die Pilze darin kurz unter Rühren anbraten.

7. Alle vorbereiteten Salatzutaten in einer Schüssel vermengen und mit Limettensaft, Sesamöl, Salz und Pfeffer abschmecken. Den Salat mit rosa Pfeffer und schwarzem Sesam bestreuen und servieren.

S. 44
WARENKUNDE Glasnudeln

S. 82
KÜCHENPRAXIS Nudeln kochen

Marinierte Sobanudeln mit Tataki vom Rinderfilet und Sesam

ZUBEREITUNGSZEIT 1 Std. 10 Min.

ZUTATEN

- 1 rote Chilischote, 3 Schalotten
- 2 Knoblauchzehen, 1 Bund Koriandergrün mit Wurzeln (etwa 50 g)
- 25 g frischer Ingwer, 250 g Rinderfilet
- Salz, Saft von 1 kleinen Limette
- 5 EL Sojasauce, 5 EL Ketjap Manis
- 1 Kaffirlimettenblatt, 2 EL Erdnussöl
- 300 g Sobanudeln
- 2 EL dunkles Sesamöl
- 60 g helle Sesamsamen, 2–3 sehr junge Frühlingszwiebeln, geputzt

S. 43
WARENKUNDE Sobanudeln

S. 82
KÜCHENPRAXIS Nudeln kochen

1. Die Chilischote von Stielansatz, Samen und Scheidewänden befreien und fein hacken. Schalotten und Knoblauch schälen und fein würfeln. Koriandergrün waschen, trocken schütteln, die Blättchen abzupfen und beiseitelegen. Die Wurzeln putzen und grob hacken. Ingwer schälen und grob zerkleinern. Das Rinderfilet in dünne Streifen schneiden.

2. In einem Topf Salzwasser zum Kochen bringen. Limettensaft mit Sojasauce und Ketjap Manis zu einer Marinade verrühren und das Limettenblatt einlegen. In einer Pfanne 1 EL Erdnussöl erhitzen und die Filetstreifen darin kurz anbraten, dann in die Marinade geben. Die Sobanudeln im Salzwasser nach Packungsangabe etwa 15 Minuten kochen. Ingwer und Korianderwurzeln im Mörser zerreiben und zu der Marinade geben.

3. Die Nudeln abgießen, abtropfen lassen und mit dem Sesamöl vermengen. Sesam in einer beschichteten Pfanne ohne Fett kurz rösten, dann beiseitestellen. Das übrige Öl in der Pfanne erhitzen, Schalotten, Knoblauch und Chili darin hell anschwitzen, mit dem Sesam zum Rindfleisch geben und alles 20 Minuten durchziehen lassen. Die Frühlingszwiebeln schräg in Stücke schneiden und die Korianderblättchen fein hacken. Das Fleisch mit der Marinade unter die Nudeln mischen, diese auf Tellern anrichten, mit Koriandergrün und Frühlingszwiebeln bestreuen und servieren.

Frühlingsrollen mit Pilzen und Mungbohnen auf Papayasalat

ZUBEREITUNGSZEIT 1 Std. 15 Min.

FÜR DIE FRÜHLINGSROLLEN
- 8 TK-Frühlingsrollenblätter (21,5 x 21,5 cm; Asialaden; Ersatz: Strudelteig)
- 200 g Hähnchenbrustfilet, ohne Haut und Knochen
- 1 rote Paprikaschote, 250 g Austernpilze
- 1 Knoblauchzehe, ½ rote Chilischote
- 1 kleines Bund Koriandergrün
- 2 EL helles Sesamöl
- 250 g Mungbohnensprossen, abgebraust
- 3 EL Sojasauce, 2 EL Fischsauce
- 1 EL Austernsauce, 2 Eiweiß
- 1 l Erdnussöl zum Frittieren

FÜR DEN PAPAYASALAT
- 1 reife Papaya, 2 reife Kiwis, geschält
- Saft von 1 Limette, 1 EL helles Sesamöl
- Salz, 1 TL Wasabipaste
- 30 g schwarze Sesamsamen

S. 45
WARENKUNDE Frühlingsrollenblätter

S. 133
KÜCHENPRAXIS Frühlingsrollen

1. Die Frühlingsrollenblätter im Kühlschrank oder zwischen zwei feuchten Küchentüchern auftauen lassen. Das Hähnchenfleisch fein würfeln. Die Paprikaschote von Stielansatz, Samen und Scheidewänden befreien und in schmale Streifen schneiden. Austernpilze putzen, die Stiele entfernen und die Hüte ebenfalls in Streifen schneiden. Knoblauch schälen und fein hacken. Die Chilischote von Stielansatz, Samen und Scheidewänden befreien und fein würfeln. Koriandergrün abbrausen, trocken schütteln und die Blättchen klein hacken.

2. In einer Pfanne das Sesamöl erhitzen und die Hähnchenwürfel darin ringsum anbraten. Paprika- und Pilzstreifen, Bohnensprossen und Knoblauch zufügen und alles 5 Minuten unter Rühren anbraten. Das Koriandergrün untermengen, alles mit Sojasauce ablöschen, die Füllung mit Fisch- und Austernsauce abschmecken und nochmals stark reduzieren.

3. Jeweils 1 Frühlingsrollenblatt auf der Arbeitsfläche auslegen, die Ränder mit Eiweiß bestreichen und ein Achtel der Hähnchen-Gemüse-Füllung mittig auflegen. Die Teigränder seitlich über die Füllung schlagen und den Teig aufrollen. In einem Topf das Öl auf etwa 170 °C erhitzen und die Frühlingsrollen darin portionsweise auf jeder Seite in etwa 4 Minuten goldbraun frittieren, mit dem Schaumlöffel herausheben und auf Küchenpapier entfetten.

4. Für den Salat die Papaya halbieren, erst die Kerne, dann das Fruchtfleisch auslösen und dieses wie die Kiwis klein würfeln. Beides in eine Schüssel geben, mit Limettensaft, Sesamöl, Salz und Wasabipaste abschmecken und den Sesam untermischen. Die Frühlingsrollen mit dem Papayasalat anrichten und servieren.

Nicht zu feucht

Die Füllung sollte sehr trocken sein, dann bleiben die Frühlingsrollen besser in Form und platzen beim Frittieren nicht auf.

Orecchiette mit mariniertem Kabeljau, sautiertem Spitzkohl und Ingwer

ZUBEREITUNGSZEIT 1 Std. 20 Min.
MARINIERZEIT 12 Std.

FÜR DEN MARINIERTEN KABELJAU
- 350 g Kabeljaufilet, ohne Haut
- 2 Stängel Zitronengras
- 2 Kaffirlimettenblätter, 2 EL rosa Pfeffer
- 30 ml Olivenöl, Salz, 1 EL Butter, zerlassen

FÜR DIE ORECCHIETTE
- Salz, ½ Kopf Spitzkohl (400 g)
- 300 g Orecchiette, 1 EL Zucker
- 1 EL geriebener Ingwer
- frisch gemahlener Pfeffer
- 50 ml heller Geflügelfond (Glas oder S. 138)
- Saft von ½ Zitrone, 20 g Butter, in Stücken
- 1 EL helle Sesamsamen, 1 EL Olivenöl
- 1 TL abgezupfte Korianderblättchen

S. 39
WARENKUNDE Orecchiette
S. 138
KÜCHENPRAXIS heller Geflügelfond

1. Den Kabeljau in 4 gleich große Stücke schneiden und in einen tiefen Teller geben. Das Zitronengras grob zerkleinern und im Mörser zerreiben. Die Limettenblätter in feine Streifen schneiden. Den rosa Pfeffer im Mörser grob zerstoßen. Zitronengras, Limettenblätter und rosa Pfeffer über dem Kabeljau verteilen und das Olivenöl darüberträufeln. Die Form mit Frischhaltefolie bedecken und den Kabeljau über Nacht im Kühlschrank marinieren.

2. Am nächsten Tag den Backofen auf 160 °C vorheizen. Die Kabeljaustücke von der Marinade befreien und leicht salzen. Ein großes Stück Alufolie mit zerlassener Butter bepinseln und die Fischstücke darin einschlagen. Für die Orecchiette in einem Topf reichlich Salzwasser aufkochen. Den Spitzkohl vom Strunk befreien, die Blätter waschen und in etwa 1 cm breite Streifen schneiden.

3. Den Kabeljau auf dem Rost im vorgeheizten Ofen 12 Minuten garen. Die Orecchiette im kochenden Wasser nach Packungsangabe bissfest garen. Eine Pfanne erhitzen und den Zucker darin hellbraun karamellisieren. Spitzkohl und Ingwer 1 Minute darin schwenken, salzen, pfeffern, dann mit Geflügelfond und Zitronensaft ablöschen. Die Flüssigkeit auf ein Drittel reduzieren, die Butterstücke unterziehen und die Sauce damit binden, dann den Sesam unterrühren.

4. Die Orecchiette abgießen, abtropfen lassen und mit Olivenöl beträufeln. Die Orecchiette dann zum sautierten Spitzkohl geben, alles einmal gut durchschwenken und die Pasta auf vorgewärmten Tellern anrichten. Die Kabeljaustücke aus dem Ofen nehmen, aus der Folie wickeln, mit Korianderblättchen bestreuen, jeweils mittig auf den Orecchiette anrichten und sofort servieren.

Pennette, Gemüse und Kaninchen

ZUBEREITUNGSZEIT 1 Std.

FÜR DIE PENNETTE MIT GEMÜSE
- 1 grüner Zucchino
- ½ rote Paprikaschote, ¼ Fenchelknolle
- 1 Artischockenboden (Glas), 3 EL Olivenöl
- Salz, frisch gemahlener Pfeffer
- Zucker, 2 EL alter Aceto balsamico
- 120 g Pennette
- 20 Basilikumblätter, gewaschen, trocken getupft und in feine Streifen geschnitten

AUSSERDEM
- 2 Kaninchenrückenfilets (etwa 500 g)
- 8 kleine Scheiben San-Daniele-Schinken
- 8 kleine Salbeiblätter, gewaschen und trocken getupft
- Zahnstocher, 2 EL Olivenöl, Mehl zum Wenden
- einige Blätter gelber Friséesalat, gewaschen, trocken geschleudert und in Stücke gezupft
- Salz, frisch gemahlener Pfeffer

»Bei dieser delikaten Vorspeise überzeugt die Kombination von Gemüse und Pasta mit mediterranen Aromen und feinem Kaninchenrückenfilet.«

1. Den Zucchino von Stiel- und Blütenansatz befreien und in 1 ½ cm große Rauten schneiden. Die Paprikaschote von Stielansatz, Samen und Scheidewänden befreien, den Fenchel putzen und beides ebenfalls in 1 ½ cm große Rauten schneiden. Den Artischockenboden achteln.

2. In einer beschichteten Pfanne 2 EL Olivenöl erhitzen und die Fenchelrauten darin kurz anschwitzen. Die Paprikarauten zufügen und kurz mitgaren, nach weiteren 3 Minuten dann die Zucchinirauten 2 Minuten mit anschwitzen. Alles mit Salz, Pfeffer sowie 1 Prise Zucker würzen. Anschließend die Artischockenachtel untermischen, alles mit Aceto balsamico ablöschen und vom Herd nehmen.

3. In einem großen Topf ausreichend Salzwasser zum Kochen bringen und die Pennette darin nach Packungsangabe al dente garen, abgießen, kalt abschrecken und abtropfen lassen. Die Pennette unter das lauwarme Gemüse ziehen, mit Salz und Pfeffer würzen, das restliche Olivenöl zufügen und die Basilikumstreifen unterheben.

4. Die Kaninchenrückenfilets schräg in 4 Scheiben schneiden und leicht plattieren. Die Kaninchenscheiben dann jeweils mit 1 Scheibe Schinken und 1 Salbeiblättchen belegen und beides mit einem Zahnstocher fixieren.

5. In einer Pfanne das Olivenöl erhitzen. Die Kaninchenscheiben auf der belegten Seite mit Mehl bestäuben und im heißen Öl bei mittlerer Hitze 5 bis 7 Minuten anbraten. Das Fleisch mit Salz und Pfeffer würzen, wenden und auf der anderen Seite ebenfalls 1 bis 2 Minuten braten, dann herausnehmen. Die Pennette mit dem Gemüse auf vorgewärmten Tellern anrichten und mit Friséeblättchen garnieren. Die Kaninchen-Saltimbocca daneben anrichten und alles sofort servieren.

S. 53
WARENKUNDE San-Daniele-Schinken

S. 82
KÜCHENPRAXIS Nudeln kochen

Makkaroni-Timbales

ZUBEREITUNGSZEIT 1 Std. 10 Min.

FÜR DIE MAKKARONI-TIMBALES
- 80 g Putenbrust, ohne Haut und Sehnen
- Salz, 80 g lange Makkaroni, 1 EL Olivenöl
- 100 g Sahne, gut gekühlt
- 20 ml weißer Portwein, 200 ml Madeira
- 80 g Gänseleber, pariert
- 1 EL Butter, frisch gemahlener Pfeffer

FÜR DIE SAUCE
- 3 Schalotten, geschält, 3 Champignons, geputzt
- 2 EL Butter, 10 ml Weißwein, 10 ml Noilly Prat
- 200 ml heller Geflügelfond (Glas oder S. 138)
- 50 g Sahne, Salz, frisch gemahlener Pfeffer
- Saft von ½ Zitrone
- 200 g Pfifferlinge, geputzt
- 2 EL feine Schnittlauchröllchen

AUSSERDEM
- 4 Timbaleförmchen, Butter für die Förmchen

1. Die Putenbrust 30 Minuten tiefkühlen. In einem Topf ausreichend Salzwasser aufkochen, die Makkaroni darin nach Packungsangabe al dente garen, dann abgießen, abtropfen lassen, mit Olivenöl beträufeln und auskühlen lassen.

2. Die Timbaleförmchen sehr gut mit Butter ausstreichen. Die gegarten Makkaroni in kürzere Stücke schneiden und die Förmchen (je nach Typ) kreisförmig oder parallel damit auslegen, sodass jeweils Rand und Boden bedeckt sind.

3. Die Putenbrust aus dem Tiefkühlfach nehmen, klein würfeln, leicht salzen und mit der gekühlten Sahne im Mixer rasch zu einer homogenen Farce verarbeiten, dann 30 Minuten kühl stellen.

4. Inzwischen in einer Kasserolle Portwein und Madeira sirupartig einkochen und abkühlen lassen. Die Gänseleber fein würfeln. In einer Pfanne die Butter zerlassen und die Gänseleber darin 1 Minute anbraten, dann abkühlen lassen. Gänseleber zu der Portwein-Madeira-Reduktion geben, mit dem Pürierstab aufmixen und mit Salz und Pfeffer abschmecken.

5. Den Backofen auf 120 °C vorheizen. Die Förmchen zur Hälfte mit Gänselebermousse füllen und die Putenfarce darauf verstreichen. Die Förmchen vorsichtig auf die mit einem Tuch belegte Arbeitsfläche klopfen, um Luftblasen zu entfernen. Die Förmchen mit hitzebeständiger Frischhaltefolie abdecken und in eine Fettpfanne stellen. Heißes Wasser angießen (2 cm hoch) und die Timbales im vorgeheizten Ofen 20 bis 25 Minuten garen.

6. Für die Sauce 2 Schalotten und die Champignons in Scheiben schneiden und in 1 EL Butter hell anschwitzen, dann mit Weißwein und Noilly Prat ablöschen. Geflügelfond angießen, alles sirupartig einkochen lassen, dann die Sahne zufügen. Die Sauce mit Salz, Pfeffer und Zitronensaft abschmecken und durch ein feines Sieb passieren.

7. Die dritte Schalotte fein würfeln. Die Pfifferlinge in der übrigen Butter anbraten. Die Schalottenwürfel zufügen, kurz mitbraten und die Pilze salzen. Die Timbales herausnehmen, mittig auf vorgewärmte Teller stürzen, mit den Pfifferlingen kreisförmig umlegen und mit Schnittlauch bestreuen. Die Sauce kurz aufmixen, die Pilze damit beträufeln und alles sofort servieren.

S. 31
WARENKUNDE Makkaroni
S. 82
KÜCHENPRAXIS Nudeln kochen

Suppen und Eintöpfe

Suppennudeln, gefüllte Täschchen, Gnocchi oder Knödel sind – oft begleitet von Gemüse – in einem aromatischen Fond einfach unwiderstehlich.

Teigwaren, in der Brühe serviert

Geschmackliche Grundlage für Nudelsuppen und Eintöpfe sind in der Regel selbst gezogene Fonds. Sie bieten im Vergleich zu den Halbfertigprodukten aus dem Glas eine deutlich größere Fülle an Aromen.

IN FLÜSSIGER UMGEBUNG schmecken Nudeln und Co. ganz anders als »trocken«, nur von einer Schicht Sauce umhüllt. Vor allem in Italien kennt man viele Rezepte von Pasta »in brodo«, da Letztere gerne als Vorspeise am Abend gegessen wird. Dabei schwimmen entweder kleine Suppennudeln (Pastina) in Form von Herzen, Ringen, Buchstaben oder Muscheln, dünne lange Fadennudeln wie Capelli d'Angelo oder auch Ravioli, Agnolini oder Tortellini in der Suppe.

MINESTRONE UND PASTA E FAGIOLI

Bei den kräftigen, gehaltvollen Suppen spielt in Italien neben den Teigwaren auch Gemüse eine wichtige Rolle: Verarbeitet wird, was gerade Saison hat. Es existieren unzählige Rezepte für die »Minestrone«, den großen Klassiker aus der Suppenküche, der mal flüssiger, mal als dicker Eintopf auf den Tisch kommt. Grundlage ist auch hier immer ein guter Fond, je nach Geschmack vom Huhn, Rind oder Kalb – und für vegetarische Varianten natürlich aus Gemüse. Hinzu kommen dann meist noch kurze Nudeln wie Ditali, Ditalini, Tubetti oder Pennette. Teilweise wird auch ein Teil des Gemüses oder der Hülsenfrüchte, wie bei »Pasta e fagioli«, püriert und mit dem Fond vermengt, der Rest dient dann als Einlage. Auch dieses Gericht gibt es in den verschiedenen italienischen Regionen in unzähligen Versionen. In diesem Kapitel wird es mit Wachtel- oder Borlottibohnen zubereitet und mit einem Wildkräuterbouquet serviert (S. 189). Abgerundet werden herzhafte Suppen und Eintöpfe meist noch durch etwas geriebenen Parmesan oder Pecorino.

FEINE CONSOMMÉS MIT PASTA RIPIENA

Für die großen Suppen der gehobenen Küche, Essenzen und Consommés, wird der dafür vorgesehene Fond meist noch extra geklärt, damit die feinen Einlagen in Form von gefüllten Teigtäschchen oder kleinen Knödeln noch besser zur Geltung kommen. Die Zubereitung solch exquisiter Suppen wie etwa der »Ochsenschwanzessenz mit Kartoffel-Speck-Ravioli« (S. 190) oder der »Tortellini in brodo di pomodoro« (S. 192) erfordert zwar etwas Zeit und Aufwand, belohnt aber die Mühe mit einem besonderen Geschmackserlebnis.

MIT GRIESSNOCKERLN UND KNÖDELN

Ein Klassiker unter den süddeutschen und österreichischen Teigwaren ist die Grießnockerlsuppe, deren Zubereitung ebenfalls Sorgfalt verlangt. Wichtig ist dabei das Verhältnis der Ingredienzien: Weiche Butter und Ei zu gleichen Teilen werden mit doppelt so viel Grieß wie Ei vermengt. Es empfiehlt sich hier, immer ein Probenockerl zu formen und es in kochendes Salzwasser einzulegen, um zu testen, ob die Masse beim Garen zusammenhält. Bei klaren Brühen und Fonds sollte das Garen der Nockerl und Knödel – wie bei Pastina auch – am besten separat erfolgen, um die klare Suppe nicht zu trüben. Echte Highlights sind auch die gefüllten Kartoffelknödelchen in der Kichererbsensuppe (S. 196) oder die »Kaspressknödel in Rinderconsommé« (S. 197).

ASIATISCHE NUDELSUPPEN

Doch nicht nur Italien und der Alpenraum haben in Sachen Suppen und Eintöpfe mit Teigwaren viel zu bieten, auch die asiatischen Küchen sind für ihre schmackhaften Suppenkreationen mit Nudeln oder Teigtaschen berühmt. Versuchen Sie doch einmal die »Thailändische Suppe mit breiten Reisnudeln und Fleischbällchen« (S. 201), die »Wan-Tan-Suppe« (S. 202) oder die »Entenconsommé mit Dim-Sum« (S. 204). Und an heißen Tagen empfiehlt sich eine »Geeiste Dashi mit Soba und Bottarga« (S. 203), bei der die japanischen Buchweizennudeln selbst gemacht werden.

Auf Vorrat halten

Da sich Fonds und Consommés gut tiefkühlen lassen, empfiehlt es sich, sie gleich auf Vorrat herzustellen und in Portionsbehältern einzufrieren. So hat man mit ein paar Nudeln und wenigen weiteren Zutaten im Handumdrehen eine wundervolle Vorspeise parat, wenn unerwartet Gäste kommen.

Herbstminestrone

ZUBEREITUNGSZEIT 2 Std. 50 Min.

FÜR DIE SUPPE
- 2 Möhren, ½ Steckrübe
- 1 kleine Sellerieknolle
- 1 Petersilienwurzel, 1 Stange Lauch
- ½ kleiner Blumenkohl, 1 Brokkoli
- 2 Zwiebeln, 100 ml Olivenöl
- 4 Dosentomaten, 3 Lorbeerblätter
- 3 Knoblauchzehen
- 1 Chilischote, ohne Stielansatz, Samen und Scheidewände, halbiert
- Salz, frisch gemahlener Pfeffer

AUSSERDEM
- 100 g Lardo (italienischer Rückenspeck), gewürfelt
- ½ Bund glatte Petersilie, gewaschen und die Blättchen abgezupft
- 10 Basilikumblätter, gewaschen
- Salz, 120 g Cavatelli oder Orecchiette

S. 39
WARENKUNDE Cavatelli, Orecchiette

S. 82
KÜCHENPRAXIS Nudeln kochen

1. Möhren, Steckrübe, Sellerie und Petersilienwurzel waschen, abbürsten, schälen und die Schalen beiseitestellen. Lauch putzen und waschen. Blumenkohl und Brokkoli waschen und in Röschen teilen, die Strünke zerkleinern und beiseitestellen. Die Zwiebeln schälen, halbieren und in feine Scheiben schneiden.

2. In einem großen Topf 50 ml Öl erhitzen und die Zwiebeln darin glasig anschwitzen, dann die Gemüseschalen und -strünke zufügen und kurz mit anschwitzen. Alles mit 3 l Wasser auffüllen und aufkochen. Anschließend die Dosentomaten sowie 1 Lorbeerblatt einlegen, den Gemüsefond salzen und offen etwa 1 Stunde 30 Minuten köcheln lassen.

3. Den Lauch längs halbieren, in 6 cm lange Stücke teilen und diese in 1 cm breite Streifen schneiden. Möhren, Steckrübe, Sellerie und Petersilienwurzel erst in 2 mm dicke Scheiben hobeln, dann in 2 cm große Rauten schneiden.

4. Den Gemüsefond durch ein feines Sieb passieren (es sollten etwa 2 l sein) und beiseitestellen. In einem Topf das übrige Olivenöl erhitzen und die Blumenkohl- und Brokkoliröschen darin kurz anschwitzen. Die Knoblauchzehen mit dem Handballen andrücken und mit den übrigen Lorbeerblättern und der Chilischote zufügen. Den Gemüsefond zugießen, alles aufkochen und die Gemüserauten zugeben. Die Suppe bei schwacher Hitze 40 Minuten köcheln lassen.

5. Inzwischen die Lardowürfel mit den tropfnassen Petersilien- und Basilikumblättern im Blitzhacker zu einer Paste verarbeiten. In einem Topf reichlich Salzwasser zum Kochen bringen, die Cavatelli knapp al dente garen und abgießen.

6. Etwa 10 Minuten vor Ende der Garzeit die Lauchstreifen zufügen. Lorbeerblätter, Knoblauch und Chilischote wieder entfernen und die Cavatelli in die Suppe geben. Die Minestrone mit Salz und Pfeffer abschmecken, in tiefe Teller füllen, jeweils etwas Lardopaste zufügen und in der Suppe schmelzen lassen.

Pasta e fagioli mit Wildkräutern

ZUBEREITUNGSZEIT 2 Std. 40 Min.
EINWEICHZEIT 12 Std.

FÜR DIE SUPPE
- 300 g Wachtel- oder Borlottibohnen
- 1 Möhre, 2 Schalotten, 1 Knoblauchzehe
- 1 Stängel Staudensellerie
- 3 Scheiben Pancetta, je 3 mm dick (100 g)
- 1 EL Olivenöl
- Salz, frisch gemahlener Pfeffer
- 100 ml Prosecco, 1 Lorbeerblatt
- 1 Zweig Rosmarin, Aceto balsamico bianco

AUSSERDEM
- 100 g Wildkräuter
- 1 EL Aceto balsamico bianco
- Salz, 1 Msp. Senf, 4–5 EL Olivenöl
- 150 g Ditali rigati oder Conchiglie
- nach Belieben frisch gehobelter Parmesan

1. Die Bohnen über Nacht in reichlich kaltem Wasser einweichen. Am nächsten Tag Möhre, Schalotten und Knoblauch schälen und fein würfeln. Staudensellerie waschen, putzen und klein würfeln. Pancetta ebenfalls klein würfeln.

2. In einem Topf die Pancettawürfel bei schwacher Hitze kurz auslassen. Das Olivenöl zufügen und die Schalotten-, Möhren- und Selleriewürfel darin hell anschwitzen. Den Knoblauch kurz mit anschwitzen und alles leicht mit Salz und Pfeffer würzen.

3. Die Bohnen abgießen, dabei das Einweichwasser auffangen. Die eingeweichten Bohnen zu dem Gemüse in den Topf geben, kurz mit anschwitzen, dann alles mit Prosecco ablöschen und diesen fast vollständig reduzieren. So viel Einweichwasser angießen, dass Bohnen und Gemüse bedeckt sind. Lorbeerblatt einlegen und die Bohnen bei schwacher Hitze in etwa 2 Stunden weich garen, dabei sollten sie immer mit Flüssigkeit bedeckt sein. Etwa 15 Minuten vor Ende der Garzeit den Rosmarin einlegen.

4. Inzwischen die Wildkräuter waschen, trocken schleudern und die Blätter bei Bedarf in mundgerechte Stücke zupfen. Aceto balsamico bianco mit 1 Prise Salz und Senf verrühren, dann 3 EL Olivenöl zufügen und alles zu einer Vinaigrette verrühren.

5. Ein Drittel der weichen Bohnen und ein Drittel des Gemüses als Einlage beiseitestellen. Rosmarin und Lorbeerblatt wieder entfernen. Die Suppe mit dem Pürierstab aufmixen und mit Salz, Pfeffer und etwas Aceto balsamico bianco abschmecken.

6. In einem Topf ausreichend Salzwasser aufkochen, die Ditali darin al dente garen und abgießen. Die Pasta mit Bohnen und Gemüse vermischen und in tiefen Tellern mittig anrichten. Die Suppe mit einem Schöpflöffel ringsum verteilen. Die Wildkräuter vorsichtig in der Vinaigrette wenden und auf die Pasta-Gemüse-Mischung setzen. Die Suppe jeweils noch mit etwas Olivenöl beträufeln, nach Belieben mit gehobeltem Parmesan garnieren und sofort oder auch kalt servieren.

S. 34
WARENKUNDE Ditali rigati

S. 53
WARENKUNDE Pancetta

Ochsenschwanzessenz mit Kartoffel-Speck-Ravioli

ZUBEREITUNGSZEIT 6 Std., FÜR 4–6 PORTIONEN

FÜR DIE SUPPE
- 1 kg Ochsenschwanz, in Segmente geteilt
- Salz, frisch gemahlener Pfeffer, 2 EL Olivenöl
- 2 rote Zwiebeln, 1 Stängel Staudensellerie
- je 1 Zweig Thymian und Rosmarin, 1 Lorbeerblatt
- 1 Knoblauchzehe, geschält und leicht angedrückt
- 20 g Tomatenmark, 200 ml trockener Portwein

FÜR DIE RAVIOLI
- 100 g Mehl Type 405, 1 Ei, Salz, 1 TL Olivenöl
- 1 mehligkochende Kartoffel (150 g), 30 g Butter
- 2 Scheiben geräucherter Speck (60 g), gewürfelt

ZUM KLÄREN DES FONDS
- 200 g Rinderwade, in Stücken, je 20 g Möhre, Lauch und Knollensellerie, alles geputzt und gewürfelt
- 4 Stängel Petersilie, gewaschen und getrocknet
- Salz, 2 Eiweiß, leicht verquirlt
- 1 Zwiebel, halbiert und gebräunt

AUSSERDEM
- 1 verquirltes Eigelb, ½ Bund Schnittlauch

S. 67
KÜCHENPRAXIS Nudelteig herstellen

S. 73
KÜCHENPRAXIS Teig ausrollen

S. 86
KÜCHENPRAXIS Ravioli herstellen

1. Die Ochsenschwanzstücke mit Küchenpapier trocken tupfen und mit Salz und Pfeffer würzen. In einem flachen, weiten Topf das Olivenöl erhitzen und die Ochsenschwanzstücke darin von allen Seiten goldgelb anbraten, dann beiseitestellen.

2. Die Zwiebeln schälen, Staudensellerie putzen, waschen und beides in etwa 2 cm große Stücke schneiden. Die Kräuter waschen und gut abtropfen lassen. Gemüse, Kräuter, Lorbeerblatt und Knoblauch kurz mitbraten. Anschließend das Tomatenmark unterrühren, alles mit Portwein ablöschen und diesen etwa 10 Minuten reduzieren, bis die Gemüse-Kräuter-Mischung eine marmeladenähnliche Konsistenz hat.

3. Alles mit 3 l kaltem Wasser auffüllen, zum Kochen bringen, abschäumen und bei schwacher Hitze zugedeckt etwa 3 Stunden köcheln lassen, dabei regelmäßig Schaum und Fett abnehmen. In der Zwischenzeit für die Ravioli aus Mehl, Ei, 1 Prise Salz und Öl einen Nudelteig herstellen, wie auf S. 67 gezeigt, dabei, falls nötig, noch 1 TL Wasser einarbeiten. Den Teig in Frischhaltefolie einschlagen und 1 Stunde kühl ruhen lassen.

4. Wenn das Fleisch weich ist, die Ochsenschwanzstücke herausnehmen, das Fleisch von den Knochen lösen, leicht salzen, in eine mit Frischhaltefolie ausgelegte Auflaufform (oder eine Schüssel) pressen und mit einer zweiten Form oder Schüssel beschweren. Den Ochsenschwanzfond durch ein Sieb passieren und kühl stellen.

5. Zum Klären des Fonds Rinderwade, Gemüse und Petersilie durch die grobe Scheibe des Fleischwolfs drehen oder fein hacken. Alles leicht salzen, mit den Eiweißen vermengen und die Mischung unter den kalten Ochsen-

schwanzfond rühren. Die gebräunte Zwiebel zufügen und alles unter ständigem Rühren aufkochen. Die Hitze reduzieren und den Fond 1 Stunde simmern lassen, dabei nicht mehr umrühren. Alles durch ein mit einem Tuch ausgelegtes Sieb in einen Topf passieren und die Ochsenschwanzessenz mit Salz und Pfeffer abschmecken.

6. Für die Raviolifüllung die Kartoffel waschen, schälen, 2 cm groß würfeln und in Salzwasser weich kochen, dann herausnehmen und durch die Presse drücken. In einer Pfanne die Butter bräunen, den Speck kurz mitbraten, dann mit der Kartoffelmasse vermischen. 100 g Ochsenschwanzfleisch abwiegen, fein würfeln, unter die Kartoffelmasse heben und diese abschmecken.

7. Den Teig mit der Nudelmaschine dünn ausrollen und daraus 16 bis 24 gezackte Kreise (7 cm Ø) ausstechen. Jeweils 1 TL Füllung in die Mitte setzen, die Ränder mit verquirltem Eigelb bestreichen und die Teigkreise mittig zusammenklappen. Die Ravioli kurz antrocknen lassen.

8. Die Ochsenschwanzessenz erhitzen. Das restliche Ochsenschwanzfleisch in kleine Würfel schneiden und in die Suppe geben. In einem Topf ausreichend Salzwasser zum Kochen bringen und die Ravioli darin 3 bis 4 Minuten garen, dann mit dem Schaumlöffel herausheben.

9. Den Schnittlauch waschen, trocken schütteln und in breite Röllchen schneiden. Die Suppe in vorgewärmte tiefe Teller verteilen und jeweils 4 bis 6 Ravioli einlegen. Zum Schluss die Ochsenschwanzessenz mit Schnittlauchröllchen bestreuen und sofort servieren.

Doppelte Teigmenge

Runde Ravioli oder Tortelli, wie sie auch genannt werden, machen in der eleganten Essenz ebenfalls eine gute Figur (siehe Abbildung). Dafür wird allerdings die doppelte Menge an Teig benötigt, da für sie etwa 48 Teigkreise ausgestochen werden müssen.

Tortellini in brodo di pomodoro

ZUBEREITUNGSZEIT 3 Std.

FÜR DIE GETROCKNETEN TOMATEN
- 5 reife Strauchtomaten
- Salz, Puderzucker zum Bestäuben
- je 2 Zweige Thymian und Rosmarin, gewaschen und trocken geschüttelt
- 1 Knoblauchzehe, geschält und in Scheiben geschnitten
- Olivenöl zum Beträufeln

FÜR DIE TORTELLINI
- 110 g Weizenmehl Type 405 oder 550
- 150 g Hartweizengrieß
- 2 Eier, 1 Eigelb
- Salz
- 20 g schwarze Oliven, entsteint
- 1 kleines Bund Basilikum, gewaschen und die Blätter abgezupft
- 100 g Ricotta
- frisch gemahlener Pfeffer
- frisch geriebener Parmesan

FÜR DIE CONSOMMÉ
- 80 g Staudensellerie, geputzt
- 80 g Lauch, nur der weiße Teil, geputzt
- 80 g Möhre
- 1 Eiweiß
- 3–4 Dosentomaten (200 g)
- 200 g Rinderhackfleisch, von der Wade
- 1,2 l heller Rinderfond (Glas oder S. 140)
- Salz, frisch gemahlener Pfeffer

AUSSERDEM
- Basilikumblätter für die Garnitur

S. 49
WARENKUNDE Dosentomaten

S. 67
KÜCHENPRAXIS Nudelteig herstellen

S. 140
KÜCHENPRAXIS heller Rinderfond

1. Für die getrockneten Tomaten den Backofen auf 75 °C vorheizen. Die Tomaten oben und unten kreuzweise einritzen, 15 Sekunden in kochendes Salzwasser legen, dann sofort eiskalt abschrecken. Die Tomaten häuten und vierteln, jeweils Samen und Stielansätze entfernen und für die Consommé aufbewahren. Die Tomatenfilets auf ein Backblech legen, salzen und mit Puderzucker bestäuben. Kräuterzweige und Knoblauchscheiben über die Tomaten verteilen, diese mit etwas Olivenöl beträufeln und im vorgeheizten Ofen 1 Stunde 30 Minuten trocknen. Dabei gelegentlich die Ofentür öffnen, damit die Feuchtigkeit entweichen kann.

2. Für die Tortellini aus Mehl, Hartweizengrieß, Eiern, Eigelb und 1 Prise Salz einen Nudelteig herstellen, wie auf S. 67 beschrieben. Den Teig in Frischhaltefolie einschlagen und 1 Stunde ruhen lassen.

3. In der Zwischenzeit für die Consommé Sellerie und Lauch waschen und sehr fein würfeln. Die Möhre schälen und ebenfalls fein würfeln. Das Eiweiß steif schlagen. Gemüse und Eiweiß mit den Tomatenabschnitten und -samen, den Dosentomaten und dem Hackfleisch in einen Topf geben. Den Rinderfond zugießen und alles langsam erhitzen, dabei gelegentlich am Topfboden rühren, damit nichts ansetzt. Sobald der Fond aufkocht, die Temperatur reduzieren und alles bei schwacher Hitze etwa 1 Stunde ziehen lassen, dabei keinesfalls mehr rühren. Anschließend die Consommé vorsichtig durch ein mit einem Tuch ausgelegtes Sieb passieren und mit Salz und Pfeffer abschmecken.

4. Von den getrockneten Tomaten 12 schöne Filets als Einlage beiseitestellen. Die übrigen Tomatenfilets sowie die Oliven für die Füllung der Tortellini fein hacken. Die Basilikumblätter trocken tupfen und in feine Streifen schneiden. Tomaten, Oliven und Basilikum mit dem Ricotta vermengen und die Masse mit Salz, Pfeffer und geriebenem Parmesan abschmecken.

5. Den Nudelteig dünn ausrollen, 5 cm große Kreise ausstechen und mit ganz wenig Wasser bepinseln. Jeweils ein wenig Füllung in die Mitte setzen, die Kreise zusammenklappen und die schmalen Enden der Halbmonde zu runden Tortellini zusammendrücken. In einem Topf ausreichend Salzwasser zum Kochen bringen und die Tortellini darin 3 bis 5 Minuten garen, bis sie an die Oberfläche steigen, dann abgießen.

6. Die Consommé in tiefe Teller verteilen. Die Tortellini einlegen, jeweils mit 2 bis 3 getrockneten Tomatenfilets und etwas Basilikum garnieren und sofort servieren.

Mit Tomatenessenz

Als Suppengrundlage eignet sich auch eine leichte Tomatenessenz. Dafür am Vortag 1,5 kg Strauchtomaten klein schneiden. 10 g Zucker, 10 g Salz sowie 1 Schuss Sherryessig zufügen und alles 1 Stunde durchziehen lassen. Die Tomaten fein pürieren, in ein Tuch oder ein mit einem Tuch ausgelegtes Sieb geben und die Flüssigkeit über Nacht in eine Schüssel abtropfen lassen (ergibt etwa 1 l). Die Tomatenessenz dann leicht erhitzen und abschmecken.

Lammbrühe mit Grießnockerl

ZUBEREITUNGSZEIT 7–9 Std.

FÜR DIE LAMMBRÜHE

- 2 kg Lammknochen (beim Fleischer vorbestellen)
- 1 Möhre, ½ Stange Lauch und 3 Stängel Staudensellerie, alles geschält oder geputzt und grob gewürfelt
- 2 Zwiebeln, ungeschält halbiert und auf der Schnittfläche in 1 EL Olivenöl gebräunt
- 1 Knoblauchzehe, geschält
- 4 Wacholderbeeren
- 3 weiße Pfefferkörner, 3 Lorbeerblätter
- je 1 Zweig Thymian, Rosmarin und Salbei
- 8–10 Safranfäden
- Salz, frisch geriebene Muskatnuss
- Kräuter nach Wahl für die Garnitur

FÜR DIE GRIESSNOCKERL

- Salz, 65 g weiche Butter, 1 Ei (Größe M, 65 g)
- 130 g Hartweizengrieß
- 1 TL Thymianblättchen, gehackt
- 1 TL abgeriebene Schale von 1 Bio-Orange
- frisch gemahlener Pfeffer
- frisch geriebene Muskatnuss

S. 19
WARENKUNDE Hartweizengrieß

S. 110
KÜCHENPRAXIS Grießnockerl

1. Die Lammknochen waschen und mit 3 l kaltem Wasser in einem Topf aufsetzen. Gemüse, gebräunte Zwiebelhälften, Knoblauch, Wacholder, Pfefferkörner und Lorbeerblätter zufügen und die Brühe bei schwacher Hitze 6 bis 8 Stunden simmern lassen. Etwa 30 Minuten vor Ende der Garzeit Kräuter und Safranfäden zufügen. Die fertige Lammbrühe durch ein feines Sieb passieren, mit Salz und Muskat abschmecken und warm halten.

2. Für die Grießnockerl ausreichend Salzwasser aufkochen. Die Butter cremig rühren, dann nach und nach das Ei einarbeiten. Den Grieß mit Thymian und Orangenschale vermischen, mit Salz, Pfeffer und Muskat würzen und unter die Butter-Ei-Mischung rühren. Aus der Masse mit 2 Teelöffeln Nockerl formen und auf Backpapier setzen.

3. Zuerst ein Probenockerl garen, danach die Nockerl gleichzeitig ins kochende Wasser geben und einmal aufkochen lassen, anschließend die Temperatur stark reduzieren. Die Nockerl zugedeckt in 20 bis 30 Minuten gar ziehen lassen, dann herausheben. Die Brühe in tiefe Teller schöpfen, Grießnockerl einlegen, mit Kräutern garnieren und sofort servieren.

Zwischen Fast Food und Haute Cuisine

Schon auf dem Speiseplan der ganz Kleinen gehören sie zu den klaren Favoriten: Nudeln in allen Variationen. Dem tragen die Gläschensortimente führender Hersteller Rechnung, bereits für die Altersgruppe ab vier Monaten gibt es das Baby-Bio-Menü »Pasta mit milder Sauce bolognese«. Die etwas Älteren versucht man mit Nudeln in Sternchenform zu ködern, Gemüsemuffel werden überlistet: Neben Farfalle, Penne oder Pipe rigate in leuchtenden Farben werden auch Beilagen wie Spinat und Erbsen eher akzeptiert. Bei aktuellen Umfragen in Kindertagesstätten und Schulen ist es jedoch der Klassiker, der in der Kategorie »Lieblingsessen« stets ganz vorne mitmischt: Nudeln mit Tomatensauce.

Und auch wenn die Antworten mit zunehmendem Alter variantenreicher werden, die Vorliebe für Pasta bleibt. Kein Wunder, dass der Pro-Kopf-Verbrauch von Nudeln in Deutschland von Jahr zu Jahr ansteigt. Derzeit liegt er bereits bei knapp 8 kg, ein Zuwachs von nahezu 50 Prozent seit Beginn der 90er-Jahre. Die Zahlen belegen, was sich wie ein roter Faden durch unseren Alltag zieht: Nudeln mit Sauce begleiten uns in allen Lebensphasen – und erweisen sich, je nach Bedürfnissen und Geldbeutel, als ausgesprochen wandelbar.

NUDELN IN JEDER LEBENSLAGE

Bei Kindern sind Spaghetti bolognese der kulinarische Höhepunkt einer jeden Geburtstagseinladung. Später, in der Studentenbude, werden Nudeln mit Sauce zur preisgünstigen, schmackhaften Alternative zum Fertiggericht: Zwiebeln und Knoblauch in der Pfanne anbraten, eine Dose Tomaten dazugeben, kurz einkochen lassen, Spaghetti kochen – fertig! Ein Zehn-Minuten-Blitzgericht, bei dem übrigens auch kein Italiener aufbegehren würde, die Südländer greifen ihrerseits selbstverständlich zu Dosentomaten. Im Büroalltag schließlich hält seit einiger Zeit ein neuer Trend zur »Nudel to go« Einzug, der aus dem Fernen Osten stammt. Seit Jahrhunderten gibt es dort auf den Straßen Ramen-Imbisse, Garküchen und mobile Nudelstände, die den Vorbeieilenden eine Stärkung für zwischendurch bieten. Wenn es in der Mittagspause schnell gehen muss, stehen Kebab und Burger bei uns also nun in Konkurrenz zu schmackhaften asiatischen Nudelgerichten. Gebratene Nudeln mit Gemüse oder knusprigem Hähnchenfleisch gibt es in der praktischen Box zum Mitnehmen – verzehrt wird je nach Risikobereitschaft mit Stäbchen oder Plastikgabel. Und für den, der es lieber flüssig mag, bilden Suppen mit japanischen Udon, Reis- oder Glasnudeln eine leckere Alternative.

Abends bevorzugt der gut verdienende Mittdreißiger es dann etwas exquisiter: Der Freundeskreis wird mit selbst gemachten Nudeln beeindruckt, die kunstvoll gefüllt, mit Trüffeln verfeinert und mit frisch gehobeltem Parmesan bestreut auf den Tisch kommen. Und bleibt die Nudelmaschine einmal im Schrank, so verwendet man keineswegs Fertigprodukte aus dem Supermarkt. Für die Gäste nur das Beste! Wer Pasta auf hohem Niveau genießen will, greift zu den Erzeugnissen ausgesuchter italienischer Handwerksbetriebe wie Latini, Fabbri oder Zaccagni, wo die Nudeln statt im industriellen Schnellverfahren bis zu 60 Stunden in der warmen Luft eines Holzfeuers getrocknet werden. Oder man lässt sich die Pasta in einem Feinschmeckertempel kredenzen: »Käse-Mandel-Ravioli mit Blattspinat und Trüffeln«, »Tagliolini an einem Ragout aus Seeteufel und Jakobsmuschel«, »Spaghettini mit bretonischem Hummer und Imperial Kaviar« – die Nudel ist auch aus der Haute Cuisine nicht mehr wegzudenken. Was beweist: Nudeln sind der rote Faden in unserem kulinarischen Leben.

Barbara Holzwarth

Kichererbsensuppe mit Olivenöl und gefüllten Kartoffelknödelchen

ZUBEREITUNGSZEIT 2 Std.
EINWEICH- UND KÜHLZEIT 12 Std.

FÜR DIE SUPPE
- 300 g Kichererbsen, 1 Schalotte
- 50 g Räucherspeck, 3 EL Olivenöl
- 1 Lorbeerblatt, 1 Zweig Thymian
- 1 Zweig Rosmarin, 100 ml Weißwein
- 600 ml heller Geflügelfond (Glas oder S. 138)
- Salz, frisch gemahlener Pfeffer
- Aceto balsamico bianco
- 2 Stängel glatte Petersilie, gutes Olivenöl
- 2 EL Crème fraîche

FÜR DIE KARTOFFELKNÖDEL
- 600 g mehligkochende Kartoffeln, Salz
- 60 g Weizenmehl Type 405 oder 550
- 60 g Kartoffel- oder Weizenstärke, 1 Ei
- 1 Eigelb, frisch geriebene Muskatnuss
- 200 g Kasseler, gekocht

1. Die Kichererbsen in einer Schüssel mit kaltem Wasser bedecken und über Nacht einweichen lassen. Die Kartoffeln für die Knödel am Vortag in Salzwasser in 40 bis 50 Minuten sehr weich kochen, abgießen, ausdampfen und über Nacht im Kühlschrank auskühlen lassen.

2. Am nächsten Tag die Kichererbsen abgießen. Die Schalotte schälen und fein würfeln. Den Speck ebenfalls in feine Würfel schneiden. In einem Topf das Olivenöl erhitzen und die Schalotten- und Speckwürfel darin hell anbraten. Kichererbsen, Lorbeerblatt, Thymian und Rosmarin zugeben und kurz mit anschwitzen. Alles mit Weißwein ablöschen, den Geflügelfond zugießen und aufkochen lassen. Dann die Hitze reduzieren und die Kichererbsensuppe bei schwacher Hitze halb zugedeckt 1 Stunde köcheln lassen.

3. Inzwischen die Kartoffeln für die Knödel pellen und durch die Kartoffelpresse in eine Schüssel drücken. Mehl, Kartoffelstärke, Ei und Eigelb zugeben. Alles zu einem homogenen Teig verkneten und mit Salz und Muskat würzen. Das Kasseler vom Knochen befreien und mit einem scharfen Messer sehr fein hacken.

4. Mit nassen Händen aus dem Kartoffelteig kleine, tischtennisballgroße Knödel (etwa 20 g) formen, jeweils ein Loch eindrücken und ein wenig Kasseler einfüllen. Die Knödel wieder rund formen. In einem großen Topf reichlich Salzwasser zum Kochen bringen. Die Knödel einlegen und bei reduzierter Temperatur in etwa 5 Minuten gar ziehen lassen, dann mit dem Schaumlöffel herausheben.

5. Die Suppe mit Salz, Pfeffer sowie Essig abschmecken und durch ein Passiergerät (Flotte Lotte) drehen oder mit dem Pürierstab aufmixen. Die Petersilie waschen, trocken schütteln und die Blättchen in feine Streifen schneiden.

6. Die Kichererbsensuppe in tiefe Teller schöpfen und die Kartoffelknödelchen darin verteilen. Die Suppe jeweils mit ein paar Tropfen gutem Olivenöl beträufeln, mit einem Klecks Crème fraîche und Petersilienstreifen garnieren und sofort servieren.

S. 24
WARENKUNDE Kartoffeln

S. 120
KÜCHENPRAXIS Knödel füllen

Kaspressknödel in Rinderconsommé

ZUBEREITUNGSZEIT 1 Std. 30 Min.

FÜR DIE RINDERCONSOMMÉ

- je 50 g Möhre, Knollensellerie und Lauch, alles geschält oder geputzt und klein gewürfelt
- 200 g Rinderhackfleisch, von der Wade
- 3 Eiweiß (100 g), 2 Wacholderbeeren
- 1 Lorbeerblatt, 20 ml Madeira
- 1 Gemüsezwiebel, ungeschält halbiert
- 1 ½ l heller Rinderfond (Glas oder S. 140)
- 2 EL Schnittlauchröllchen, Salz, frisch gemahlener Pfeffer und frisch geriebene Muskatnuss

FÜR DIE KASPRESSKNÖDEL

- 250 g Knödelbrot (oder 250 g Brötchen vom Vortag, in dünne Scheiben geschnitten)
- 1 Schalotte, 30 g durchwachsener Speck
- 2 EL Maiskeimöl, 120 ml warme Milch
- 100 g Tiroler Graukäse (Ersatz: Rasskäse oder ein anderer aromatischer Rotschmierkäse)
- 2 Eier, 1–2 EL fein geschnittene Petersilie
- Salz, frisch gemahlener Pfeffer
- frisch geriebene Muskatnuss
- 2–3 EL Butterschmalz zum Braten

S. 26
WARENKUNDE Weißbrot für Knödel

S. 123
KÜCHENPRAXIS Kaspressknödel herstellen

1. Das klein gewürfelte Gemüse für die Consommé mit dem Rinderhack vermengen, dann die Eiweiße, Wacholderbeeren, Lorbeerblatt und Madeira zugeben. Die Gemüse-Fleisch-Mischung mit der Zwiebel und dem kalten Rinderfond in einen Topf geben und langsam zum Kochen bringen, dabei immer wieder rühren, damit nichts am Topfboden ansetzt.

2. Anschließend die Temperatur reduzieren und alles bei schwacher Hitze 1 Stunde ziehen lassen, dabei aber nicht mehr rühren, damit die Consommé nicht trüb wird. Die fertige Consommé durch ein mit einem Tuch ausgelegtes Sieb passieren und mit Salz, Pfeffer und Muskat abschmecken.

3. Für die Kaspressknödel das Knödelbrot in eine Schüssel geben. Die Schalotte schälen und wie den Speck fein würfeln. In einer Pfanne das Öl erhitzen, Schalotten- und Speckwürfel darin hell anschwitzen, dann zu dem Knödelbrot geben. Die Milch zugießen und die Masse mit Frischhaltefolie bedeckt 15 Minuten durchziehen lassen.

4. Den Backofen auf 180 °C vorheizen. Den Käse nach Belieben entrinden und grob raspeln oder in feine Würfel schneiden. Eier, Petersilie und Käse zu der Knödelmasse geben und alles gut vermengen. Die Masse mit Salz, Pfeffer und Muskat würzig abschmecken.

5. Aus der Knödelmasse etwa 30 g schwere Knödel formen und diese zwischen den Händen leicht flach drücken. In einer Pfanne das Butterschmalz erhitzen und die Kaspressknödel darin auf beiden Seiten goldgelb anbraten. Die Knödel dann auf ein Backblech setzen und im vorgeheizten Ofen in etwa 10 Minuten fertig backen.

6. Die Kaspressknödel in tiefen Tellern oder Suppentassen anrichten. Die Rinderconsommé darüberschöpfen, alles mit Schnittlauchröllchen bestreuen und sofort servieren.

Gnocchi mit Morcheln und Flusskrebsen

ZUBEREITUNGSZEIT 3 Std. 20 Min.
KÜHLZEIT 12 Std.

FÜR DIE GNOCCHI
- 600 g mehligkochende Kartoffeln, Salz
- 50 g Butter, zerlassen
- 150 g doppelgriffiges Weizenmehl
- 4 Eigelb

FÜR DEN FLUSSKREBS-TOPF
- Salz, 1 EL Kümmel, 600 g lebende Flusskrebse
- 100 ml Noilly Prat
- 1 Möhre, 2 Schalotten
- ½ Stange Lauch
- ½ Fenchelknolle, 1 Stängel Staudensellerie
- 4 EL Olivenöl, 1 EL Tomatenmark
- 100 ml Weißwein, 2 cl Cognac
- 20 ml Pernod
- 300 ml Fischfond (Glas oder S. 137; Ersatz: heller Geflügelfond, Glas oder S. 138)
- 1 Lorbeerblatt, 1 Stängel Estragon
- 250 g Sahne, Cayennepfeffer
- 2–3 EL Zitronensaft
- 30 g kalte Butter, in Stücken
- 1 EL Crème fraîche

AUSSERDEM
- 50 g Butter, 150 g Morcheln, gewaschen und geputzt (Ersatz: Shiitake-Pilze, entstielt)
- je 80 g Zuckerschoten und Mini-Möhren, beides geputzt, in Salzwasser bissfest blanchiert und eiskalt abgeschreckt
- 2 EL geschlagene Sahne
- 1 EL fein geschnittener Estragon

S. 24
WARENKUNDE Kartoffeln

S. 104
KÜCHENPRAXIS Kartoffelgnocchi herstellen

1. Am Vortag die Kartoffeln für die Gnocchi in Salzwasser in etwa 50 Minuten sehr weich kochen, dann abgießen, ausdampfen und über Nacht im Kühlschrank auskühlen lassen.

2. Am nächsten Tag für die Flusskrebse eine große Schüssel mit Eiswasser bereitstellen. In einem sehr großen Topf reichlich Salzwasser zum Kochen bringen, dann den Kümmel zufügen. Die Flusskrebse einzeln kopfüber in das sprudelnd kochende Wasser geben, 1 Minute 30 Sekunden kochen und anschließend sofort in Eiswasser abschrecken.

3. Die Krebsschwänze vom Körper abdrehen, auf der Oberseite leicht einschneiden und jeweils den Darm entfernen. In einer Schüssel 200 ml Wasser mit 1 TL Salz und 50 ml Noilly Prat vermischen und die ausgelösten Krebsschwänze einlegen, damit sie sich nicht dunkel verfärben. Die Krebskarkassen kalt abspülen und in einem Sieb abtropfen lassen.

4. Die Möhre und die Schalotten schälen, Lauch, Fenchel und Staudensellerie putzen und das Gemüse in kleine Würfel schneiden.

5. In einem Topf das Olivenöl erhitzen und die abgetropften Krebskarkassen darin bei mittlerer Hitze rösten. Nach 4 Minuten das gewürfelte Gemüse zugeben und 2 Minuten mitrösten. Das Tomatenmark unterrühren und noch 1 Minute mitrösten, dann alles mit Weißwein, dem übrigen Noilly Prat, Cognac und Pernod ablöschen. Die Flüssigkeit fast vollständig reduzieren, dann mit dem Fischfond auffüllen, das Lorbeerblatt und den Estragon einlegen und die Flüssigkeit auf ein Drittel einkochen lassen.

6. Die Sahne zugießen und alles einmal aufkochen lassen, dann durch ein feines Sieb passieren. Den Fond mit Salz, Cayennepfeffer und Zitronensaft würzen, Butter und Crème fraîche unterrühren und die Sauce mit dem Pürierstab aufmixen.

7. Für die Gnocchi die gekochten Kartoffeln pellen und durch die Presse in eine Schüssel drücken. Zerlassene Butter, Mehl, Eigelbe und 1 Prise Salz zugeben und gut unterkneten. Den Teig auf einer bemehlten Arbeitsfläche zu 1 bis 2 cm dicken Rollen formen und in 1 bis 2 cm breite Gnocchi schneiden.

8. In einem Topf die Butter zerlassen, Morcheln, Zuckerschoten und Möhren darin hell anschwitzen. Den eingekochten Fond (von Schritt 5) angießen und die Krebsschwänze einlegen.

9. In einem Topf reichlich Salzwasser aufkochen, die Gnocchi einlegen und bei reduzierter Temperatur in 5 bis 8 Minuten gar ziehen lassen, dann mit dem Schaumlöffel herausheben und zum Gemüse geben. Die Mischung erneut erhitzen, Sahne und Estragon unterziehen und alles vorsichtig vermengen. Den Flusskrebs-Topf in vorgewärmten tiefen Teller anrichten und sofort servieren.

Thailändische Suppe mit breiten Reisnudeln und Fleischbällchen

ZUBEREITUNGSZEIT 3 Std. 30 Min.

FÜR DEN FOND

- je 300 g Schweine- und Kalbsknochen, in Stücke gehackt (beim Fleischer vorbestellen)
- 200 g Chinakohl, 100 g weißer Rettich
- 1 EL Salz, 1–2 Knoblauchzehen, geschält
- 1 kleines Bund Koriandergrün mit Wurzeln, gewaschen und grob zerkleinert

FÜR DAS KNOBLAUCHÖL

- 100 ml Erdnussöl
- 6 Knoblauchzehen, geschält und grob gehackt

FÜR DIE CHILISAUCE

- 6 große rote Chilischoten
- 1–2 Knoblauchzehen, 200 ml Reisessig
- je 1 Prise Salz und Zucker

FÜR DIE SUPPE

- 300 g breite Reisnudeln
- 400 g gemischtes Hackfleisch (Schwein und Rind)
- Salz, frisch gemahlener weißer Pfeffer
- 80 g eingelegter Senfkohl, fein gewürfelt
- 2 EL helle Sojasauce
- 120 g Sojasprossen, abgebraust und abgetropft
- 8 Frühlingszwiebeln, geputzt und in feine Ringe geschnitten
- 1–2 EL abgezupfte Korianderblättchen
- einige Sellerieblättchen
- getrocknete Chilifäden

AUSSERDEM

- nach Belieben Fischsauce, Chiliflocken und brauner Zucker, in separaten Schälchen

S. 45
WARENKUNDE Reisnudeln

S. 54
WARENKUNDE Chilis

1. Für den Fond die Knochen kalt abspülen und in einen großen Topf geben. Die Knochen mit 3 l kaltem Wasser bedecken und alles langsam zum Kochen bringen. In der Zwischenzeit Chinakohl und Rettich waschen, putzen, beides grob würfeln und zu den Knochen geben. Salz, Knoblauchzehen und zerkleinerten Koriander mit den Wurzeln zugeben und den Fond 3 Stunden bei schwacher Hitze köcheln lassen.

2. Inzwischen für das Knoblauchöl in einem Topf das Erdnussöl erhitzen und den gehackten Knoblauch darin goldgelb rösten, dann vom Herd nehmen. Der Knoblauch darf nicht zu dunkel werden, sonst schmeckt er bitter.

3. Für die Chilisauce die Chilischoten von Stielansätzen, Samen und Scheidewänden befreien und klein würfeln. Den Knoblauch schälen und grob hacken. Chilis und Knoblauch im Blitzhacker mit Essig, Salz und Zucker zu einer Sauce verarbeiten und in ein Schälchen füllen.

4. Für die Suppe die Reisnudeln nach Packungsangabe etwa 5 Minuten kochen, dann abgießen und beiseitestellen. Das Hackfleisch salzen, pfeffern und zu Bällchen (20 g) formen.

5. Den Fond von Arbeitsschritt 1 durch ein Sieb passieren, 2 l abmessen (Rest anderweitig verwenden oder tiefkühlen) und in einem Topf erneut zum Kochen bringen. Den gewürfelten Senfkohl und die Sojasauce zufügen, die Hackbällchen einlegen und im siedenden Fond in 3 bis 4 Minuten gar ziehen lassen.

6. Die gekochten Reisnudeln mit etwas Knoblauchöl und gerösteten Knoblauchwürfeln, den Sojasprossen und Frühlingszwiebelringen vermischen und auf tiefe Teller verteilen. Die Hackbällchen darauf anrichten und al-les mit dem heißen Fond übergießen. Die Suppe mit Koriander-, Sellerieblättchen und Chilifäden garnieren und servieren. Die Chilisauce sowie nach Belieben zudem noch Fischsauce, Chiliflocken und Zucker dazureichen.

Schnellere Variante

Wem das Kochen des Fonds zu lange dauert, der kann auch einen hellen Kalbsfond aus der Tiefkühltruhe (zubereitet nach dem Rezept auf S. 140) oder verdünnt aus dem Glas als Suppenbasis verwenden. Für die Thailändische Suppe werden etwa 2 Liter benötigt.

Wan-Tan-Suppe

ZUBEREITUNGSZEIT 3 Std. 30 Min.

FÜR DIE SUPPE
- 1 küchenfertiges Suppenhuhn, 1,5 kg, innen und außen kalt abgespült
- 1 Knoblauchzehe, geschält
- 20 weiße Pfefferkörner
- 5 Wacholderbeeren
- 2 Möhren, geschält
- 1 Zwiebel, geschält
- 1 kleine Stange Lauch, geputzt
- 2 Stängel Staudensellerie, geputzt
- 80 g frischer Galgant oder Ingwer
- 2 Stängel Zitronengras, angedrückt
- 1 Bund Koriandergrün (am besten mit Wurzeln), gewaschen, Blättchen abgezupft und die Wurzeln grob zerkleinert
- Salz oder helle Sojasauce
- frisch gemahlener Pfeffer

AUSSERDEM
- 30 Wan-Tan-Blätter (Asialaden)
- 1 l Rapsöl zum Frittieren

S. 96
KÜCHENPRAXIS Wan-Tans herstellen

S. 133
KÜCHENPRAXIS Teigtaschen frittieren

1. Das Suppenhuhn in einem Topf mit kaltem Wasser bedecken und aufkochen. Knoblauch, Pfefferkörner und Wacholderbeeren zufügen, die Hitze reduzieren und alles 1 Stunde 30 Minuten köcheln lassen. Inzwischen Möhren und Zwiebel grob würfeln. Lauch und Sellerie waschen und in Stücke, Galgant schälen und in Scheiben schneiden. Dann das Gemüse, Galgant, Zitronengras, Korianderwurzeln und -stängel (Blättchen aufbewahren) in den Fond geben und diesen noch etwa 1 weitere Stunde köcheln lassen. Anschließend den Topf vom Herd nehmen und das Huhn im Fond erkalten lassen.

2. Den Backofen auf 175 °C vorheizen. Die Wan-Tan-Blätter nach Packungsangabe auftauen lassen. Das Huhn aus dem Topf nehmen, den Fond durch ein Sieb passieren und beiseitestellen; das Gemüse aufbewahren. Das Huhn häuten, die Haut in Stücke schneiden, auf ein mit Backpapier belegtes Blech geben und im vorgeheizten Ofen in 20 bis 30 Minuten kross braten. Inzwischen das Huhn zerlegen. Die Brust für die Wan-Tan-Füllung grob würfeln, den Rest anderweitig verwenden. Das Brustfleisch mit Lauch, Sellerie, Zwiebel und Galgant aus dem Fond im Blitzhacker fein pürieren. Die Masse kräftig mit Salz und Pfeffer würzen. Die krosse Haut des Suppenhuhns klein hacken und unter die Füllung mischen.

3. Ein Wan-Tan-Blatt aus der Packung nehmen, die anderen Teigblätter mit einem feuchten Tuch abdecken, damit sie nicht austrocknen. Das Teigblatt mit kaltem Wasser bepinseln, jeweils 2 TL Füllung in die Mitte setzen und zu rechteckigen Taschen oder Wan-Tans wie auf S. 96 formen und die Ränder gut andrücken. Auf diese Weise alle Teigblätter füllen.

4. In einem Topf das Öl erhitzen und die Wan-Tans darin portionsweise in etwa 2 Minuten goldgelb und knusprig frittieren, dabei einmal wenden, dann mit dem Schaumlöffel herausheben. Die Wan-Tans auf Küchenpapier entfetten. Den Fond erhitzen und mit Salz oder Sojasauce abschmecken. Die Möhren aus dem Fond in Scheiben schneiden und mit den Korianderblättchen in tiefe Teller geben. Den Fond darübergießen, die Wan-Tans einlegen und die Suppe sofort servieren.

Geeiste Dashi mit Soba und Bottarga

ZUBEREITUNGSZEIT 1 Std.

FÜR DIE SOBANUDELN
- 360 g Buchweizenmehl
- 150 g Weizenmehl Type 405

FÜR DIE DASHIBRÜHE
- 10 g getrockneter Kombu (Algenart; Asialaden)
- 20 g Bonitoflocken (Asialaden)
- 30 g Zucker, 30 ml Mirin (Reiswein zum Kochen; Asialaden)
- etwa 80 ml helle Sojasauce
- 5–6 sehr junge Frühlingszwiebeln oder Schnittlauch, in Röllchen

AUSSERDEM
- Salz, 20 g Bottarga nach Belieben
- 4 sehr junge Frühlingszwiebeln oder Schnittlauchhalme

S. 21
WARENKUNDE Buchweizenmehl

S. 52
WARENKUNDE Bottarga

1. Für die Nudeln beide Mehlsorten miteinander vermischen. Dann 140 ml Wasser dazugießen und alles zu einem Teig verarbeiten. Während des Knetens nach und nach noch einmal etwa dieselbe Menge Wasser zugeben, bis der Teig glatt und geschmeidig ist. Den Teig zu einer Kugel formen, in Frischhaltefolie einschlagen und mindestens 30 Minuten kühl ruhen lassen.

2. Für die Dashibrühe 450 ml Wasser und Kombu in einem Topf langsam erhitzen. Kombu 10 Minuten ziehen lassen, kurz vor dem Siedepunkt aber wieder entfernen. Die Temperatur reduzieren, die Bonitoflocken zufügen und die Brühe jetzt nicht mehr kochen. Nachdem sich die Bonitoflocken am Topfboden abgesetzt haben, die Dashibrühe durch ein feines Sieb passieren.

3. Den Zucker in der Brühe auflösen. Diese mit Mirin und Sojasauce würzen, abkühlen lassen und die Frühlingszwiebeln zufügen. Die Dashibrühe dann sehr kühl stellen.

4. Den Nudelteig mit der Maschine 1 mm dünn ausrollen und in etwa 20 cm lange schmale Nudeln (Soba) schneiden. In einem Topf ausreichend Salzwasser aufkochen, die Sobanudeln darin etwa 1 Minute garen, dann abgießen, kalt abschrecken und abtropfen lassen.

5. Die Sobanudeln in tiefen Tellern anrichten, mit der gekühlten Dashibrühe übergießen und nach Belieben Bottarga fein darüberhobeln. Die Suppe mit je 1 Frühlingszwiebel garniert servieren.

Traditionell serviert

In Japan werden die gekochten Sobanudeln auf einem Bambustablett angerichtet und mit Knoblauchblüten garniert. Die gekühlte Brühe wird dann in Suppentassen dazugereicht.

Enntenconsommé mit Dim-Sum

ZUBEREITUNGSZEIT 2 Std.
KÜHLZEIT 12 Std.

FÜR DIE ENTENCONSOMMÉ
- 1 küchenfertige Ente mit Entenklein, Letzteres (Herz, Magen, Leber und Hals) von allem sichtbaren Fett und Sehnen befreit und der Hals in Stücke gehackt
- 3 kleine Möhren und 4 Zwiebeln, beides geschält und etwa 2 cm groß gewürfelt
- 3 Stängel Staudensellerie und 1 Stange Lauch, beides geputzt und in 2 cm große Stücke geschnitten
- Gewürzmischung für die Consommé, bestehend aus 1 Zweig Thymian, 1 Zweig Rosmarin, 2 Lorbeerblättern, 1 Knoblauchzehe, geschält und halbiert, 10 Wacholderbeeren, 20 weißen Pfefferkörnern sowie 6 Pimentkörnern
- 4 EL Tomatenmark, ¼ l Rotwein
- 15 Safranfäden, 5 Eiweiß

FÜR DIE DIM-SUMS
- 16 Wan-Tan-Blätter
- 1 EL Tomatenmark
- ¼ l Rotwein
- 50 g Mangochutney, fein gehackt
- 2 EL Brotkrumen oder Semmelbrösel
- Salz, frisch gemahlener Pfeffer

AUSSERDEM
- Salz, frisch gemahlener Pfeffer
- 2 EL Erdnussöl
- 1 Rote Bete, gekocht, geschält und in Scheiben geschnitten

1. Den Backofen auf 170 °C vorheizen. Die Ente kalt abspülen, trocken tupfen und Brüste und Keulen abtrennen. Die Brüste parieren, das Keulenfleisch auslösen und beides zugedeckt kühl stellen. Die Entenkarkassen in Stücke hacken und in einem ofenfesten Topf oder Bräter im vorgeheizten Ofen 20 Minuten rösten, dabei das Entenfett wiederholt abgießen, auffangen und beiseitestellen. Anschließend weiterverfahren, wie unten in Step 1 gezeigt. Kräuter und die Hälfte der Gewürze zu den Karkassen geben, dann weiterarbeiten, wie in Step 2 gezeigt. Das restliche zerkleinerte Gemüse zugedeckt kühl stellen.

2. Am nächsten Tag die Entenbrüste für die Suppeneinlage mit Salz und Pfeffer würzen. In einer Pfanne das Erdnussöl erhitzen und die Entenbrüste darin rosa braten. Das Fleisch herausnehmen, abkühlen lassen und die Entenbrüste bis zur Weiterverarbeitung kühl stellen.

3. Anschließend die Consommé fertigstellen: Dafür das Keulenfleisch mit dem zweiten Drittel des Gemüses durch die grobe Scheibe des Fleischwolfs drehen oder fein hacken. Das übrige Tomatenmark (1 EL), Safran, Eiweiße sowie die zweite Hälfte der Gewürzmischung unterrühren. Den kalten Entenfond von Step 2 entfetten, die Keulen-Gemüse-Mischung (Klärmasse) zufügen und alles langsam unter Rühren erhitzen. Sobald der Topfinhalt zu kochen beginnt, die Temperatur reduzieren und alles bei schwacher Hitze 30 bis 45 Minuten köcheln, dabei aber nicht mehr rühren. Die Consommé durch ein Tuch passieren.

4. Für die Dim-Sums die Wan-Tan-Blätter auftauen. In einer Pfanne 1 EL von dem aufgefangenen Entenfett erhitzen und die Innereien darin anbraten. Das letzte Drittel des Gemüses kurz mitbraten, das Tomatenmark unterrühren und kurz mitrösten. Alles mit einem Drittel des Rotweins ablöschen und diesen fast vollständig reduzieren. Diesen Vorgang zweimal wiederholen, dann alles mit Wasser bedecken und die Innereien weich garen. Das Entenklein herausnehmen, grob zerkleinern und das Fleisch von den Halsknochen ablösen. Die Flüssigkeit fast vollständig reduzieren. Das Entenklein durch die feine Scheibe des Fleischwolfs drehen oder sehr fein hacken, Mangochutney und Brotkrumen unterrühren und die Masse für die Füllung der Dim-Sums kräftig mit Salz und Pfeffer abschmecken.

5. Die Teigblätter auf einem Tuch ausbreiten, je 1 gehäuften TL Füllung in die Mitte setzen, den Teig ringsum mit Wasser bepinseln und die Teigblätter zu Säckchen zusammendrehen. Die Dim-Sums in einem Dämpfeinsatz 10 bis 12 Minuten dämpfen. Die gebratenen Entenbrüste in Scheiben schneiden. Die Consommé kurz erhitzen und mit den Entenbrust- und Rote-Bete-Scheiben sowie den Dim-Sums in tiefen Tellern anrichten und sofort servieren.

S. 45
WARENKUNDE Wan-Tan-Blätter

S. 97, 127
KÜCHENPRAXIS Teigtaschen dämpfen

ENTENKARKASSEN
rösten und auskochen

(1) Ein Drittel der vorbereiteten Gemüsemischung zu den Karkassen geben und 15 Minuten mitrösten.

(2) Dann 3 EL Tomatenmark unterrühren und kurz mitrösten. Alles mit dem Rotwein ablöschen und diesen auf die Hälfte reduzieren. Falls ein Bräter verwendet wurde, den Inhalt in einen Topf umfüllen. Die Karkassen-Gemüse-Mischung mit 3 l Wasser aufgießen und bei schwacher Hitze 1 Stunde auf dem Herd köcheln. Den Entenfond dann über Nacht auskühlen lassen.

(1)

(2)

Mit Gemüse, Fisch und Fleisch

Frisch oder getrocknet: Mit besten Produkten der Saison und fein gewürzt werden al dente gekochte Nudeln zum absoluten Hochgenuss.

Mit Sorgfalt zusammengestellt

Mit der passenden Pastasorte gehen Gemüse und Pilze, feiner Fisch oder delikate Meeresfrüchte eine harmonische Verbindung ein. Aber auch Fleisch, Geflügel und Wild gilt es, gekonnt zu kombinieren.

RECHTZEITIG BEGINNEN lautet eine der Grundregeln bei der Zubereitung dieser Pastagerichte. Denn sind die Nudeln erst einmal abgegossen, dürfen sie nicht mehr lange stehen, sondern sollten sofort mit Gemüse, Fisch oder Fleisch vermischt und serviert werden. Darum müssen diese Bestandteile entweder gleichzeitig oder besser noch kurz vor der Pasta fertig sein. Es empfiehlt sich zudem, beim Abgießen der Nudeln immer etwas Kochwasser aufzubewahren. Sollte die begleitende Sauce einmal zu trocken sein, kann sie mit etwas Sud auf die richtige Konsistenz verdünnt werden. Pasta mit Gemüse, Fisch oder Fleisch eignet sich als Hauptgang, kann aber auch – je nach verwendeter Menge – gut als Vorspeise serviert werden. In diesem Fall rechnet man 75 g Nudeln pro Portion, als Hauptgericht sind es dann 100 bis 125 g Pasta pro Person.

MIT GEMÜSE, KRÄUTERN UND PILZEN

Hier lohnt es sich, beim Einkauf auf Frische und Qualität zu achten. Gemüse sollte fest und unverletzt sein, Kräuter sollten keine welken Blätter und Pilze keine eingetrockneten Schnittstellen aufweisen, sonst bringen sie nicht den gewünschten Geschmack mit. Und das wäre schade, denn mit Erbsen, Mangold oder Radicchio ergeben sich köstliche Pastakreationen, wie Sie auf den Seiten 208 bis 211 selbst entdecken können. Als Faustregel gilt bei stückigen Gemüseragouts: Die Größe der Nudeln sollte in etwa jener der Gemüsestücke entsprechen. Exquisit ist die klassische Kombination von Pasta und Trüffeln (S. 212), wobei es jedoch nicht immer die beinahe unerschwinglichen weißen Knollen aus Alba/Piemont sein müssen. Auch andere, preiswertere Trüffelarten wie Sommertrüffeln ergeben in Kombination mit dünnen Bandnudeln ein feines Gericht. Aus Kastanienteig sind die breiteren Tagliatelle (S. 213), die je nach Saison gut zu Waldpilzen wie Maronenröhrlingen oder auch zu Zuchtpilzen, etwa zu Kräuterseitlingen, passen.

MIT FISCH UND MEERESFRÜCHTEN

Besonders delikate Verbindungen ergeben sich aus der Kombination von Pasta mit fangfrischem Fisch und Meeresfrüchten. Ihnen räumt das folgende Kapitel daher besonders viel Raum ein – angefangen von den leicht zuzubereitenden »Spaghetti mit Venusmuscheln, Sherry und Safran« (S. 214) über die »Maltagliati mit Tomaten, Jakobsmuscheln und Chicoréeragout« (S. 215) bis hin zu den etwas aufwendigeren »Schwarz-weißen Tagliatelle mit Miesmuscheln« (S. 216). Dafür werden zwar zweierlei Nudelteige benötigt, doch das Ergebnis überzeugt Auge und Gaumen gleichermaßen. Ton in Ton treten dagegen die grünen Tagliatelle mit Spargel auf, kontrastiert von orangeroten Garnelen (S. 218). Wem die Zubereitung des grünen Nudelteiges mit Spinatmatte zu aufwendig ist, der kann eine der Zubereitungsvarianten für einen grünen Teig wählen, die auf S. 70 f. vorgestellt sind, oder den Teig mit Spinatpulver färben. Auch die sommerlich leichten Pastagerichte mit Calamaretti, Lachs, Seeteufel oder Rotbarbe sind überaus verlockend und lohnen das Nachkochen (S. 220–227).

Abwechslung gefragt!

Sie können für die Gerichte auf den folgenden Seiten auch einmal Nudeln aus einem bunten oder aromatisierten Nudelteig herstellen, die Anleitung dafür finden Sie auf S. 70 f. Oder Sie variieren die Rezepte mit Ihrer Lieblingsnudelsorte.

MIT FLEISCH UND WILD

Herzhafte Ragouts mit Wildschwein oder Reh (S. 234 f.) schmecken vor allem in der kalten Jahreszeit und werden entweder mit Polenta oder auch, wie in der Toskana üblich, klassisch mit breiten Bandnudeln wie Pappardelle serviert. Kaninchen und Kalbsleber lassen sich hingegen in Kombination mit Maltagliati oder Tagliatelle (S. 230 f.) das ganze Jahr hindurch genießen. Ebenso wie die leichten asiatischen Gerichte mit Eiernudeln und Huhn oder Schweinefleisch (S. 232 f.), die dank der perfekt auf die Hauptzutat abgestimmten Gewürze den Gaumen überzeugen.

Spaghettini mit weißer Tomaten-Vanille-Sauce

ZUBEREITUNGSZEIT 50 Min.
ABTROPFZEIT 12 Std.

FÜR DEN KLAREN TOMATENSAFT
- 1,3 kg reife Strauchtomaten
- 1 TL Selleriesalz
- 1 TL Zucker

FÜR DIE SAUCE
- 30 g Pinienkerne
- 1–2 Schalotten
- 1 EL Butter
- 1 Vanilleschote
- 100 g Sahne
- 100 g Crème fraîche
- Salz, frisch gemahlener Pfeffer
- 2 EL frisch geriebener Parmesan

AUSSERDEM
- 2 Bund Rucola, Salz
- Öl zum Frittieren
- 400 g Spaghettini

1. Für den klaren Tomatensaft die Tomaten grob würfeln, dabei die Stielansätze entfernen. Dann die Tomaten im Mixer mit Selleriesalz und Zucker pürieren. Die Mischung in ein mit einem Tuch ausgelegtes Sieb geben und über Nacht abtropfen lassen.

2. Am nächsten Tag den klaren Tomatensaft abmessen, es sollte etwa ½ l sein. Anschließend für die Sauce die Pinienkerne in einer beschichteten Pfanne ohne Fett goldbraun rösten, dann herausnehmen und beiseitestellen. Die Schalotten schälen und in feine Würfel schneiden.

3. In einer Pfanne die Butter zerlassen und die Schalottenwürfel darin glasig anschwitzen. Inzwischen die Vanilleschote längs aufschlitzen, das Vanillemark herausschaben und unter die Schalotten rühren. Alles mit dem klaren Tomatensaft ablöschen und diesen auf etwa 200 ml reduzieren.

4. In der Zwischenzeit den Rucola waschen, trocken schleudern und mit Küchenpapier sehr gut trocken tupfen. In einem Topf ausreichend Salzwasser zum Kochen bringen.

5. Sahne und Crème fraîche unter die Sauce rühren und alles bei mittlerer Hitze erneut um ein Drittel einkochen lassen.

6. In einem Topf oder in der Fritteuse das Öl zum Frittieren erhitzen und den trockenen Rucola darin frittieren, dann herausnehmen und auf Küchenpapier abtropfen lassen.

7. Zum Schluss die Spaghettini im kochenden Salzwasser al dente garen. Die Sauce mit Salz und Pfeffer abschmecken und den geriebenen Parmesan unterrühren. Die Spaghettini abgießen, kurz abtropfen lassen und auf vorgewärmte tiefe Teller verteilen. Die weiße Tomaten-Vanille-Sauce darübergießen, alles mit frittiertem Rucola und gerösteten Pinienkernen garnieren und sofort servieren.

S. 30
WARENKUNDE Spaghettini

S. 82
KÜCHENPRAXIS Nudeln kochen

Penne rigate mit Erbsen

ZUBEREITUNGSZEIT 30–40 Min.

FÜR DIE PASTA
- ½ l heller Kalbsfond (Glas oder S. 140)
- 200 g Parmaschinken, in 2 mm dicken Scheiben
- 750 g Erbsenschoten oder 250 g TK-Bio-Erbsen
- 100 g Zwiebeln, 4 EL Olivenöl, 1 Knoblauchzehe, geschält und angedrückt, 2 EL gehackte Kräuter (Thymian, Petersilie, Liebstöckel, Salbei)
- 1–2 EL gewürfeltes rotes Chilifruchtfleisch
- frisch gemahlener weißer Pfeffer, Salz
- 400 g Penne rigate
- 50 g frisch gehobelter Parmesan oder Pecorino

1. Den Kalbsfond auf 4 bis 5 EL reduzieren. Den Parmaschinken fein würfeln. Die Erbsen auspalen, die Zwiebeln schälen und fein würfeln.

2. In einer Pfanne das Öl erhitzen, Zwiebeln und Knoblauch darin hell anschwitzen, dann den Parmaschinken zufügen und bei starker Hitze unter Rühren kurz anbraten. Erbsen, Kräuter und Chiliwürfel sowie den reduzierten Kalbsfond untermischen. Alles mit Pfeffer und vorsichtig mit Salz würzen und unter Rühren noch etwa 5 Minuten garen.

3. Inzwischen in einem Topf ausreichend Salzwasser aufkochen und die Penne darin al dente garen, anschließend abgießen und sofort unter die Erbsen-Schinken-Mischung heben. Die Pasta auf vorgewärmten Tellern anrichten, mit gehobeltem Käse bestreuen und sofort servieren.

S. 53
WARENKUNDE Parmaschinken

S. 140
KÜCHENPRAXIS heller Kalbsfond

»Strozzapreti con cima di rapa«

Für meine »Strozzapreti con cima di rapa« nehme ich etwa 300 g junge Kohlstängel, 100 ml Olivenöl, 1 bis 2 geschälte und fein gehackte Knoblauchzehen und etwa 500 g Pasta. Cima di rapa wird im Frühsommer geerntet, man findet ihn auch unter der Bezeichnung Stängelkohl auf dem Wochenmarkt. Nach dem Säubern befreie ich die Stiele von den harten Fäden und schneide sie mitsamt den Blättern in feine Scheiben, die ich kalt abbrause und dann abtropfen lasse. Dann schwitze ich den Cima di rapa in Olivenöl an und gebe den Knoblauch dazu. Am Schluss schmecke ich das Gemüse mit Salz und Pfeffer ab, bevor ich es mit den bissfesten gegarten Strozzapreti (S. 39) mische. Anstelle der »Priesterwürger« können Sie aber auch, wie beim süditalienischen Klassiker »Pasta pugliese«, Orecchiette verwenden. Abgerundet wird das Ganze durch 12 in Streifen geschnittene Scheiben Parmaschinken und 100 g frisch geriebenen Pecorino. Wer mag, kann die fertige Pasta auch noch mit ein paar Tropfen kräftigem Olivenöl beträufeln.

Hans Stefan Steinheuer

Pappardelle mit Mangold und Radicchio Trevisano

ZUBEREITUNGSZEIT 1 Std.

FÜR DIE PAPPARDELLE
- 1 kleine Staude Mangold (400 g)
- 2 kleine rote Tropea-Zwiebeln oder andere rote Zwiebeln
- 70 ml Olivenöl, ¼ l Gemüsefond (Glas oder S. 137)
- 2 frische Lorbeerblätter, Salz, frisch gemahlener Pfeffer
- 2 Radicchio Trevisano, 2 Zweige Thymian
- 400 g Pappardelle, 3 EL Zucker

FÜR DIE PARMESANVINAIGRETTE
- ½ kleine rote Chilischote, 200 ml Olivenöl
- 100 g frisch geriebener Parmesan, Saft von 1 Zitrone
- 2 Sardellenfilets, 1 EL Kapern (Nonpareilles), Salz

1. Den Mangold vom Strunk befreien, in Blätter teilen und abbrausen. Die fleischigen Stiele keilförmig aus den Blättern schneiden. Dann die Stiele quer in 2 cm breite Streifen schneiden und die Blätter in mundgerechte Stücke zupfen. Die Zwiebeln schälen, halbieren, längs vierteln und quer in etwa 1 cm große Stücke schneiden.

2. In einer Pfanne 50 ml Olivenöl erhitzen und die Zwiebeln darin glasig anschwitzen. Mangoldstiele kurz mit anschwitzen, mit dem Gemüsefond ablöschen und die Lorbeerblätter einlegen. Die Mangoldstiele salzen, pfeffern und bei mittlerer Hitze zugedeckt etwa 3 Minuten dünsten. Gemüse und Sud unter Rühren sämig einkochen, vom Herd nehmen und Lorbeerblätter entfernen. Den Radicchio waschen, vom Strunk befreien und in Blätter teilen. Den Thymian waschen, trocken schütteln, die Blättchen abstreifen und fein hacken.

3. Für die Parmesanvinaigrette die Chilischote von Stielansatz, Samen und Scheidewänden befreien und fein würfeln. Olivenöl, Parmesan, Zitronensaft, Sardellen, Kapern und Chiliwürfel in einen Rührbecher geben und fein pürieren. Die Vinaigrette vorsichtig mit Salz abschmecken.

4. In einem Topf ausreichend Salzwasser zum Kochen bringen und die Pappardelle darin al dente garen. Die Mangoldstiele wieder erhitzen, die Blätter zufügen und kurz mitgaren. Die Pappardelle abgießen und zu dem Gemüse geben.

5. In einer heißen Pfanne den Zucker hellbraun karamellisieren. Dann die Radicchioblätter zufügen, die Hitze reduzieren und das übrige Olivenöl zugeben. Alles mit Salz und Pfeffer würzen, vermengen und beiseitestellen.

6. Pasta und Gemüse gut vermengen, auf vorgewärmten Tellern anrichten und den karamellisierten Radicchio darüber verteilen. Die Pappardelle mit Thymian bestreuen, mit der Parmesanvinaigrette beträufeln und sofort servieren.

S. 33
WARENKUNDE Pappardelle
S. 137
KÜCHENPRAXIS Gemüsefond

»Die würzige Parmesanvinaigrette gibt den Pappardelle ein kräftiges, zitronig-pikantes Aroma, das zu dem karamellisierten Radicchio einen angenehmen geschmacklichen Kontrast abgibt. Sie lässt sich gut verschlossen im Kühlschrank noch 1 bis 2 Wochen aufbewahren und für Salate oder zum Würzen von Antipasti verwenden.«

Taglierini mit gebratenen Trüffeln

ZUBEREITUNGSZEIT 40 Min.

FÜR DIE TRÜFFELN
- 100–150 g Sommertrüffeln
- 120 g reife Tomaten
- 2 EL Olivenöl, 1 Schalotte, geschält und fein gewürfelt
- 60 g Butter
- Salz, frisch gemahlener weißer Pfeffer

AUSSERDEM
- 1 Rezept Eigelb-Nudelteig für Bandnudeln (S. 68), in Frischhaltefolie gewickelt und 1 Stunde geruht oder 400–500 g fertige Taglierini
- Salz, ein paar Basilikumblätter

S. 33
WARENKUNDE Taglierini

S. 68
KÜCHENPRAXIS Eigelb-Nudelteig herstellen

S. 73
KÜCHENPRAXIS Bandnudeln herstellen

1. Den Eigelb-Nudelteig mit der Nudelmaschine zu dünnen Bahnen ausrollen und diese mit dem entsprechenden Vorsatz in 2 bis 3 mm breite Taglierini schneiden.

2. Die Sommertrüffeln sorgfältig unter fließendem kaltem Wasser gründlich abspülen, bis alle Erde herausgespült ist. Falls dies wegen tiefer Furchen nicht möglich ist, die Pilze möglichst dünn schälen. Die Trüffeln dann mit dem Trüffelhobel oder der Aufschnittmaschine in etwa 1 mm dicke Scheiben schneiden.

3. Die Tomaten kreuzweise einritzen, kurz in kochendem Wasser blanchieren und kalt abschrecken. Anschließend die Tomaten häuten, halbieren und jeweils Stielansätze und Samen entfernen. Das Tomatenfruchtfleisch in kleine Würfel schneiden.

4. In einer kleinen Pfanne das Öl erhitzen und die Schalottenwürfel darin bei schwacher Hitze weich garen. Dann die Tomatenwürfel zufügen, kurz mit angehen lassen und die Mischung beiseitestellen.

5. In einer zweiten Pfanne die Butter zerlassen und die Trüffelscheiben darin von beiden Seiten 1 bis 2 Minuten anbraten, dann mit Salz und Pfeffer würzen.

6. In der Zwischenzeit in einem Topf ausreichend Salzwasser erhitzen und die Nudeln darin kurz garen, bis sie an die Oberfläche steigen, dann abgießen und sofort mit der Schalotten-Tomaten-Mischung sowie den gebratenen Trüffelscheiben vermengen. Die Pasta auf vorgewärmten Tellern anrichten, mit 2 bis 3 Basilikumblättern garnieren und sofort servieren.

»Trüffeln in der Pastaküche«

Sie sehen aus wie unförmige, erdverkrustete Kartoffeln, sind so selten wie Edelsteine und teuer wie Gold. Die weißen Albatrüffeln sind mit Preisen bis zu 5.000 Euro pro Kilogramm weltweit die teuersten. Allerdings reichen pro Person bereits wenige Gramm der edlen Knolle, um aus einem Teller Pasta ein aufregendes Geschmackserlebnis zu zaubern. Die Zubereitung ist denkbar einfach: Albatrüffeln werden in hauchdünne Späne gehobelt und roh verzehrt. Dazu gibt es Tagliatelle in einer milden Sauce aus Sahne und Weißwein. Wunderbar! Wer nach größeren handwerklichen Herausforderungen sucht, verwendet besser die schwarzen Périgord-Trüffeln. Oder – ein wenig preiswerter – schwarze Sommer- oder Burgundertrüffeln. Sie lassen sich problemlos auch warm zubereiten und zum Beispiel zu einer herrlichen Füllung für Ravioli oder Maultaschen verarbeiten. Auch eine Lasagne lässt sich mithilfe hauchfeiner Trüffelscheiben veredeln. Und ein Teller Gnocchi wird mit Trüffelbutter beträufelt zum Luxusessen.

Margarethe Brunner

Kastanientagliatelle mit Maronenröhrlingen

ZUBEREITUNGSZEIT 1 Std. 10 Min.

FÜR DIE NUDELN
- 200 g Weizenmehl Type 405 oder 550
- 200 g Kastanienmehl (Reformhaus)
- 50 g Butter, Salz, Pfeffer
- 1 Msp. frisch geriebene Muskatnuss
- 6–8 Eigelb, 2 El Olivenöl

FÜR DIE PILZE
- 600 g Maronenröhrlinge (Ersatz: Kräuterseitlinge, Pfifferlinge)
- 50 g Butter
- Salz, frisch gemahlener Pfeffer
- 2 Knoblauchzehen, geschält, 4 EL Sahne

AUSSERDEM
- doppelgriffiges Mehl oder Grieß
- Zahnstocher
- 2 EL gehackte glatte Petersilie
- 60 g frisch geriebener Parmesan

S. 21
WARENKUNDE Kastanienmehl
S. 67
KÜCHENPRAXIS Nudelteig herstellen

1. Für die Nudeln das Weizenmehl in eine Schüssel sieben, mit dem Kastanienmehl vermischen und eine Mulde eindrücken. In einer Kasserolle 50 g Butter leicht bräunen. Die Nussbutter noch warm in die Mulde geben und alles mit 1/2 TL Salz, Pfeffer und Muskat würzen. Nach und nach 6 Eigelb, das Öl sowie etwa 2 EL warmes Wasser einarbeiten, bei Bedarf noch 1 bis 2 Eigelb und etwas Wasser zufügen. Alles zu einem glatten Teig verarbeiten, in Frischhaltefolie wickeln und etwa 1 Stunde ruhen lassen.

2. Inzwischen die Pilze säubern, die Stiele kürzen und bei älteren Exemplaren die Röhren entfernen. Die Pilze, nur falls nötig, kurz abbrausen, dann in dünne Scheiben schneiden. Den Nudelteig mit der Maschine dünn ausrollen und in Tagliatelle schneiden. Die Nudeln zu Nestern rollen, mit doppelgriffigem Mehl oder Grieß bestreuen und kurz antrocknen lassen.

3. In einer Pfanne 20 g Butter zerlassen und die Pilze darin kurz anbraten, dann salzen und pfeffern. Die Knoblauchzehen mit einem Zahnstocher aufspießen und kurz mit anschwitzen. Die Sahne zugießen und die restliche Butter unterschwenken. Dann den Knoblauch wieder entfernen.

4. In einem Topf ausreichend Salzwasser zum Kochen bringen und die Nudeln darin etwa 1 Minute kochen, bis sie an die Oberfläche steigen. Die Kastanientagliatelle abgießen, abtropfen lassen und auf vorgewärmten Tellern anrichten. Die Pilze darüber verteilen, alles mit Petersilie und Parmesan bestreuen und servieren.

Nicht zu feucht!

Der Kastanien-Nudelteig sollte nicht zu feucht sein, daher erst nur 6 Eigelb und 2 EL warmes Wasser zufügen und nur bei Bedarf noch weitere Eigelbe und Wasser einarbeiten.

Spaghetti mit Venusmuscheln, Sherry und Safran

ZUBEREITUNGSZEIT 40 Min.

FÜR DIE MUSCHELN
- 600 g frische Venusmuscheln
- 100 g weiße Zwiebeln
- 4 reife Tomaten
- 5 Safranfäden
- 2–3 Knoblauchzehen, geschält
- 3 EL Olivenöl
- 100 ml Sherry
- Salz
- frisch gemahlener weißer Pfeffer
- 2 EL gehackte glatte Petersilie

AUSSERDEM
- Salz, 400 g Spaghetti

S. 30
WARENKUNDE Spaghetti

S. 82
KÜCHENPRAXIS Nudeln kochen

1. Die Muscheln unter fließendem Wasser waschen, anhaftende Kalk- und Sandreste entfernen und weit geöffnete Muscheln aussortieren. Die Zwiebeln schälen und fein würfeln. Die Tomaten waschen, kreuzweise einritzen, etwa 15 Sekunden blanchieren und kalt abschrecken. Dann die Tomaten häuten, halbieren, Stielansätze und Samen entfernen. Die Samen durch ein feines Sieb drücken, den Saft auffangen und die Safranfäden darin einweichen. Das Tomatenfruchtfleisch klein würfeln. Den Knoblauch in sehr feine Scheiben schneiden.

2. In einem Topf das Olivenöl erhitzen und den Knoblauch darin hell anschwitzen. Die Zwiebelwürfel kurz mit anschwitzen, dann die Tomaten zufügen und kurz mit angehen lassen. Anschließend die Muscheln in den Topf geben und unter Rühren 1 bis 2 Minuten garen. Den Tomatensaft mit den Safranfäden zufügen und 1 Minute mitgaren. Dann den Sherry angießen und alles zugedeckt noch etwa 2 Minuten köcheln lassen, bis sich die Muscheln öffnen.

3. In einem Topf ausreichend Salzwasser zum Kochen bringen und die Spaghetti darin al dente garen. Die Muscheln mit Salz und Pfeffer abschmecken und die gehackte Petersilie unterrühren; geschlossene Venusmuscheln entfernen. Die Spaghetti abgießen, kurz abtropfen lassen und mit den Muscheln vermengen. Die Pasta in vorgewärmte Teller verteilen und sofort servieren.

Maltagliati mit Tomaten, Jakobsmuscheln und Chicoréeragout

ZUBEREITUNGSZEIT 1 Std. 40 Min.

FÜR DEN TOMATEN-NUDELTEIG
- 2 EL Olivenöl, 20 g Tomatenmark
- 180 g Weizenmehl Type 405 oder 550
- 180 g Hartweizengrieß
- 3 Eier, 1 Eigelb, ½ TL Salz

FÜR DAS RAGOUT
- 2 Stauden Chicorée, 8 große Jakobsmuscheln, ausgelöst und gesäubert
- 3 Tomaten, 1 Orange, 1 Stängel Estragon
- Salz, 100 g kalte Butter
- 2 EL Puderzucker
- Saft von 1 Grapefruit
- 10 ml weißer Portwein (Ersatz: roter Portwein)

1. Für den Nudelteig in einer Pfanne das Olivenöl erhitzen und das Tomatenmark darin kurz anrösten, aber nicht verbrennen. Das überschüssige Öl abgießen und die Mischung auskühlen lassen.

2. Aus Mehl, Grieß, Eiern, Eigelb, Salz und Tomatenmark einen geschmeidigen Nudelteig herstellen, wie auf S. 67 gezeigt. Den Teig in Frischhaltefolie einschlagen und 1 Stunde ruhen lassen.

3. In der Zwischenzeit den Chicorée waschen, vierteln, vom Strunk befreien und in 2 cm große Stücke schneiden. Das weiße Muschelfleisch (Nüsschen) jeweils einmal quer halbieren, die Corails ganz lassen.

4. Den Nudelteig mit der Maschine dünn ausrollen und mit dem glatten Teigrädchen in unregelmäßige Formen (»Maltagliati«) schneiden.

5. Die Tomaten waschen, kreuzweise einritzen, kurz blanchieren und kalt abschrecken. Anschließend die Tomaten häuten, halbieren und jeweils Stielansatz und Samen entfernen. Das Tomatenfruchtfleisch in kleine Würfel schneiden. Die Orange schälen und filetieren. Den Estragon waschen, trocken schütteln und die Blättchen fein hacken.

6. In einer Pfanne 20 g Butter zerlassen und den Puderzucker darin hellbraun karamellisieren. Den Chicorée kurz darin schwenken, dann mit Grapefruitsaft und Portwein ablöschen. Die Orangenfilets zufügen und die Flüssigkeit auf die Hälfte reduzieren. Die übrige kalte Butter stückweise unterschwenken.

7. In einem Topf ausreichend Salzwasser aufkochen und die Maltagliati darin in 3 bis 5 Minuten al dente garen, dann abgießen und mit dem Chicoréeragout vermengen.

8. Jakobsmuschelfleisch und Corails salzen und zu dem Nudel-Chicorée-Ragout in die Pfanne geben. Alles bei mittlerer Hitze etwa 30 Sekunden schwenken, dann mit Salz abschmecken und mit gehacktem Estragon bestreuen. Die gewürfelten Tomaten untermischen, alles auf vorgewärmten Tellern anrichten und sofort servieren.

S. 48
WARENKUNDE Tomatenmark
S. 67
KÜCHENPRAXIS Nudelteig
S. 77
KÜCHENPRAXIS Maltagliati

Schwarz-weiße Tagliatelle mit Miesmuscheln

S. 19
WARENKUNDE Hartweizengrieß

S. 67
KÜCHENPRAXIS hellen Nudelteig herstellen

S. 70
KÜCHENPRAXIS schwarzen Nudelteig herstellen

ZUBEREITUNGSZEIT 2 Std.

FÜR DEN HELLEN NUDELTEIG
- 150 g Weizenmehl Type 405 oder 550
- 50 g Hartweizengrieß
- 4 Eigelb, ½ TL Salz, 1 TL Olivenöl

FÜR DEN SCHWARZEN NUDELTEIG
- 150 g Weizenmehl Type 405 oder 550
- 50 g Hartweizengrieß, 3 Eigelb, ½ TL Salz
- 1 TL Olivenöl, 2 Päckchen Sepiatinte, je 4 g (Feinkost- oder Fischgeschäft)

FÜR DIE MUSCHELN
- 1 Schalotte, 1 kleine Möhre, 2 Stängel Staudensellerie
- ½ Stange Lauch, 1 EL Butter, 1 Knoblauchzehe, geschält
- 2 Zweige Thymian, 1 Msp. gemahlener Kardamom
- 30 Safranfäden, 800 g frische Miesmuscheln, gesäubert, vom Bart befreit und in Salzwasser gewässert
- 200 ml Weißwein, 10 ml Pernod, 8 Dillspitzen, die Hälfte davon fein geschnitten
- 20 g kalte Butter, in Stücken, 2–4 EL Zitronensaft

AUSSERDEM
- doppelgriffiges Mehl zum Bestäuben, Salz

1. Aus den angegebenen Zutaten jeweils einen hellen Nudelteig (S. 67) und einen schwarzen Nudelteig (S. 70) herstellen. Beide Teige in Frischhaltefolie einschlagen und 1 Stunde ruhen lassen.

2. Inzwischen Schalotte und Möhre schälen, Sellerie und Lauch putzen, waschen und das Gemüse fein würfeln. Anschließend beide Teige halbieren und mit der Nudelmaschine erst den hellen, dann den schwarzen Teig sehr dünn (engste Walzenstellung) ausrollen und weiterarbeiten, wie rechts in Step 1 bis 3 gezeigt.

3. In einem Topf die Butter zerlassen und die Gemüsewürfel darin hell anschwitzen. Knoblauch, Thymian, Kardamom und Safran kurz mit anschwitzen, dann die Muscheln zufügen, dabei weit geöffnete Muscheln entfernen. Den Weißwein angießen und alles zugedeckt köcheln lassen, bis sich die Muscheln öffnen, dann den Knoblauch wieder entfernen. Die Muscheln abgießen, geschlossene Exemplare entfernen, den Sud auffangen und durch ein Tuch in eine Kasserolle passieren. Die Muscheln warm halten.

4. In einem Topf ausreichend Salzwasser aufkochen und die Tagliatelle darin al dente garen. Den Muschelsud mit Pernod und geschnittenem Dill verfeinern, die kalte Butter unterschwenken und die Sauce mit Zitronensaft abschmecken. Anschließend die Tagliatelle und Muscheln untermischen, alles auf vorgewärmten Tellern anrichten, mit Dillspitzen garnieren und sofort servieren.

(1)

(2)

(3)

SCHWARZ-WEISSEN TEIG
herstellen und in Tagliatelle schneiden

(1) Die schwarzen und weißen Teigbahnen mit einem glatten Teigrädchen in gleich große Rechtecke schneiden. Jeweils eine helle auf eine schwarze Teigbahn legen und leicht andrücken.

(2) Anschließend die schwarz-weiße Teigbahn nochmals durch die Nudelmaschine (engste Walzenstellung) drehen.

(3) Die Teigbahn mit dem entsprechenden Vorsatz in schwarz-weiße Tagliatelle schneiden. Die ausgefransten Randstreifen entfernen, die Tagliatelle mit doppelgriffigem Mehl bestäuben und kurz antrocknen lassen. Die beiden übrigen Teighälften ebenso zu Tagliatelle verarbeiten.

Grüne Tagliatelle mit Garnelen und grünem Spargel

ZUBEREITUNGSZEIT 2 Std.

FÜR DIE GRÜNEN TAGLIATELLE
- 300 g Spinatblätter, gewaschen und geputzt
- 200 g Weizenmehl Type 405 oder 550
- 200 g Hartweizengrieß
- 3 Eier, 1 TL Salz

FÜR DIE SAUCE
- 16 rohe Garnelenschwänze, ungeschält
- 2 reife Strauchtomaten
- 1 Zwiebel, geschält
- 2 Knoblauchzehen, geschält
- 50 g Möhre, geschält
- 50 g Staudensellerie, geputzt
- 2–3 EL Olivenöl
- 1 TL Tomatenmark
- 10 ml Cognac
- 600 ml Fischfond (Glas oder S. 137)
- 1 Lorbeerblatt
- 1 TL helle Senfkörner
- 5 Pfefferkörner
- 12 Stangen grüner Spargel
- Salz, 1 Prise Zucker
- 1 rote Peperoncino
- 1 Schalotte, geschält und fein gewürfelt
- frisch gemahlener Pfeffer
- Saft von 1 Zitrone
- 50 g kalte Butter, in Würfeln

1. Für die Tagliatelle aus Spinat und 3 bis 4 EL Wasser eine Spinatmatte herstellen, wie auf S. 70 gezeigt. Dann Mehl, Grieß, Eier, Salz und die Spinatmatte zu einem Nudelteig verarbeiten, wie auf S. 67 beschrieben. Den Teig in Frischhaltefolie einschlagen und 1 Stunde ruhen lassen.

2. Die Garnelenschwänze schälen, mit einem scharfen Messer am Rücken leicht einschneiden und jeweils den Darm entfernen. Die Schalen (Karkassen) abspülen und abtropfen lassen. Die Garnelenschwänze quer in Scheiben schneiden und kühl stellen. Die Tomaten kreuzweise einritzen, 15 Sekunden blanchieren, kalt abschrecken, häuten und halbieren. Dann jeweils Stielansätze sowie Samen entfernen und beiseitestellen. Das Tomatenfruchtfleisch klein würfeln und ebenfalls beiseitestellen.

3. Die Zwiebel, 1 Knoblauchzehe, Möhre und Sellerie klein würfeln. Einen Topf ohne Fett erhitzen und die Garnelenkarkassen darin kurz anrösten. 1 EL Olivenöl zugeben und erhitzen, das gewürfelte Gemüse zufügen und leicht bräunen. Das Tomatenmark unterrühren und kurz mitrösten, dann alles mit Cognac ablöschen und diesen vollständig reduzieren. Den Fischfond angießen, die Tomatenabschnitte und -samen, das Lorbeerblatt sowie die Senf- und Pfefferkörner zugeben. Alles nochmals kurz aufkochen lassen, dann die Hitze reduzieren und den Fond bei schwacher Hitze 1 Stunde offen köcheln lassen, dabei etwa auf ein Drittel reduzieren.

4. Die unteren Hälften der Spargel schälen und die Enden schräg abschneiden. Spargelabschnitte und -schalen in einem Topf mit kaltem Wasser bedecken und 5 Minuten auskochen. Den Spargelfond in einen Topf passieren, mit Salz und Zucker abschmecken und erneut zum Kochen bringen. Die Spargelstangen darin in 5 bis 7 Minuten bissfest garen, kalt abschrecken und schräg in etwa 1 cm dicke Scheiben schneiden, die Köpfe etwa 4 cm lang abtrennen.

5. Peperoncino halbieren, von Stielansatz, Samen und Scheidewänden befreien und fein würfeln. In einer beschichteten Pfanne das übrige Olivenöl erhitzen und Schalotten- und Peperoncinowürfel darin mit der zweiten, angedrückten Knoblauchzehe hell anschwitzen. Die Garnelen salzen, pfeffern und 1 bis 2 Minuten mitbraten, dann die Spargelstücke und Tomatenwürfel zugeben. Den Spargelfond durch ein Sieb dazupassieren und die Sauce mit Salz, Pfeffer und Zitronensaft abschmecken. Zum Schluss die kalten Butterwürfel unterschwenken und die Sauce damit binden.

6. Den Nudelteig mit der Maschine dünn ausrollen und mit dem entsprechenden Vorsatz in Tagliatelle schneiden. In einem Topf ausreichend Salzwasser aufkochen, die Tagliatelle darin al dente garen, mit einem Schaumlöffel herausheben und zu der Sauce geben. Alles gut durchschwenken, auf vorgewärmten Tellern anrichten und sofort servieren.

Mit TK-Garnelen

Dieses Gericht lässt sich auch mit TK-Garnelen zubereiten, doch roh (also grau und nicht rot) und ungeschält sollten sie unbedingt sein, damit der aus den Karkassen gezogene Fond das gewünschte intensive Aroma erhält.

S. 67
KÜCHENPRAXIS Nudelteig herstellen

S. 70
KÜCHENPRAXIS Spinatmatte herstellen

S. 137
KÜCHENPRAXIS Fischfond

Spaghetti mit Rucolapesto und gefüllten Calamaretti

ZUBEREITUNGSZEIT 1 Std. 15 Min.

FÜR DAS RUCOLAPESTO
- 150 g Rucola, Öl zum Frittieren
- 80 g Haselnusskerne, leicht geröstet und gehackt
- 1 Knoblauchzehe, geschält und grob gewürfelt
- 50 g frisch geriebener Pecorino
- 1 EL Meersalz (12 g), 100 ml mildes Olivenöl
- 100 ml kräftiges Olivenöl

FÜR DIE CALAMARETTI
- 8 kleine, küchenfertige Kalmartuben (7 cm)
- 50 g grüner Spargel (Ersatz: Brokkolistängel)
- 4 EL Olivenöl, 20 g Toastbrot
- 10 g Pinienkerne, leicht geröstet
- Salz, frisch gemahlener Pfeffer

AUSSERDEM
- 4 Zahnstocher, Salz, 500 g Spaghetti

1. Für das Pesto den Rucola entstielen, waschen und trocken schleudern. 100 g Rucola abwiegen und klein schneiden. Die übrigen Blätter mit Küchenpapier sehr gut trocken tupfen. In einem Topf ausreichend Öl auf 160 °C erhitzen und die Rucolablätter darin kurz frittieren, dann auf Küchenpapier entfetten und beiseitestellen.

2. Die Haselnüsse mit Knoblauch, Pecorino und Meersalz im Blitzhacker zerkleinern, dabei nach und nach beide Olivenölsorten einlaufen lassen und den zerkleinerten Rucola untermixen. Das fertige Rucolapesto beiseitestellen.

3. Die Kalmartuben unter fließendem kaltem Wasser abspülen und mit Küchenpapier trocken tupfen. Den Spargel waschen und die Enden abschneiden. Anschließend das untere Drittel der Stangen schälen und in feine Würfel schneiden. Das Toastbrot ebenfalls fein würfeln.

4. In einer Pfanne 1 EL Olivenöl erhitzen und die Toastbrotwürfel darin goldgelb anschwitzen. Dann die Pinienkerne und die Spargelwürfel zufügen, kurz mit anschwitzen und die Mischung mit Salz und Pfeffer würzen. Die übrigen Kalmartuben in 3 mm breite Streifen schneiden.

5. Den Backofen auf 100 °C vorheizen. Die Kalmartuben mit der Masse füllen und jeweils mit einem Zahnstocher verschließen. In einer Pfanne 2 EL Olivenöl erhitzen und die gefüllten Kalmartuben darin bei mittlerer Hitze etwa 1 Minute anbraten. Anschließend die Kalmarstreifen zufügen und noch 1 Minute mitbraten.

6. Eine ofenfeste Form mit dem übrigen Olivenöl ausstreichen, die Calamaretti hineinsetzen und im vorgeheizten Ofen in etwa 5 Minuten fertig garen, dann warm halten.

7. Inzwischen in einem Topf ausreichend Salzwasser zum Kochen bringen, die Spaghetti darin al dente garen, dann abgießen und abtropfen lassen. Die Nudeln auf vorgewärmten Tellern anrichten und das Rucolapesto darüber verteilen. Die Kalmarstreifen nochmals kurz erhitzen und mit den gefüllten Calamaretti auf den Spaghetti anrichten. Alles mit frittiertem Rucola garnieren und sofort servieren.

S. 82
KÜCHENPRAXIS Nudeln kochen
S. 169
REZEPTE Pesto herstellen

Spaghetti alla chitarra mit Lachs

ZUBEREITUNGSZEIT 35 Min.

FÜR DIE SPAGHETTI
- Salz, 400 g Spaghetti alla chitarra (Ersatz: Bavette)
- 4 Stängel Estragon, 4 Schalotten
- 200 ml trockener Weißwein
- 1 EL Dijon-Senf, 1 Lorbeerblatt
- 1 Knoblauchzehe, geschält
- 200 ml Fischfond (Glas oder S. 137)
- 400 g frisches Lachsfilet
- 2 gehäufte TL eingelegter grüner Pfeffer
- 50 g Sahne, 50 g Butter
- 1 EL Limettensaft
- Cayennepfeffer
- Salz, frisch gemahlener Pfeffer

S. 31
WARENKUNDE Spaghetti alla chitarra

S. 75
KÜCHENPRAXIS Pasta alla chitarra

S. 82
KÜCHENPRAXIS Nudeln kochen

S. 137
KÜCHENPRAXIS Fischfond

1. In einem Topf ausreichend Salzwasser zum Kochen bringen. Die Spaghetti alla chitarra darin al dente garen, dann abgießen, kalt abschrecken und beiseitestellen.

2. Den Estragon waschen, trocken schütteln, die Blättchen abzupfen und beiseitestellen. Die Stängel aufbewahren. Die Schalotten schälen und in feine Würfel schneiden.

3. In einer Kasserolle den Weißwein mit den Schalottenwürfeln, dem Dijon-Senf, dem Lorbeerblatt, der Knoblauchzehe sowie den Estragonstängeln aufkochen und die Flüssigkeit auf etwa 100 ml reduzieren. Den Fischfond angießen und alles erneut um ein Drittel auf etwa 200 ml einkochen lassen. Dann das Lorbeerblatt, die Knoblauchzehe sowie die Estragonstängel wieder entfernen.

4. Das Lachsfilet in etwa ½ cm breite Streifen schneiden. Den grünen Pfeffer kurz abtropfen lassen und zu der Saucenreduktion geben. Die Sahne unterrühren, die Spaghetti untermischen und die Butter zufügen. Alles mit Limettensaft, Cayennepfeffer, Salz und Pfeffer abschmecken und die Estragonblätter unterrühren.

5. Zum Schluss die rohen Lachsstreifen untermischen und nur ganz kurz mit durchschwenken. Anschließend die Spaghetti auf vorgewärmten Tellern anrichten und sofort servieren.

Variationen

Dieses feine Gericht lässt sich mit Tomatenwürfeln, die zum Schluss untergemischt werden, weiter variieren. Aber auch Kapern passen sehr gut dazu. Lachs verträgt nur wenig Hitze, weshalb er hier roh zugefügt wird. Er gart in der warmen Umgebung dann in wenigen Sekunden. Wenn Sie stattdessen Seeteufel verwenden wollen, muss dieser jedoch separat kurz gebraten werden.

Offene Ravioli mit Lachs und lila Senfsabayon

ZUBEREITUNGSZEIT 2 Std.

FÜR DIE OFFENEN RAVIOLI
- 100 g Weizenmehl Type 405 oder 550
- 100 g Hartweizengrieß, 2 Eier, ½ TL Salz
- 4 Zweige Thymian, gewaschen und trocken geschüttelt
- doppelgriffiges Mehl

FÜR DIE ARTISCHOCKEN UND DEN LACHS
- 4 große Artischocken, 8 EL Zitronensaft
- 1 Schalotte, 1 Knoblauchzehe
- 600 g Lachsfilet, 1 EL Olivenöl
- Salz, 100 ml Weißwein
- 50 g Kapern (Nonpareilles) mitsamt 1–2 EL Einlegewasser
- frisch gemahlener Pfeffer
- 50 g Butter, 20 g Keta-Kaviar (Wildlachskaviar)

FÜR DIE LILA SENFSABAYON
- 2 Eigelb
- ½–1 EL lila Senf (www.mittelmeerbasar.de oder Honigsenf von Maille)
- 50 ml Rote-Bete-Saft (Reformhaus, Bioladen)
- 50 ml halbtrockener Sekt, Salz

S. 67
KÜCHENPRAXIS Nudelteig herstellen

S. 72, 74
KÜCHENPRAXIS Nudelteig ausrollen

1. Aus Mehl, Grieß, Eiern, Salz sowie bei Bedarf noch ein wenig Wasser einen Nudelteig herstellen, wie auf S. 67 beschrieben. Den Teig in Frischhaltefolie einschlagen und 1 Stunde ruhen lassen. In der Zwischenzeit die Stiele der Artischocken abschneiden und die Hüllblätter auf ein Drittel kürzen. Die verbliebenen Hüllblätter und Blattansätze auf der Unterseite entfernen. Die Artischockenböden mit einem Kugelausstecher vom »Heu« befreien und sofort in mit 6 EL Zitronensaft versetztes Wasser legen, damit sie sich nicht braun verfärben.

2. Die Schalotte schälen und fein würfeln. Den Knoblauch schälen und leicht andrücken. Die dünnen Randbereiche vom Lachsfilet abtrennen, häuten und in mundgerechte Würfel schneiden. Das Mittelstück in 4 gleich große Tranchen schneiden.

3. Für die offenen Ravioli die Thymianblättchen abzupfen. Den Teig vierteln, zu vier dünnen Bahnen ausrollen und zwei davon locker mit Thymianblättchen bestreuen, den übrigen Thymian aufbewahren. Die restlichen zwei Bahnen passgenau auflegen und gut andrücken. Falls sie nicht haften, die untere Teigbahn jeweils leicht mit Wasser besprühen. Die Bahnen erneut durch die Maschine drehen und aus dem Teig 8 große Kreise (10 cm Ø) ausstechen oder große Quadrate (10–12 cm) ausschneiden, mit doppelgriffigem Mehl bestäuben und beiseitestellen.

Teig übrig?

Je nach Größe der Teigblätter bleibt etwas Nudelteig übrig, der sich leicht zu Bandnudeln verarbeiten lässt. Den Teigrest dafür dünn ausrollen, mit dem entsprechenden Vorsatz beispielsweise in Tagliatelle schneiden. Die Bandnudeln dann mit doppelgriffigem Mehl bestäuben, zu Nestern aufrollen und auf einem bemehlten Brett trocknen.

4. Die Artischockenböden aus dem Zitronenwasser nehmen und in mundgerechte Würfel schneiden. In einer beschichteten Pfanne das Olivenöl erhitzen und die Schalotte sowie den Knoblauch darin hell anschwitzen. Die Artischocken mit dem übrigen Thymian zufügen, salzen, alles mit Weißwein ablöschen und diesen reduzieren. Die Kapern mit 1 bis 2 EL Einlegewasser zufügen und die Artischocken zugedeckt weich schmoren. Die Lachswürfel kurz mitgaren und alles mit dem übrigen Zitronensaft, Salz und Pfeffer abschmecken.

5. Die Lachstranchen salzen und auf der Hautseite in eine kalte, beschichtete Pfanne legen. Die Pfanne erhitzen und den Lachs bei mittlerer Hitze, ohne ihn zu wenden, knusprig und goldbraun braten. Der Lachs sollte jetzt innen und auf der Oberseite noch roh und glasig sein. Dann die Butter zufügen, den Lachs wenden, mit der aufschäumenden Butter übergießen und beiseitestellen.

6. Für die Senfsabayon die Eigelbe mit Senf, Rote-Bete-Saft, Sekt und 1 Prise Salz in einem Metallrührkessel verquirlen. Diesen über ein heißes Wasserbad setzen und die Sabayon mit dem Schneebesen luftig aufschlagen. In einem Topf ausreichend Salzwasser aufkochen, die Teigblätter darin in etwa 2 Minuten al dente garen, dann herausheben und abtropfen lassen. Die Artischocken-Lachs-Mischung kurz erwärmen, den Knoblauch entfernen und den Keta-Kaviar einstreuen. Je 1 Nudelblatt auf vorgewärmte Teller legen, ein Viertel der Artischocken-Lachs-Mischung darauf verteilen und mit einem zweiten Nudelblatt bedecken. Je 1 gebratene Lachstranche auf dem oberen Nudelblatt anrichten, alles mit der Senfsabayon nappieren und sofort servieren.

Lasagnette mit Seeteufel, Fenchelpüree und Orangen-Basilikum-Emulsion

ZUBEREITUNGSZEIT 2 Std. 15 Min.

FÜR DEN NUDELTEIG
- 200 g Weizenmehl Type 405 oder 550
- 2 Eier, 1 Eigelb, 1 EL Olivenöl, ½ TL Salz

FÜR DIE ORANGEN-BASILIKUM-EMULSION
- 300 ml Orangensaft
- 1 Blatt Gelatine, kalt eingeweicht
- 10 Basilikumblätter
- 40–50 ml Olivenöl
- Salz, Zucker, Tabasco

FÜR DAS FENCHELPÜREE
- 2 Fenchelknollen
- 4 EL Olivenöl, Salz, Zucker
- 50 ml Weißwein
- 20 ml Pernod
- 100 ml heller Geflügelfond (Glas oder S. 138)
- Saft von ½ Zitrone

FÜR DEN SEETEUFEL
- 250 g Seeteufelfilet, in ½ cm dicke Medaillons geschnitten
- Salz, 2 EL Mehl
- 2 EL Olivenöl

AUSSERDEM
- Salz, 50 g Butter
- grob gemahlener Pfeffer
- 4 Thymianspitzen
- 1 Orange, geschält und die Filets ausgelöst

S. 67
KÜCHENPRAXIS Nudelteig herstellen

S. 138
KÜCHENPRAXIS heller Geflügelfond

1. Aus den angegebenen Zutaten einen Nudelteig herstellen, wie auf S. 67 beschrieben, in Frischhaltefolie einschlagen und 1 Stunde ruhen lassen. In der Zwischenzeit für die Emulsion den Orangensaft auf 80 ml reduzieren. Anschließend die gut ausgedrückte Gelatine darin auflösen, die Mischung in einen Rührbecher geben und im Kühlschrank in etwa 1 Stunde fest werden lassen.

2. Den Backofen auf 180 °C vorheizen. Den Fenchel für das Püree putzen und grob würfeln. In einem Topf das Olivenöl erhitzen, den Fenchel darin hell anschwitzen und leicht mit Salz und Zucker würzen. Alles mit Weißwein ablöschen, Pernod und Geflügelfond angießen und das Püree zugedeckt in 1 Stunde im vorgeheizten Ofen sehr weich schmoren. Inzwischen den Nudelteig mit der Maschine zu dünnen Bahnen ausrollen, diese in 10 cm große Quadrate (Lasagnette) schneiden und antrocknen lassen.

3. Den geschmorten Fenchel mit der Schmorflüssigkeit im Standmixer sehr fein pürieren und das Püree durch ein nicht zu feines Sieb streichen. Dann das Fenchelpüree mit Salz, Zucker und Zitronensaft abschmecken und warm halten.

4. Anschließend die Emulsion fertigstellen: Dafür den gelierten Orangensaft und die Basilikumblätter mit dem Pürierstab aufmixen, dabei langsam das Olivenöl einlaufen lassen. Die gebundene, cremige Emulsion mit Salz, Zucker und Tabasco abschmecken.

5. Die Seeteufelmedaillons leicht salzen und mit Mehl bestäuben. In einer Pfanne das Öl erhitzen und den Fisch darin von beiden Seiten kurz und kräftig anbraten. Die Medaillons herausnehmen, kurz auf Küchenpapier abtropfen lassen und warm halten.

6. Die Lasagnette in kochendem Salzwasser in etwa 2 Minuten bissfest garen, abgießen, abschrecken und auf Frischhaltefolie auslegen. In einer Pfanne die Butter zerlassen, die Nudelblätter kurz durchziehen und aufschichten, wie unten in Step 1 und 2 gezeigt. Nach Belieben noch ein Stückchen Seeteufel auflegen, die Lasagnette mit grobem Pfeffer bestreuen und mit Thymian belegen. Die Orangen-Basilikum-Emulsion rings um die Lasagnette träufeln, alles mit Orangenfilets garnieren und sofort servieren.

LASAGNETTE

Schicht für Schicht fertigstellen

(1) Jeweils 1 Lasagnetteblatt auslegen und mit 1 EL Fenchelpüree bestreichen. Darauf je nach Größe 1 bis 2 Seeteufelmedaillons anrichten und mit 1 EL Fenchelpüree bedecken, dann wieder 1 Lasagnetteblatt auflegen.

(2) Diesen Vorgang ein- bis zweimal wiederholen, dabei mit einem Nudelblatt abschließen. Dieses nach Belieben dekorativ zu einem Dreieck zurückklappen und die gefüllten Lasagnette auf sehr heiße Teller setzen.

(1)

(2)

Schwarze Nudelfleckerl mit gratinierter Rotbarbe und Estragonfond

ZUBEREITUNGSZEIT 2 Std.

FÜR DIE NUDELFLECKERL
- 300 g Weizenmehl Type 405 oder 550
- 3 Eier, 1 EL Olivenöl, ½ TL Salz
- 4 Päckchen Sepiatinte, je 4 g (Feinkost- oder Fischgeschäft)

FÜR DIE MARINIERTEN TOMATEN
- 4 Tomaten, Salz, Zucker
- 1 EL Tomatenmark
- etwas Sherryessig und Tabasco
- 5 Basilikumblätter, klein geschnitten

FÜR DEN ESTRAGONFOND
- 1 rote Paprikaschote
- 1 kleine Fenchelknolle, geputzt
- 5 Champignons, geputzt, 1 EL Olivenöl
- 1 Schalotte, geschält und gewürfelt
- 1 Knoblauchzehe, geschält und gewürfelt
- 100 ml Weißwein, 100 ml Noilly Prat
- 20 ml Pernod
- 1 l Fischfond (Glas oder S. 137; Ersatz: heller Geflügelfond, Glas oder S. 138)
- 1 Lorbeerblatt, 1 Stängel Estragon
- Salz, frisch gemahlener Pfeffer

FÜR DIE ROTBARBENFILETS
- 1 vorwiegend festkochende Kartoffel
- 4 küchenfertige Rotbarbenfilets oder andere Filets von Mittelmeerfischen
- Salz, 3 EL Olivenöl, 2 EL Semmelbrösel

AUSSERDEM
- ½ l Öl zum Frittieren, Salz
- Kräuterblättchen für die Garnitur (Basilikum, Kerbel, Estragon, Dill)
- nach Belieben 1–2 EL gutes Olivenöl

S. 67, 70
KÜCHENPRAXIS schwarzen Nudelteig herstellen

S. 77
KÜCHENPRAXIS Nudelfleckerl herstellen

1. Aus den angegebenen Zutaten und bei Bedarf noch etwas Wasser einen schwarzen Nudelteig herstellen, wie auf S. 67 und S. 70 beschrieben. Den schwarzen Nudelteig in Frischhaltefolie einschlagen und 1 Stunde ruhen lassen. Inzwischen die Tomaten kreuzweise einritzen, 15 Sekunden blanchieren, kalt abschrecken, häuten, halbieren, vierteln und die Stielansätze und Samen entfernen. Das Tomatenfruchtfleisch klein würfeln, leicht mit Salz und Zucker würzen und kurz ziehen lassen.

2. Das ausgetretene Tomatenwasser abgießen, auffangen und für die spätere Verwendung beiseitestellen. Das Tomatenmark unter die Tomatenwürfel rühren und diese mit Sherryessig und Tabasco säuerlich-pikant, aber nicht zu scharf abschmecken. Zum Schluss das geschnittene Basilikum unterheben und die marinierten Tomaten beiseitestellen.

3. Für den Estragonfond die Paprikaschote von Stielansatz, Samen und Scheidewänden befreien und klein würfeln. Den Fenchel in kleine Stücke und die Champignons in Scheiben schneiden. In einer Pfanne das Olivenöl erhitzen und Schalotte und Knoblauch mit Paprika, Fenchel und Champignons darin hell anschwitzen. Alles mit Weißwein, Noilly Prat und Pernod ablöschen und die Flüssigkeit fast völlig reduzieren. Den Fischfond angießen, Lorbeer und Estragon einlegen und den Fond auf die Hälfte einkochen lassen, dann salzen, pfeffern und durch ein Tuch passieren. Das aufgefangene Tomatenwasser zugießen und den Estragonfond beiseitestellen.

4. Den schwarzen Nudelteig mit der Maschine zu dünnen Bahnen ausrollen. Diese erst längs in 2 bis 3 cm breite Streifen, dann quer in 2 bis 3 cm große Quadrate (Fleckerl) schneiden und kurz antrocknen lassen.

5. Den Backofengrill vorheizen. Für die Rotbarbenfilets die Kartoffel schälen, in dünne Scheiben hobeln, kurz kalt abspülen und auf Küchenpapier abtropfen lassen. Die Fischfilets von beiden Seiten leicht salzen. In einer Pfanne 2 EL Olivenöl erhitzen und die Rotbarbenfilets darin bei mittlerer Hitze auf der Hautseite in 1 bis 2 Minuten knusprig anbraten. Ein Backblech mit dem restlichen Öl bestreichen, die Fischfilets daraufsetzen, jeweils mit 1 EL marinierten Tomaten belegen, mit Semmelbröseln bestreuen und unter dem vorgeheizten Grill goldgelb gratinieren.

6. Den Estragonfond langsam erhitzen. Das Frittieröl in einem Topf oder in der Fritteuse auf 170 °C erhitzen. In einem Topf ausreichend Salzwasser aufkochen und die Nudelfleckerl darin al dente garen, dann abgießen und kurz abtropfen lassen. Die Kartoffelscheiben im heißen Öl frittieren, mit dem Schaumlöffel herausnehmen, auf Küchenpapier entfetten und leicht salzen.

7. Die Nudelfleckerl in vorgewärmte tiefe Teller verteilen und mit dem heißen Tomatenfond übergießen. Die gratinierten Rotbarbenfilets auf den Nudelfleckerln anrichten. Alles mit Kartoffelchips und Kräutern garnieren, nach Belieben noch mit ein paar Tropfen Olivenöl beträufeln und sofort servieren.

Steinpilz-Maltagliati mit Salsiccia

ZUBEREITUNGSZEIT 2 Std.

FÜR DIE STEINPILZ-MALTAGLIATI
- 300 g Weizenmehl Type 405 oder 550
- 50 g Steinpilzpulver (Gewürzfachhandel)
- 3 Eier, ½ TL Salz, 1 EL Olivenöl

FÜR DIE FRISCHE TOMATENSAUCE
- 800 g vollreife Tomaten
- 20 Basilikumblätter, 50 g Butter
- 1 TL Salz, frisch gemahlener Pfeffer

FÜR DIE SALSICCIA-SAUCE
- 1–2 EL Olivenöl
- 1 Schalotte, geschält und fein gewürfelt
- 1 Knoblauchzehe, geschält und fein gewürfelt
- 250 g frische Salsiccia (ital. grobe Mettwurst, S. 53; Ersatz: gewürfelter Karreespeck)
- 2 EL Tomatenmark, 80 ml roter Portwein
- 100 ml heller Geflügelfond (Glas oder S. 138)
- 1 Lorbeerblatt, 1 Zweig Thymian
- 1 Zweig Rosmarin, 1 Wacholderbeere
- Salz, frisch gemahlener Pfeffer
- 1 Prise Zucker, 1 EL gereifter Aceto balsamico

AUSSERDEM
- Salz, frisch gehobelter Parmesan
- 2 EL gehackte glatte Petersilie

1. Aus Mehl, Steinpilzpulver, Eiern, Salz, Olivenöl und bei Bedarf noch etwas Wasser einen Nudelteig herstellen, wie auf S. 67 gezeigt. Den Teig in Frischhaltefolie einschlagen und 1 Stunde ruhen lassen.

2. Aus den angegebenen Zutaten eine frische Tomatensauce herstellen, wie auf S. 149 beschrieben. Anschließend in einer Pfanne das Olivenöl erhitzen und die Schalotten- und Knoblauchwürfel darin hell anschwitzen. Die Salsiccia aus der Pelle drücken und kurz mit angehen lassen. Dann das Tomatenmark unterrühren und 1 Minute mitbraten. Alles mit Portwein ablöschen, dann den Geflügelfond sowie die frische Tomatensauce zufügen. Lorbeerblatt, Thymian, Rosmarin und die Wacholderbeere einlegen und alles einmal kurz aufkochen lassen. Dann die Temperatur reduzieren und die Sauce bei schwacher Hitze etwa 1 Stunde köcheln lassen.

3. Den Nudelteig mit der Maschine zu dünnen Bahnen ausrollen. Diese erst längs in etwa 2 cm breite Streifen, dann schräg in Rauten (Maltagliati) mit 2 cm Kantenlänge schneiden. In einem Topf ausreichend Salzwasser zum Kochen bringen. Die Maltagliati darin in etwa 2 Minuten bissfest garen, abgießen, abtropfen lassen und in eine Pfanne geben.

4. Die Salsiccia-Sauce mit Salz, Pfeffer und Zucker abschmecken und über die Nudeln geben. Alles mit Balsamico beträufeln und gut vermengen. Die Maltagliati mit der Sauce auf vorgewärmten Tellern anrichten, mit Parmesan und Petersilie bestreuen und sofort servieren. In der Saison nach Belieben noch gebratene Steinpilze dazureichen.

S. 138
KÜCHENPRAXIS heller Geflügelfond

S. 149
REZEPTE frische Tomatensauce

Viva la pasta!

Sophia Loren, das strahlende Lächeln über einen Teller Spaghetti hinweg auf den Betrachter gerichtet: Wer in diesem Foto nur die zufällige Pose eines Filmstars sieht, der täuscht sich. Denn abgesehen vom Fußball verkörpert das Bild alle wichtigen Elemente des italienischen Nationalstolzes: die schöne Italienerin, die in jeder Lebenslage »bella figura« macht. Die »mamma«, die ihre Familie umsorgt – immerhin schrieb Sophia Loren sogar ein Kochbuch. Und schließlich die Pasta, geradezu der Inbegriff italienischer Küche.

Im Schnitt verzehrt jeder Italiener 28 Kilo Pasta im Jahr. Schließlich kommen Nudeln in vielen Fällen sogar zweimal am Tag auf den Tisch: mittags, weil es schnell geht und Energie für den Nachmittag gibt. Und abends als erster Gang (»primo piatto«) zu einem ausführlicheren Essen im Familienkreis. Was heute wie typisch italienische Esskultur wirkt, hat allerdings in Wirklichkeit eine Tradition von wenig mehr als hundert Jahren. Als 1861 erstmals ein vereinigter italienischer Staat ausgerufen wurde, war noch längst nicht sicher, dass sich die Italiener auch zu einer Nation zusammenfinden würden. Zu unterschiedlich waren die Lebensbedingungen, Traditionen und Mentalitäten in dem lang gestreckten Land. Das äußerte sich nicht zuletzt darin, dass es von einem Nudeläquator geteilt wurde.

Im Norden bereitete man Pasta fresca, frische Pasta, zu – oft goldgelb von Ei. Diese Pasta spielte ihre Rolle in üppigen Gerichten: als Beilage zu Fleischragouts, in Form von Nudeltäschchen mit würziger Füllung oder in reichhaltigen Fleischaufläufen wie »Lasagne al forno«. Die Pasta des Südens dagegen war Pasta secca, getrocknete Pasta: Häufig zu langen Nudelfäden geformt, sättigte sie auch, wenn sie nur mit Käse oder leichtem Sugo vermischt wurde. Ihr haftete der Ruch des schlichten, kulinarisch wenig anspruchsvollen Volksnahrungsmittels an. Zu frisch war die Erinnerung an die Bilder von neapolitanischen Lebenskünstlern, die sich die langen Makkaroni an Straßenständen direkt mit den Fingern in den Mund stopften. Kein Wunder also, dass Pellegrino Artusi noch 1891 in seinem berühmten Standardwerk der (bürgerlichen) italienischen Küche abfällig über die süditalienische Pasta schrieb, sie tauge nur für Menschen, die in Tomatensauce schwämmen. Die Tagliatelle seiner mittelitalienischen Heimat dagegen erhob er zu einem Gericht, das den »Charakter der Nation« bewahre. Doch inzwischen hatte ihn die industrielle Entwicklung längst überholt. Seit Beginn des 19. Jahrhunderts wird Pastascuitta in Fabriken hergestellt und landesweit, ja sogar über Italiens Grenzen hinaus vertrieben. Und ihr Siegeszug war nicht aufzuhalten, denn sie lässt sich lange lagern, unkompliziert zubereiten und kam in immer neuen Formen auf den Markt. Es gab sogar ein Pastagericht, das in ganz Italien als besonders patriotisch galt: »Spaghetti alla carbonara«, also Pasta mit Räucherfleisch, Ei und Pfeffer. Schließlich erinnerte der Name der »Köhlerspaghetti« an die »carboneria«, einen Geheimbund, der maßgeblich zur Einigung Italiens beigetragen hatte. Heute ist getrocknete Pasta aus der italienischen Küche nicht mehr wegzudenken. Und das gilt für den Norden wie für den Süden. Es gilt für Regionen, in denen traditionell der Reis an erster Stelle stand, und für solche, in denen Polenta als Grundnahrungsmittel diente. Natürlich wird auch Pasta fresca immer noch hergestellt. Aber im Alltag kommt meist die schnell gekochte Pasta aus der Familienpackung auf den Tisch. Und wenn Sophia Loren mit Blick auf ihre Figur sagte: »Alles, was Sie sehen, verdanke ich Spaghetti«, dann erfüllt diese Aussage Italiener aus Nord und Süd gleichermaßen mit Stolz auf »ihre« Pasta.

Sabine Schlimm

Maltagliati mit Kalbsleber

ZUBEREITUNGSZEIT 1 Std. 45 Min.

FÜR DIE MALTAGLIATI
- 200 g Weizenmehl Type 405 oder 550
- 200 g Hartweizengrieß
- 4 Eier, 1 TL Salz

FÜR DIE KALBSLEBER
- ½ l dunkler Kalbsfond (Glas oder S. 140)
- 300 g Kalbsleber, pariert
- 1 Bund Majoran, kalt abgebraust
- 1 rote Zwiebel, geschält
- 1–2 EL Olivenöl, 40 g Pinienkerne
- 1 EL Mehl zum Bestäuben
- 60 ml Aceto balsamico
- frisch gemahlener Pfeffer
- Fleur de Sel

AUSSERDEM
- Salz
- 40 g frisch geriebener Parmesan

S. 67
KÜCHENPRAXIS Nudelteig
S. 77
KÜCHENPRAXIS Maltagliati
S. 140
KÜCHENPRAXIS dunkler Kalbsfond

1. Aus den angegebenen Zutaten und bei Bedarf noch etwas Wasser einen Nudelteig herstellen, wie auf S. 67 gezeigt. Den Teig in Frischhaltefolie wickeln und 1 Stunde ruhen lassen.

2. In der Zwischenzeit den Kalbsfond auf 100 ml reduzieren. Die Kalbsleber in feine Streifen schneiden. Den Majoran trocken schütteln und die Blättchen in feine Streifen schneiden. Die Zwiebel ebenfalls in feine Streifen schneiden.

3. Den Nudelteig mit der Maschine zu dünnen Bahnen ausrollen. Diese erst in 5 cm breite Streifen, dann in unregelmäßige Dreiecke (Maltagliati) schneiden und kurz antrocknen lassen.

4. In einer beschichteten Pfanne das Öl erhitzen und die Zwiebel darin hell anschwitzen. Die Pinienkerne zufügen und leicht bräunen. Die Leber mit Mehl bestäuben. Die Temperatur erhöhen und die Leberstreifen kurz mitbraten, dann alles mit dem Essig ablöschen und diesen vollständig reduzieren. Den reduzierten Kalbsfond und den Majoran unterrühren und die Kalbsleber mit Pfeffer und Fleur de Sel würzen.

5. In einem Topf ausreichend Salzwasser aufkochen, die Maltagliati darin al dente garen, mit dem Schaumlöffel herausheben und zu der Leber geben. Alles durchschwenken und bei Bedarf noch etwas Kochwasser zufügen. Die Pasta auf vorgewärmten tiefen Tellern anrichten und mit Parmesan bestreut servieren.

Tagliatelle mit Kaninchenragout

ZUBEREITUNGSZEIT 2 Std.

FÜR DAS KANINCHENRAGOUT
- 400 g Kaninchenfleisch, ohne Knochen
- 100 g Kaninchenlebern
- 8 Kaninchennieren
- 1 EL edelsüßes Paprikapulver
- 30 g durchwachsener Räucherspeck
- 100 g Zwiebeln, 60 ml Olivenöl
- 70 g Möhre, geschält und gewürfelt
- ½ Knoblauchzehe, geschält und angedrückt
- 500 g Tomatenfruchtfleisch, gewürfelt
- 3 Zweige Thymian
- 1 kleiner Zweig Rosmarin
- Salz, frisch gemahlener Pfeffer
- ¼ l trockener Weißwein

AUSSERDEM
- 1 Rezept Eigelb-Nudelteig für Bandnudeln (S. 68), in Frischhaltefolie gewickelt und 1 Stunde geruht
- Salz, 2 EL frisch geriebener Parmesan
- 1 EL Semmelbrösel, 60 g Butter, in Flöckchen
- nach Belieben 12 frittierte Kirschtomaten

S. 68
KÜCHENPRAXIS Eigelb-Nudelteig

S. 72
KÜCHENPRAXIS Tagliatelle herstellen

1. Das Kaninchenfleisch und die Lebern in kleine Würfel schneiden. Die Kaninchennieren gut waschen, längs halbieren, mit dem Paprikapulver bestreuen und 15 Minuten kühl durchziehen lassen.

2. Inzwischen den Räucherspeck fein würfeln. Die Zwiebeln schälen und in feine Würfel schneiden. In einer Pfanne 2 EL Olivenöl erhitzen und die Speckwürfel darin kurz anbraten. Dann die Zwiebel- und Möhrenwürfel sowie den Knoblauch zufügen und 3 bis 4 Minuten mit anschwitzen. Anschließend das gewürfelte Tomatenfruchtfleisch und die Kräuterzweige unterheben. Alles mit Salz und Pfeffer würzen, mit dem Weißwein ablöschen und die Tomatensauce noch 10 bis 15 Minuten köcheln lassen.

3. Den Nudelteig mit der Maschine zu dünnen Bahnen ausrollen. Diese mit dem entsprechenden Vorsatz in Tagliatelle schneiden und kurz antrocknen lassen. Anschließend in einer großen Pfanne das restliche Olivenöl erhitzen und Kaninchenfleisch, -lebern und -nieren darin ringsum kräftig anbraten, dann mit Salz und Pfeffer würzen. Fleisch und Innereien noch 1 bis 2 Minuten braten, dann die Tomatensauce zufügen und alles bei starker Hitze noch 2 bis 3 Minuten köcheln lassen.

4. Den Backofengrill vorheizen. In einem Topf ausreichend Salzwasser aufkochen, die Tagliatelle darin bissfest garen, abgießen, kurz abtropfen lassen und auf vorgewärmte Teller verteilen. Das Kaninchenragout darauf anrichten. Den Parmesan mit den Semmelbröseln vermengen, die Nudeln damit bestreuen und mit Butterflöckchen belegen. Die Tagliatelle mit dem Kaninchenragout unter dem vorgeheizten Grill kurz gratinieren, herausnehmen, nach Belieben mit frittierten Kirschtomaten garnieren und sofort servieren.

Nudeln mit Huhn und grünem Spargel

ZUBEREITUNGSZEIT 1 Std. 35 Min.
MARINIERZEIT 1 Std.

FÜR DIE NUDELN

- 250 g Hähnchenbrustfilet, ohne Haut
- 2 TL Speisestärke, 2 EL Reiswein
- 1 EL helle Sojasauce, ½ TL Zucker, Salz
- Pfeffer, 1 Msp. gemahlener Ingwer
- 60 g gekochter Schinken, in Scheiben
- 4 getrocknete Tongu- oder Shiitake-Pilze, 20 Minuten kalt eingeweicht
- 80 g Lauch, geputzt und gewaschen
- 100 g Bambussprossen (Dose)
- 200 g dünner grüner Spargel, 4 EL Erdnussöl
- 300 g chinesische Eiernudeln
- ⅛ l heller Geflügelfond (Glas oder S. 138)
- 1 EL dunkle Sojasauce
- 1 EL gehacktes Koriandergrün

S. 42
WARENKUNDE chinesische Eiernudeln

S. 138
KÜCHENPRAXIS heller Geflügelfond

1. Die Hähnchenbrust schräg in dünne Scheiben schneiden und in eine Form geben. Die Stärke mit Reiswein und heller Sojasauce anrühren. Das Fleisch damit übergießen und mit Zucker, Salz, Pfeffer und Ingwer würzen. Alles vermengen und 1 Stunde kühl marinieren.

2. Für das Gemüse den Schinken in ½ cm breite Streifen schneiden. Die Pilze ausdrücken und in Scheiben schneiden. Lauch putzen und waschen, Bambussprossen abtropfen lassen und beides in dünne Scheiben schneiden. Den Spargel kürzen, falls nötig, das untere Drittel schälen, und die Stangen in 4 bis 5 cm große Stücke schneiden.

3. In einem Wok das Öl erhitzen, Schinken und Pilze darin kurz anbraten, dann herausnehmen. Lauch, Bambussprossen und Spargel im verbliebenen Öl unter Rühren braten, bis der Spargel gar ist, dann herausnehmen. Das Hähnchenfleisch aus der Marinade gut abtropfen lassen, dabei die Marinadeflüssigkeit auffangen. In einem Topf ausreichend Salzwasser aufkochen und die Eiernudeln darin nach Packungsangabe bissfest garen, abgießen, abtropfen lassen und beiseitestellen.

4. Das im Wok verbliebene Öl erneut erhitzen und das Fleisch darin unter Rühren hellbraun braten. Das vorbereitete Gemüse, die Marinadenflüssigkeit sowie den Geflügelfond zufügen und kurz miterhitzen, dann mit der dunklen Sojasauce, Salz und Pfeffer abschmecken und die gekochten Nudeln untermischen. Alles auf vorgewärmten Tellern anrichten, mit Koriandergrün bestreuen und sofort servieren.

Eiernudeln mit Schweinefleisch

ZUBEREITUNGSZEIT 40 Min.

FÜR DIE NUDELN
- Salz, 250 g chinesische Eiernudeln
- 600 g Schweinefleisch
- 3 EL Erdnussöl, 200 g Frühlingszwiebeln
- 200 g Tomaten
- 80 g milde Fischsauce
- 2 TL dunkle Sojasauce
- ¼ TL gemahlene Kurkuma
- 2 EL gehacktes Koriandergrün
- ⅛ l heller Geflügelfond (Glas oder S. 138)
- 100 g Sojasprossen

FÜR DIE GEWÜRZMISCHUNG
- ½ Zwiebel (30 g), 4 Knoblauchzehen
- 1 Stück frischer Ingwer, etwa 2 cm
- 1 Stängel Zitronengras
- 2 kleine Chilischoten
- 1 EL gehacktes Koriandergrün
- 1 TL Garnelenpaste
- ½ TL Salz, 3 EL Erdnussöl

S. 42
WARENKUNDE chinesische Eiernudeln

S. 51
WARENKUNDE Koriandergrün

1. In einem Topf ausreichend Salzwasser zum Kochen bringen und die Eiernudeln darin nach Packungsangabe nicht zu weich garen, dann abgießen und die Nudeln beiseitestellen.

2. Für die Gewürzmischung Zwiebel, Knoblauch und Ingwer schälen und alles grob hacken. Das Zitronengras putzen und in Stücke schneiden. Die Chilischoten von Stielansätzen, Samen und Scheidewänden befreien und grob würfeln. Die vorbereiteten Zutaten mit dem Koriandergrün, der Garnelenpaste sowie dem Salz im Blitzhacker fein pürieren.

3. In einem Wok das Erdnussöl erhitzen und die Gewürzpaste darin 2 bis 3 Minuten bei starker Hitze unter ständigem Rühren anschwitzen. Dann die Gewürzmischung aus dem Wok nehmen und beiseitestellen.

4. Das Schweinefleisch in 1,5 cm große Würfel schneiden. In einem Wok das Erdnussöl erhitzen und die Fleischwürfel darin portionsweise bei starker Hitze ringsum kurz anbraten, dann herausnehmen und beiseitestellen.

5. Die Frühlingszwiebeln putzen und schräg in Scheiben schneiden. Die Tomaten halbieren, Samen und Stielansätze entfernen und das Fruchtfleisch klein würfeln. Das im Wok verbliebene Öl erneut erhitzen und die Tomaten darin kurz anschwitzen. Die Frühlingszwiebeln bei starker Hitze 1 Minute mitbraten, dann das Fleisch und die Gewürzmischung untermischen. Alles mit Fisch- und Sojasauce, Kurkuma und Koriandergrün würzen. Dann den Geflügelfond angießen, die Nudeln unterheben und alles kurz erwärmen. Zuletzt die Sojasprossen untermischen, die Eiernudeln mit dem Fleisch auf vorgewärmten Tellern anrichten und sofort servieren.

Polenta-Pappardelle mit Wildschwein

ZUBEREITUNGSZEIT 2 Std. 30 Min.

FÜR DIE POLENTA-PAPPARDELLE
- 100 g Weizenmehl Type 405 oder 550
- 200 g feiner Maisgrieß
- 3 Eier, 1 EL Olivenöl, Salz
- 150 g Mascarpone, 1 Eigelb
- 80 g Pinienkerne, geröstet und fein gehackt
- 2 EL fein gehackte Thymianblättchen
- frisch gemahlener Pfeffer
- 3 EL frisch geriebener Parmesan

FÜR DAS WILDSCHWEINRAGOUT
- 1 kg Wildschweinkeule, ohne Knochen
- 1 Zwiebel (70 g), geschält, 3 EL Olivenöl
- 1 EL Tomatenmark, 1 EL Mehl
- Salz, frisch gemahlener Pfeffer
- 700 ml trockener Rotwein
- ½ l Wild- oder Geflügelfond (Glas oder S. 138)
- je 2 Zweige Rosmarin und Thymian
- 3 Lorbeerblätter
- 150 g Möhren, 60 g rote Zwiebel und 80 g Staudensellerie, alles geputzt und klein gewürfelt

S. 33
WARENKUNDE Pappardelle
S. 67
KÜCHENPRAXIS Nudelteig

AUSSERDEM
- 20 g Zucker, 2 EL Aceto balsamico
- 60 g Walnusskerne, halbiert, 2 EL gehackte Petersilie
- Zahnstocher, 1 EL Olivenöl für die Form

1. Mehl, Maisgrieß, Eier, Olivenöl und Salz mit 1 EL Wasser zu einem glatten Teig verarbeiten. Den Nudelteig in Frischhaltefolie einschlagen und 1 Stunde ruhen lassen.

2. Für das Ragout das Fleisch 2 cm groß würfeln. Die Zwiebel grob würfeln. In einem Schmortopf das Öl erhitzen und das Fleisch darin ringsum kräftig anbraten. Die Zwiebel zufügen und bräunen. Tomatenmark unterrühren, alles mit Mehl bestäuben, salzen und pfeffern, dann mit Rotwein ablöschen. Den Fond angießen, Kräuter einlegen und das Ragout 1 Stunde 30 Minuten zugedeckt bei schwacher Hitze schmoren. 20 Minuten vor Ende der Garzeit das gewürfelte Gemüse zum Fleisch geben.

3. In einer Kasserolle den Zucker hell karamellisieren, den Essig langsam zugießen, die Nüsse zufügen und karamellisieren. Die Walnüsse herausnehmen und auf Backpapier auskühlen lassen.

4. Den Backofen auf 175 °C vorheizen. Den Nudelteig zu dünnen, 25 cm langen Bahnen ausrollen und diese in 4 bis 5 cm breite Pappardelle schneiden. In einem Topf ausreichend Salzwasser zum Kochen bringen und die Nudeln darin in 5 Minuten halb fertig garen. Die Pappardelle abgießen, abschrecken und auf einem Tuch ausbreiten. Mascarpone mit Eigelb, Pinienkernen und Thymian verrühren, salzen und pfeffern. Die Pappardelle längs zu zwei Dritteln mit Mascarponecreme bestreichen, aufrollen und jeweils mit einem Zahnstocher fixieren. Eine ofenfeste Form mit Öl ausstreichen, die Pappardelle einsetzen, mit Parmesan bestreuen und im vorgeheizten Ofen 15 Minuten überbacken.

5. Das Ragout durch ein Sieb gießen, die Kräuter entfernen und die Sauce auf ein Drittel reduzieren. Fleisch und Gemüse wieder einlegen und das Ragout abschmecken. Die Polenta-Papardelle mit dem Wildschweinragout auf vorgewärmten Tellern anrichten, mit Petersilie bestreuen und mit den karamellisierten Walnüssen garniert servieren.

Polenta mit Rehragout

ZUBEREITUNGSZEIT 2 Std. 15 Min.

FÜR DAS REHRAGOUT
- 2 Wacholderbeeren, 2 Pimentkörner
- 5 Pfefferkörner, 15 Korianderkörner
- 2 EL Olivenöl
- 600 g Rehschulter, 1 ½ cm groß gewürfelt
- 150 g Zwiebeln, geschält und fein gewürfelt
- 1 EL Zucker
- 200 ml kräftiger Rotwein, etwa Barbera
- 300 ml dunkler Kalbsfond (Glas oder S. 140)
- Salz, 1 frisches Lorbeerblatt
- 50 ml roter Portwein

FÜR DIE POLENTA
- ½ l heller Rinderfond (S. 140)
- 30 ml Olivenöl, 2 frische Lorbeerblätter
- 1 Msp. Chilipulver
- 150 g feiner Maisgrieß
- 2 EL kalte Sauerrahmbutter
- 50 g frisch geriebener Parmesan, Salz

S. 21
WARENKUNDE Maisgrieß

S. 112
KÜCHENPRAXIS Polenta kochen

1. Für das Ragout Wacholderbeeren, Piment-, Pfeffer- und Korianderkörner in einem Mörser fein zermahlen. In einem Bräter das Öl erhitzen und das Fleisch darin ringsum kräftig anbraten. Die Zwiebelwürfel 3 bis 4 Minuten bei mittlerer Hitze mitbraten, alles mit der Gewürzmischung und dem Zucker bestreuen und gut vermengen. Das Fleisch mit Rotwein ablöschen. Den Kalbsfond angießen, kurz aufkochen lassen, salzen und das Ragout bei mittlerer Hitze 1 Stunde zugedeckt schmoren.

2. Für die Polenta in einem Topf den Rinderfond mit Olivenöl, Lorbeerblättern und Chilipulver aufkochen. Den Maisgrieß mit dem Schneebesen zügig einrühren, sodass keine Klümpchen entstehen. Die Polenta dann bei schwacher Hitze etwa 5 Minuten unter ständigem Rühren mit einem Holzlöffel kochen, bis sie eine dickflüssige Konsistenz erhält. Sollte die Polenta zu dick werden, noch etwas Fond einrühren.

3. Das Lorbeerblatt zum Ragout geben und dieses offen noch 30 Minuten köcheln lassen, bis das Fleisch weich und zart und die Sauce schön sämig ist. Dann den Portwein unterrühren, alles noch 2 bis 3 Minuten köcheln lassen und das Ragout kurz warm halten.

4. Die Polenta vor dem Servieren mit der kalten Butter und dem Parmesan verfeinern und mit Salz abschmecken. Die Polenta nach Belieben in Ringe füllen, kurz anziehen lassen, die Ringe wieder entfernen und die Polenta mittig auf vorgewärmten Tellern anrichten. Das Rehragout ringsum verteilen, alles nach Belieben noch mit etwas geriebenem Parmesan bestreuen und sofort servieren.

Knödel als Alternative

Das herzhaft-würzige Rehragout schmeckt auch mit Semmelknödeln (S. 118) oder mit einem Serviettenknödel (S. 121) als Beilage ausgezeichnet.

Gefüllte Nudeln

Von Ravioli und Agnolotti über Panzerotti und Tortelloni bis hin zu Schlutzkrapfen, Kärntner Nudeln, Maultaschen und Dim-Sums.

Auf die Füllung kommt es an

Gefüllte Teigtäschchen zählen zu den Highlights der Pastaküche. Will man jedoch ein perfektes Geschmackserlebnis erreichen, gilt es, bei ihrer Herstellung ein paar grundlegende Dinge zu beachten.

PASTA RIPIENA, wie gefüllte Nudeln auf Italienisch heißen, besteht in der Regel aus drei Komponenten: erstens aus einem kernigen, auch gekocht noch angenehm bissfesten Teig, zweitens aus einer wohlkomponierten, fein abgeschmeckten Füllung und drittens aus der begleitenden Sauce. Schon beim Teig gibt es verschiedene Möglichkeiten: Er lässt sich färben und/oder aromatisieren (S. 70 f.) sowie dünner oder dicker ausrollen. Verschiedene Vorschläge dafür finden Sie in der Küchenpraxis auf S. 72 ff. Die Füllungen basieren in der Regel auf Frischkäse, püriertem Gemüse oder gehacktem Fleisch, Fisch oder Meeresfrüchten und werden dann geschmacklich weiter verfeinert und abgerundet. Eine wichtige Rolle spielt aber auch die Sauce: Sie verleiht den gefüllten Täschchen die Würze von außen; das kann ein Ragout sein, eine Sahne- oder Käsesauce. Um den feinen Geschmack der gefüllten Nudeln jedoch nicht zu überdecken, empfiehlt es sich, zu Ravioli und Co. keine allzu würzigen Saucen zu reichen. Oft erweisen sich gerade die einfachsten Varianten wie Salbei- oder Nussbutter oder auch eine fruchtige Tomatensauce als die beste Wahl.

RAVIOLI, AGNOLOTTI UND TORTELLONI

Die Herstellung der kleinen gefüllten Täschchen nach italienischem Vorbild ist zwar etwas aufwendig, doch lohnt die Mühe, wie Ihnen die Rezepte auf den folgenden Seiten beweisen werden: Da gibt es Ravioli mit einer knoblauchwürzigen Auberginenfüllung (S. 238) zu entdecken. Da ergeben Ravioli gefüllt mit Feigen und Frischkäse (S. 240) eine gelungene Kombination. Ein weiteres Highlight sind die »Agnolotti mit geschmorter Kalbsbacke und Kopfsalat« (S. 242), deren Füllung auf Kartoffelpüree basiert. Aus Kampanien, genauer gesagt, aus der Gegend um Neapel, stammen die Panzerotti, die hier mit Ricotta und verschiedenen Käsesorten gefüllt sind (S. 244). Sie werden nicht wie üblich gekocht, sondern in Öl frittiert, was sie herrlich knusprig werden lässt. Dagegen überraschen die Tortelloni als größere Verwandte der Tortellini mit einer bodenständigen Füllung aus Apfel, Schalotten und Leberwurst (S. 246).

MAULTASCHEN UND SCHLUTZKRAPFEN

Auch die alpenländische und süddeutsche Küche kennt eine Vielzahl regionaler gefüllter Nudelspezialitäten. Es handelt sich dabei meist um etwas größere Taschen, deren Füllung auf Käse, Kartoffelpüree oder Hackfleisch basiert. Diese werden auf den folgenden Seiten neu interpretiert oder variiert, wie etwa die »Schlutzkrapfen mit Senffrüchten und Belperknolle« (S. 248) oder auch die »Taleggio-Maultaschen mit Speck und glasierten Zwetschgen« (S. 251). Außerhalb der Saison lassen sich Letztere gut mit Dörrpflaumen, die man vorher 1 Stunde in etwas Rotwein einweicht, zubereiten.

ASIATISCHE TEIGTASCHEN

Die asiatischen Küchen kennen eine Vielzahl gefüllter Nudeltäschchen, zu denen die Wan-Tans gehören, die Sie auf S. 202 als Suppeneinlage finden, die aber auch trocken serviert werden können. Überaus beliebt sind zudem Dim-Sums, köstliche Kleinigkeiten, die verschieden gefüllt werden – von Garnelen über Ente bis hin zu Wasserspinat reicht hier die Palette (S. 252).

SELBST KREATIV WERDEN

Ob groß oder klein, europäisch oder asiatisch, gefüllte Nudeln und Teigtaschen fordern wie kaum ein anderes Thema der Teigwarenküche dazu auf, sie einmal auszuprobieren, um dann selbst am Herd kreativ zu werden und neue Kombinationen oder raffinierte Füllungen zu erfinden. Anregungen dazu finden Sie zuhauf auf den folgenden Seiten.

Weitere Variationen

In den anderen Kapiteln finden Sie noch mehr Rezepte für gefüllte Nudeln, wie beispielsweise Tortellini mit Frischkäse und Bresaola (S. 176) und Tortellini mit Ricotta und Kräutern (S. 192) oder auch die Kartoffel-Speck-Ravioli (S. 190) sowie verschiedene asiatische Teigtaschen wie Frühlingsrollen (S. 181) und Gyozas (S. 269).

Auberginen-Ravioli im Honig-Gewürz-Fond

ZUBEREITUNGSZEIT 2 Std. 30 Min.

FÜR DEN NUDELTEIG
- 370 g doppelgriffiges Weizenmehl, 2 Eier, 6 Eigelb, ½ TL Salz

FÜR DIE FÜLLUNG
- 2 Auberginen, Salz, 3–4 EL Olivenöl, 1 Zwiebel, geschält
- 2 Knoblauchzehen, geschält, 2 Scheiben Toastbrot, gewürfelt
- 1 Ei, 1–2 TL gehacktes Koriandergrün
- ½ TL gemahlener Kreuzkümmel, Harissa, Saft von ½ Limette

FÜR DEN HONIG-GEWÜRZ-FOND
- 2–3 EL Olivenöl, 1 Zwiebel, geschält, in Streifen
- 4 Knoblauchzehen, geschält, in dünnen Scheiben
- ½ l heller Geflügelfond (Glas oder S. 138)
- ½ TL gemahlener Koriander, 1 TL gehackter Ingwer
- 8 Safranfäden, 2 EL Honig
- 1 mehligkochende Kartoffel (etwa 120 g)
- Limettensaft, Salz, Harissa

AUSSERDEM
- Backpapier, 1 Eiweiß zum Bestreichen
- doppelgriffiges Mehl zum Bestreuen, Salz
- 1 Frühlingszwiebel, in feinen Ringen

S. 67
KÜCHENPRAXIS Nudelteig herstellen

S. 87
KÜCHENPRAXIS Ravioli herstellen

S. 138
KÜCHENPRAXIS heller Geflügelfond

1. Aus den angegebenen Zutaten einen Nudelteig herstellen (S. 67) und in Frischhaltefolie eingeschlagen 1 Stunde ruhen lassen. Den Backofen auf 200 °C vorheizen. Die Auberginen längs halbieren, die Schnittflächen salzen und mit 2 EL Olivenöl bestreichen. Die Auberginen mit den Schnittflächen nach unten auf ein mit Backpapier belegtes Blech legen und im vorgeheizten Ofen in etwa 35 Minuten weich backen. Inzwischen Zwiebel und Knoblauch fein würfeln und im übrigen Öl hell anschwitzen, dann beiseitestellen.

2. Für den Gewürzfond in einem Topf das Olivenöl erhitzen, Zwiebel und Knoblauch darin hell anschwitzen, dann mit Geflügelfond auffüllen. Gewürze und Honig zufügen und alles 20 bis 25 Minuten köcheln lassen. Die Kartoffel schälen, fein reiben und den Fond damit binden, bis er eine seidige Konsistenz hat, dann durch ein Sieb passieren, dabei die Rückstände im Sieb gut ausdrücken. Den Gewürzfond mit Limettensaft, Salz und Harissa abschmecken.

3. Die Auberginen aus dem Ofen nehmen und die braunen Schnittflächen entfernen. Das Fruchtfleisch mit einem Löffel auslösen, fein hacken und in einem Sieb abtropfen lassen. Die Brotwürfel auf einem Blech verteilen und im heißen Ofen goldgelb rösten. Das Auberginenfruchtfleisch mit der angeschwitzen Zwiebel-Knoblauch-Mischung, Ei und Brotwürfeln vermengen und mit Koriandergrün, Kreuzkümmel, Harissa, Salz sowie ein paar Tropfen Limettensaft würzen.

4. Den Nudelteig zu 8 x 40 cm langen Bahnen ausrollen, je 1 TL Füllung nebeneinander auf die vordere Hälfte einer Teigbahn setzen, wie auf S. 87 in Step 2 gezeigt und den Rand mit Eiweiß bestreichen. Den Teig darüberklappen, wie auf S. 87 in Step 3 gezeigt. Mit einem Kochlöffelstiel die Abstände markieren, den Teig andrücken, rechteckige Ravioli abtrennen und diese mit doppelgriffigem Mehl bestäuben. Die Ravioli in kochendem Salzwasser portionsweise gar ziehen lassen, herausheben und auf vorgewärmten Tellern anrichten. Die Frühlingszwiebeln unter den Fond rühren, die Ravioli damit beträufeln und sofort servieren.

»Frühlingsfrisch: Ravioli mit Artischocken«

Die ersten jungen Artischocken sind in Italien ein typischer Frühlingsgenuss, denn die Distelblüten gehören dort zu den frühen Gemüsen. Zum Glück lässt sich diese feine Raviolifüllung aber das ganze Jahr über zubereiten, denn man kann dazu Artischockenböden aus dem Glas verwenden. Dazu würfle ich 2 Artischockenböden sehr fein, 2 weitere schneide ich in 1 cm große Würfel. Dann schwitze ich die feinen Artischockenwürfel mit 2 gewürfelten Schalotten in 2 EL Olivenöl hell an. Ich würze sie mit Salz und Pfeffer, lösche alles mit 20 ml Noilly Prat ab, reduziere diesen und gebe dann noch 200 ml Geflügelfond sowie 250 g Sahne hinzu. Ich lasse alles vollständig einkochen, püriere die Masse dann, schmecke sie mit 2 TL Limettensaft ab und stelle sie kalt. Die übrigen Artischockenwürfel schwitze ich ebenfalls in 2 EL Olivenöl an, würze sie mit Salz und Pfeffer und lasse sie in einem Sieb abtropfen, bevor ich sie unter das Artischockenpüree mische und meine Ravioli damit fülle. Dazu schmeckt eine leichte Weißweinsauce mit Champignons. Und um den Frühlingscharakter noch zu verstärken, bestreue ich das Gericht zusätzlich mit Kerbelblättchen.

Bobby Bräuer

Feigen-Frischkäse-Ravioli mit Nussbutter

ZUBEREITUNGSZEIT 2 Std.

FÜR DEN NUDELTEIG
- 200 g Weizenmehl Type 405 oder 550
- 2 Eier, 1 EL Olivenöl, ½ TL Salz

FÜR DIE FÜLLUNG
- je 4 frische und getrocknete Feigen
- 250 g Frischkäse, Saft und abgeriebene Schale von 1 Bio-Zitrone
- 1 EL Honig
- 1 TL gehackte Thymianblättchen
- Salz, frisch gemahlener Pfeffer

AUSSERDEM
- 1 Eigelb, verquirlt
- 1 gezackter Ausstechring (7 cm Ø)
- doppelgriffiges Mehl, 120 g Butter
- 5 g Lezithin (Apotheke, Reformhaus)
- frisch gehobelte Belperknolle (Käse, S. 248; Ersatz: Pecorino oder Parmesan)

S. 58
WARENKUNDE Frischkäse

S. 86–89
KÜCHENPRAXIS Ravioli herstellen

1. Aus den angegebenen Zutaten einen Nudelteig herstellen, wie auf S. 67 beschrieben. Den Teig in Frischhaltefolie einschlagen und 1 Stunde ruhen lassen. Inzwischen für die Füllung die frischen Feigen schälen, in eine Schüssel geben und mit einer Gabel zerdrücken. Die getrockneten Feigen klein würfeln und zu den frischen Feigen geben. Den Frischkäse unterrühren und die Masse mit Zitronensaft und -schale, Honig, Thymian, Salz und Pfeffer abschmecken.

2. Den Nudelteig mit der Nudelmaschine zu dünnen, gleich breiten Bahnen ausrollen. Die Füllung teelöffelweise mittig nebeneinander auf die Hälfte der Teigbahnen setzen und den Teig rings um die Füllungen jeweils mit verquirltem Eigelb bestreichen. Die übrigen Teigbahnen passgenau auflegen und gut andrücken. Mit dem Ausstechring Ravioli ausstechen, mit Mehl bestäuben und kurz antrocknen lassen.

3. In einer Kasserolle 100 g Butter zerlassen und die Butter bei schwacher Hitze langsam bräunen. Die gebräunte Butter (Nussbutter) durch ein mit einem Küchenpapier ausgelegtes Sieb passieren und das Lezithin unterrühren.

4. In einem Topf ausreichend Salzwasser aufkochen und die Ravioli darin gar ziehen lassen. Inzwischen in einer Pfanne die übrige Butter zerlassen. Die fertigen Ravioli herausheben, abtropfen lassen und kurz in der Butter schwenken.

5. Die Ravioli auf vorgewärmten Tellern anrichten. Die Nussbutter mit dem Pürierstab aufschäumen. Den Schaum über die Ravioli verteilen, alles mit gehobelter Belperknolle, Pecorino oder Parmesan bestreuen und die Ravioli sofort servieren.

Lezithin ist kein Muss

Das meist aus Sojabohnen gewonnene Lezithin wirkt als Stabilisator und hält die Nussbutter länger schaumig. Wird kein Lezithin verwendet, sollte man sie erst direkt vor dem Servieren aufschäumen.

Agnolotti mit Kaninchen-Schweinefleisch-Füllung

ZUBEREITUNGSZEIT 2 Std. 30 Min.

FÜR DEN NUDELTEIG
- 300 g doppelgriffiges Weizenmehl
- 2 Eier, 4 Eigelb, 1/2 TL Salz

FÜR DIE FÜLLUNG
- 1 Knoblauchzehe, geschält, 3 EL Olivenöl
- 300 g Kaninchenfleisch, gewürfelt
- 200 g mageres Schweinefleisch, gewürfelt
- 1 Schalotte, je 80 g Möhre und Staudensellerie, alles geschält oder geputzt und gewürfelt
- 1 TL gehackte Thymianblättchen
- 1/2 TL gehackte Rosmarinnadeln
- 1 TL Salz, frisch gemahlener Pfeffer
- 1/2 l heller Kalbsfond (Glas oder S. 140)
- 500 g Spinat, gewaschen und geputzt
- 80 g frisch geriebener Parmesan, 2 Eier

AUSSERDEM
- 1 Eiweiß zum Bestreichen, Salz
- 60 g Butter, 1 Handvoll Salbeiblätter

1. Aus den angegebenen Zutaten einen Nudelteig herstellen, wie auf S. 67 beschrieben, dann in Frischhaltefolie einschlagen und 1 Stunde ruhen lassen.

2. Inzwischen den Knoblauch hacken. In einer Pfanne das Öl erhitzen und die Fleischwürfel darin ringsum anbraten. Schalotten-, Knoblauch-, Möhren- und Selleriewürfel kurz mitbraten. Die Kräuter unterrühren und alles mit Salz und Pfeffer würzen. Das Fleisch unter Wenden noch 10 bis 15 Minuten braten, dann mit 1/4 l Kalbsfond ablöschen und weitere 60 bis 70 Minuten schmoren. Das fertige Ragout beiseitestellen und abkühlen lassen.

3. Anschließend das Ragout in einem Sieb abtropfen lassen, dabei den Bratfond in einer Kasserolle auffangen, mit dem übrigen Kalbsfond auffüllen und auf 2 bis 3 EL reduzieren. Die Fleisch-Gemüse-Mischung durch die mittlere Scheibe des Fleischwolfs drehen oder mit dem Blitzhacker zerkleinern. Den Spinat blanchieren, kalt abschrecken, gut ausdrücken und fein hacken, dann zu dem Fleisch geben. Parmesan und Eier untermengen, die Reduktion unterrühren und die Füllung abschmecken.

4. Den Nudelteig dünn ausrollen, dann in 4 x 6 cm große Rechtecke schneiden. Auf die vordere Hälfte eines jeden Rechtecks 1 TL Füllung setzen und die Teigränder mit Eiweiß bestreichen. Die Rechtecke zusammenklappen, wie auf S. 88 (rechteckige Ravioli herstellen) gezeigt, und die Ränder gut andrücken.

5. In einem Topf ausreichend Salzwasser aufkochen und die Agnolotti darin gar ziehen lassen. In einer Kasserolle die Butter zerlassen und die Salbeiblätter darin knusprig braten. Die Agnolotti herausheben, mit der Salbeibutter überziehen und sofort servieren.

S. 88
KÜCHENPRAXIS Ravioli füllen

S. 140
KÜCHENPRAXIS heller Kalbsfond

Agnolotti mit geschmorter Kalbsbacke und Kopfsalat

ZUBEREITUNGSZEIT 3 Std.

FÜR DIE GESCHMORTE KALBSBACKE
- 2 Kalbsbacken, etwa 400 g, pariert
- Salz, frisch gemahlener Pfeffer
- 1–2 EL Mehl
- 2 EL Olivenöl
- 100 ml heller Kalbsfond (Glas oder S. 140)
- 2 rote Zwiebeln (150 g), geschält
- 1 Stängel Staudensellerie, geputzt
- ¼ Zimtstange
- 1 kleiner Zweig Rosmarin
- 2 Lorbeerblätter
- 1 Knoblauchzehe, geschält
- 2 EL Tomatenmark
- 100 ml Rotwein
- 1 TL Zucker nach Belieben

FÜR DEN NUDELTEIG
- 200 g Weizenmehl Type 405 oder 550
- 2 Eier, 1 TL Olivenöl
- 1 Prise Salz

FÜR DAS KARTOFFELPÜREE
- 500 g mehligkochende Kartoffeln, gewaschen und geschält
- Salz, 100 ml Milch, 50 g Sahne
- 1 TL Butter

AUSSERDEM
- 1 Kopfsalat, 1 EL Olivenöl
- Salz, 3 EL Butter
- 50 g frisch gehobelter Parmesan

S. 67
KÜCHENPRAXIS Nudelteig herstellen

S. 88
KÜCHENPRAXIS rechteckige Ravioli herstellen

S. 140
KÜCHENPRAXIS heller Kalbsfond

1. Den Backofen auf 170 °C vorheizen. Die Kalbsbacken salzen, pfeffern und mit Mehl bestäuben. In einem Bräter (mit Deckel) das Öl erhitzen und die Kalbsbacken darin bei mittlerer Hitze anbraten. Dann den Fond angießen und die Kalbsbacken im vorgeheizten Ofen etwa 10 Minuten garen. Zwiebeln und Sellerie fein würfeln. Den Bräter herausnehmen, das Fleisch wenden und mit dem Bratenfond übergießen. Zwiebel- und Selleriewürfel zufügen und alles weitere 10 Minuten im Ofen braten.

2. Zimt, Rosmarin, Lorbeer, Knoblauch und Tomatenmark untermischen und 5 Minuten im Ofen mitrösten, anschließend alles mit Rotwein ablöschen und diesen reduzieren, bis die Sauce eine marmeladenartige Konsistenz hat. Den Bräter bis zur halben Höhe der Kalbsbacken mit Wasser auffüllen und das Fleisch zugedeckt in etwa 1 Stunde 30 Minuten im Ofen weich schmoren, dabei regelmäßig mit dem Schmorfond übergießen.

3. In der Zwischenzeit aus den angegebenen Zutaten einen Nudelteig herstellen, wie auf S. 67 beschrieben. Den Teig in Frischhaltefolie einschlagen und 1 Stunde ruhen lassen.

4. Die Kartoffeln für das Püree in Salzwasser weich garen, abgießen, kurz ausdampfen lassen und mit einem Stampfer zerdrücken. In einem Topf Milch und Sahne erhitzen und die Butter darin schmelzen. Die Flüssigkeit leicht salzen und unter leichtem Rühren unter die Kartoffelmasse rühren.

5. Den Kopfsalat putzen, abbrausen, trocken schleudern und die Blätter in feine Streifen schneiden. In einer Pfanne das Olivenöl erhitzen und die Kopfsalatstreifen darin kurz sautieren. Die Kalbsbacken aus dem Bräter nehmen. Den Schmorfond durch ein feines Sieb passieren, um die Hälfte reduzieren und nach Belieben mit 1 TL Zucker abschmecken. Eine Kalbsbacke in Scheiben schneiden und warm stellen. Die andere Backe fein würfeln, mit 40 g Kartoffelpüree und Kopfsalat vermengen, salzen, pfeffern und 2 EL Schmorsauce unterrühren. Die Füllung kalt stellen.

6. Den Nudelteig mit der Maschine dünn ausrollen und mit einem gezackten Teigrädchen 6 x 8 cm große Rechtecke ausradeln. Auf die vordere Hälfte eines jeden Rechtecks jeweils 1 gehäuften TL Füllung setzen, die Teigränder mit Wasser bepinseln und die Rechtecke auf die Hälfte zusammenklappen, wie auf S. 88 gezeigt. Die Ränder gut andrücken und die Agnolotti etwas antrocknen lassen.

7. In einem Topf ausreichend Salzwasser aufkochen und die Agnolotti darin gar ziehen lassen. Die Fleischscheiben in der Sauce erwärmen. Das übrige Kartoffelpüree kurz erwärmen, bei Bedarf noch etwas warme Milch unterrühren. In einer Pfanne die Butter leicht bräunen. Die Agnolotti abgießen und in der Butter schwenken. Die Fleischscheiben auf vorgewärmte Teller verteilen, mit der Sauce nappieren und die Agnolotti sowie das übrige Püree daneben anrichten. Alles mit Parmesan bestreut servieren.

Panzerotti ai quattro formaggi

ZUBEREITUNGSZEIT 2 Std. 30 Min.

FÜR DEN SALAT
- 500 g Kirschtomaten, Salz, Puderzucker
- 4 Zweige Thymian, 2 Knoblauchzehen, geschält
- 2 EL Olivenöl, 2 Bund Rucola, 2 EL Zitronensaft
- frisch gemahlener Pfeffer, 1 Msp. Honig
- 6 EL Agrumato (mit Zitrusfrüchten aromatisiertes Olivenöl; Feinkostgeschäft; Ersatz: gutes Olivenöl)

FÜR DEN NUDELTEIG
- 100 g Weizenmehl Type 405 oder 550
- 150 g Hartweizengrieß, 1 Ei, 1 Eigelb, 1 Prise Salz

FÜR DIE FÜLLUNG
- 100 g Ricotta, 100 g Fontina, 100 g Taleggio
- 50 g frisch geriebener Parmesan
- 2 Eier, Salz, Pfeffer, frisch geriebene Muskatnuss

AUSSERDEM
- 1 Ausstechring (10 cm Ø), 1 Ei, verquirlt
- Öl zum Frittieren

1. Den Backofen auf 75 °C vorheizen. Die Tomaten für den Salat halbieren, mit der Schnittfläche nach oben auf ein Blech setzen, leicht salzen und dünn mit Puderzucker bestäuben. Thymian abbrausen, trocken schütteln und die Blättchen abzupfen. Den Knoblauch in hauchdünne Scheiben schneiden, die Tomaten damit belegen, mit Thymian bestreuen und mit Olivenöl beträufeln. Die Kirschtomaten im vorgeheizten Ofen etwa 1 Stunde 40 Minuten trocknen, um ihnen Wasser zu entziehen und das Aroma zu intensivieren; dabei gelegentlich die Ofentür öffnen, damit der Dampf entweichen kann.

2. Inzwischen die Rucolastiele großzügig entfernen, die Blätter abbrausen, trocken schleudern und beiseitestellen. Zitronensaft mit Salz, Pfeffer und Honig gut verrühren, anschließend nach und nach das Öl unterrühren und die Vinaigrette beiseitestellen.

3. Aus den angegebenen Zutaten und 50 ml Wasser einen Nudelteig herstellen, wie auf S. 67 gezeigt, in Frischhaltefolie einschlagen und 1 Stunde ruhen lassen.

4. Für die Füllung den Ricotta durch ein Sieb in eine Schüssel streichen. Den Fontina sowie den Taleggio fein würfeln und mit dem Parmesan untermischen. Die Eier unterrühren und die Käsemasse mit Salz, Pfeffer und Muskat abschmecken.

5. Den Nudelteig mit der Maschine zu dünnen Bahnen ausrollen. Mit dem Ausstechring 10 cm große Kreise ausstechen und jeweils 1 EL Füllung mittig daraufsetzen. Die Teigränder mit verquirltem Ei bestreichen, die Kreise zu Halbmonden zusammenklappen und den Rand jeweils gut andrücken (S. 86). Dabei darauf achten, möglichst keine Luftblasen mit einzuschließen, da die Panzerotti sonst beim Ausbacken platzen können.

6. Das Öl in einem Topf oder in der Fritteuse erhitzen und die Panzerotti darin portionsweise goldgelb frittieren, dann herausheben und auf Küchenpapier entfetten. Den Rucola in einer Schüssel mit der Vinaigrette vermengen. Die Tomaten mit dem Öl vom Blech unter den Salat mischen. Den Rucola-Tomaten-Salat mit den Panzerotti anrichten und sofort servieren

S. 59
WARENKUNDE Taleggio, Fontina

S. 132
KÜCHENPRAXIS Frittieren

Nudeltäschchen weltweit

Die Nudeltasche darf als internationales Erfolgsmodell gelten. Vermutlich wurde sie sogar gleich zweimal erfunden: einmal in Italien und einmal in China. In beiden Gegenden hatte sie viel Zeit, verfeinert und variiert zu werden. Dabei sieht eine chinesische Legende den Ursprung der Köstlichkeit gar nicht in der Koch-, sondern in der Heilkunst: Ein berühmter Arzt erfand die gefüllten Nudeln angeblich, um die Einnahme von Heilkräutern zu erleichtern.

An Medizin erinnert bei den chinesischen Teigtäschchen angesichts der köstlichen Vielfalt nichts mehr. In den gedämpften halbmondförmigen »Jiaozis« wie in den kleinen Nudelsäckchen »Wan-Tans«, die gelegentlich zusätzlich frittiert werden, verbergen sich heute allerlei würzige Mischungen aus Schweinefleisch, Huhn, Shrimps, Pilzen oder Zwiebeln. Dazu gehört eine dünne Sauce zum Dippen. »Jiaozi« dürfen vor allem in Nordchina beim Neujahrsfest nicht fehlen, denn sie verheißen Glück und Geld – besonders dem, der in seinem Bissen eine Münze findet. Nudeln als Garant für Reichtum: Vielleicht liegt hier auch der Grund für den Erfolg dieses Gerichts über Zeiten und Länder hinweg. Denn Nudeltaschen erlauben es, teure Zutaten wie Fleisch zu strecken und noch aus Resten eine leckere Mahlzeit zuzubereiten. Kein Wunder, dass sie unter dem Namen »Gyoza« auch in die Küche der japanischen Nachbarn Einzug hielten.

IN ZENTRALASIEN EIN NATIONALGERICHT

Für die Verbreitung der Nudeltaschen sorgten allerdings vor allem die Völker Zentralasiens, die darin eine einfache, sättigende Mahlzeit sahen. Auch heute werden »Manty« mit Hammel- oder Lammfleischfüllung von der Mongolei bis Kasachstan als Nationalgericht betrachtet. Auf dem Weg in Richtung Westen verfeinerte sich das Rezept bis hin zu den türkischen »Mantı«: Die spitzzipfligen, lammgefüllten Teigtaschen sollen, das verlangt die Tradition, so winzig sein, dass vierzig davon auf einen einzigen Löffel passen. Übergossen mit Knoblauchjoghurt und geschmolzener Paprikabutter, erinnert das Gericht nur noch von ferne an das schlichte Essen aus der Steppe.

Nah am Ursprünglichen zeigen sich die Nudeltaschen dagegen weiter im Norden. In Sibirien schätzte man die gefüllten Nudeln schon früh als praktisches Tiefkühl-Fertiggericht. Jäger ließen ihre Fleischrationen, portionsweise in Nudelteig verpackt, in der beißenden Winterkälte gefrieren, um sie leicht transportieren zu können. In bäuerlich-sesshaften Umgebungen wurden die Rezepte dagegen nach und nach abwechslungsreicher: So können die halbmondförmigen russischen »Pelmeni« nicht nur Fleisch enthalten, sondern auch Sauerkraut, Kartoffeln oder Pilze. Für die ukrainischen »Wareniki« sind daneben sogar süße Füllungen mit Beeren beliebt. Während man beide meist gekocht oder gebraten mit viel saurer Sahne serviert, finden sich die polnischen »Uszka« (Öhrchen) auch als Suppeneinlage. Insbesondere zu Heiligabend isst man sie gerne in der Rote-Bete-Suppe »Barszcz«.

Mit unterschiedlichen Füllungen versehen und rund oder länglich geformt garen diese Teigtäschchen im Wasserdampf, hier an einem Stand in Taipeh, Taiwan.

In Mitteleuropa schließlich vermischen sich die Nudeltaschentraditionen. Deutsche Maultaschen und die alpenländischen Kasnudeln, Schlickkrapfen und Schlutzkrapfen gehen vermutlich auf italienische Einflüsse zurück – und über die dortige Vielfalt lässt sich eine ganz eigene Geschichte erzählen. Die Bezeichnung »Krapfen« aber klingt nicht zuletzt in den »Kreplach« der aschkenasisch-jüdischen Küche nach. Die meist dreieckigen Ravioli gehören zum Purim-Fest, das die Bewahrung des jüdischen Volkes vor den Persern feiert. Denn das Wunder der Rettung, so sagt es die jüdische Tradition, sei in der Purim-Geschichte ebenso verborgen wie die Füllung aus Leber, Rindfleisch oder Quark im Nudelteig. Heute findet man »Kreplach« überall dort, wo Juden leben: in Israel genauso wie in der Diaspora der Neuen Welt. Spätestens damit haben die Nudeltäschchen endgültig die Welt erobert.

Sabine Schlimm

Tortelloni mit Leberwurst und glasierten Äpfeln

ZUBEREITUNGSZEIT 2 Std.

FÜR DEN NUDELTEIG
- 230 g Weizenmehl Type 405 oder 550
- 100 g Hartweizengrieß
- ½ TL Salz, 2 Eier, 3 Eigelb, 1 EL Olivenöl

FÜR DIE FÜLLUNG
- 1 säuerlicher Apfel, etwa Cox Orange oder Boskop (150 g)
- 1 Schalotte, 1 EL Butter, 400 g frische grobe Leberwurst
- 1 Bund glatte Petersilie

FÜR DAS WEISSKRAUT
- 400 g Weißkraut, 1 Schalotte, 30 g Schweineschmalz
- 1 frisches Lorbeerblatt, 1 TL Zucker, Salz
- 200 ml trockener Weißwein, frisch gemahlener Pfeffer

FÜR DEN WÜRZSUD
- 300 ml dunkler Kalbsfond (Glas oder S. 140)
- 1–2 EL Rotweinessig, Zucker nach Belieben

AUSSERDEM
- 2 säuerliche Äpfel, etwa Cox Orange (300 g)
- 2 EL Zucker, 1 EL Olivenöl, 40 g Butter, Salz

S. 67
KÜCHENPRAXIS Nudelteig herstellen

S. 140
KÜCHENPRAXIS dunkler Kalbsfond

1. Aus den angegebenen Zutaten einen Nudelteig herstellen, wie auf S. 67 beschrieben. Den Teig in Frischhaltefolie einschlagen und 1 Stunde ruhen lassen.

2. Für die Füllung den Apfel schälen, vierteln, vom Kerngehäuse befreien und ½ cm groß würfeln. Die Schalotte schälen und fein würfeln. In einer Pfanne die Butter zerlassen und die Apfel- und Schalottenwürfel darin hell anschwitzen, dann beiseitestellen und abkühlen lassen. Die Leberwurst enthäuten, in eine Schüssel geben und mit zwei Gabeln zerdrücken. Petersilie waschen, trocken schütteln und die Blättchen fein schneiden. Die Hälfte der Petersilie zu der Leberwurst geben und die kalten Apfel- und Schalottenwürfel untermengen.

3. Das Weißkraut vierteln, vom Strunk befreien und mit einem Gemüsehobel (Mandoline) in 1 mm dünne Streifen schneiden. Die Schalotte schälen und fein würfeln. In einem Topf das Schmalz zerlassen und die Schalotte darin glasig anschwitzen. Weißkraut und Lorbeerblatt zufügen und kurz mit anschwitzen. Alles mit Zucker und Salz würzen, mit dem Weißwein ablöschen und einmal aufkochen lassen.

4. Anschließend das Kraut zugedeckt noch 4 bis 5 Minuten dünsten, mit Pfeffer abschmecken und beiseitestellen. Dann für den Würzsud den dunklen Kalbsfond um ein Drittel reduzieren, den Rotweinessig unterrühren und den Sud nach Belieben mit 1 Prise Zucker abschmecken.

5. Den Teig mit der Maschine zu dünnen Bahnen ausrollen und diese in 32 oder 36 etwa 10 cm große Quadrate schneiden. Jeweils 1 TL Leberwurstfüllung mittig daraufsetzen und die Teigränder mit wenig Wasser bepinseln. Die Teigquadrate zu Dreiecken zusammenklappen und die Ränder gut andrücken. Anschließend die gefüllten Dreiecke zu Tortelloni formen: Dafür die vordere Spitze nach oben ziehen, die beiden Enden aufeinanderlegen und zusammendrücken. Die Tortelloni kurz antrocknen lassen.

6. Inzwischen die Äpfel schälen, vierteln, von den Kerngehäusen befreien und in dünne Spalten schneiden. In einer Pfanne den Zucker hellbraun karamellisieren, das Olivenöl unterrühren und die Apfelspalten darin hellbraun karamellisieren.

7. In einem Topf ausreichend Salzwasser zum Kochen bringen und die Tortelloni darin gar ziehen lassen, bis sie an die Oberfläche steigen. In einer Kasserolle die Butter zerlassen, die Tortelloni mit dem Schaumlöffel aus dem Wasser heben, kurz abtropfen lassen und in der Butter schwenken.

8. Das Weißkraut auf vorgewärmte Teller verteilen, die Tortelloni darauf anrichten und mit der restlichen gehackten Petersilie bestreuen. Die glasierten Apfelspalten daneben anrichten, mit dem Würzsud beträufeln und alles sofort servieren.

Weitere Variationen

Die Tortelloni schmecken auch mit Blutwurst, Kalbs- oder Geflügelleber gefüllt ganz ausgezeichnet. Und das gedünstete Weißkraut passt gut als Beilage zu Wildgeflügel oder gekochtem Schweinefleisch.

Schlutzkrapfen mit Senffrüchten und Belperknolle

ZUBEREITUNGSZEIT 2 Std.

FÜR DEN NUDELTEIG
- 300 g doppelgriffiges Weizenmehl
- 2 Eier, 4 Eigelb, ½ TL Salz

FÜR DIE FÜLLUNG
- 200 g mehligkochende Kartoffeln, Salz
- 40 g Senffrüchte (Mostarda di frutta; Glas)
- 30 g Butter, 80 g trockener Quark (Topfen)
- frisch gemahlener Pfeffer

AUSSERDEM
- 1 Ausstechring (8 cm Ø), 1 Eigelb
- 50 g Butter, 3 EL Olivenöl
- 50 g Belperknolle (Ersatz: Gaperon, Parmesan)

S. 19
WARENKUNDE doppelgriffiges Weizenmehl (Dunst)
S. 94
KÜCHENPRAXIS Schlutzkrapfen herstellen

1. Aus den angegebenen Zutaten einen Nudelteig herstellen, wie auf S. 67 beschrieben. Anschließend den Teig in Frischhaltefolie einschlagen und 1 Stunde ruhen lassen.

2. In der Zwischenzeit die Kartoffeln für die Füllung in leicht gesalzenem Wasser weich kochen, abgießen und kurz ausdampfen lassen. Die Kartoffeln pellen und noch heiß durch ein Sieb in eine Schüssel streichen oder durch die Kartoffelpresse drücken – es sollte etwa 150 g Kartoffelmasse sein.

3. Die Senffrüchte in einem Sieb abtropfen lassen und fein hacken. In einer kleinen Pfanne die Butter zerlassen, leicht bräunen und die Nussbutter vor der Weiterverarbeitung etwas abkühlen lassen.

4. Den Quark sowie die gebräunte Butter unter die Kartoffelmasse rühren. Die Füllung mit Salz und Pfeffer abschmecken und die gehackten Senffrüchte unterheben.

5. Den Nudelteig mit der Maschine sehr dünn ausrollen und 8 cm große Kreise ausstechen. Jeweils 1 TL Füllung mittig auf die Kreise setzen. Das Eigelb mit 1 EL Wasser verquirlen und die Teigränder damit bestreichen. Die Kreise zu Halbmonden zusammenklappen und die Ränder gut andrücken.

6. In einem Topf ausreichend Salzwasser zum Kochen bringen und die Schlutzkrapfen darin in etwa 10 Minuten gar ziehen lassen.

7. In der Zwischenzeit in einer beschichteten Pfanne die Butter mit dem Olivenöl aufschäumen lassen und leicht bräunen. Die Schlutzkrapfen aus dem Wasser heben, kurz abtropfen lassen und in der Butter-Öl-Mischung schwenken.

8. Die Schlutzkrapfen mit der gebräunten Butter auf vorgewärmten Tellern anrichten. Die Belperknolle hauchdünn darüberhobeln und alles sofort servieren.

Belperknolle

Die Belperknolle ist ein Schweizer Hartkäse aus Kuhmilch mit einem Hauch Knoblauch und umhüllt von grobem schwarzem Pfeffer.

Kärntner Nudeln mit Pilzen

ZUBEREITUNGSZEIT 1 Std. 10 Min.
RUHEZEIT 12 Std.

FÜR DEN NUDELTEIG

- 250 g Weizenmehl Type 405 oder 550
- 1 TL Salz, 1 Ei

FÜR DIE FÜLLUNG

- 300 g mehligkochende Kartoffeln
- Salz, 1 kleine Zwiebel (50 g)
- 100 g Pfifferlinge, Steinpilze oder andere Pilze, geputzt
- 1 Knoblauchzehe, geschält
- 100 g körniger Frischkäse
- 200 g Schichtkäse
- 50 g Butter, frisch gemahlener Pfeffer
- 2 EL gehackte Kräuter (Majoran und Petersilie)

AUSSERDEM

- Salz, 100 g Butter
- 150 g kleine Pfifferlinge, geputzt
- 2 EL feine Schnittlauchröllchen

S. 24
WARENKUNDE mehligkochende Kartoffeln

S. 67
KÜCHENPRAXIS Nudelteig herstellen

1. Am Vorabend aus den angegebenen Zutaten und etwa 150 ml Wasser oder Milch einen glatten, nicht zu festen Nudelteig herstellen, wie auf S. 67 beschrieben. Den Teig in Frischhaltefolie einschlagen und über Nacht kühl ruhen lassen.

2. Am nächsten Tag die Kartoffeln für die Füllung in leicht gesalzenem Wasser weich kochen, abgießen und kurz ausdampfen lassen. Die Zwiebel schälen und in feine Würfel schneiden. Die Pilze ebenfalls fein würfeln. Den Knoblauch fein hacken.

3. Die Kartoffeln pellen und noch heiß durch ein grobes Sieb in eine Schüssel streichen oder durch die Kartoffelpresse drücken. Anschließend den körnigen Frischkäse und den Schichtkäse unterrühren. In einer Pfanne die Butter zerlassen, die Zwiebel- und Pilzwürfel darin kurz anbraten, salzen, pfeffern und den Knoblauch unterrühren. Die Zwiebel-Pilz-Mischung mit den Kräutern unter die Kartoffelmasse mengen und diese mit Salz und Pfeffer abschmecken.

4. Den Nudelteig in 20 Portionen teilen, zu Kugeln formen, diese zu 8 bis 10 cm großen Kreisen ausrollen und 2 TL Füllung mittig daraufsetzen. Die Kreise zu Halbmonden zusammenklappen und die Ränder mit zwei Fingern wellig formen.

5. Die Kärntner Nudeln in kochendem Salzwasser in etwa 4 Minuten gar ziehen lassen. In einer Pfanne 1 EL Butter zerlassen und die Pfifferlinge darin anbraten. Die übrige Butter in einer Kasserolle leicht bräunen. Die Kärntner Nudeln aus dem Wasser heben, abtropfen lassen, mit den Pfifferlingen auf vorgewärmten Tellern anrichten und mit der gebräunten Butter beträufeln. Alles mit Schnittlauchröllchen garnieren und servieren.

Maultaschen

ZUBEREITUNGSZEIT 2 Std.
FÜR 8 PORTIONEN

FÜR DEN NUDELTEIG
- 500 g Weizenmehl Type 405 oder 550
- 4 Eier, 4 EL Maiskeimöl, 1 TL Salz

FÜR DIE FÜLLUNG
- 2 Brötchen vom Vortag
- 100 g durchwachsener Räucherspeck
- 2 Zwiebeln, geschält, 1 Stange Lauch
- 1 Bund Petersilie, gewaschen
- 2 EL Butter, 100 g gemischtes Hackfleisch (Rind und Schwein)
- 200 g Kalbsbrät
- 300 g Spinat, geputzt und gehackt
- 4 Eier, 2 EL Semmelbrösel
- 1 EL getrockneter Majoran
- Salz, frisch gemahlener Pfeffer
- frisch geriebene Muskatnuss

AUSSERDEM
- 1 Eiweiß, Salz, 2 kleine Zwiebeln, geschält
- 50 g Butter, ½ Bund Schnittlauch, gewaschen und trocken geschüttelt

S. 67
KÜCHENPRAXIS Nudelteig herstellen

S. 94
KÜCHENPRAXIS Maultaschen herstellen

1. Aus den angegebenen Zutaten und 5 bis 6 EL lauwarmem Wasser einen Nudelteig herstellen, wie auf S. 67 gezeigt. Anschließend den Teig in Frischhaltefolie einschlagen und 1 Stunde ruhen lassen.

2. Für die Füllung die Brötchen 10 Minuten in lauwarmem Wasser einweichen. Speck und Zwiebeln fein würfeln. Lauch putzen, längs halbieren, waschen und hacken. Die Petersilie trocken schütteln und die Blättchen fein hacken. In einer Pfanne die Butter zerlassen, Speck- und Zwiebelwürfel darin bei mittlerer Hitze hell anschwitzen. Dann den Lauch 5 Minuten mit anschwitzen, die Petersilie unterrühren und alles abkühlen lassen. Das Hackfleisch in eine Schüssel geben. Die eingeweichten Brötchen gut ausdrücken, zerzupfen und zu dem Fleisch geben. Dann das Brät, die Speck-Zwiebel-Mischung, Spinat, Eier, Semmelbrösel, Majoran untermengen und alles mit Salz, Pfeffer und Muskat kräftig abschmecken.

3. Den Nudelteig mit der Maschine zu dünnen Bahnen ausrollen und diese auf der Arbeitsfläche auslegen. Die Füllung dünn auf den Teigbahnen verstreichen, dabei am oberen langen Ende jeweils einen 2 cm breiten Rand frei lassen und diesen mit Eiweiß bepinseln. Die Teigbahnen von der bestrichenen langen Seite her aufrollen und den Rand gut andrücken. Die Rolle mit einem scharfen Messer in etwa 7 cm breite Stücke schneiden, die seitlichen Ränder leicht andrücken und die Maultaschen auf einem mit Mehl bestäubten Brett kurz antrocknen lassen.

4. In einem Topf ausreichend Salzwasser zum Kochen bringen und die Maultaschen darin in 12 bis 15 Minuten gar ziehen lassen. Die Zwiebeln in Ringe schneiden und in der Butter goldgelb rösten. Die Hälfte des Schnittlauchs in Röllchen schneiden. Die Maultaschen herausheben, kurz abtropfen lassen, mit den geschmälzten Zwiebeln auf vorgewärmten Tellern anrichten. Alles mit Schnittlauchröllchen und -halmen garnieren und sofort servieren.

Taleggio-Maultaschen mit Speck und glasierten Zwetschgen

ZUBEREITUNGSZEIT 1 Std. 40 Min.

FÜR DIE MAULTASCHEN
- 200 g Hartweizengrieß, 2 Eier, 1 TL Olivenöl
- Salz, 250 g Taleggio, frisch gemahlener Pfeffer

FÜR DIE GLASIERTEN ZWETSCHGEN
- 400 g Zwetschgen, 40 g brauner Zucker
- 1 Msp. Fünf-Gewürze-Pulver (Asialaden)
- 1 Prise gemahlene Muskatblüte
- 1 Gewürzsäckchen (bestehend aus: 3 cm Zimtstange, 1 ganzer Sternanis, 2 Gewürznelken und 1 Lorbeerblatt)
- 3 EL milder Sherryessig

AUSSERDEM
- 2 Handvoll krause Petersilienblättchen
- 1 Ei, verquirlt, Öl zum Frittieren
- 8 dünne Scheiben Räucherspeck, Salz

S. 59
WARENKUNDE Taleggio

S. 67
KÜCHENPRAXIS Nudelteig herstellen

1. Aus Hartweizengrieß, Eiern, Olivenöl sowie ½ TL Salz einen Nudelteig herstellen, wie auf S. 67 beschrieben. Den Teig in Frischhaltefolie einschlagen und 1 Stunde ruhen lassen. Inzwischen die Petersilie waschen, sehr gut trocknen und beiseitestellen.

2. Die Zwetschgen (außerhalb der Saison eingeweichte Dörrpflaumen verwenden, S. 237) halbieren und entsteinen. In einem Topf den Zucker karamellisieren, die Zwetschgen, Gewürze und Gewürzsäckchen zufügen und 1 Minute mitgaren, dann mit dem Sherryessig ablöschen. Alles bei schwacher Hitze zugedeckt etwa 10 Minuten köcheln lassen.

3. Den Teig zu dünnen, 10 bis 12 cm breiten Bahnen ausrollen. Den Taleggio in 12 Scheiben schneiden, diese halbieren und pfeffern. Den Käse mit 3 bis 4 cm Abstand auf der unteren Hälfte der Teigbahnen verteilen und die Teigränder mit verquirltem Ei bestreichen. Die Teigbahnen jeweils über den Käse klappen und ringsum gut andrücken, dabei darauf achten, keine Luftblasen mit einzuschließen. Dann die Maultaschen abtrennen und leicht antrocknen lassen.

4. Das Öl auf 180 °C erhitzen und die Petersilie darin kurz knusprig frittieren, herausnehmen, auf Küchenpapier entfetten und leicht salzen. Den Speck in einer Pfanne ohne Fett sehr kross braten. In einem Topf reichlich Salzwasser aufkochen und die Maultaschen darin in 5 bis 6 Minuten gar ziehen lassen, herausheben und gut abtropfen lassen. Die Maultaschen mit den glasierten Zwetschgen auf vorgewärmten Tellern anrichten, mit Speck belegen und mit Petersilie garniert servieren.

»Dim-Sum«

Der Deckel des Dämpfkörbchens hebt sich. Der aufsteigende warme Duft mischt sich mit dem Aroma von heißem Tee und dem Stimmengewirr am Tisch. Willkommen beim Dim-Sum!
Ursprünglich die Domäne traditioneller chinesischer Teehäuser, bieten inzwischen immer mehr Restaurants auch in Europa ihren Gästen die Gelegenheit, sich beim Verspeisen unzähliger gedämpfter Kleinigkeiten »das Herz berühren« zu lassen (so die wörtliche Übersetzung des kantonesischen Ausdrucks). Zum Dim-Sum findet man sich traditionell in der ersten Tageshälfte zusammen, und zwar in einem geselligen Kreis. Denn alles, was man bestellt oder vom Servierwagen aussucht, wird mit der Tischrunde geteilt.
Auf diese Weise kann jeder möglichst viele verschiedene der meist gedämpften Köstlichkeiten probieren: von verschieden gefüllten »Jiaozis« (Nudeltaschen, aber auch in Reisblätter gehüllte Klößchen) und »Baozis« (Hefeteigklößchen) über Teigröllchen und die Reissuppe »Congee« bis hin zu Hühnerfüßen. Ein solches Mahl kann sich über Stunden hinziehen. Unverzichtbar dabei: jede Menge Tee.

Sabine Schlimm

Dim-Sum-Variationen

ZUBEREITUNGSZEIT 2 Std.

FÜR DIE GARNELENFÜLLUNG
- 100 g rohe, geschälte TK-Garnelen
- 1 Stängel Koriandergrün mit Wurzel
- 1 Schalotte, 1 TL fein gewürfelte rote Chilischote
- 1 EL Fischsauce

FÜR DIE ENTENFÜLLUNG
- 1 Schalotte, 1 Knoblauchzehe
- 150 g Entenbrust, ohne Fett
- 1 Stück Korianderwurzel
- 1/4 Bund Koriandergrün, 1 EL Erdnussöl
- 50 g Wasserkastanien, klein gehackt
- 1 EL helle Sojasauce, 1 EL Ketjap Manis
- 1 EL geröstete Erdnüsse, gehackt

FÜR DIE WASSERSPINATFÜLLUNG
- 200 g Wasserspinat, 1 Schalotte
- 2 Knoblauchzehen, 2 EL Sesamöl
- 1 1/2 TL fein gewürfelte rote Chilischote
- Zucker nach Belieben
- 1 EL Sojasauce, 1 EL Sesam, geröstet

AUSSERDEM
- 230 g Weizenmehl Type 405, 60 g Speisestärke
- 1 EL Erdnussöl für den Dämpfkorb

1. Für die Garnelenfüllung die TK-Garnelen auftauen lassen. Koriandergrün mit Wurzel waschen, trocken schütteln und grob zerkleinern. Die Schalotte schälen und klein würfeln. Die aufgetauten Garnelen ebenfalls in kleine Würfel schneiden. Koriander, Schalotte und Chiliwürfel im Blitzhacker fein zerkleinern, die gewürfelten Garnelen untermengen und die Füllung mit Fischsauce abschmecken.

S. 54
WARENKUNDE asiatische Würzzutaten

S. 127
KÜCHENPRAXIS Teigtaschen dämpfen

2. Für die Entenfüllung Schalotte und Knoblauch schälen und klein würfeln. Die Entenbrust in kleine Stücke schneiden, dann im Blitzhacker fein zerkleinern. Die Korianderwurzel waschen, trocken tupfen und klein schneiden. Koriandergrün waschen, trocken schütteln und hacken.

3. In einem Wok das Öl erhitzen und Schalotte, Knoblauch, Wasserkastanien, Entenfleisch und Korianderwurzel unter Rühren anbraten, dann Sojasauce und Ketjap Manis unterrühren. Zum Schluss die gerösteten Erdnüsse sowie das gehackte Koriandergrün untermengen.

4. Für die Wasserspinatfüllung die Spinatblätter waschen, verlesen, von den dicken Stielen befreien und klein schneiden. Schalotte und Knoblauch schälen und fein würfeln. Im Wok das Sesamöl erhitzen und Schalotten-, Knoblauch- und Chiliwürfel sowie den Wasserspinat darin unter Rühren anschwitzen, bis die Flüssigkeit weitgehend verdampft ist. Alles mit Sojasauce und nach Belieben mit Zucker abschmecken, Sesam unterheben und alles abkühlen lassen.

5. Für den Teig in einem Topf ¼ l Wasser aufkochen. Das Mehl und 30 g Speisestärke in eine Schüssel sieben, 230 ml kochendes Wasser unterrühren, dann die restliche Stärke unterkneten. Aus dem Teig 36 etwa 12 g schwere Kugeln formen. Diese auf einer bemehlten Arbeitsfläche zu 8 cm großen Kreisen ausrollen.

6. Je 12 der Teigkreise mit einer der drei Füllungen versehen. Dafür einen Teigkreis auf die Handfläche legen und etwas Füllung in die Mitte geben. Die Ränder hochschlagen und den Teig locker über der Füllung zu offenen Körbchen zusammendrehen. Den Boden eines Dämpfkörbchens ölen, mit einem feuchten Tuch (S. 127) oder einem gelöcherten Stück Backpapier (S. 288) auslegen, die Dim-Sums einsetzen und im Dampf etwa 12 Minuten garen, dann auf einer Platte anrichten und sofort servieren.

Aus Ofen und Pfanne

Ob mit würziger Kruste oder in sämiger Sauce serviert – auch überbacken, gebraten oder frittiert sind Nudeln und Polenta unwiderstehlich.

Mal herzhaft, mal elegant

Teigwaren aus Ofen und Pfanne versprechen großen Genuss: Von deftigen Kässpätzle über fein gefüllte Cannelloni und Lasagne bis hin zu knusprigen Reisnudeln und gebackenen Teigtaschen reicht die Palette.

DIE ZUTATEN für einen Auflauf aus dem Ofen werden in der Regel vorgegart, bevor sie in eine gefettete ofenfeste Form geschichtet und gebacken werden. Dies ist nötig, weil die einzelnen Zutaten eine unterschiedliche Struktur und daher verschieden lange Garzeiten haben. Fleisch wird meist kurz angebraten oder geschmort, Gemüse blanchiert, gedämpft oder gedünstet, muss jedoch im Anschluss gut abtropfen, damit es nicht zu nass ist und die Sauce oder den Guss nicht verwässert. Solche Ofengerichte sind daher eine ideale Möglichkeit, übrig gebliebene Nudeln vom Vortag zu servieren. Diese lassen sich auch perfekt mit Fisch und Meeresfrüchten oder Schinken kombinieren. Hinzukommt dann oft noch eine Sauce auf Eier-, Milch- oder Sahnebasis (S. 131, unten), die häufig mit würzigem Käse aromatisiert wird und die einzelnen Bestandteile zu einem runden Ganzen verbindet. Eine in Süddeutschland geschätzte Variante von Nudelaufläufen sind Kässpätzle, die Sie im folgenden Kapitel in einer kernigen Variante mit Dinkelmehl und Röstschalotten (S. 256) finden, oder auch cremig umhüllt von einer schmelzenden Fondutacreme (S. 257).

IM OFEN BACKEN

Auch »Krautkrapfen« (S. 259), eine andere süddeutsche Spezialität, garen im Ofen. Hierfür wird der Teig flächig mit Füllung bedeckt, aufgerollt und in kurze Rollen geschnitten. Weil diese dicht an dicht in Flüssigkeit garen, ist hier ein Vorkochen des Teiges nicht nötig, im Gegensatz zu den Conchiglioni, großen Muschelnudeln, die mit einer Ricottacreme gefüllt und kurz gratiniert werden (S. 258). Auch bei »Pasta al forno«, wie Cannelloni oder Lasagne, müssen selbst hergestellte Teigplatten in der Regel kurz vorgaren. Das anschließende kalte Abschrecken und separate Auslegen der Platten auf Frischhaltefolie oder einem Küchentuch verhindern das Zusammenkleben. Nur bei sehr saucenreichen Gerichten, die ausreichend lange im Ofen bleiben, oder auch bei fertig gekauften Lasagneblättern kann das Vorgaren entfallen. Dem Koch bieten diese Gerichte weiten Spielraum für Kreativität: Die Nudelrollen und -blätter lassen sich auf unzählige Arten füllen und mit aromatischen Saucen versehen, wie die Cannelloni, gefüllt mit Gambas und Estragon oder Artischockenpüree (S. 260 f.), oder die »Lasagne mit Basilikumschaum« (S. 263) zeigen.

IN DER PFANNE BRATEN

Bereits gegarte Nudeln oder Knödel lassen sich auch in der Pfanne in Butter anrösten und als herzhafte Beilage servieren. Zum Anbraten von Polenta wird diese zuvor zwischen zwei Lagen Backpapier etwa 1 cm dick ausgestrichen und anschließend mit einer Füllung versehen und aufgerollt, wie bei der vegetarischen »Gebratenen Polentaroulade mit Feldsalat« (S. 264). Man kann aber auch geometrische Formen, etwa Kreise, Rechtecke, Quadrate oder Dreiecke ausstechen und diese in Butterschmalz goldgelb anbraten. Die Schnitten werden dann als Beilage serviert, beispielsweise zu Wachteln und gebratenem Radicchio (S. 266).

IN FETT AUSBACKEN

Nudeln, Teigtaschen oder Knödel aus Hefeteig müssen nicht immer in Wasser oder im Dampf garen, sie lassen sich auch frittieren. Dünne Nudeln wie Reis-Vermicelli, hier in Kombination mit Meeresfrüchten (S. 268), werden dadurch herrlich knusprig, ebenso wie gefüllte Wan-Tans (S. 202) oder die japanischen Gyoza mit einer Füllung aus Cashewkernen und Garnelen (S. 269). Eine süddeutsche Spezialität sind die in Butterschmalz goldbraun ausgebackenen »Germkücherl« (S. 270), die hier herzhaft mit Sauerkraut und Speck gefüllt sind und wie die anderen Köstlichkeiten des Kapitels das Nachkochen lohnen.

Nicht zu heiß

Beim Backen im Ofen sollte die Hitze nicht zu stark sein, da sonst die Oberfläche der Aufläufe rasch zu dunkel wird. Und auch beim Frittieren von Teigtaschen sollte das Fett nicht zu heiß (160 bis 170 °C) sein, damit auch die Füllung garen kann, ohne dass die Hülle verbrennt.

Dinkel-Kässpätzle mit Röstschalotten

ZUBEREITUNGSZEIT 1 Std.

FÜR DIE KÄSSPÄTZLE
- 300 g Dinkelmehl
- 200 g Weizenmehl Type 405
- Salz, frisch gemahlener Pfeffer
- frisch geriebene Muskatnuss
- 1 Msp. gemahlener Kardamom
- 1 EL Olivenöl, 5 Eier
- 200 g Fourme d'Ambert
- 100 g Fontina (Käsesorte aus dem Aostatal, S. 59)

FÜR DIE RÖSTSCHALOTTEN
- 8–10 Schalotten, 1 EL Mehl
- etwas Paprikapulver
- Maiskeimöl zum Ausbacken

AUSSERDEM
- 1 EL Butter für die Form
- Schnittlauchhalme oder -röllchen

S. 20
WARENKUNDE Dinkel

S. 98
KÜCHENPRAXIS Spätzle schaben

1. Beide Mehlsorten in eine Schüssel geben, eine Mulde eindrücken und Salz, Pfeffer, Muskat und Kardamom zufügen. Dann das Olivenöl und die Eier sowie 100 ml Wasser zugeben und unter das Mehl schlagen, bis der Teig Blasen wirft.

2. In einem großen Topf 3 l Salzwasser zum Kochen bringen. Eine Schüssel mit kaltem Wasser bereitstellen. Das Spätzlebrett ins kochende Wasser tauchen, etwas Teig darauf verstreichen und mit einem Messer oder einer Palette Spätzle ins kochende Salzwasser schaben, wie auf S. 98 f. beschrieben. Sobald die Spätzle an die Oberfläche steigen, diese mit einem Schaumlöffel herausheben und kurz ins kalte Wasser tauchen, dann auf eine Platte geben und abkühlen lassen. Auf diese Weise den gesamten Teig zu Spätzle verarbeiten.

3. Den Backofen auf 160 °C vorheizen. Beide Käsesorten klein würfeln. Die kalten Spätzle mit Salz, Pfeffer und Muskat würzen und die Käsewürfel untermengen. Die Schalotten schälen und in Ringe schneiden. Eine ofenfeste Form mit Butter ausstreichen, die Spätzle-Käse-Mischung einfüllen und im vorgeheizten Ofen 15 Minuten backen.

4. Inzwischen die Schalottenringe mit dem Mehl vermischen, sodass sie sich voneinander lösen, und mit Paprikapulver bestäuben. In einer Pfanne ausreichend Öl erhitzen und die Schalottenringe darin goldgelb ausbacken.

5. Die Kässpätzle auf vorgewärmten Tellern anrichten, mit den Röstschalotten bestreuen und mit Schnittlauch garniert servieren. Als Beilage passt frischer Kopfsalat.

Spätzle pressen

Ist der Teig etwas flüssiger, lässt er sich auch durch die Presse drücken. Die kalten, abgetropften Spätzle halten sich, luftdicht verschlossen, 2 bis 3 Tage im Kühlschrank; sie passen auch gut als Beilage zu Fleisch.

Kässpätzle mit Fondutacreme

ZUBEREITUNGSZEIT 1 Std. 20 Min.

ZUTATEN
- 500 g Weizenmehl Type 405 oder 550
- Salz, 1 EL Maiskeimöl, 8 Eier
- 5 Schalotten, geschält, 100 g Spinat, geputzt
- 300 g Fontina, 150 g etwa 1 cm groß gewürfelt und 150 g frisch gerieben
- 150 ml Vollmilch, 1 Msp. Chilipulver
- 1 Lorbeerblatt, 100 g Sauerrahmbutter
- frisch gemahlener Pfeffer
- frisch geriebene Muskatnuss, 2 Eigelb

1. Aus Mehl, 1 TL Salz, Öl, Eiern und 50 ml Wasser einen Spätzleteig zubereiten, wie im Rezept links beschrieben, und schlagen, bis der Teig Blasen wirft.

2. In einem Topf ausreichend Salzwasser aufkochen und eine Schüssel mit kaltem Wasser bereitstellen. Den Teig ins kochende Salzwasser schaben oder hobeln, wie auf S. 98 f. beschrieben. Sobald die Spätzle an die Oberfläche steigen, diese mit dem Schaumlöffel herausheben, kurz ins kalte Wasser tauchen, abtropfen und auf einer Platte abkühlen lassen. Auf diese Weise den übrigen Teig zu Spätzle verarbeiten.

3. Den Backofen auf 220 °C vorheizen. Die Schalotten in ½ cm breite Streifen schneiden. Den Spinat waschen und auf Küchenpapier abtropfen lassen.

4. Für die Fondutacreme die Fontinawürfel in einen Topf geben. Milch, Chilipulver und Lorbeerblatt zufügen und den Käse bei schwacher Hitze schmelzen lassen. Die Käsemilch durch ein Sieb in einen kleinen Topf passieren und beiseitestellen.

5. In einem Topf die Butter zerlassen und die Schalotten darin hellbraun braten. Spätzle untermischen, mit Salz, Pfeffer und Muskat würzen. Alles kurz durchschwenken und den Spinat untermischen. Die Spätzle in eine ofenfeste Form geben, mit geriebenem Fontina bestreuen und im vorgeheizten Ofen 10 bis 15 Minuten überbacken.

6. Inzwischen die Käsemilch aufkochen, die Eigelbe zufügen und alles mit dem Pürierstab cremig aufschäumen. Die Kässpätzle auf vorgewärmten Tellern anrichten, mit der Fondutacreme überziehen und sofort servieren.

»Bei Kässpätzle kommt es ganz besonders auf die Konsistenz der Spätzle an: Sie dürfen nicht zu weich sein, sonst fehlt ihnen der Biss. Daher sollten für den Teig mindestens 1 Ei pro 100 g Mehl und nicht zu viel Wasser verwendet werden.«

S. 59
WARENKUNDE Fontina

S. 98
KÜCHENPRAXIS Spätzle schaben oder hobeln

Conchiglioni, Zucchini und Ricotta

ZUBEREITUNGSZEIT 1 Std. 25 Min.

ZUTATEN
- 100 g Haselnusskerne, gehackt
- 6 kleine Zucchini, insgesamt 1,2 kg
- 1 Schalotte, 1 Knoblauchzehe
- 3 Zweige Thymian, 1 EL Olivenöl
- Salz, frisch gemahlener Pfeffer
- 120 g frisch geriebener Pecorino
- 300 g Büffelricotta oder anderer Ricotta
- 1 Ei, 20 Conchiglioni (Muschelnudeln)
- 3 Eigelb
- 100 g Sahne, 100 g Crème fraîche
- frisch geriebene Muskatnuss

AUSSERDEM
- 30 g Butter für die Form

S. 37
WARENKUNDE Conchiglioni

S. 129
KÜCHENPRAXIS Muschelnudeln füllen

S. 131
KÜCHENPRAXIS Gratinieren

1. Die Haselnüsse in einer Pfanne ohne Fett goldbraun rösten. Die Zucchini von Stiel- und Blütenansätzen befreien, waschen und trocken tupfen. Die Hälfte der Zucchini quer in 5 cm breite Stücke schneiden, aufrecht stellen und mit einem Teelöffel aushöhlen, dabei einen ½ cm dicken Boden stehen lassen. Die übrigen Zucchini längs vierteln, die Samen entfernen und das Fruchtfleisch 3 mm groß würfeln. Die Schalotte schälen und fein würfeln, den Knoblauch schälen und leicht andrücken. Den Thymian waschen, trocken schütteln und die Blättchen abzupfen.

2. In einer Pfanne das Olivenöl erhitzen, Schalotte und Knoblauch darin hell anschwitzen, dann Thymianblättchen und Zucchiniwürfel kurz mitbraten, bis Letztere weich sind. Die Mischung salzen, pfeffern und auf ein Backblech geben. Den Knoblauch wieder entfernen und alles abkühlen lassen. Dann die Hälfte des Pecorino und die angebratenen Zucchiniwürfel, Ricotta, Haselnüsse und das Ei in einer Schüssel vermengen und die Ricottafüllung mit Salz und Pfeffer abschmecken.

3. Den Backofengrill vorheizen. In einem Topf ausreichend Salzwasser zum Kochen bringen und die ausgehöhlten Zucchinistücke darin bissfest garen, herausnehmen und eiskalt abschrecken. Die Conchiglioni im selben Wasser knapp al dente kochen, abgießen und kurz abtropfen lassen. Conchiglioni und Zucchinistücke mit der Ricottafüllung füllen.

4. Eine ofenfeste Form mit Butter ausstreichen, die gefüllten Zucchini und Conchiglioni einsetzen. Die Eigelbe mit Sahne, Crème fraîche und dem restlichen Pecorino verrühren. Den Guss mit Salz, Pfeffer und Muskat kräftig würzen und über die gefüllten Conchiglioni und Zucchini gießen. Die Form unter den vorgeheizten Grill stellen und alles goldgelb gratinieren. Die gefüllten Conchiglioni und Zucchini auf vorgewärmten Tellern anrichten und sofort servieren.

Krautkrapfen

ZUBEREITUNGSZEIT 1 Std. 45 Min.

FÜR DEN NUDELTEIG
- 250 g Hartweizengrieß
- 3 Eigelb, 1 Ei, Salz

FÜR DIE FÜLLUNG
- 300 g Weißkraut, ohne Strunk
- 120 g Räucheraalfilet
- 1 kleine Zwiebel, geschält
- 2 kleine Knoblauchzehen, geschält, 30 g Butter
- Salz, 2 TL edelsüßes Paprikapulver
- ½ TL gemahlener Kümmel
- 2 EL Weißweinessig
- ½ TL frisch gemahlener Pfeffer
- ⅛ l Gemüse- oder heller Geflügelfond (Glas oder S. 137 f.)

AUSSERDEM
- 30 g Butter für die Form
- Kresseblättchen

S. 67
KÜCHENPRAXIS Nudelteig herstellen

S. 129
KÜCHENPRAXIS aufrechte Cannelloni herstellen

»Krautkrapfen werden nach demselben Prinzip hergestellt wie aufrechte Cannelloni. Die klassische Füllung besteht aus Räucherspeck, Zwiebeln und Sauerkraut.«

1. Aus den angegebenen Zutaten sowie 75 ml Wasser einen Nudelteig herstellen, wie auf S. 67 beschrieben. Den Teig in Frischhaltefolie einschlagen und 1 Stunde ruhen lassen. In der Zwischenzeit das Weißkraut in feine Streifen, den Räucheraal in feine Würfel schneiden. Die Zwiebel ebenfalls fein würfeln, den Knoblauch fein hacken.

2. In einer Pfanne die Butter zerlassen und die Zwiebelwürfel darin glasig anschwitzen. Das Weißkraut sowie den Knoblauch zufügen und mit Salz, Paprikapulver und Kümmel würzen. Das Kraut bei schwacher Hitze zugedeckt weich dünsten, dann mit Weißweinessig und Pfeffer abschmecken, die Aalwürfel untermischen und die Füllung beiseitestellen.

3. Den Backofen auf 160 °C erhitzen. Den Nudelteig mit der Maschine zu 10 x 40 cm langen, dünnen Bahnen ausrollen. Die Teigbahnen auf der Arbeitsfläche auslegen, längs zu drei Vierteln etwa 2 mm dick mit Füllung bestreichen und aufrollen. Anschließend die Rollen jeweils quer halbieren.

4. Eine entsprechend große ofenfeste Form mit Butter ausstreichen, die halbierten Rollen dicht an dicht aufrecht einsetzen und den Fond angießen. Alles im vorgeheizten Ofen 25 bis 30 Minuten backen, dann herausnehmen. Die Krautkrapfen auf vorgewärmten Tellern anrichten, mit Kresse garnieren und nach Belieben mit Kopfsalat servieren.

Dicht an dicht

Damit die Krautkrapfen schön gleichmäßig garen und nicht zu stark austrocknen, sollten sie wirklich dicht an dicht in die gebutterte Form gesetzt werden. Daher darf diese hier nicht zu groß sein.

Cannelloni mit Gambas und Estragon

ZUBEREITUNGSZEIT 2 Std. 30 Min.

FÜR DEN NUDELTEIG
- 200 g Weizenmehl Type 405 oder 550
- 2 Eier, 1 EL Olivenöl, ½ TL Salz

FÜR GARNELENFOND UND FÜLLUNG
- 12 rohe Gambas (Riesengarnelen), ungeschält
- 3 Schalotten und 1 Knoblauchzehe, geschält
- je 50 g Staudensellerie und Lauch (nur der weiße Teil), beides geputzt, 5 EL Olivenöl
- 20 g Tomatenmark, 50 ml Weißwein
- 300 ml Fischfond (Glas oder S. 137)
- 100 g Zanderfilet, 100 g kalte Sahne
- Salz, Saft von ½ Zitrone, Cayennepfeffer
- 20 g kalte Butter, in Stücken
- 2 EL fein gehackte Estragonblättchen

FÜR DIE SAUCE BÉCHAMEL
- 25 g Butter, 30 g Mehl, ½ l Milch, Salz
- frisch gemahlener Pfeffer
- frisch geriebene Muskatnuss

AUSSERDEM
- Butter für die Form, 2 Eigelb

S. 129
KÜCHENPRAXIS Cannelloni füllen

S. 137
KÜCHENPRAXIS Fischfond

1. Aus den angegebenen Zutaten einen Nudelteig herstellen, wie auf S. 67 gezeigt, in Frischhaltefolie einschlagen und 1 Stunde ruhen lassen.

2. Für den Fond die Gambas waschen, die Köpfe abdrehen und die Schwanzteile am Rücken längs einschneiden. Die Garnelenschwänze auslösen und jeweils den Darm entfernen. Die Karkassen beiseitestellen und die Garnelenschwänze kühlen. Schalotten, Knoblauch, Sellerie und Lauch klein würfeln.

3. In einem Topf 1 EL Öl erhitzen und die Karkassen darin anbraten. Die Gemüsewürfel kurz mit anschwitzen, dann das Tomatenmark unterrühren, mit Weißwein ablöschen und ¼ l Fischfond angießen. Den Fond aufkochen, abschäumen, 20 Minuten köcheln, dann 20 Minuten abkühlen lassen.

4. Für die Füllung das Zanderfilet grob würfeln und 30 Minuten tiefkühlen. Den Fond durch ein Tuch in eine Kasserolle passieren und auf die Hälfte reduzieren. Die Fischwürfel mit Sahne und Salz im Blitzhacker fein pürieren, die Farce mit Zitronensaft und Cayennepfeffer abschmecken und kühl stellen. 4 Garnelenschwänze fein würfeln und in 2 EL Öl kräftig anbraten, dann auf Küchenpapier abtropfen lassen und kalt stellen. Die Farce mit 1 EL kaltem Fond sowie den Gambawürfeln vermengen und kühlen.

5. Den Backofen auf 180 °C vorheizen. Aus den angegebenen Zutaten eine Sauce béchamel herstellen, wie auf S. 158 beschrieben. Eine ofenfeste Form mit Butter ausstreichen. Den Nudelteig ausrollen und in 10 cm große Quadrate schneiden. Die Quadrate in Salzwasser 2 Minuten kochen, herausheben, abschrecken und auf ein feuchtes Tuch legen. Die Ränder der Teigquadrate mit verquirltem Eigelb bestreichen, mit etwas Füllung belegen und aufrollen.

6. Die Rollen in die Form legen, mit Sauce béchamel überziehen, die übrigen 50 ml Fischfond angießen und die Cannelloni im vorgeheizten Ofen 20 Minuten backen. Die übrigen 8 Gambas salzen und im restlichen Öl langsam braten. Den Garnelenfond erneut erhitzen, die kalte Butter unterschwenken und den Estragon einrühren. Die Cannelloni mit der Estragonsauce und den gebratenen Gambas auf vorgewärmten Tellern anrichten und sofort servieren.

Cannelloni mit Artischockenpüree

ZUBEREITUNGSZEIT 2 Std.

FÜR DEN NUDELTEIG
- 170 g Weizenmehl Type 405 oder 550
- 2 Eier, 1 Eigelb, 1 EL Olivenöl, ½ TL Salz

FÜR DIE ARTISCHOCKEN
- 8 kleine Artischocken, 2–3 EL Olivenöl
- 1 Lorbeerblatt, 1 Zweig Thymian
- 1 Knoblauchzehe, geschält und angedrückt
- Salz, frisch gemahlener weißer Pfeffer
- 100 ml Weißwein
- 100 ml Gemüsefond (Glas oder S. 137)

FÜR DAS PÜREE
- 1 mehligkochende Kartoffel (50 g), Salz
- 2 EL Olivenöl

AUSSERDEM
- Salz, 20 g Butter, zerlassen, 50 g Sahne
- 5 g Mehlbutter (1:1), 20 g kalte Butter, in Stücken
- nach Belieben frisch geriebener Parmesan

1. Aus den angegebenen Zutaten einen Nudelteig herstellen, wie auf S. 67 gezeigt. Den Teig in Frischhaltefolie einschlagen und 1 Stunde ruhen lassen.

2. Den Backofen auf 180 °C vorheizen. Die Stiele der Artischocken abtrennen, Hüllblätter und Blattansätze auf der Unterseite entfernen. Die Artischockenböden mit einem Kugelausstecher oder einem scharfkantigen Teelöffel vom »Heu« befreien und achteln, dann mit Olivenöl bestreichen. Die Artischockenecken mit Kräutern und Knoblauch in einen Topf geben, leicht salzen und pfeffern, mit Weißwein und Gemüsefond auffüllen und zugedeckt im vorgeheizten Ofen etwa 15 Minuten garen.

3. Für das Püree die Kartoffel in leicht gesalzenem Wasser weich kochen und pellen. Die gegarten Artischocken abgießen und den Fond auffangen. 130 g Artischockenböden abwiegen und abtropfen lassen. Die übrigen Artischockenecken beiseitestellen.

4. Den Backofen auf 150 °C vorheizen. Den Nudelteig zu 8 cm breiten Bahnen ausrollen und diese in 6 cm lange Rechtecke schneiden. In einem Topf ausreichend Salzwasser aufkochen und die Teigblätter darin in 2 Minuten al dente garen, dann herausnehmen und auf Küchenpapier abtropfen lassen.

5. Zum Fertigstellen des Pürees die abgetropften Artischockenböden, Kartoffel und Olivenöl fein pürieren und passieren. Die Teigblätter mit der Masse füllen, zu Cannelloni rollen, mit der Naht nach unten in eine ofenfeste Form legen. Die Cannelloni mit zerlassener Butter bestreichen und im vorgeheizten Ofen 10 bis 15 Minuten backen.

6. Artischockenfond und Sahne aufkochen, mit der Mehlbutter binden und die kalte Butter untermixen. Die Cannelloni auf vorgewärmte Teller verteilen und die Sauce angießen. Zum Schluss die Cannelloni nach Belieben mit Parmesan bestreuen, mit den Artischockenecken garnieren und servieren.

S. 67
KÜCHENPRAXIS Nudelteig

S. 129
KÜCHENPRAXIS Cannelloni

Lasagne mit Basilikumschaum

ZUBEREITUNGSZEIT 2 Std. 35 Min.
KÜHLZEIT 12 Std.

FÜR DAS RAGOUT ALLA BOLOGNESE
- 1 Möhre, geschält, 1 Zwiebel, geschält
- 1 Stängel Staudensellerie, geputzt
- 1 große Dose Tomaten (800 g)
- 1–2 EL Olivenöl, 600 g Rinderhackfleisch
- Salz, frisch gemahlener Pfeffer
- 100 ml Rotwein
- 2 Knoblauchzehen, geschält
- 1 Lorbeerblatt

FÜR DEN NUDELTEIG
- 100 g Weizenmehl Type 405 oder 550
- 100 g Hartweizengrieß, 2 Eier, 1/4 TL Salz

FÜR DEN BASILIKUMSCHAUM
- 1 Bund Basilikum, gewaschen
- 1 Schalotte, geschält
- 4 Champignons, geputzt
- 1 Stängel Staudensellerie, geputzt
- 3 EL Olivenöl, 100 ml Weißwein
- 400 ml heller Geflügelfond (Glas oder S. 138)
- 200 g Sahne, Salz
- frisch gemahlener Pfeffer
- 20 g Butter, in Stücken

FÜR DIE SAUCE BÉCHAMEL
- 1 Schalotte, geschält, 40 g Butter
- 2 Lorbeerblätter, 15 g Mehl
- 1/4 l Milch
- Salz, frisch gemahlener Pfeffer
- frisch geriebene Muskatnuss

AUSSERDEM
- Salz, 4 Edelstahlringe (8 cm Ø)
- 30 g Butter für das Blech und die Ringe
- 30 g frisch geriebener Parmesan

S. 128
KÜCHENPRAXIS Lasagne zubereiten

S. 138
KÜCHENPRAXIS heller Geflügelfond

1. Für das Ragout alla bolognese am Vortag Möhre, Zwiebel und Sellerie etwa 1/2 cm groß würfeln. Die Dosentomaten mitsamt dem Saft mit dem Pürierstab fein zerkleinern. In einem Topf das Öl erhitzen und die Gemüsewürfel darin hell anschwitzen. Die Temperatur erhöhen, das Hackfleisch zufügen, kurz bräunen, salzen und pfeffern. Dann den Rotwein zugießen und vollständig reduzieren. Tomaten, Knoblauch und Lorbeerblatt zufügen und alles bei schwacher Hitze langsam zu einer dickflüssigen Sauce köcheln. Anschließend den Knoblauch sowie das Lorbeerblatt wieder entfernen, die Bolognese abkühlen lassen und über Nacht kühl stellen.

2. Am nächsten Tag aus den angegebenen Zutaten einen Nudelteig herstellen, wie auf S. 67 beschrieben. Anschließend den Teig in Frischhaltefolie einschlagen und 1 Stunde ruhen lassen.

3. Für den Basilikumschaum inzwischen die Basilikumblätter abzupfen und beiseitestellen, die Stängel aufbewahren. Schalotte, Champignons und Sellerie fein hacken. In einer Pfanne das Olivenöl erhitzen, die Gemüsewürfel darin mit den Basilikumstängeln hell anschwitzen, den Weißwein zugießen und vollständig reduzieren. Alles mit Geflügelfond auffüllen, aufkochen und bei schwacher Hitze 30 Minuten ziehen lassen, dann die Sahne angießen. Die Sauce erneut aufkochen, durch ein feines Sieb in einen separaten Topf passieren, mit Salz und Pfeffer abschmecken und beiseitestellen.

4. Für die Sauce béchamel die Schalotte fein würfeln. In einem Topf die Butter zerlassen und die Schalotte darin mit den Lorbeerblättern hell anschwitzen. Das Mehl einrühren und bei schwacher Hitze mit anschwitzen, aber nicht bräunen, dann nach und nach die kalte Milch mit dem Schneebesen unterrühren. Die Sauce béchamel in 15 Minuten cremig-dick köcheln, anschließend passieren und mit Salz, Pfeffer und Muskat würzen.

5. Den Nudelteig zu dünnen Bahnen ausrollen und in 10 x 18 cm große Platten schneiden. In einem Topf reichlich Salzwasser aufkochen, darin die Teigplatten einzeln 1 Minute garen, herausheben und abschrecken. Die Nudelplatten auf einer Arbeitsfläche auslegen und 8 cm große Kreise ausstechen.

6. Den Backofen auf 180 °C vorheizen. Ein Backblech und die Metallringe mit Butter fetten. Die Ringe auf das Blech stellen und die Lasagne einschichten. Dafür mit einem Nudelkreis beginnen, dann etwas Bolognese einfüllen und wieder ein Nudelblatt auflegen. So weiterverfahren, bis alle Ringe gefüllt sind, dabei mit einem Teigblatt abschließen. Die Oberfläche mit Sauce béchamel bestreichen und mit etwas geriebenem Parmesan bestreuen. Die Lasagne im vorgeheizten Ofen in 20 Minuten goldbraun überbacken.

7. Die Sauce für den Schaum erwärmen und die Basilikumblätter mit dem Pürierstab untermixen. Dabei darf die Temperatur nicht zu hoch sein, sonst verliert die Sauce ihre Farbe und wird grau. Alles durch ein feines Sieb in einen Topf passieren und die Butter untermixen, bis ein leuchtend grüner Schaum entsteht. Die Lasagne aus dem Ofen nehmen und auf vorgewärmten tiefen Tellern anrichten. Jeweils den Ring abziehen, die Lasagne mit dem Basilikumschaum umgießen und sofort servieren.

Gebratene Polentaroulade mit Feldsalat

ZUBEREITUNGSZEIT 2 Std. 35 Min.

FÜR DIE POLENTAROULADE
- 150 g braune Champignons, geputzt, 2 Schalotten, geschält
- 1 EL Kapern, in Salz, 4 getrocknete Tomatenfilets, in Öl (S. 48)
- 6 EL Olivenöl, Salz, frisch gemahlener Pfeffer
- 2 EL Schnittlauchröllchen, 50 g frisch geriebener Pecorino
- 3 Eigelb, 280 ml Milch, 30 g Butter, 100 g Maisgrieß
- Chiliflocken (Gewürzmühle), 30 g Semmelbrösel

FÜR DEN FELDSALAT
- 2 EL Weißweinessig, 1 TL milder Senf, Salz, Zucker, 3 EL Olivenöl
- 150 g Feldsalat, gewaschen, trocken geschleudert und geputzt

AUSSERDEM
- 2 Bögen Backpapier (etwa 40 x 40 cm), mit Öl bestrichen

1. Für die Füllung Champignons und Schalotten klein würfeln. Kapern und Tomatenfilets klein schneiden. In einer Pfanne 2 EL Öl erhitzen und die Champignons und Schalotten darin hell anschwitzen. Kapern und Tomaten zufügen, alles salzen und pfeffern und die Pfanne vom Herd nehmen. Dann den Schnittlauch, Pecorino sowie 1 Eigelb unterrühren und die Füllung beiseitestellen.

2. In einem Topf Milch und Butter aufkochen. Den Maisgrieß einrieseln lassen und unter ständigem Rühren zu einem dicken, nicht zu festen Brei kochen. Zum Schluss die Polentamasse noch 2 Minuten rühren, bis sich am Topfboden ein weißer Belag bildet. Dann vom Herd nehmen, 2 Eigelb unterrühren und die Polenta kräftig mit Salz, Pfeffer und Chili würzen.

3. Die heiße Polenta auf einen Bogen geöltes Backpapier geben, den zweiten Backpapierbogen (geölte Seite nach unten) auflegen und die Polenta mit dem Nudelholz rechteckig gut 1 cm dick ausrollen. Die obere Schicht Backpapier abziehen, die Füllung gleichmäßig auf der Polentamasse verteilen und diese mithilfe des Backpapiers rasch aufrollen. Die Polentaroulade in Frischhaltefolie wickeln, die Enden zusammendrehen und die Roulade im Kühlschrank etwa 1 Stunde 30 Minuten auskühlen lassen.

4. Die Roulade herausnehmen, in 8 bis 12 Stücke schneiden und diese bei Bedarf von Hand etwas nachformen. In einer sehr großen Pfanne das restliche Öl erhitzen. Die Polentascheiben in Semmelbröseln wenden und im heißen Öl auf beiden Seiten goldbraun braten.

5. Essig, Senf, ¼ TL Salz, ½ TL Zucker und Olivenöl zu einer Vinaigrette verrühren. Den Feldsalat zufügen und gut durchmischen. Die Polentarouladenstücke mit dem Feldsalat auf Tellern anrichten und sofort servieren.

S. 21
WARENKUNDE Maisgrieß
S. 112
KÜCHENPRAXIS Polenta kochen

»Die Polentamasse sollte nicht zu fest sein, da sie sich sonst nicht aus- und aufrollen lässt. Im Zweifelsfall daher lieber 2 EL Milch mehr verwenden.

Beim Aufrollen der Polenta gilt es, rasch zu arbeiten, denn kühlt die Platte zu sehr aus, bricht sie leicht. Da die Polentascheiben relativ weich sind, ist auch beim Braten und Wenden etwas Fingerspitzengefühl gefragt.«

Gebratene Polenta mit Radicchio und Wachtelkotelett

ZUBEREITUNGSZEIT 1 Std. 35 Min.
KÜHLZEIT 2 Std.

FÜR DIE POLENTA
- ¼ l heller Geflügelfond (Glas oder S. 138)
- ¼ l Milch, 10 g Butter
- 1 Zweig Thymian, gewaschen
- 1 Knoblauchzehe, geschält
- Salz, frisch gemahlener Pfeffer
- 120 g Maisgrieß
- 3 Eigelb

FÜR DIE WACHTELKOTELETTS
- 2 küchenfertige Wachteln
- Salz, frisch gemahlener Pfeffer
- 150 g Schweinenetz, kalt abgespült (beim Fleischer vorbestellen)
- 4 große oder 8 kleine Salbeiblätter
- 2 EL Maiskeim- oder Olivenöl
- 1 EL Zitronensaft, 50 g Butter
- 1 TL gehackte Zitronenthymianblättchen

FÜR DEN RADICCHIO
- 2 Köpfe Radicchio Trevisano (400 g), die Strünke entfernt
- 50 g Butter, Salz, frisch gemahlener Pfeffer
- 80 ml roter Portwein, 2 EL Zitronensaft

AUSSERDEM
- 2 Bögen Back- oder Pergamentpapier, geölt
- Ausstechringe und -formen nach Wahl
- 2 EL Butterschmalz zum Braten, Thymian

1. Für die Polenta den Geflügelfond mit Milch und Butter in einen Topf geben. Den Thymian und den Knoblauch zufügen, alles mit Salz und Pfeffer würzen und die Mischung zum Kochen bringen. Dann den Maisgrieß unter kräftigem Rühren mit einem Schneebesen einrieseln lassen. Die Temperatur reduzieren und die Polenta mit einem Silikonschaber weiterrühren, bis der Grieß gequollen und die Masse fest ist.

2. Die Polenta in eine Schüssel umfüllen und leicht abkühlen lassen. Thymian und Knoblauch entfernen und die Eigelbe unterrühren. Die Polenta zwischen zwei Lagen geöltem Backpapier (S. 264) 1,5 cm dick ausrollen und 2 Stunden kühl stellen, dann weiterarbeiten, wie unten in Step 1 gezeigt.

3. Den Backofen auf 150 °C vorheizen. Die Wachtelbrüste und -keulen auslösen und häuten. Von den Keulen jeweils den Oberschenkelknochen entfernen. Die Wachtelbrüste und -keulen mit Salz und Pfeffer würzen. Das Schweinenetz auf der Arbeitsfläche ausbreiten, dann jeweils 1 Keule und 1 Brustfilet überlappend aneinandersetzen und mit 1 bis 2 Salbeiblättern belegen. Das Schweinenetz in vier Teile schneiden und die »Wachtelkoteletts« jeweils darin einschlagen.

4. In einer Pfanne das Öl erhitzen und die eingepackten Wachtelkoteletts darin von beiden Seiten goldgelb anbraten. Dann herausnehmen, die Wachtelkoteletts in eine ofenfeste Form setzen und im vorgeheizten Ofen in 10 Minuten fertig braten. Den Bratensatz aus der Pfanne mit Zitronensaft ablöschen und die Butter einrühren. Dann den Zitronenthymian untermischen und die Sauce mit Salz und Pfeffer abschmecken.

5. Den Radicchio abspülen, trocken tupfen, längs halbieren und in Blätter teilen oder quer in 1 cm breite Streifen schneiden. In einem Topf die Butter zerlassen, den Radicchio darin etwa 2 Minuten anschwitzen, salzen und pfeffern. Alles mit Portwein ablöschen und diesen sämig reduzieren, dann den Radicchio mit Zitronensaft abschmecken.

6. Die Polentaschnitten braten, wie unten in Step 2 beschrieben. Den Radicchio auf vorgewärmte Teller verteilen, je 1 Wachtelkotelett darauf anrichten, mit der Zitronenthymiansauce beträufeln und mit den Polentaschnitten umlegen. Alles mit Thymian garnieren und sofort servieren.

S. 21
WARENKUNDE Maisgrieß

S. 112
KÜCHENPRAXIS Polenta kochen

S. 138
KÜCHENPRAXIS heller Geflügelfond

POLENTA
ausstechen und braten

(1) Die obere Schicht Back- oder Pergamentpapier abziehen und aus der kalten Polentaplatte mit entsprechenden Metallringen und -ausstechern nach Belieben Kreise, Rechtecke oder Dreiecke ausstechen und die Polentaschnitten beiseitestellen.

(2) In einer Pfanne das Butterschmalz erhitzen und die Polentaschnitten darin portionsweise von beiden Seiten goldgelb anbraten.

(1)

(2)

Knusprige Reisnudeln mit Meeresfrüchten

ZUBEREITUNGSZEIT 40 Min.

FÜR DIE REISNUDELN
- ½ l Erdnussöl zum Frittieren
- 120 g Reis-Vermicelli

FÜR DIE MEERESFRÜCHTE
- 1 kleine Knoblauchzehe, geschält
- 1 kleine rote Chilischote, 1 kleiner Pak Choi
- 12 Thai-Spargel oder grüne Spargelspitzen
- 8 Mini-Möhren oder 1 normale Möhre
- 12 Zuckerschoten
- ¼ l heller Geflügelfond (Glas oder S. 138)
- 2 EL Erdnussöl, 1 EL Palmzucker
- je 1–2 TL Tomatenmark, Honig und Thai-Chili-Sauce (Sriracha Chilisauce; Asialaden)
- 350 g küchenfertige Meeresfrüchte (frisch oder TK: Garnelen, Muschelfleisch, kleine Kalmare)
- Fischsauce und 1 TL Reisessig nach Belieben
- Saft von ½ Limette
- ½–1 TL Mais- oder Kartoffelstärke

S. 45
WARENKUNDE Reis-Vermicelli
S. 132
KÜCHENPRAXIS Frittieren

AUSSERDEM
- je 2 EL Korianderblättchen, Sojasprossen und Frühlingszwiebelringe
- getrocknete Chiliflocken nach Belieben
- Fischsauce und Reisessig nach Belieben

1. Das Öl im Wok oder in einem hohen Topf auf etwa 180 °C erhitzen und die Reisnudeln darin in kleinen Portionen in etwa 20 Sekunden kross frittieren; sie sollen aber keine Farbe annehmen. Die Reisnudeln jeweils mit dem Schaumlöffel herausheben und auf Küchenpapier abtropfen lassen.

2. Den Knoblauch klein hacken. Die Chilischote von Stielansatz, Samen und Scheidewänden befreien und ebenfalls klein hacken. Pak Choi waschen und in fingerdicke Streifen schneiden. Den Spargel waschen und in 3 cm lange Stücke schneiden. Die Möhren in dünne Stifte schneiden. Die Zuckerschoten längs in dünne Streifen schneiden. In einer Kasserolle den Geflügelfond erhitzen.

3. Im Wok oder in einer Pfanne das Öl erhitzen, den Knoblauch darin goldbraun rösten, dann das vorbereitete Gemüse zufügen. Anschließend den Palmzucker unterrühren und das Gemüse unter ständigem Rühren leicht glasieren. Nach 1 Minute Tomatenmark, Honig und Thai-Chili-Sauce untermischen und 2 Minuten unter Rühren mitgaren. Dann die Meeresfrüchte zufügen und den erhitzten Geflügelfond dazugießen. Alles nach Belieben mit Fischsauce und Reisessig würzen und mit etwas Limettensaft abschmecken. Die Mischung aufkochen und mit der in etwas Wasser angerührten Stärke binden.

4. Die frittierten Reisnudeln in tiefen Tellern oder in einer Schüssel anrichten und mit ein paar Korianderblättchen, Sojasprossen und Frühlingszwiebelringen belegen. Die Meeresfrüchtemischung darauf verteilen oder separat reichen und alles sofort servieren. Nach Belieben Schälchen mit getrockneten Chiliflocken, Fischsauce und Reisessig zum Nachwürzen dazureichen.

Gyozas mit Cashew-Garnelen-Füllung

ZUBEREITUNGSZEIT 2 Std.

FÜR DIE GYOZAS

- 25–30 runde TK-Gyoza-Teigblätter oder Wan-Tan-Teigblätter (Asialaden; insgesamt etwa 150 g)
- 2 Schalotten, 1 Knoblauchzehe
- 1 rote Chilischote, 50 g Cashewkerne
- 10 Stängel Koriandergrün
- 200 g rohe Garnelenschwänze, geschält (frisch oder TK)
- 1 EL Maiskeimöl
- 100 g Schweinehackfleisch
- 1 EL Fischsauce, 1 EL Ketjap Manis
- 1 l Sonnenblumenöl zum Frittieren

FÜR DEN DIP

- 4 EL Zucker, 1 TL Salz
- 3 EL dunkle Sojasauce
- 2 EL helle Sesamsamen, geröstet
- 2 EL Reisessig
- 1 Frühlingszwiebel, geputzt und in feine Ringe geschnitten

S. 45
WARENKUNDE Wan-Tan-Blätter

S. 132
KÜCHENPRAXIS Frittieren

1. Für die Gyozas die Teigblätter auftauen lassen. Die Schalotten und den Knoblauch schälen und beides fein würfeln. Die Chilischote von Stielansatz, Samen und Scheidewänden befreien und ebenfalls fein würfeln.

2. Die Cashewkerne in einer beschichteten Pfanne ohne Öl hell rösten, abkühlen lassen und fein hacken. Den Koriander abbrausen, trocken schütteln und die Blättchen fein schneiden. Die Garnelen jeweils vom Darm befreien, abspülen, mit Küchenpapier trocken tupfen und fein hacken.

3. Im Wok das Öl erhitzen, Knoblauch und Schalotten darin kurz anschwitzen, dann das Hackfleisch zufügen und unter Rühren krümelig braten. Garnelen- und Chiliwürfel zufügen, alles leicht anrösten und mit Fischsauce und Ketjap Manis abschmecken. Dann die Cashewkerne sowie das Koriandergrün unterrühren und die Füllung abkühlen lassen.

4. Für den Dip Zucker mit 3 EL Wasser aufkochen und sirupartig reduzieren. Salz, Sojasauce und Sesam unterrühren, alles erneut aufkochen, dann vom Herd ziehen und den Reisessig und die Frühlingszwiebeln untermischen.

5. Die Gyozas nacheinander füllen. Dafür jeweils 1 Teigblatt mit kaltem Wasser bestreichen, mittig mit 1 bis 2 TL Füllung belegen und halbmondförmig zusammenklappen. Den Rand einkneifen und dabei sehr gut festdrücken. Das fertige Teigtäschchen aufrecht auf ein Küchenbrett stellen und die anderen Gyozas ebenso füllen.

Gyoza-Teig

Die runden Teigblätter für die japanischen Täschchen sind üblicherweise etwas dicker als Wan-Tan-Blätter und werden im Unterschied zu anderen asiatischen Teigtaschen so geformt, dass sie aufrecht stehen.

6. Das Öl im Wok oder in der Fritteuse auf 170 °C erhitzen und die Gyozas darin portionsweise in etwa 2 Minuten goldgelb ausbacken, dabei einmal wenden. Die Täschchen mit dem Schaumlöffel herausheben, kurz auf Küchenpapier entfetten und sofort servieren. Den Dip warm oder kalt dazureichen.

Germkücherl mit Sauerkraut und Speck

S. 132
KÜCHENPRAXIS Frittieren

S. 138
KÜCHENPRAXIS heller Geflügelfond

ZUBEREITUNGSZEIT 1 Std. 30 Min.

FÜR DEN HEFETEIG
- 180 ml warme Milch
- 30 g Zucker
- 15 g frische Hefe, 370 g Mehl
- 4 Eigelb
- 60 g weiche Butter

FÜR DAS SAUERKRAUT
- ½ Zwiebel, 40 g durchwachsener Speck
- 70 ml Weißwein
- ¼ l heller Geflügelfond (Glas oder S. 138)
- 250 g Sauerkraut
- 4 Wacholderbeeren
- 1 Lorbeerblatt, Salz
- nach Belieben ½ mehligkochende Kartoffel, geschält, zum Binden

AUSSERDEM
- 500 g Butterschmalz zum Ausbacken
- 20 dünne Scheiben durchwachsener Speck

1. Für den Hefeteig Milch und Zucker verrühren und die zerbröckelte Hefe darin auflösen. Das Mehl in eine Schüssel geben, Hefemilch, Eigelbe und die weiche Butter zufügen und alles gut verkneten. Den Teig an einem warmen Ort zugedeckt 30 Minuten gehen lassen.

2. Für das Sauerkraut die halbe Zwiebel schälen und in feine Streifen schneiden. Den Speck klein würfeln. Eine beschichtete Pfanne ohne Fett erhitzen und die Speckwürfel darin hellbraun braten. Die Zwiebelstreifen hell mit anschwitzen, dann alles mit Weißwein ablöschen und den Geflügelfond zugießen. Das Sauerkraut zugeben, mit Wacholderbeeren und Lorbeerblatt würzen und in etwa 20 Minuten weich garen. Zum Schluss das Kraut mit Salz abschmecken und nach Belieben mit der geriebenen Kartoffel binden.

3. Den Teig in 10 Portionen teilen, zu Kugeln formen und weiterarbeiten, wie rechts in Step 1 gezeigt. Die Teigfladen mit einem Küchentuch bedecken und erneut etwa 20 Minuten an einem warmen Ort gehen lassen. In einem Topf das Butterschmalz erhitzen. Die richtige Temperatur ist erreicht, wenn an einem hineingehaltenen Holzkochlöffel Bläschen aufsteigen. Anschließend weiterarbeiten, wie rechts in Step 2 und 3 beschrieben.

4. Eine beschichtete Pfanne ohne Fett erhitzen und die Speckscheiben darin knusprig braten. Die Germkücherl auf vorgewärmte Teller legen, mit Sauerkraut füllen, mit den knusprigen Speckscheiben belegen und sofort servieren.

GERMKÜCHERL

in Form ziehen und ausbacken

(1) Die Teigkugeln mit dem Nudelholz zu etwa 3 cm dicken Kreisen ausrollen.

(2) Die aufgegangenen Fladen einzeln mit den Händen auseinanderziehen, bis sie am Rand etwa 1 cm dick und in der Mitte dünn ausgezogen sind.

(3) Das Germkücherl in das heiße Butterschmalz geben und von beiden Seiten goldbraun ausbacken, dabei einmal wenden, dann herausheben und kurz auf Küchenpapier entfetten. Auf diese Weise auch die übrigen Teigfladen formen und goldbraun ausbacken.

Gnocchi, Knödel, Klöße

Hergestellt aus Kartoffel- oder Brotteig, gelegentlich auch aus einer Mischung von beidem, bereichern sie die Teigwarenküche ungemein.

Die Kunst liegt in der Konsistenz

Sowohl bei Gnocchi als auch bei Knödeln oder Klößen trägt die richtige Teigbeschaffenheit entscheidend zu einem optimalen Geschmackserlebnis bei: Sie sollten formstabil, gleichzeitig aber auch schön locker sein.

VERANTWORTLICH für die Lockerheit des Teiges ist zum einen das Verhältnis der Zutaten untereinander: So werden etwa für Gnocchi und Knödel deutlich weniger Eier benötigt als bei Nudelteigen. Zu viel Ei würde die Masse sehr fest und kompakt geraten lassen, was sowohl bei Gnocchi als auch bei Knödeln nicht erwünscht ist. Zum andern kommt es aber auch auf die Auswahl der richtigen Produkte und deren entsprechende Vorbereitung an: So sind für Gnocchi und Knödel mehligkochende Kartoffeln zu bevorzugen, da sie nach dem Garen schön locker sind und sich leicht durch die Kartoffelpresse drücken lassen. Zudem sollten die Knollen beim Garen möglichst wenig Wasser aufnehmen, damit die Teigwaren später auch den gewünschten Kartoffelgeschmack aufweisen. Brot für Knödel sollte vor der Verwendung ein bis zwei Tage liegen, erst dann lässt es sich schneiden und kann die Milch optimal aufnehmen.

GNOCCHI-VIELFALT

Die aus Norditalien stammenden Kartoffelgnocchi sind die bekanntesten Vertreter der Familie. Sie schmecken pur schon ausgezeichnet, können aber durch Zugabe von Kräutern und Gewürzen noch weiter variiert werden, wie die »Schnittlauch-Gnocchettini mit Senf-Paprika-Butter und Räucherlachs« (S. 274) gleich zu Beginn des Kapitels oder auch die »Meerrettich-Gnocchi mit Oktopus« (S. 277). Gelegentlich besteht der Grundteig dafür nicht nur aus gegarten, durchgedrückten Kartoffeln, Mehl und Eiern, sondern es kommt ein Teil Brot oder Quark hinzu. So werden die »Brot-Gnocchi mit Radicchio Trevisano« (S. 275) etwa mit Südtiroler Vinschgerln zubereitet. Der Teig kann aber auch nur aus altbackenem Brot und Mehl bestehen, so liebt man »Gnocchi di pane« in der Gegend um Parma, oder auch aus einer Quark-Mehl-Mischung, wie etwa bei den »Gnocchi mit Kalbsleber und roten Zwiebeln« (S. 278) der Fall. Ebenfalls ganz ohne Kartoffeln kommen die »Gnocchettini mit Perlhuhn« (S. 279) aus, die aus Hartweizengrieß bestehen. Wann man dabei von Gnocchi oder Gnocchettini spricht, ist jedoch keine Frage der Zutaten, sondern eine der Größe.

SCHUPFNUDELN UND STRIGOLI

Während Gnocchi eher rund oder leicht oval sind, haben die ebenfalls aus Kartoffelteig zubereiteten Schupfnudeln eine längliche, spitz zulaufende Form. Sie sind eine beliebte Beilage zu Fleisch, werden aber auch gern zu Kraut gegessen. Die »Schupfnudeln mit Spitzkohl und Pfefferkirschen« (S. 280) sind eine raffinierte vegetarische Variante des herzhaften Klassikers, die hier ausnahmsweise einmal mit festkochenden Kartoffeln zubereitet wird. Strigoli, die italienischen Verwandten der Schupfnudeln, können sowohl mit als auch ohne Kartoffeln hergestellt werden. Ihre intensive grüne Farbe erhalten die »Spinat-Strigoli mit Kirschtomaten und Calamares« (S. 282) durch Zugabe von Spinatpulver, wobei die verwendete Menge die Intensität des Farbtons bestimmt.

NOCKEN UND KNÖDEL

Je nach Zusammensetzung des Teiges stehen Nocken mal den italienischen Gnocchi nahe, mal den süddeutschen Knödeln – oder Klößen, wie sie im Norddeutschen heißen. So erinnern die »Linsennocken mit Kuttelragout« (S. 283) in der Zubereitung an Semmelknödel, die im Folgenden mit einer delikaten Füllung aus Rotkraut und glasierten Maronen (S. 284) überzeugen können. Die aus Kartoffelteig hergestellten »Grammelknödel« (S. 287) sind dagegen eher deftig gefüllt, und ganz ohne Füllung bleiben die petersilienwürzigen Knödel »halb und halb« (S. 286), die als Beilage zu Kalbsrippchen serviert werden. Die »Asiatischen Hefeknödel mit Auberginengemüse« (S. 288) machen die Palette komplett.

Teige färben mit Pulver

Die im Gewürzfachhandel, Reformhaus oder per Internet erhältlichen farbigen Pulver aus Spinat, Tomaten und Roter Bete eignen sich auch zum unkomplizierten Färben von Gnocchi- oder Pastateig.

Schnittlauch-Gnocchettini mit Senf-Paprika-Butter und Räucherlachs

ZUBEREITUNGSZEIT 1 Std. 15 Min.

FÜR DIE GNOCCHETTINI
- 700 g mehligkochende Kartoffeln, Salz
- 150 g Mehl, 1 Ei, frisch geriebene Muskatnuss
- 50 g sehr feine Schnittlauchröllchen

FÜR DIE SENF-PAPRIKA-BUTTER
- 15 g Senfkörner, 2 rote Paprikaschoten
- 1 EL Olivenöl, 50 ml Noilly Prat
- 100 ml Gemüsefond (Glas oder S. 137)
- 50 g Sahne, 50 g Butter, in Stücken
- Schale und Saft von ½ Bio-Zitrone
- Salz, frisch gemahlener Pfeffer

AUSSERDEM
- Backpapier, 200 g Räucherlachs, 1 cm groß gewürfelt (Zimmertemperatur)

S. 24
WARENKUNDE Kartoffeln

S. 104
KÜCHENPRAXIS Gnocchi

1. Für die Gnocchettini die Kartoffeln in Salzwasser in etwa 30 Minuten weich garen. Den Backofen auf 150 °C vorheizen. Die Kartoffeln abgießen, ausdampfen lassen, pellen, vierteln und im vorgeheizten Ofen 10 bis 15 Minuten trocknen.

2. In der Zwischenzeit für die Senf-Paprika-Butter die Senfkörner 30 Minuten in kaltem Wasser einweichen. Die Paprikaschoten mit einem Sparschäler häuten und die Schalen in warmes Wasser legen, sodass sie sich spiralförmig einrollen. Von den Paprikaschoten Stielansätze, Samen und Scheidewände entfernen und das Paprikafruchtfleisch in kleine Würfel schneiden.

3. Die Kartoffeln noch warm durch die Presse drücken, Mehl, Ei, Salz, Muskat und Schnittlauch zufügen und alles zu einem Teig verkneten. In einem Topf ausreichend Salzwasser aufkochen. Den Kartoffelteig auf einer bemehlten Arbeitsfläche rasch zu 1 cm dicken Strängen rollen und in 1 cm lange Stücke schneiden. Die Gnocchettini im kochenden Salzwasser garen, bis sie an die Oberfläche steigen, herausheben und auf Backpapier erkalten lassen.

4. In einer Pfanne das Öl erhitzen, die Paprikawürfel darin kurz anschwitzen, dann mit Noilly Prat ablöschen. Die Senfkörner abgießen, mit dem Gemüsefond zufügen und alles um ein Drittel reduzieren. Dann die Sahne unterrühren und die Butter untermixen. Die Gnocchettini einlegen, alles erneut erhitzen und mit Zitronenschale und -saft, Salz und Pfeffer würzen.

5. Die Gnocchettini mit der Senf-Paprika-Butter auf vorgewärmten Tellern anrichten und die Räucherlachswürfel darauf verteilen. Alles mit den spiralförmig eingerollten Paprikaschalen garnieren und sofort servieren.

Brot-Gnocchi mit Radicchio Trevisano

ZUBEREITUNGSZEIT 1 Std. 30 Min.

FÜR DIE BROT-GNOCCHI
- 200 g Vinschgerl vom Vortag
- 1 l Gemüsefond (Glas oder S. 137)
- 600 g mehligkochende Kartoffeln
- Salz, 160 g Mehl, 1 Ei
- frisch gemahlener Pfeffer
- frisch geriebene Muskatnuss

FÜR DEN RADICCHIO
- 2 Stauden Radicchio Trevisano »Rossa di Veronese« mit Wurzel, gewaschen und getrocknet (Ersatz: eine andere Radicchiosorte)
- 2 EL Olivenöl, etwas Puderzucker
- 2–3 EL Aceto balsamico
- 1 EL Kalbsjus (stark reduzierter Kalbsfond)
- Salz, frisch gemahlener Pfeffer

AUSSERDEM
- Backpapier
- 8–10 hauchdünne Scheiben Südtiroler Speck
- 2 EL gehackte glatte Petersilie
- nach Belieben frisch geriebener Parmesan

1. Die Vinschgerl in feine Scheiben schneiden und im Gemüsefond einweichen. Die Kartoffeln in Salzwasser in etwa 30 Minuten weich garen. Den Backofen auf 150 °C vorheizen. Die Kartoffeln abgießen, kurz ausdampfen lassen, pellen und vierteln, dann im vorgeheizten Ofen 10 bis 15 Minuten trocknen.

2. Die Kartoffeln durch die Presse drücken und mit Mehl, Ei, Salz, Pfeffer und Muskat zu einem glatten Teig verarbeiten. Die eingeweichten Vinschgerl zerdrücken, in ein Tuch einschlagen und fest auspressen, damit sie nicht zu feucht sind; dann zu der Kartoffelmasse geben. Diese erneut durch die Presse drücken und mit Salz und Pfeffer abschmecken.

3. In einem Topf ausreichend Salzwasser aufkochen. Den Kartoffelteig auf einer bemehlten Arbeitsfläche rasch zu etwa 1 cm dicken Strängen rollen, diese mit Mehl bestäuben und mit einer Gabel etwa 2 ½ cm große Gnocchi abstechen.

4. Die Gnocchi im kochenden Salzwasser garen, bis sie an die Oberfläche steigen, dann herausheben und auf Backpapier erkalten lassen.

5. Die Radicchiowurzeln dünn schälen und wie die Blätter in kleine Stücke schneiden. In einer Pfanne das Olivenöl erhitzen und den Radicchio darin kurz anbraten, dann mit Puderzucker bestäuben und leicht karamellisieren lassen. Den Radicchio mit Aceto balsamico ablöschen, die Kalbsjus angießen und die Gnocchi zufügen. Zum Schluss alles mit Salz und Pfeffer würzen.

6. Die Speckscheiben quer halbieren, vorgewärmte tiefe Teller damit auslegen und die Gnocchi mit dem Radicchio darin anrichten. Alles mit gehackter Petersilie und nach Belieben noch mit etwas geriebenem Parmesan bestreut sofort servieren.

S. 104
KÜCHENPRAXIS Gnocchi
S. 137
KÜCHENPRAXIS Gemüsefond

Meerrettich-Gnocchi mit Oktopus

ZUBEREITUNGSZEIT 1 Std. 30 Min.

FÜR DIE MEERRETTICH-GNOCCHI
- 600 g mehligkochende Kartoffeln
- Salz, 3 EL Meerrettich (Glas)
- 130 g Mehl, 1 Ei, frisch gemahlener Pfeffer
- frisch geriebene Muskatnuss

FÜR DEN OKTOPUS
- 1 Zwiebel, 1 Möhre, 2 Stängel Staudensellerie
- 1 Stange Lauch, ½ Bio-Zitrone, gewaschen
- 2 Stängel Estragon, 2 Zweige Thymian
- 2 Lorbeerblätter, 1 Knoblauchzehe, geschält
- 2 EL Salz, 20 weiße Pfefferkörner
- 1 kleiner küchenfertiger Oktopus (400–500 g)
- 2 EL mildes Olivenöl, 1 EL Puderzucker
- ¼–½ Meerrettichwurzel, geschält und fein geraspelt
- 50 g getrocknete Tomaten, gewürfelt
- 1 EL Butter, Cayennepfeffer

AUSSERDEM
- Backpapier, Zitronenscheiben

1. Für die Gnocchi die Kartoffeln in Salzwasser in etwa 30 Minuten weich garen. Den Backofen auf 150 °C vorheizen. Die Kartoffeln abgießen, kurz ausdampfen lassen, pellen und vierteln, dann im vorgeheizten Ofen 10 bis 15 Minuten trocknen.

2. Die Kartoffeln noch warm durch die Presse drücken. Den Meerrettich in einem Tuch gut ausdrücken und mit Mehl, Ei, Salz, Pfeffer und Muskat zu den Kartoffeln geben. Alles zu einem Teig verkneten.

3. In einem Topf ausreichend Salzwasser aufkochen. Den Kartoffelteig auf einer bemehlten Arbeitsfläche rasch zu etwa 2 cm dicken Strängen rollen, dann mit einer bemehlten Teigkarte oder Gabel etwa 1 ½ cm große Gnocchi abstechen. Die Gnocchi in kochendes Salzwasser einlegen und gar ziehen lassen, bis sie an die Oberfläche steigen, dann mit einem Schaumlöffel herausheben. Die Meerrettich-Gnocchi kurz abtropfen und anschließend auf Backpapier erkalten lassen.

4. Für den Oktopus das Gemüse schälen oder putzen und grob würfeln. In einem Topf 3 l Wasser aufkochen und die Gemüsewürfel zufügen. Die Zitrone halbieren und ein Stück mit in den Topf geben. Den Estragon waschen, trocken schütteln, die Blättchen abzupfen und beiseitelegen. Die Estragonstiele mit Thymian, Lorbeer, Knoblauch und Gewürzen in den Sud geben. Den Oktopus einlegen und in 35 bis 40 Minuten weich garen, dann im Sud abkühlen lassen.

5. In einer beschichteten Pfanne das Öl erhitzen und den Puderzucker darin hell karamellisieren. Den Meerrettich zufügen und unter Rühren in 2 bis 3 Minuten goldbraun karamellisieren.

6. Vom Oktopussud 300 ml abnehmen, die getrockneten Tomaten darin 2 bis 3 Minuten köcheln, dann die Butter untermixen. Die Gnocchi in der Sauce erwärmen. Den Oktopus in ½ cm breite Stücke schneiden und untermischen. Die übrige Zitrone auspressen. Alles mit Cayennepfeffer und Zitronensaft abschmecken, in vorgewärmte tiefe Teller verteilen, mit Zitronenscheiben, Estragon und karamellisiertem Meerrettich garnieren und sofort servieren.

S. 24
WARENKUNDE Kartoffeln
S. 104
KÜCHENPRAXIS Gnocchi

Gnocchi mit Kalbsleber und roten Zwiebeln

ZUBEREITUNGSZEIT 1 Std. 10 Min.

FÜR DIE GNOCCHI
- 300 g trockener Quark (Topfen), 100 g Mehl
- 100 g frisch geriebener Parmesan
- 2 Eigelb, frisch geriebene Muskatnuss, Salz

FÜR DIE KALBSLEBER
- 3 mittelgroße rote Zwiebeln, geschält
- 400 g Kalbsleber, ohne Haut und Sehnen
- 1 kleines Bund glatte Petersilie, 40 g Butter
- 2 EL Olivenöl, 2 Lorbeerblätter, Salz
- 100 ml Aceto balsamico
- frisch gemahlener Pfeffer, 1 EL Mehl
- 150 ml Kalbsfond (Glas), auf 50 ml reduziert

S. 104
KÜCHENPRAXIS Gnocchi

S. 124
KÜCHENPRAXIS trockener Quark

1. Für die Gnocchi sämtliche Zutaten mit ½ TL Salz zu einem glatten Teig verkneten. Den Teig auf einer bemehlten Arbeitsfläche zu 2 ½ cm dicken Rollen formen und davon mithilfe einer Teigkarte 2 cm breite Stücke abtrennen.

2. Für die Leber die roten Zwiebeln in feine Ringe, die Kalbsleber in breite Streifen schneiden. Die Petersilie waschen, trocken schütteln und die Blätter fein hacken. In einer Pfanne 20 g Butter und 1 EL Öl erhitzen und die Zwiebeln darin glasig anschwitzen. Die Lorbeerblätter einlegen, die Zwiebeln leicht salzen, mit Essig ablöschen und diesen etwas reduzieren. Alles mit Pfeffer würzen und beiseitestellen.

3. In einem großen Topf reichlich Salzwasser zum Kochen bringen. In einer beschichteten Pfanne die restliche Butter mit dem übrigen Öl erhitzen. Die Leber mit Mehl bestäuben und bei mittlerer Hitze kurz anbraten, dann salzen und pfeffern. Die roten Zwiebeln zufügen, kurz durchschwenken und den reduzierten Kalbsfond angießen.

4. Die Gnocchi in das kochende Salzwasser geben und darin gar ziehen lassen, bis sie an die Oberfläche steigen, dann mit einem Schaumlöffel herausheben. Die Kalbsleber mit den Zwiebeln auf vorgewärmte Teller verteilen und die Gnocchi daneben anrichten. Zum Schluss alles mit der gehackten Petersilie bestreuen und sofort servieren.

Gnocchettini mit Perlhuhn

ZUBEREITUNGSZEIT 2 Std.

FÜR DIE GNOCCHETTINI
- 250 g Hartweizengrieß, Salz
- 15 g geriebener Parmesan, 1 EL Olivenöl

FÜR DAS PERLHUHN
- 3 Schalotten, geschält, 1 Stängel Staudensellerie
- ¼ Stange Lauch (nur der weiße Teil)
- 4 küchenfertige Perlhuhnkeulen
- Salz, frisch gemahlener Pfeffer, 1 EL Mehl
- 2 EL Olivenöl
- 1 Knoblauchzehe, geschält
- 1 Zweig Thymian, 1 EL Tomatenmark
- 50 ml roter Portwein, 50 ml Rotwein
- 200 ml heller Geflügelfond (Glas oder S. 138)

AUSSERDEM
- Backpapier, 1 EL Olivenöl, 4 reife Feigen, in Sechstel oder Achtel geschnitten
- 60 g frisch geriebener Parmesan, Thymian

1. Für die Gnocchettini den Hartweizengrieß und 1 TL Salz vermischen, mit ⅛ l kochendem Wasser übergießen und kurz quellen lassen. Parmesan und Olivenöl unterkneten, den Teig in Frischhaltefolie einschlagen und 1 Stunde ruhen lassen. In der Zwischenzeit die Schalotten klein würfeln. Sellerie und Lauch waschen, putzen und klein würfeln.

2. Den Teig aus der Folie nehmen, auf einer bemehlten Arbeitsfläche zu 1 cm dicken Strängen rollen und mithilfe einer Teigkarte etwa ½ cm breite Gnocchettini abstechen und auf leicht bemehltes Backpapier setzen.

3. Den Backofen auf 170 °C vorheizen. Die Perlhuhnkeulen salzen, pfeffern und leicht mit Mehl bestäuben. In einem flachen, weiten Topf das Olivenöl erhitzen und die Keulen darin bei mittlerer Hitze auf der Hautseite etwa 5 Minuten anbraten. Anschließend die Keulen herausnehmen, mit der Hautseite nach unten in einen Bräter (mit Deckel) legen und im vorgeheizten Ofen 10 Minuten braten.

4. Das vorbereitete Gemüse mit Knoblauch, Thymian und Tomatenmark in den Brattopf mit dem verbliebenen Öl kurz anbraten. Alles mit Portwein und Rotwein ablöschen, dann den Geflügelfond angießen. Das Gemüse mit der Flüssigkeit über die Keulen verteilen und diese zugedeckt unter wiederholtem Übergießen etwa 35 Minuten schmoren.

5. Inzwischen in einem großen Topf reichlich Salzwasser zum Kochen bringen. Die Gnocchettini darin 25 bis 30 Minuten garen, dann mit einer Schaumkelle herausheben und beiseitestellen.

6. Die Keulen aus dem Bräter nehmen, die Sauce durch ein Sieb in eine Kasserolle passieren und um ein Drittel reduzieren. In einer Pfanne 1 EL Olivenöl erhitzen und die Feigen darin kurz schwenken. Die Keulen auslösen und von Fett und Haut befreien. Das Fleisch zerkleinern und in die Sauce geben.

7. Das Perlhuhn mit den Feigen und den Gnocchettini auf vorgewärmten Tellern anrichten, mit Parmesan bestreuen und mit Thymian garniert servieren.

S. 19
WARENKUNDE Hartweizengrieß
S. 105
KÜCHENPRAXIS Gnocchi

Schupfnudeln mit Spitzkohl und Pfefferkirschen

ZUBEREITUNGSZEIT 2 Std. 30 Min.
MARINIERZEIT 24 Std.

FÜR DIE PFEFFERKIRSCHEN
- 300 g Kirschen, 50 g Zucker, 100 ml Rotwein
- 100 ml roter Portwein, 1 EL schwarze Pfefferkörner (5 g)
- 1 EL Tasmanische Pfefferkörner (5 g; Ersatz: schwarze Pfefferkörner)
- 1 Zweig Thymian, ½ Stange Zimt

FÜR DIE SCHUPFNUDELN
- 500 g festkochende Kartoffeln, 120 g Speisestärke
- 40 g weiche Butter, 2 Eigelb, Salz, frisch geriebene Muskatnuss

AUSSERDEM
- 1 kleiner Kopf Spitzkohl, 2 EL kalte Butter, Salz

1. Die Kirschen entsteinen und die Steine aufbewahren. In einem Topf Zucker und 2 EL Wasser unter Rühren hell karamellisieren. Die Kirschsteine 1 bis 2 Minuten mitgaren, dann alles mit Rot- und Portwein ablöschen. Beide Pfeffersorten, Thymian und Zimt 5 Minuten mitköcheln. Dann alles abkühlen lassen, den Sud durch ein Sieb passieren, die Kirschen einlegen und 24 Stunden im Kühlschrank marinieren.

2. Am nächsten Tag die Kartoffeln in Salzwasser in etwa 30 Minuten weich garen, abgießen, kurz ausdampfen lassen, pellen, durch die Kartoffelpresse drücken und auskühlen lassen. Dann den Kartoffelschnee mit der Speisestärke, der weichen Butter, den Eigelben, Salz und Muskat zu einem glatten Teig verarbeiten, dabei bei Bedarf noch etwas Stärke einarbeiten. Den Teig 30 Minuten ruhen lassen.

3. Inzwischen den Spitzkohl vierteln, vom Strunk befreien und die Blätter in etwa 2 cm große Rauten schneiden. Den Teig auf einer bemehlten Arbeitsfläche zu 2 cm dicken Rollen formen und mithilfe einer Teigkarte etwa 4 cm lange Stücke abstechen. Diese mit der flachen Hand zu Schupfnudeln formen. Sollte der Teig kleben bleiben, die Hände mit kaltem Wasser benetzen. In einem großen Topf reichlich Salzwasser aufkochen und die Schupfnudeln darin portionsweise in etwa 5 Minuten gar ziehen lassen, bis sie an die Oberfläche steigen, dann mit dem Schaumlöffel herausnehmen und abtropfen lassen.

4. In einer großen Pfanne 1 EL Butter zerlassen, den Spitzkohl darin kurz anschwitzen und salzen. Die Kirschen mit dem Sud zufügen und diesen bei starker Hitze 5 bis 8 Minuten reduzieren, dann mit der kalten Butter binden und die Schupfnudeln zufügen. Alles kurz durchschwenken, auf vorgewärmten Tellern anrichten und sofort servieren.

S. 51
WARENKUNDE Thymian

S. 102
KÜCHENPRAXIS Schupfnudeln herstellen

»Ein raffiniertes vegetarisches Gericht, das durch die Pfefferkirschen eine aparte Note erhält. Im Gegensatz zu anderen Rezepten für Schupfnudeln werden hier einmal festkochende Kartoffeln verwendet, damit die Nudeln beim Garen und späteren Durchschwenken ihre Form behalten.«

Spinat-Strigoli mit Kirschtomaten und Calamares

ZUBEREITUNGSZEIT 1 Std. 30 Min.

FÜR DIE STRIGOLI
- 600 g mehligkochende Kartoffeln, Salz
- 50–100 g Spinatpulver, 100 g Mehl, 1 Ei
- frisch gemahlener Pfeffer
- frisch geriebene Muskatnuss

AUSSERDEM
- 70–80 ml Olivenöl, 20 Kirschtomaten
- 2 Knoblauchzehen, geschält, angedrückt
- 1 Zweig Rosmarin, 1 Stängel Salbei
- 5 Zweige Thymian, Salz, Pfeffer
- 4 küchenfertige Kalmare, je 130 g, gewaschen und in Streifen geschnitten
- 2 cl Cognac, 20 Kalamata-Oliven
- 100 ml Gemüsefond (Glas oder S. 137)

S. 102
KÜCHENPRAXIS Schupfnudeln herstellen

S. 137
KÜCHENPRAXIS Gemüsefond

1. Für die Strigoli (italienische Schupfnudeln) die Kartoffeln in Salzwasser in etwa 30 Minuten weich garen. Den Backofen auf 150 °C vorheizen. Die Kartoffeln abgießen, ausdampfen lassen, pellen, vierteln und im vorgeheizten Ofen 10 bis 15 Minuten trocknen. Die Kartoffeln warm durch die Presse drücken und mit Spinatpulver, Mehl, Ei, Salz, Pfeffer und Muskat zu einem glatten Teig verkneten. Den Teig auf einer bemehlten Arbeitsfläche zu 2 cm dicken Strängen rollen, mithilfe einer Teigkarte 4 cm große Stücke abtrennen und zu Schupfnudeln formen. In einem Topf reichlich Salzwasser aufkochen, die Strigoli darin in etwa 5 Minuten gar ziehen lassen, bis sie an die Oberfläche steigen. Ein Backblech mit 1 EL Öl ausstreichen, die Strigoli aus dem Wasser heben, abtropfen und auf dem Blech erkalten lassen.

2. Den Backofen auf 200 °C vorheizen. 50 ml Olivenöl in einer ofenfesten Form erwärmen. Die Kirschtomaten waschen und mit 1 Knoblauchzehe, Rosmarin, Salbei sowie 1 Zweig Thymian in die Form geben. Die Kirschtomaten salzen, pfeffern und im vorgeheizten Ofen 20 Minuten backen.

3. In einer Pfanne das restliche Olivenöl erhitzen und die Kalmare darin mit der zweiten Knoblauchzehe und dem übrigen Thymian kräftig anbraten, dann salzen und pfeffern. Die Kalmare mit Cognac ablöschen, herausnehmen und warm stellen. Strigoli und Oliven in der Pfanne kurz erwärmen, dann den Gemüsefond angießen und die Kalmare wieder einlegen. Alles mit Salz und Pfeffer abschmecken, mit den Kirschtomaten aus dem Ofen auf vorgewärmten Tellern anrichten und sofort servieren.

Linsennocken mit Kuttelragout

ZUBEREITUNGSZEIT 1 Std. 20 Min.
EINWEICHZEIT 6–8 Std.

FÜR DIE LINSENNOCKEN
- 50 g Berglinsen, 3 Brötchen vom Vortag
- 3 Eier, Salz, frisch gemahlener Pfeffer

FÜR DAS KUTTELRAGOUT
- 500 g Kalbskutteln, gekocht (beim Fleischer vorbestellen)
- 1 kleine Zwiebel (50 g), 2 EL Rapsöl
- Salz, frisch gemahlener Pfeffer
- 1 EL Mehl, ⅛ l Weißwein
- ½ Bund Petersilie, 1 EL Aceto balsamico bianco

S. 26
WARENKUNDE Brötchen

S. 110
KÜCHENPRAXIS Nocken herstellen

1. Die Berglinsen nach Packungsangabe 6 bis 8 Stunden in kaltem Wasser einweichen. Die Linsen abgießen, in einem Topf mit frischem Wasser aufsetzen und in 15 bis 20 Minuten weich kochen, anschließend in ein Sieb schütten und gut abtropfen lassen.

2. Währenddessen die gekochten Kutteln für das Ragout in 5 cm lange und ½ cm breite Streifen schneiden. Die Zwiebel schälen und fein würfeln. In einem Schmortopf das Öl erhitzen, die Kutteln zufügen, salzen, pfeffern und mit Mehl bestäuben. Die Kutteln etwa 5 Minuten anbraten, dabei mit einem Pfannenwender immer wieder vom Topfboden lösen. Dann die Zwiebelwürfel zufügen und bei mittlerer Hitze noch etwa 5 Minuten unter Wenden mitbraten. Anschließend alles mit dem Weißwein und ⅛ l Wasser ablöschen und die Kalbskutteln noch 1 Stunde zugedeckt schmoren lassen.

3. In der Zwischenzeit die Brötchen für die Linsennocken klein würfeln und in einer Schüssel mit den Linsen und Eiern vermengen. Die Masse mit Salz und Pfeffer würzen und etwa 10 Minuten ruhen lassen, dann erneut gut durchmischen. Bei Bedarf noch etwas Mehl, Semmelbrösel oder Flüssigkeit zufügen. In einem Topf ausreichend Salzwasser zum Kochen bringen. Mithilfe eines Esslöffels Nocken aus der Masse formen, diese in das leicht kochende Wasser gleiten lassen und in etwa 5 Minuten gar ziehen lassen.

4. Die Petersilie waschen, trocken schütteln und fein hacken. Das Kuttelragout mit Essig abschmecken und die Petersilie bis auf 1 EL für die Garnitur unterrühren. Die Linsennocken mit einem Schaumlöffel aus dem Wasser heben und kurz auf Küchenpapier abtropfen lassen. Das Kuttelragout auf vorgewärmte tiefe Teller verteilen und die Linsennocken daneben anrichten. Alles mit etwas gehackter Petersilie bestreuen und sofort servieren.

Kalbskutteln vorkochen

Falls Sie bei Ihrem Fleischer Kalbskutteln nur roh erhalten, müssen Sie diese vor der Verwendung in Salzwasser oder hellem Kalbs- oder Rinderfond etwa 2 Stunden kochen. Die Kutteln dann abgießen, kalt abspülen, abkühlen lassen und schneiden, wie im Rezept angegeben.

Semmelknödel, mit Rotkraut und Maronen gefüllt

S. 26
WARENKUNDE Knödelbrot

S. 118
KÜCHENPRAXIS Semmelknödel herstellen

ZUBEREITUNGSZEIT 2 Std. 30 Min.
MARINIERZEIT 24 Std.

FÜR DAS ROTKRAUT

- 300 g Rotkraut, ohne Strunk, in feinen Streifen
- 50 g eingelegte Preiselbeeren, 200 ml Rotwein
- 100 ml Orangensaft, 2 EL Himbeeressig
- 3 EL Honig, Salz, frisch gemahlener Pfeffer
- 1 Gewürzsäckchen (bestehend aus 1 Lorbeerblatt, 1 Gewürznelke, 1 ganzen Sternanis, 2 Wacholderbeeren)
- 1 Apfel, 1 Gemüsezwiebel, geschält
- 30 g Schweineschmalz, 40 g Butter

FÜR DIE KNÖDELMASSE

- 250 g Knödelbrot oder Semmeln vom Vortag, in feine Scheiben oder Würfel geschnitten
- 1 Schalotte, 30 g Räucherspeck, 1 EL Maiskeimöl
- 200 ml Milch, Salz, frisch gemahlener Pfeffer
- 3 Eier, 1 EL gehackte Petersilie

AUSSERDEM

- 30 g Zucker, 50 ml Orangensaft, 80 g Maronen, geschält und gegart, bei Bedarf etwas zerkleinert

1. Das Rotkraut in einer Schüssel mit Preiselbeeren, Rotwein, Orangensaft, Himbeeressig, Honig, Salz, Pfeffer und Gewürzsäckchen vermischen und zugedeckt 24 Stunden durchziehen lassen.

2. Am nächsten Tag den Apfel vierteln, vom Kerngehäuse befreien und in Spalten, die Zwiebel in Streifen schneiden. In einem Topf das Schmalz erhitzen, Apfelspalten und Zwiebelstreifen darin hell anschwitzen. Das marinierte Rotkraut zufügen, alles einmal aufkochen, die Temperatur reduzieren und das Kraut 1 Stunde köcheln lassen, mit der Butter binden und auskühlen lassen.

3. Das Knödelbrot in eine Schüssel geben. Die Schalotte schälen und wie den Speck fein würfeln. In einer Pfanne das Öl erhitzen, Schalotte und Speck darin hell anschwitzen, dann zum Knödelbrot geben. Die Milch aufkochen, das Brot damit übergießen, salzen und pfeffern. Die Knödelmasse zugedeckt 15 Minuten ziehen lassen, zum Schluss Eier und Petersilie untermengen.

4. In einem Topf den Zucker goldbraun karamellisieren, mit Orangensaft ablöschen und köcheln lassen, bis sich der Zucker wieder aufgelöst hat. Die Maronen zugeben und die Flüssigkeit sämig einkochen. Anschließend aus der Masse Knödel formen und füllen, wie rechts in Step 1 bis 3 gezeigt.

5. In einem Topf ausreichend Salzwasser aufkochen. Die Knödel einlegen und bei schwacher Hitze in 10 bis 15 Minuten gar ziehen lassen. Die Knödel beispielsweise zu knusprig gebratener Ente servieren und das restliche Rotkraut dazureichen.

(1)

(2)

(3)

SEMMELKNÖDEL

füllen und formen

(1) Die Knödelmasse in Portionen von 80 g teilen und auf ein Brett setzen. Jede Portion zu einem runden Knödel formen, dann in die Mitte eine Vertiefung eindrücken.

(2) Die Knödel dann mit 1 EL Rotkraut (ohne Flüssigkeit) und zerkleinerten Maronen füllen.

(3) Zum Schluss die Öffnung verschließen und die gefüllten Knödel wieder rund formen.

Kartoffel- und Semmelknödel »halb und halb« mit geschmorten Kalbsrippchen

ZUBEREITUNGSZEIT 1 Std. 30 Min.

FÜR DIE KALBSRIPPCHEN
- 1 kg Kalbsrippchen am Stück (beim Fleischer vorbestellen)
- Salz, frisch gemahlener Pfeffer
- 2 Zwiebeln, 1 Möhre
- 2 EL Rapsöl, 100 ml Rotwein
- 300 ml heller Kalbsfond (Glas oder S. 140)

FÜR DIE KNÖDEL
- 1 Bund Petersilie
- 2 Semmeln (Brötchen) vom Vortag
- 400 g mehligkochende Kartoffeln
- 2 Eier, Salz, frisch gemahlener Pfeffer
- frisch geriebene Muskatnuss
- Semmelbrösel bei Bedarf

S. 118
KÜCHENPRAXIS Knödel formen

S. 140
KÜCHENPRAXIS heller Kalbsfond

1. Die Kalbsrippchen in 4 gleich große Stücke schneiden und mit Salz und Pfeffer würzen. Die Zwiebeln schälen, vierteln und in feine Streifen schneiden. Die Möhre schälen und 1 cm groß würfeln.

2. Den Backofen auf 160 °C vorheizen. In einem Bräter das Öl erhitzen und die Kalbsrippchenstücke darin auf jeder Seite etwa 5 Minuten anbraten, dann die Zwiebelstreifen und Möhrenwürfel zugeben und leicht bräunen. Anschließend alles mit Rotwein ablöschen, kurz aufkochen lassen und mit dem Kalbsfond auffüllen. Die Rippchen im Ofen etwa 1 Stunde garen, bis das Fleisch sich leicht von den Knochen löst.

3. Inzwischen für die Knödel die Petersilie waschen, trocken schütteln und die Blätter fein hacken. Die Semmeln in dünne Scheiben schneiden. Kartoffeln schälen, fein reiben, in ein Sieb geben und gut ausdrücken. Die geriebenen Kartoffeln mit Semmeln und Eiern vermengen und die Hälfte der Petersilie zufügen. Die Knödelmasse mit Salz, Pfeffer und Muskat würzen und bei Bedarf noch Semmelbrösel zufügen.

4. In einem großen Topf ausreichend Salzwasser zum Kochen bringen. Aus der Masse 8 bis 12 kleine Knödel formen, in das kochende Salzwasser einlegen, die Temperatur reduzieren und die Knödel in 10 bis 12 Minuten gar ziehen lassen, dann mit einem Schaumlöffel herausnehmen.

5. Das Fleisch aus dem Ofen nehmen. Die Sauce passieren, mit Salz und Pfeffer abschmecken und die übrige Petersilie untermischen. Die Kalbsrippchen mit den Knödeln auf vorgewärmten Tellern anrichten und sofort servieren.

Grammelknödel mit Kalbszunge und Meerrettichvinaigrette

ZUBEREITUNGSZEIT 2 Std. 15 Min.

FÜR DIE KALBSZUNGE
- 1 kleine Zwiebel (50 g), 1 Möhre
- 80 g Sellerieknolle, 1 kleine Kalbszunge (900 g)
- 4 Stängel Petersilie, gewaschen
- 1 Lorbeerblatt, 1 TL weiße Pfefferkörner
- 1 EL Wacholderbeeren, 1 TL Pimentkörner

FÜR DIE VINAIGRETTE
- 1 TL Dijon-Senf, 4 EL Weißweinessig
- 4–5 EL Sonnenblumenöl, 1 Stück frischer Meerrettich (etwa 1 ½ cm), geschält und fein gerieben
- 4 EL Schnittlauchröllchen

FÜR DIE GRAMMELKNÖDEL
- 2 Schalotten, geschält, ½ Knoblauchzehe, geschält
- 100 g Grammeln (Grieben), fein gehackt
- 1 TL gehackte Petersilie
- Salz, frisch gemahlener Pfeffer
- 400 g mehligkochende Kartoffeln
- 150 g Weizenmehl Type 405, 3 Eigelb
- 40 g Butter, frisch geriebene Muskatnuss

1. Für die Kalbszunge das Gemüse schälen und grob würfeln. Zunge und Gemüse in einen Topf geben, Kräuter und Gewürze zufügen und mit kaltem Wasser bedecken. Alles zum Kochen bringen und die Zunge etwa 1 Stunde köcheln lassen, bis die Spitze weich ist, dann häuten und im Sud warm halten.

2. Für die Vinaigrette etwa 100 ml Kochsud abmessen und mit Senf, Essig und Öl zu einer sämigen Vinaigrette mixen.

3. Für die Knödel Schalotten und Knoblauch fein schneiden. Die Grammeln in einer beschichteten Pfanne erwärmen. Schalotten, Knoblauch und Petersilie zufügen, salzen, pfeffern und kalt stellen.

S. 24
WARENKUNDE mehligkochende Kartoffeln

S. 120
KÜCHENPRAXIS Knödel füllen

4. Die Kartoffeln in Salzwasser in etwa 30 Minuten weich garen, abgießen, ausdampfen lassen und pellen. Die Kartoffeln warm durch die Presse drücken und rasch mit Mehl, Eigelben, Butter, Salz, Pfeffer und Muskat verkneten. Den Teig auf einer bemehlten Arbeitsfläche zu einer Rolle formen, etwa 50 g schwere Portionen abtrennen und zu Knödeln formen. Jeweils eine Mulde eindrücken, 2 TL Füllung hineingeben und die Knödel wieder rund formen.

5. In einem Topf ausreichend Salzwasser aufkochen und die Grammelknödel darin bei schwacher Hitze in etwa 5 Minuten gar ziehen lassen. Den Meerrettich und 2 EL Schnittlauchröllchen unter die Vinaigrette rühren. Die Zunge längs in dünne Scheiben schneiden, mit den Knödeln auf vorgewärmten Tellern anrichten, mit der Vinaigrette beträufeln, mit Schnittlauch bestreuen und sofort servieren.

Asiatische Hefeknödel mit Auberginengemüse

ZUBEREITUNGSZEIT 2 Std.

FÜR DEN KNÖDELTEIG
- 360 g Weizenmehl Type 405
- 20 g Zucker, 200 ml lauwarmes Wasser
- 1 Päckchen Trockenhefe
- 150 g Butter, zerlassen, 1 EL Sojaöl

FÜR DIE FÜLLUNG
- 2 Schalotten, geschält
- 2 Knoblauchzehen, geschält
- 100 g Wasserspinat oder junger Spinat
- 1 Stück frischer Ingwer (3 cm)
- 200 g rohe Riesengarnelenschwänze, geschält und entdarmt (entweder frisch oder TK, dann aufgetaut)
- 1–2 EL Erdnussöl, 1 TL Speisestärke
- 2 EL Gemüsefond (Glas oder S. 137)
- 2 EL Sojasauce, 1 EL Ketjap Manis
- 30 g Erdnüsse, geröstet und klein gehackt

FÜR DAS AUBERGINENGEMÜSE
- 400 g kleine runde Auberginen
- 4 Mini-Pak-Choi oder 2 größere Pak Choi
- 2 Fleischtomaten
- 4 Frühlingszwiebeln, geputzt
- 1 Knoblauchzehe, geschält
- 2 EL Erdnussöl
- 4 EL passierte Tomaten
- 2 EL Sweet Chili Sauce
- 1 EL Reisessig
- 2 EL dunkle Sojasauce
- 1 TL Fünf-Gewürze-Pulver

AUSSERDEM
- Backpapier

S. 137
KÜCHENPRAXIS Gemüsefond

S. 127
KÜCHENPRAXIS Dämpfen

1. Für den Knödelteig das Mehl in eine Schüssel sieben, eine Mulde eindrücken, Zucker, lauwarmes Wasser und Trockenhefe zufügen und mit etwas Mehl vom Rand verrühren. Den Vorteig an einem warmen Ort 10 Minuten gehen lassen. Dann das restliche Mehl einarbeiten und die zerlassene, abgekühlte Butter unterkneten. Den Teig mit Öl bepinseln und erneut zugedeckt 40 Minuten gehen lassen. Den Hefeteig in 8 gleiche Portionen teilen, zu Kugeln formen und mit einem Tuch bedeckt nochmals 15 Minuten gehen lassen.

2. Für die Füllung die Schalotten fein würfeln, den Knoblauch fein hacken. Den Spinat verlesen, waschen, von den groben Stielen befreien und gut abtropfen lassen. Ingwer schälen und klein hacken. Die Garnelenschwänze in kleine Würfel schneiden.

3. Im Wok oder in einer Pfanne das Erdnussöl erhitzen und die Garnelen darin kurz anbraten, dann Schalotten, Knoblauch, Spinat und Ingwer unter Rühren kurz mitbraten. Die Speisestärke mit dem Gemüsefond anrühren und zugießen. Alles unter Rühren kurz aufkochen lassen, dann kräftig mit Sojasauce und Ketjap Manis abschmecken, die Erdnüsse untermischen und die leicht gebundene Füllung vom Herd nehmen.

4. Den Boden eines Bambusdämpfkörbchens mit Backpapier auslegen und Löcher einstechen, dann weiterarbeiten, wie rechts in Step 1 und 2 beschrieben. Einen Wok 2 bis 3 cm hoch mit Wasser füllen und dieses zum Kochen bringen. Das Dämpfkörbchen einsetzen und die Knödel über Wasserdampf 20 Minuten garen.

5. Inzwischen die Auberginen waschen und putzen. Kleine Auberginen halbieren oder vierteln, größere etwa 2 cm groß würfeln. Den Pak Choi waschen und jeweils den Strunk knapp abtrennen, sodass der Kohl noch zusammenhält. Den Pak Choi längs halbieren oder vierteln. Tomaten von Stielansätzen und Samen befreien und klein würfeln. Die Frühlingszwiebeln in 1 cm breite Ringe, den Knoblauch in feine Scheiben schneiden.

6. Im Wok 1 EL Erdnussöl erhitzen, den Pak Choi darin ringsum anbraten, dann herausnehmen. Das restliche Öl in der Pfanne erhitzen und die Auberginen darin etwa 5 Minuten anbraten, dann Frühlingszwiebeln und Knoblauch zufügen. Alles kurz durchschwenken, die gewürfelten und passierten Tomaten untermischen und das Gemüse mit der Chilisauce, Essig, Sojasauce und Fünf-Gewürze-Pulver abschmecken. Das Gemüse nochmals aufkochen, den Pak Choi darauflegen und alles zugedeckt bei schwacher Hitze noch etwa 5 Minuten durchziehen lassen. Das Auberginengemüse mit den Hefeknödeln auf vorgewärmten Tellern anrichten und sofort servieren.

ASIATISCHE HEFEKNÖDEL

füllen und rund formen

(1) Eine Teigkugel in der hohlen Hand zu einem Schälchen formen und ein Achtel der Füllung in die Vertiefung geben. Den Teig über der Füllung zusammendrücken und die Ränder mit einer leichten Drehung verschließen. Die anderen Hefeknödel ebenso füllen und rund formen.

(2) Die gefüllten Hefeknödel mit der glatten Seite nach oben in das vorbereitete Bambusdämpfkörbchen setzen, mit einem Tuch bedecken und nochmals etwa 10 Minuten an einem warmen Ort gehen lassen.

(1)

(2)

Teigwaren süß serviert

Von Mohnnudeln und Kakao-Tortellini über süße Schupfnudeln und Gnocchi bis hin zu Zwetschgenknödeln, Dampfnudeln und Filoteigtäschchen.

In Österreich von jeher beliebt

Da die Teige für Nudeln und Knödel im Geschmack zurückhaltend sind, können sie nicht nur salzig, sondern auch süß aufgetischt werden – entweder in fruchtiger Begleitung oder mit einer cremigen Sauce.

IN KLEINEN PORTIONEN ANGERICHTET eignen sich die süßen Teigwarenspezialitäten des folgenden Kapitels ausgezeichnet als Dessert, etwa nach einem leichten Menü. Die süßen Nudeln, Gnocchi und Knödel können aber ebenso gut, vielleicht nach einem Salat der Saison, als süßes Hauptgericht zu Mittag aufgetischt werden, dann dürfen die Portionen ruhig etwas größer ausfallen. Die Rezepte dieses Kapitels sind so berechnet, dass sie als süßes Hauptgericht 4 Portionen ergeben, als kleines Dessert dagegen für 6 bis 8 Portionen reichen.

SÜSSES AUS NUDELTEIG

Die einfachste Art, Nudeln süß zu servieren, ist, fertige Nudeln wie Tagliatelle, Makkaroni oder Bucatini in nur leicht gesalzenem Wasser zu kochen und sie dann mit Mohnbutter zu servieren (S. 292). Bei selbst gemachten Bandnudeln kann der Teig entsprechend abgewandelt werden, etwa durch Zugabe von Puderzucker, Vanillemark oder Kakao, wie es bei den »Kakao-Tortellini mit Marzipan und eingelegten Feigen« (S. 293) der Fall ist. Gerade gefüllte Nudeln bieten ein großes Experimentierfeld für süße kulinarische Kreationen. So lassen sich Ravioli und Co. auch mit Früchten, fein abgeschmecktem Frischkäse (Ricotta) oder auf Basis von Bröseln füllen. Nur zu saftig darf die Masse nicht sein, damit der Nudelteig nicht aufweicht.

DIE KLASSIKER DER MEHLSPEISENKÜCHE

In Süddeutschland, vor allem aber in Österreich, sind süß servierte Teigwaren von jeher eine Bereicherung des Speiseplans. Viele davon bestehen aus Kartoffelteig, wie die »Süßen Schupfnudeln mit eingelegten Birnen und gebrannten Mandeln« (S. 294) oder auch die »Zwetschgenknödel« (S. 297) – ein großer Klassiker der Mehlspeisenküche –, die hier mit einem zimtwürzigen Zwetschgenkompott kombiniert werden. Eine Abwandlung der italienischen Gnocchi sind die Süßkartoffelgnocchi (S. 295), die mit einer Sauce aus Ziegenquark und Limettensaft ideal ergänzt werden. Quark aus Kuhmilch bildet die Basis für Topfennockerl (S. 296) und -knödel (diese finden Sie in der Küchenpraxis auf S. 124), die in Butterbröseln gewälzt einfach unwiderstehlich schmecken. Dampfnudeln aus Hefeteig, eine weitere Spezialität aus der Teigwarenküche, sind süß entweder mit Vanillesauce (S. 298) oder mit Kompott beliebt. Und die verwandten Germknödel, klassisch mit Powidl (Pflaumenmus) gefüllt und mit Mohnbutter serviert, finden Sie in diesem Kapitel in einer ausgefallenen Variante mit Kürbiskernbutter und Marillenkompott (S. 299).

AUS DEM OFEN

Aus Hefeteig sind auch Buchteln (S. 300), kleine Teigkugeln, dicht an dicht in eine ofenfeste Form gesetzt und gebacken, die hier raffiniert mit Zartbitterschokolade und Chili gefüllt sind. Aber auch typische Pasta al forno lässt sich süß interpretieren, wie die »Cannelloni mit Nussfüllung« (S. 303) zeigen. Zudem lassen sich auch fertig gekaufte dünne Teigblätter süß füllen, wie die »Filoteigtäschchen mit Pinienkernen, Schafsfrischkäse und Honigschaum« (S. 304) beweisen, die goldbraun und herrlich knusprig aus dem Ofen kommen, ebenso wie die hauchdünnen türkischen Engelshaarnudeln (S. 305).

IN FETT AUSGEBACKEN

Teigwaren sind überaus vielseitig, lässt sich Nudel-, Hefe- und Kartoffelteig doch auch noch frittieren. So können Sie die ausgebackenen Germkücherl (S. 270) auch süß servieren, indem Sie sie mit Puderzucker bestäuben und 1 EL Preiselbeerkompott in die Mitte setzen. Oder Sie versuchen die »Preiselbeer-Ravioli auf Mohn-Vanille-Sauce« (S. 306), die zu den Highlights des Kapitels zählen.

Süße Polenta?

Tatsächlich lässt sich auch Polenta süß servieren. Dafür kommt etwas Zucker und Vanillemark mit in die gekochte Maisgrießmasse, die dann ausgestrichen, in Dreiecke geschnitten und auf dem Herd goldgelb ausgebacken wird (S. 302).

Tagliatelle mit Mohn

ZUBEREITUNGSZEIT 30 Min.

FÜR DIE MOHNNUDELN
- Salz, 300 g Tagliatelle
- 70 g Butter
- 60 g gemahlener Mohn (Ersatz: fertige Mohnmasse zum Backen)

AUSSERDEM
- ½ Bio-Zitrone
- einige Blättchen Zitronenmelisse
- 200 g Sahne
- nach Belieben 40 g Powidl (Pflaumenmus)

1. In einem Topf ausreichend Salzwasser zum Kochen bringen und die Tagliatelle darin al dente garen. In der Zwischenzeit die Zitrone heiß waschen, trocken reiben und die Schale in dünnen Streifen (Zesten) abziehen. Die Zitronenmelisseblättchen waschen, trocken tupfen und in feine Streifen schneiden. Dann die Tagliatelle abgießen und in einem Sieb gut abtropfen lassen.

2. In einer kleinen Pfanne die Butter aufschäumen lassen, den gemahlenen Mohn zufügen und gut unterrühren. Die Mohnbutter warm halten. Die Sahne halb steif schlagen. Anschließend die Tagliatelle in die Pfanne zu der Mohnbutter geben und alles gut durchschwenken.

3. Die Mohnnudeln in Schalen oder tiefe Teller verteilen und mit der halb steif geschlagenen Sahne sowie nach Belieben einem Löffel Powidl anrichten. Die Mohnnudeln mit Zitronenzesten und Zitronenmelisse garnieren und sofort servieren.

S. 32
WARENKUNDE Tagliatelle

S. 82
KÜCHENPRAXIS Nudeln kochen

Variationsmöglichkeiten

Für die vor allem in osteuropäischen Ländern geschätzten Mohnnudeln eignen sich auch andere lange Nudelformen wie Trenette und Spaghetti oder die dickeren Makkaroni und Bucatini.

Sie können die Mohnbutter (dann im Verhältnis von 70 g Butter zu 80 g gemahlenem Mohn) aber auch gut zu Schupfnudeln reichen, die aus 600 g mehligkochenden Kartoffeln, 150 g Mehl, 1 Ei und 1 Prise Salz hergestellt werden. Die genaue Zubereitung finden Sie in der Küchenpraxis auf S. 102.

Kakao-Tortellini mit Marzipan und eingelegten Feigen

ZUBEREITUNGSZEIT 2 Std.
MARINIERZEIT 12 Std.

FÜR DIE EINGELEGTEN FEIGEN
- 50 g Zucker, 1 Stange Zimt
- 1 ganzer Sternanis
- 200 ml roter Portwein, 4 Feigen

FÜR DIE KAKAO-TORTELLINI
- 300 g Weizenmehl Type 405
- 2 Eier, 1–2 TL Kakaopulver
- 100 g Marzipanrohmasse
- 1 EL Zucker, 40 g Butter

AUSSERDEM
- 1 glatter Ausstechring (6 cm Ø)
- einige Blättchen Minze
- Vanilleeis nach Belieben

S. 67
KÜCHENPRAXIS Nudelteig herstellen

S. 92
KÜCHENPRAXIS Tortellini herstellen

1. Für die eingelegten Feigen in einem Topf den Zucker hell karamellisieren, Zimt, Sternanis und Portwein zufügen und alles kurz aufkochen lassen. Die Feigen häuten, halbieren oder vierteln, in den Gewürzsud einlegen und 12 Stunden darin ziehen lassen.

2. Am nächsten Tag aus Mehl, Eiern, 5 bis 7 EL Wasser und Kakaopulver einen Nudelteig herstellen. Den Teig in Frischhaltefolie einschlagen und 30 Minuten ruhen lassen.

3. Den Nudelteig mit der Nudelmaschine in mehreren Durchgängen zu dünnen Bahnen ausrollen, dann daraus mit dem Ausstechring etwa 6 cm große Teigkreise ausstechen.

4. Die Marzipanrohmasse in haselnussgroße Portionen teilen und jeweils eine Portion mittig auf die Teigkreise setzen und diese zu Tortellini formen, wie auf S. 92 beschrieben.

5. In der Zwischenzeit in einem Topf ausreichend Wasser mit dem Zucker zum Kochen bringen und die Kakao-Tortellini darin etwa 10 Minuten garen.

6. In einem zweiten Topf die Butter zerlassen. Die fertigen Tortellini mit dem Schaumlöffel herausheben, kurz abtropfen lassen und in der Butter schwenken.

7. Die Kakao-Tortellini mit den eingelegten Feigen auf Tellern anrichten, mit 1 Blättchen Minze garnieren und sofort servieren. Nach Belieben noch 1 Kugel Vanilleeis dazureichen.

Süße Schupfnudeln mit eingelegten Birnen und gebrannten Mandeln

ZUBEREITUNGSZEIT 2 Std. 30 Min.
KÜHLZEIT 12 Std.

FÜR DIE SCHUPFNUDELN
· 600 g mehligkochende Kartoffeln, Salz
· 50 g Butter, zerlassen, 4 Eigelb
· 170 g doppelgriffiges Weizenmehl (Dunst)

FÜR DIE EINGELEGTEN BIRNEN
· 4 Nashis oder andere Birnen (900 g)
· Saft von 1 Zitrone, 70 g Zucker
· 300 ml Apfelsaft, 300 ml weißer Portwein
· 1 Vanilleschote, aufgeschlitzt, 15 g Speisestärke

FÜR DIE GEBRANNTEN MANDELN
· 80 g ganze Mandelkerne, geschält
· 1 cl Birnenschnaps, 30 g Puderzucker

AUSSERDEM
· Backpapier, Salz, Zucker, 50 g Butter
· nach Belieben Puderzucker zum Bestäuben

S. 19
WARENKUNDE Dunst
S. 102
KÜCHENPRAXIS Schupfnudeln

1. Für die Schupfnudeln die Kartoffeln in Salzwasser in 40 bis 50 Minuten sehr weich kochen, abgießen, ausdampfen lassen und über Nacht in den Kühlschrank stellen.

2. Am nächsten Tag die Kartoffeln pellen und durch die Presse in eine Schüssel drücken. Die zerlassene Butter, die Eigelbe und das Mehl zufügen und alles zu einem kompakten Teig verkneten. Den Teig auf einer bemehlten Arbeitsfläche zu etwa 4 cm dicken Strängen rollen, etwa 1 cm breite Stücke abtrennen und diese mit bemehlten Händen zu Schupfnudeln formen, wie auf S. 102 f. gezeigt.

3. Für die eingelegten Birnen die Nashis schälen, vierteln und die Kerngehäuse entfernen. Die Viertel in dünne Spalten schneiden und mit dem Zitronensaft beträufeln. In einem Topf den Zucker goldgelb karamellisieren, dann mit Apfelsaft und Portwein ablöschen. Alles erneut aufkochen und den Zucker wieder auflösen. Die Vanilleschote einlegen und die Flüssigkeit auf die Hälfte reduzieren.

4. Dann die Birnenspalten zugeben, den Topf mit einem Stück Backpapier abdecken und die Birnen knapp unterhalb des Siedepunkts in etwa 10 Minuten nicht zu weich dünsten. Die Birnenspalten herausnehmen, nebeneinander auf einen Teller legen und auskühlen lassen. Die Speisestärke mit 2 EL kaltem Wasser anrühren. Den Birnenfond kurz aufkochen und mit der Stärke unter Rühren mit dem Schneebesen sämig binden. Den Birnenfond auskühlen lassen, dann die Birnenspalten wieder einlegen.

5. Den Backofengrill vorheizen. Die Mandeln in eine ofenfeste Form geben, mit dem Birnenschnaps beträufeln und den Puderzucker darübersieben. Die Mandeln direkt unter dem Grill in den vorgeheizten Ofen schieben und goldgelb karamellisieren, dabei wiederholt mit einem Holzkochlöffel wenden. Die gebrannten Mandeln herausnehmen und auf Backpapier auskühlen lassen.

6. In einem Topf 2 l Wasser mit Salz und Zucker aufkochen, die Schupfnudeln einlegen und bei schwacher Hitze in etwa 5 Minuten gar ziehen lassen. In einer Pfanne die Butter zerlassen. Die Schupfnudeln herausheben und kurz abtropfen lassen, dann in der Butter schwenken und leicht Farbe nehmen lassen. Die Birnen fächerartig auf Tellern anrichten, die Schupfnudeln danebensetzen und mit Birnenfond beträufeln. Alles mit gebrannten Mandeln garnieren und nach Belieben mit Puderzucker bestäubt servieren.

Süßkartoffelgnocchi mit Ziegenfrischkäsesauce

ZUBEREITUNGSZEIT 1 Std. 50 Min.
KÜHLZEIT 12 Std.

FÜR DIE SÜSSKARTOFFELGNOCCHI
- 600 g Süßkartoffeln
- 50 g Butter, zerlassen
- 200 g doppelgriffiges Weizenmehl (Dunst)
- 4 Eigelb, 1 Prise Salz

FÜR DIE SAUCE
- 150 g Ziegenfrischkäse oder Ziegenquark (Ersatz: normaler Quark)
- 100 ml Milch, 50 g Puderzucker
- abgeriebene Schale und Saft von 1–2 Limetten

AUSSERDEM
- doppelgriffiges Weizenmehl, Salz
- 50 g Butter
- Limettenzesten
- nach Belieben Himbeeren oder Minzeblättchen

S. 19
WARENKUNDE Dunst

S. 104
KÜCHENPRAXIS Gnocchi formen

1. In einem Topf ausreichend Salzwasser zum Kochen bringen und die Süßkartoffeln darin in 40 bis 50 Minuten sehr weich garen. Die Süßkartoffeln abgießen, abtropfen lassen und über Nacht im Kühlschrank auskühlen lassen.

2. Am nächsten Tag die Süßkartoffeln pellen und durch die Presse in eine Schüssel drücken. Die zerlassene Butter, das Mehl, die Eigelbe und das Salz zu der Masse geben und alles zu einem homogenen Teig verkneten. Den Teig auf einer bemehlten Arbeitsfläche zu 1,5 cm dicken Strängen ausrollen. Davon 2 cm lange Stücke abschneiden, zu ovalen oder runden Gnocchi formen, mit Mehl bestäuben und beiseitestellen.

3. In einem Topf ausreichend Salzwasser aufkochen, die Gnocchi einlegen und bei schwacher Hitze in 6 bis 8 Minuten gar ziehen lassen, bis sie an die Oberfläche steigen.

4. In der Zwischenzeit den Ziegenfrischkäse mit der Milch, dem Puderzucker sowie Limettenschale und -saft verrühren. Die Sauce mit dem Pürierstab kurz aufmixen.

5. Die Gnocchi abgießen und kurz abtropfen lassen. In einer Pfanne die Butter zerlassen und die Gnocchi darin kurz schwenken. Die Gnocchi auf Tellern anrichten, mit der Ziegenfrischkäsesauce nappieren und mit Limettenzesten bestreuen. Die Süßkartoffel-Gnocchi nach Belieben mit ein paar Himbeeren oder Minzeblättchen garnieren und sofort servieren.

Variationen

Die Ziegenfrischkäsesauce lässt sich auch sehr gut mit Himbeer- oder Mangomark variieren. In diesem Fall können Sie auch ein paar Himbeeren oder Mangoscheiben als Garnitur verwenden.

Topfennockerl mit Quittenkompott

ZUBEREITUNGSZEIT 2 Std.
MARINIERZEIT 12 Std.

FÜR DAS QUITTENKOMPOTT
· 2 Quitten, 2 EL Zucker
· ¼ l Weißwein, ½ Vanilleschote
· Saft von ½ Zitrone

FÜR DIE TOPFENNOCKERL
· 200 g Weißbrot, ohne Rinde
· 200 g trockener Quark (Topfen, S. 124)
· 20 g Zucker, 120 g Butter, zerlassen
· 4 Eier, 125 g saure Sahne, 80 g Mehl

FÜR DIE BRÖSEL
· 40 g Butter, 4 EL Zucker
· 8 EL Semmelbrösel

AUSSERDEM
· Salz, Puderzucker zum Bestäuben
· Zitronenmelisse- oder Minzeblättchen

S. 111
KÜCHENPRAXIS Nocken formen
S. 124
KÜCHENPRAXIS Topfenknödel

1. Die Quitten schälen, das Fruchtfleisch ringsum in Backen vom Kerngehäuse abtrennen. Dann das Fruchtfleisch klein würfeln und mit Zucker, Weißwein sowie ¼ l Wasser in einem Topf zugedeckt 20 Minuten köcheln. Die Vanilleschote längs halbieren, das Mark herauskratzen und zu den Quitten geben. Sollte das Kompott sehr flüssig sein, die Quitten herausnehmen und den Sud offen auf etwa 150 ml einkochen lassen, dann die Quitten wieder zugeben. Das Kompott vom Herd nehmen und über Nacht durchziehen lassen.

2. Am nächsten Tag das Weißbrot für die Topfennockerl sehr fein schneiden und mit Quark, Zucker und der zerlassenen Butter vermengen. Eier und saure Sahne gut verrühren, unter die Quarkmasse kneten und zum Schluss das Mehl einarbeiten. Anschließend die Quarkmasse 1 Stunde im Kühlschrank ruhen lassen. Für die Brösel in einer Pfanne die Butter zerlassen, Zucker und Semmelbrösel zufügen und die Mischung schön bräunen.

3. Aus der Topfenmasse 8 bis 12 Nocken formen. In einem Topf ausreichend Salzwasser aufkochen, die Topfennockerl einlegen und bei schwacher Hitze halb zugedeckt in 12 bis 18 Minuten gar ziehen lassen. Die Nockerl mit dem Schaumlöffel herausheben, kurz abtropfen lassen und in der Bröselmischung wälzen. Die Topfennockerl nach Belieben mit dem kalten oder wieder erwärmten Quittenkompott und den restlichen Bröseln auf Tellern anrichten, mit Puderzucker bestäuben und mit Kräuterblättchen garniert servieren.

Zwetschgenknödel

ZUBEREITUNGSZEIT 2 Std.

FÜR DIE ZWETSCHGENKNÖDEL
- 700 g mehligkochende Kartoffeln
- 3 Eigelb, 60 g Speisestärke
- 30 g Butter, zerlassen
- Salz, 10 g Vanillezucker
- 12 Zwetschgen, gewaschen, entsteint und jeweils mit 1 Stück Würfelzucker gefüllt

FÜR DAS KOMPOTT
- 400 g Zwetschgen, gewaschen, 50 g Zucker
- 300 ml Rotwein oder roter Traubensaft
- 2 EL Vanillezucker, 1 Stange Zimt
- 1 EL Speisestärke, mit 2 EL Wasser angerührt

FÜR DIE SABAYON
- 100 ml Milch, 1 Stange Zimt
- 40 g Zucker, 2 Eigelb

AUSSERDEM
- 80 g Butter, 80 g Semmelbrösel, 15 g Zucker
- ½ TL gemahlener Zimt, Puderzucker

S. 24
WARENKUNDE mehligkochende Kartoffeln

S. 125
KÜCHENPRAXIS süße Knödel füllen

1. Den Backofen auf 200 °C vorheizen. Die Kartoffeln im vorgeheizten Ofen 1 Stunde backen. Inzwischen die Zwetschgen für das Kompott halbieren und entsteinen. In einem Topf den Zucker goldgelb karamellisieren, mit Rotwein ablöschen, alles aufkochen und den Zucker wieder auflösen. Vanillezucker und Zimt unterrühren, alles 5 Minuten köcheln lassen, dann die Zwetschgen 2 Minuten mitgaren. Die angerührte Stärke einrühren und das Kompott aufkochen, anschließend abkühlen lassen.

2. Die Kartoffeln aus dem Ofen nehmen, längs halbieren und kurz ausdampfen lassen. Die Kartoffeln pellen und noch warm zweimal durch die Kartoffelpresse in eine Schüssel drücken (es sollten etwa 350 g sein), dann auskühlen lassen. Eigelbe, Speisestärke und zerlassene Butter gut untermischen und den Teig mit 1 Prise Salz und Vanillezucker würzen. Er sollte sich trocken anfühlen, bei Bedarf noch etwas Speisestärke zufügen, bis nichts mehr an den Händen klebt. Den Teig auf einer bemehlten Arbeitsfläche zu einem 5 cm dicken Strang rollen, in 12 Stücke schneiden und diese zu Knödeln formen. Jeweils eine Mulde eindrücken, 1 gefüllte Zwetschge auflegen, die Knödel wieder verschließen und rund formen.

3. Für die Sabayon Milch und Zimt aufkochen, vom Herd nehmen und 15 Minuten ziehen lassen. Inzwischen in einem weiten Topf ausreichend Salzwasser zum Kochen bringen, die Temperatur reduzieren und die Knödel in 10 bis 12 Minuten gar ziehen lassen. In einer Pfanne die Butter zerlassen und die Brösel darin goldbraun rösten, dann mit Zucker und Zimt mischen. Die fertigen Knödel mit dem Schaumlöffel herausheben, kurz abtropfen lassen und in der Bröselmischung wälzen.

4. Die Zimtmilch erneut aufkochen und die Zimtstange entfernen. Zucker und Eigelbe in einem Rührkessel aus Metall verrühren und diesen auf ein heißes Wasserbad setzen. Die heiße Zimtmilch unter Rühren mit dem Schneebesen zugießen und die Masse dick-schaumig aufschlagen. Dann den Rührkessel vom Wasserbad nehmen und die Sabayon kurz weiterschlagen. Die Zwetschgenknödel mit dem Kompott anrichten, mit Puderzucker bestäuben und die Zimtsabayon dazureichen.

Dampfnudeln mit Vanillesauce

ZUBEREITUNGSZEIT 1 Std. 45 Min.

FÜR DEN HEFETEIG
- 35 g Zucker
- 200 ml lauwarme Milch
- 25 g frische Hefe
- 500 g Mehl
- 2 Eier, 140 g weiche Butter
- 1 Prise Salz
- 6 cl brauner Rum

FÜR DIE VANILLESAUCE
- ½ l Milch
- 1 Vanilleschote, längs aufgeschlitzt
- 6 Eigelb, 100 g Zucker

AUSSERDEM
- 150–200 ml Milch, 60 g Butter
- 35 g Zucker

S. 19
WARENKUNDE Weizenmehl
S. 126
KÜCHENPRAXIS Dampfnudeln zubereiten

1. Für die Dampfnudeln den Zucker in 100 ml lauwarmer Milch auflösen, die Hefe hineinbröckeln und unterrühren, dann 125 g Mehl untermengen. Den Vorteig mit etwas Mehl bestäuben und zugedeckt an einem warmen Ort 15 Minuten gehen lassen, bis er sein Volumen verdoppelt hat.

2. Anschließend die übrige lauwarme Milch, das restliche Mehl und die Eier unter den Vorteig kneten. Die weiche Butter mit Salz und Rum verrühren, zum Teig geben und diesen kräftig kneten, bis er glatt und geschmeidig ist. Dabei, falls nötig, noch etwas Mehl zufügen. Den Teig mit Mehl bestäuben und zugedeckt an einem warmen Ort 30 Minuten gehen lassen. Dann den Teig erneut durchkneten und nochmals 15 Minuten gehen lassen.

3. Inzwischen für die Vanillesauce die Milch mit der Vanilleschote aufkochen, dann die Vanilleschote wieder herausnehmen, das Mark auskratzen und in die heiße Milch zurückstreifen. Die Eigelbe mit dem Zucker in einem Metallrührkessel mit dem Schneebesen cremig rühren, dann nach und nach die heiße Vanillemilch unterrühren. Den Rührkessel auf ein heißes Wasserbad setzen und die Sauce unter Rühren »zur Rose abziehen«, das heißt, auf etwa 80 °C erhitzen, bis sie leicht angedickt auf dem Kochlöffel liegen bleibt. Die Vanillesauce durch ein feines Sieb passieren und abkühlen lassen.

4. Den Teig zu 12 bis 16 Kugeln formen und auf einem bemehlten Brett nochmals 15 Minuten gehen lassen. In einem großen, weiten Topf Milch, Butter und Zucker erhitzen, die Teigkugeln dicht an dicht einsetzen und einen gut schließenden Deckel auflegen. Die Dampfnudeln zugedeckt 12 bis 15 Minuten kochen, ohne dabei den Deckel abzuheben. Sie sind fertig, wenn die Flüssigkeit verdampft ist und das Knistern der sich am Topfboden bildenden Kruste zu hören ist. Die Dampfnudeln mit der Vanillesauce anrichten und servieren.

»Dampfnudeltore in der Pfalz«

Der Ursprung der Dampfnudel liegt in der Pfalz. Neben der süßen Variante, die mit Milch und Vanillesauce auch im bayerischen Raum zubereitet wird, schätzt man dort salzige Dampfnudeln in Begleitung von Sauerkraut, Gulasch oder Schweinepfeffer. Der Pfälzer liebt die dicken Nudeln so sehr, dass sie sogar mit zwei Baudenkmälern geehrt werden. In Kandel und Freckenfeld (im Bild) erinnern die sogenannten Dampfnudeltore daran, dass die mächtige Mehlspeise nicht nur satt macht, sondern einst sogar den Einwohnern von Freckenfeld das Leben rettete: Bäckermeister Johannes Muck und seinen fleißigen Gesellen ist es zu verdanken, dass das schwedische Reiterheer im Dreißigjährigen Krieg an Freckenfeld vorüberzog, ohne es zu plündern. Die Bedingung: eine ordentliche Verköstigung, bei der kein Soldatenmagen hungrig bleiben sollte. 1.286 Dampfnudeln und eine Sauce mit viel süffigem Wein stimmten die Soldaten milde. Verewigt wurde diese bäckerische Großtat an den Stadttoren, die mit einem Torbogen aus 1.286 steinernen Hefeklößen überwölbt sind.

Margarethe Brunner

Germknödel mit Kürbiskernbutter und Marillenkompott

ZUBEREITUNGSZEIT 1 Std. 50 Min.

FÜR DIE GERMKNÖDEL
- 180 ml Milch, 15 g frische Hefe
- 350 g Mehl, 1 Bio-Zitrone
- 20 g Zucker
- 1 Ei, 1 TL Vanillezucker
- 25 g weiche Butter, 1 Prise Salz
- 2 EL Aprikosenkonfitüre

FÜR DAS MARILLENKOMPOTT
- 300 g Marillen (Aprikosen) oder 150 g getrocknete Aprikosen
- 1 Vanilleschote, 80 g Zucker
- 230 ml Weißwein oder heller Traubensaft
- 1–2 Stangen Zimt

AUSSERDEM
- 50 g Kürbiskerne, grob gehackt
- 50 g Butter, 2 EL Kürbiskernöl

S. 120
KÜCHENPRAXIS Knödel füllen

1. Für die Germknödel in einem Topf 120 ml Milch lauwarm erwärmen, die Hefe hineinbröckeln und auflösen. Die Hefemilch mit 120 g Mehl zu einem Vorteig verarbeiten und diesen an einem warmen Ort zugedeckt 15 Minuten gehen lassen.

2. In der Zwischenzeit die Zitrone heiß waschen, trocken reiben und die Schale fein abreiben. Dann Zitronenschale, Zucker, Ei, Vanillezucker sowie die restliche Milch zum Vorteig geben. Das übrige Mehl, die weiche Butter und Salz zufügen und alles zu einem glatten Teig verkneten. Den Hefeteig an einem warmen Ort zugedeckt nochmals etwa 30 Minuten gehen lassen.

3. Für das Kompott die Marillen waschen, halbieren und entsteinen. Die Vanilleschote längs aufschlitzen und das Mark herauskratzen. In einem Topf den Zucker mit Weißwein, Vanillemark samt Schote und den Zimtstangen zum Kochen bringen und bei schwacher Hitze 2 Minuten köcheln lassen. Die Marillen in den Sud einlegen und 2 Minuten garen (getrocknete Aprikosen 8 bis 10 Minuten). Das Kompott in eine flache Schale füllen und abkühlen lassen.

4. Den Teig in 4 Portionen teilen. Jede flach drücken, je 1 TL Konfitüre mittig daraufsetzen, den Teig zu Knödeln formen und auf einem bemehlten Brett erneut 15 Minuten gehen lassen. Einen weiten Topf 2 cm hoch mit Wasser füllen und dieses aufkochen. Einen passenden Dämpfeinsatz mit einer Stoffserviette oder einem Küchentuch auslegen, die Knödel mit etwas Abstand einsetzen. Den Dämpfeinsatz in den Topf stellen und die Germknödel 20 bis 25 Minuten dämpfen.

5. Inzwischen die Kürbiskerne in einer Pfanne ohne Fett 1 Minute rösten, die Butter zufügen und goldbraun werden lassen. Die Germknödel aus dem Topf nehmen, mit dem Marillenkompott auf Tellern anrichten, mit Kürbiskernbutter und Kürbiskernöl beträufeln und sofort servieren.

Schoko-Chili-Buchteln mit Mangokompott

ZUBEREITUNGSZEIT 2 Std. 10 Min.

FÜR DIE SCHOKO-CHILI-BUCHTELN
- 400 g Mehl, 60 ml Milch
- 20 g frische Hefe, 1 Bio-Orange
- 2 Eigelb, 2 Eier, 50 g Zucker, 1 Prise Salz
- 60 g zimmerwarme Butter
- 1–2 getrocknete Chilischoten
- 50 g Zartbitterschokolade (70 % Kakaoanteil)

FÜR DAS MANGOKOMPOTT
- 2 Mangos, Saft von 1 Zitrone
- 50 g Zucker, Saft von 3 Orangen
- ½ Vanilleschote

AUSSERDEM
- 1 ofenfeste Form (20 x 30 cm), zerlassene Butter für die Form und zum Bestreichen
- Puderzucker zum Bestäuben

1. Für die Buchteln das Mehl in eine Schüssel sieben und eine Mulde eindrücken. Die Milch lauwarm erwärmen und die Hefe darin auflösen. Die Hefemilch in die Mehlmulde gießen, mit etwas Mehl verrühren und den Vorteig zugedeckt an einem warmen Ort 20 Minuten gehen lassen.

2. Die Orange heiß waschen, abtrocknen und die Schale fein abreiben. Den Vorteig mit den Eigelben, den Eiern, Zucker, Salz, Orangenschale und der Butter zu einem glatten Teig verkneten. Den Teig dünn mit Mehl bestreuen, erneut abdecken und an einem warmen Ort 30 Minuten gehen lassen.

3. Die Mangos für das Kompott schälen, das Fruchtfleisch von den Steinen lösen und etwa 1 cm groß würfeln. Die Mangowürfel in eine Schüssel geben, vorsichtig mit dem Zitronensaft vermischen und kurz durchziehen lassen.

4. In einer Kasserolle den Zucker goldbraun karamellisieren, mit Orangensaft ablöschen und alles erneut aufkochen. Die Vanilleschote längs halbieren, das Mark herauskratzen und unter die Orangensauce rühren. Die Mangowürfel zufügen und bei schwacher Hitze 3 Minuten mitköcheln lassen. Das Mangokompott in eine flache Form umfüllen und im Kühlschrank auskühlen lassen.

5. Die ofenfeste Form mit Butter ausfetten. Die Chilischoten im Mörser grob zerstoßen. Die Schokolade in 12 Stücke brechen.

6. Den Backofen auf 180 °C vorheizen. Den Teig in 12 Portionen teilen und zu Kugeln formen. Die Teigkugeln flach drücken, jeweils 1 Stück Schokolade mittig auflegen und mit ein paar Chiliflocken bestreuen. Die Teigfladen wieder zu Kugeln formen, in die Form setzen und mit zerlassener Butter bestreichen. Die Buchteln erneut 10 Minuten gehen lassen, dann im vorgeheizten Backofen in 30 bis 35 Minuten goldgelb backen.

7. Die Buchteln aus der Form lösen, mit dem Mangokompott auf Tellern anrichten. Die Schoko-Chili-Buchteln mit Puderzucker bestäuben und sofort servieren.

S. 54
WARENKUNDE Chilischoten

S. 120
KÜCHENPRAXIS Knödel füllen

Gebratene Polentaschnitte mit Papaya-Safran-Sorbet und Maracuja

ZUBEREITUNGSZEIT 2 Std.

FÜR DIE POLENTASCHNITTEN
- ½ l Milch, 1 EL Butter, 50 g Zucker, 1 Prise Salz
- 2 TL abgeriebene Schale von 1 Bio-Zitrone
- 1 ausgekratzte Vanilleschote (Mark anderweitig verwenden)
- 120 g Maisgrieß, 2 Eigelb
- 2–3 EL Mehl, 2 Eier, mit 1 EL Wasser verquirlt
- 70 g Kokosflocken

FÜR DAS PAPAYA-SAFRAN-SORBET
- 1 Papaya, 10 Safranfäden
- 400 ml Maracujanektar, 80 g Zucker

FÜR DIE MARACUJASAUCE
- 5 frische Maracujas, 30 g Zucker
- 50 ml Maracujasirup

AUSSERDEM
- Backpapier, 1 TL Öl, 2–3 EL Butterschmalz
- Puderzucker, Minzeblättchen

1. In einem Topf die Milch mit Butter, Zucker, Salz, Zitronenschale und der ausgekratzten Vanilleschote aufkochen. Den Maisgrieß einrieseln lassen und mit dem Schneebesen gut unterrühren. Den Topf vom Herd nehmen, die Masse mit einem Kochlöffel noch kurz weiterrühren, dann 5 Minuten quellen lassen. Die Eigelbe unterrühren und die Vanilleschote wieder entfernen.

2. Die lauwarme Maisgrießmasse auf ein großes, nasses Brett geben, ein Stück geöltes Backpapier auflegen, die Polenta 1 ½ cm dick verstreichen und kalt stellen.

3. Für das Sorbet die Papaya schälen, vierteln und die Kerne entfernen. Das Papayafruchtfleisch grob würfeln und mit Safranfäden, Maracujanektar und Zucker in einen Topf geben. Alles zum Kochen bringen und bei schwacher Hitze 10 Minuten ziehen lassen, dann mit dem Pürierstab aufmixen und durch ein feines Sieb passieren. Die Masse abkühlen lassen, dann in der Eismaschine zu Sorbet gefrieren.

4. Die Maracujas halbieren, das Fruchtmark mit den Kernen mit einem Löffel herauskratzen und in einen Topf geben. 80 ml Wasser, Zucker und Maracujasirup zufügen, alles einmal kurz aufkochen lassen, dann vom Herd nehmen. Die Maracujamischung beim Erkalten gelegentlich umrühren und nach Belieben durch ein feines Sieb passieren.

5. Die fest gewordene Polentaplatte in Dreiecke schneiden. Die Polentaschnitten leicht mehlieren, dann durch die verquirlten Eier ziehen und in den Kokosflocken wenden. In einer großen Pfanne das Butterschmalz erhitzen und die Polentadreiecke darin von beiden Seiten bei mittlerer Hitze goldgelb braten.

6. Die gebratenen Polentaschnitten dekorativ auf Tellern anrichten, mit einer Sorbet-Rosette krönen und die Maracujasauce daneben verteilen. Alles mit Puderzucker bestäuben, mit ein paar Minzeblättchen garnieren und sofort servieren.

S. 21
WARENKUNDE Maisgrieß

S. 113
KÜCHENPRAXIS Polenta ausstreichen

Cannelloni mit Nussfüllung

ZUBEREITUNGSZEIT 2 Std.

FÜR DEN NUDELTEIG
- 200 g Weizenmehl Type 405
- 2 Eier, 1 EL Olivenöl, ½ TL Salz

FÜR DIE NUSSFÜLLUNG
- ⅛ l Milch, 1 EL Honig, 50 g Zucker
- abgeriebene Schale von 1 Bio-Zitrone
- Mark von 1 Vanilleschote, 1 Prise Salz
- 1 Prise Zimtpulver, 120 g Marzipanrohmasse
- 200 g Haselnusskerne, gemahlen, 1 EL Rum
- 2 EL Milch, bei Bedarf

FÜR DAS KOMPOTT
- 12 reife Aprikosen, 100 g Zucker
- 100 ml weißer Portwein
- 60 ml Aprikosenlikör, Saft von 1 Zitrone
- Mark von 1 ½ Vanilleschoten

FÜR DIE ROYALE
- 100 ml Milch, 100 g Sahne, 40 g Zucker, 2 Eier

AUSSERDEM
- 50 g Butter, zerlassen, Salz, Zucker, Puderzucker

S. 67
KÜCHENPRAXIS Nudelteig herstellen

S. 129
KÜCHENPRAXIS Cannelloni herstellen

1. Aus den angegebenen Zutaten sowie 1 EL Wasser einen Nudelteig herstellen, wie auf S. 67 gezeigt. Den Teig in Frischhaltefolie einschlagen und 1 Stunde ruhen lassen.

2. Für die Nussfüllung in einem Topf die Milch mit Honig, Zucker, Zitronenschale, Vanillemark, Salz und Zimt aufkochen. Das Marzipan klein würfeln und unter ständigem Rühren in der Milch auflösen. Den Topf vom Herd nehmen, die gemahlenen Haselnüsse und den Rum zufügen, alles gut verrühren und die Füllung beiseitestellen.

3. Für das Kompott die Aprikosen waschen, entsteinen und grob würfeln. In einem kleinen Topf den Zucker hell karamellisieren, mit Portwein, Aprikosenlikör und Zitronensaft ablöschen, dann alles erneut aufkochen und den Karamell auflösen. Vanillemark und Aprikosenwürfel zufügen, alles kurz aufkochen und das Kompott beiseitestellen.

4. Für die Royale Milch und Sahne lauwarm erwärmen, dann den Zucker darin auflösen. Die Eier zufügen, alles mit dem Schneebesen gut verrühren und kühl stellen.

5. Den Backofen auf 160 °C erhitzen. Eine ofenfeste Form mit Butter ausstreichen. Den Nudelteig mit der Maschine zu dünnen Bahnen ausrollen und diese in 15 x 25 cm große Teigplatten schneiden. In einem Topf ausreichend leicht gesalzenes und gezuckertes Wasser zum Kochen bringen und die Teigplatten darin 1 Minute garen, dann mit dem Schaumlöffel herausheben und einzeln auf Frischhaltefolie ausbreiten. Die vorgegarten Teigplatten sehr dünn mit der Nussfüllung bestreichen (sollte sie zu fest sein, noch 2 EL Milch unterrühren). Die Teigplatten von der schmalen Seite her zu Cannelloni aufrollen und eng nebeneinander in die gebutterte Form setzen.

6. Die Cannelloni mit der Royale übergießen und im vorgeheizten Ofen 35 Minuten backen. Die Cannelloni auf Tellern anrichten, mit Puderzucker bestäuben und noch warm mit dem Kompott servieren.

Filoteigtäschchen mit Pinienkernen, Schafsfrischkäse und Honigschaum

ZUBEREITUNGSZEIT 1 Std.

FÜR DIE FILOTEIGTÄSCHCHEN
- 130 g frische Datteln
- 50 g kernlose, kleine blaue Tafeltrauben
- 30 g Mandelblättchen, 80 g Pinienkerne
- 200 g Schafsfrischkäse
- 25 g Orangeat, fein gehackt
- 25 g Zitronat, fein gehackt, 1 Eigelb
- 16 Blätter Filoteig (etwa 20 x 20 cm)
- 40 g Butter, zerlassen

FÜR DEN HONIGSCHAUM
- 3 Eigelb, Saft von ½ Zitrone
- 100 ml trockener Weißwein, 50 g Honig

AUSSERDEM
- Küchengarn, Backpapier, 2 EL Honig

1. Die Datteln mit kochend heißem Wasser überbrühen, häuten, entkernen und 1 cm groß würfeln. Die Trauben waschen und trocken tupfen. Die Mandelblättchen und Pinienkerne separat in einer Pfanne ohne Fett hell bräunen.

2. Den Schafsfrischkäse in einer Schüssel mit den gewürfelten Datteln, den Trauben, Orangeat, Zitronat, Mandelblättchen und Pinienkernen vermengen. Das Eigelb unterrühren und die Masse beiseitestellen.

3. Den Backofen auf 190 °C vorheizen. 8 Filoteigblätter auf einem Tuch auslegen und mit zerlassener Butter bestreichen, dann die übrigen Teigblätter passgenau auflegen. Jeweils ein Achtel der Käsemasse in die Mitte setzen, die Ecken über der Füllung zusammenfassen und die Täschchen mit Küchengarn verschnüren. Die Filoteigtäschchen auf ein mit Backpapier belegtes Blech setzen und im vorgeheizten Ofen in etwa 15 Minuten goldbraun backen.

4. Inzwischen für den Honigschaum in einem Metallrührkessel die Eigelbe mit Zitronensaft, Weißwein und Honig verrühren und auf einem heißen Wasserbad mit dem Schneebesen (oder dem Handrührgerät) luftig aufschlagen.

5. Die gebackenen Täschchen aus dem Ofen nehmen, das Küchengarn entfernen (sie behalten jetzt ihre Form) und die Täschchen etwas abkühlen lassen. Den Honigschaum auf Teller verteilen, je 2 Filoteigtäschchen darauf anrichten und mit Honig beträufelt servieren.

Salat von Zitrusfrüchten mit türkischen Engelshaarnudeln

ZUBEREITUNGSZEIT 1 Std.

FÜR DIE ENGELSHAARNUDELN
- 250 g Tel kadayifı (frische Engelshaarnudeln, türkisches Lebensmittelgeschäft)
- 4 Kaffirlimettenblätter

FÜR DEN ZITRUSFRUCHTSALAT
- 4 Limetten, gewaschen, Zucker nach Bedarf
- 5 Orangen, 3 rosa Grapefruits
- 6 Finger limes, 12 Kumquats, 10 g Sago

AUSSERDEM
- 4 ofenfeste Förmchen (12 cm Ø, 4 cm hoch)
- 20 g Butter, zerlassen, 20 g Zucker
- Puderzucker
- 20 g Pistazien, gehackt
- einige Blättchen Zitronenmelisse

1. Die Engelshaarnudeln etwa 30 Minuten zwischen zwei feuchte Küchentücher legen, damit sie weich und geschmeidig werden.

2. Inzwischen für den Zitrusfruchtsalat die Limetten trocken reiben, die Schale mit einem Zestenreißer in dünnen Streifen abziehen und beiseitestellen. Die Limetten auspressen, den Saft abmessen und mit derselben Menge Zucker aufkochen. Ein Drittel des Suds (Limettenläuterzucker) abmessen und die Limettenzesten darin kurz kochen, dann herausnehmen und abtropfen lassen.

3. Orangen und Grapefruits filetieren, die Finger limes aufbrechen und das Innere auslösen. Die Kumquats waschen, trocken reiben, vierteln und entkernen, dann in dem zweiten Drittel des Suds vorsichtig erhitzen und diesen reduzieren, bis die Kumquats goldgelb sind und leicht karamellisieren. Anschließend alles mit ein paar Tropfen Wasser ablöschen, um den Garprozess zu stoppen.

4. In einem Topf den Sago mit 100 ml Wasser aufkochen und ausquellen lassen. Die Zitrusfilets mit dem Fruchtfleisch der Finger limes und den Kumquats in eine Schüssel geben, den gequollenen Sago sowie 2 bis 3 EL Limettenläuterzucker zufügen und den Zitrusfruchtsalat vorsichtig vermischen.

5. Den Backofen auf 180 °C vorheizen. Die Förmchen mit Butter auspinseln und mit Zucker ausstreuen. Die Kaffirlimettenblätter in sehr feine Streifen schneiden und mit den Nudeln vermischen. Die Hälfte der Nudeln in die Förmchen geben und in der Mitte eine Vertiefung formen. Die Nudeln im vorgeheizten Ofen 2 bis 3 Minuten backen.

6. Die Förmchen herausnehmen, den Zitrusfruchtsalat in die Vertiefungen füllen und mit den übrigen Engelshaarnudeln bedecken. Alles mit Puderzucker bestäuben, noch 5 Minuten im heißen Ofen backen, dann herausnehmen. Die Engelshaarnudeln mit dem übrigen Limettenläuterzucker beträufeln, mit den Limettenzesten und den gehackten Pistazien bestreuen und mit Melisseblättchen garniert servieren.

S. 51
WARENKUNDE Kaffirlimettenblätter

Preiselbeer-Ravioli auf Mohn-Vanille-Sauce

ZUBEREITUNGSZEIT 2 Std. 30 Min.

FÜR DIE PREISELBEER-RAVIOLI
- 800 g mehligkochende Kartoffeln, 40 g Butter
- 3 Eigelb, 70 g Speisestärke, 1 TL Backpulver
- 30 g Zucker, 1 TL gemahlener Zimt, 1 Prise Salz
- 80 g Preiselbeerkonfitüre (Glas)

FÜR DIE MOHN-VANILLE-SAUCE
- ½ Vanilleschote, ⅛ l Milch, 125 g Sahne, 50 g Zucker
- 1 Ei, 1 Eigelb, 30 g gemahlener Mohn (Ersatz: fertige Mohnmasse zum Backen)

AUSSERDEM
- 1 verquirltes Eigelb zum Bestreichen
- 1 l Öl zum Frittieren, Puderzucker zum Bestreuen

1. Den Backofen auf 180 °C vorheizen. Für die Preiselbeer-Ravioli die Kartoffeln auf ein Blech setzen und im vorgeheizten Ofen 1 Stunde backen.

2. Inzwischen für die Sauce die Vanilleschote längs aufschlitzen und das Mark herauskratzen. In einem Topf Milch, Sahne, Zucker, Vanillemark sowie die ausgekratzte Schote kurz aufkochen, dann die Schote wieder herausnehmen. In einem Metallrührkessel Ei und Eigelb mit dem Schneebesen verrühren und den Kessel auf ein heißes Wasserbad setzen. Die heiße Vanillesauce unter ständigem Rühren zugießen und die Mischung auf 75 bis 80 °C erhitzen, dabei weiterrühren, bis sie dickflüssig wird. Die Vanillesauce vom Wasserbad nehmen, durch ein Sieb in eine Schüssel passieren und den Mohn unterrühren, dann erkalten lassen.

3. Die gegarten Kartoffeln aus dem Ofen nehmen, längs halbieren, kurz ausdampfen lassen und pellen. Die Kartoffeln zweimal durch die Kartoffelpresse in eine Schüssel drücken – es sollte etwa 400 g Kartoffelmasse sein. In einer Kasserolle Butter zerlassen und mit den Eigelben, Speisestärke, Backpulver, Zucker und Zimt zu den Kartoffeln geben. Alles gründlich vermischen und 1 Prise Salz zufügen.

4. Den Kartoffelteig auf einer sehr gut bemehlten Arbeitsfläche etwa 1 cm dick ausrollen, dann in 5 cm breite Bahnen schneiden. Jeweils 1 TL Preiselbeerkonfitüre im Abstand von 5 cm nebeneinander auf die Hälfte der Teigbahnen setzen. Die Teigränder mit verquirltem Eigelb bestreichen, eine zweite Teigbahn auflegen und mit einem gezackten Teigrädchen einzelne Ravioli abtrennen. Die Ränder jeweils gut andrücken.

5. In einem Topf das Frittieröl auf 160 °C erhitzen und die Ravioli darin portionsweise goldgelb ausbacken, dabei einmal wenden. Die Ravioli mit dem Schaumlöffel herausheben und auf Küchenpapier entfetten. Die gebackenen Preiselbeer-Ravioli mit Puderzucker bestreuen und mit der Mohn-Vanille-Sauce servieren.

S. 24
WARENKUNDE mehligkochende Kartoffeln

S. 132
KÜCHENPRAXIS Frittieren

»Der Kartoffelteig für die in Öl goldgelb ausgebackenen Ravioli sollte sich trocken anfühlen. Je nach Kartoffelsorte kann es notwendig sein, noch etwas Speisestärke einzuarbeiten, bis die Masse nicht mehr an den Fingern klebt. Zudem sollte auch die Arbeitsfläche zum Ausrollen des Teiges sehr gut mit Mehl oder Speisestärke bestreut sein.«

ABLÖSCHEN: Angebratenes, wie Fleisch oder Gemüse, mit Flüssigkeit übergießen und, falls vorhanden, den Bratensatz vom Topf- oder Pfannenboden lösen.

ABSCHMECKEN: Geschmackliche Vollendung von Speisen; die letzte Phase des Würzens vor dem Servieren.

ABSCHRECKEN: Heißes Gargut in (eis-)kaltes Wasser legen oder kalt abspülen, um den Garprozess zu stoppen.

ANSCHWITZEN: Gargut in Fett leicht angehen lassen, ohne es zu bräunen.

ASCORBINSÄURE: Auch als Vitamin C bekannte, organische Säure. Sie kommt in vielen Lebensmitteln, etwa in Zitronen, vor. Ascorbinsäure ist geschmacksneutral, wirkt als Antioxidationsmittel und verhindert das Braunwerden von Lebensmitteln wie rohen Birnen und Artischocken. Dafür 1 TL Ascorbinsäure in 300 ml Wasser auflösen und das Lebensmittel darin einlegen oder damit einstreichen.

AUFMIXEN: Aufschlagen von Speisen mit dem Pürierstab oder Mixer zur Lockerung oder zur Herstellung einer Emulsion.

AUFSCHÄUMEN: Kurzes Aufmixen von Saucen oder anderen Flüssigkeiten zur Schaum- und Volumenbildung.

AUSBACKEN: Gargut in reichlich heißem Fett goldgelb frittieren.

AUSLASSEN: Speck anbraten, bis er goldgelb und das Fett ausgetreten ist.

BINDEN (LEGIEREN): Andicken und Sämigmachen von Flüssigkeiten wie Saucen oder Suppen durch Einrühren von Bindemitteln, etwa Speisestärke, Mehl, Mehlbutter, Eigelb, Sahne oder Butter.

BLANCHIEREN: Lebensmittel wie Teigwaren oder Gemüse in kochendem Salzwasser kurz garen, um sie von Verunreinigungen zu befreien oder um Häute und Schalen besser entfernen zu können.

BOUQUET GARNI: Würzsträußchen aus verschiedenen Kräutern, Gemüsearten und Gewürzen zur Verfeinerung von Fonds. Klassisch ist die Zusammenstellung aus Möhre, Staudensellerie, Petersilienwurzel, Thymian und Lorbeer.

BRUNOISE: In sehr feine Würfel geschnittenes Gemüse.

CONSOMMÉ: Geklärter kräftiger Fond von Gemüse, Fisch, Meeresfrüchten, Fleisch, Wild oder Geflügel.

COULIS: Flüssiges, passiertes Püree, meist aus Gemüse und Früchten, teils auch aus Meeresfrüchten oder Fisch.

DÄMPFEN: Garen in Wasserdampf bei etwa 100 °C im geschlossenen Topf auf einem Siebeinsatz über kochendem Wasser oder unter Druck im Dampfkochtopf. Das Gargut hat keinen Kontakt zum Wasser.

DÜNSTEN: Lebensmittel wie Gemüse oder Fleisch zugedeckt in wenig Flüssigkeit oder Fett garen.

EMULGATOR: Substanzen mit Molekülen, die einerseits Fett, andererseits Wasser anziehen und beides miteinander verbinden. Ein guter Emulgator ist etwa das in Eigelb enthaltene Lezithin.

EMULSION: Stabile Verbindung zweier an sich unverträglicher Bestandteile wie Fett und Wasser. Die meisten Saucen sind Emulsionen.

ENTFETTEN: Auch als Degraissieren bezeichnet. Entfernen des Fetts von Brühen und Fonds mit einem Löffel, Absaugen mit Küchenpapier oder Abheben des erstarrten Fetts von dem erkalteten Fond.

FARCE: Gewürzte, gebundene Füllung aus zerkleinertem Fisch, Fleisch, Wild oder Geflügel zum Füllen von Teigtaschen, Rouladen und anderem.

FOND: Grundbrühe (auf der Basis von Gräten, Knochen, Parüren und Gemüse), die für die Herstellung von Saucen und Suppen verwendet wird.

GAR ZIEHEN LASSEN: Teigtäschchen, Nocken oder Knödel in reichlich Flüssigkeit (Salzwasser) bei Temperaturen knapp unter 100 °C garen, bis sie an die Oberfläche steigen (Garprobe machen!).

GRATINIEREN: Ein Gericht bei starker Oberhitze oder unter dem Grill überbacken, sodass es eine hell- oder goldbraune Kruste bekommt.

JULIENNE: In sehr feine Streifen geschnittenes Gemüse. Einlage für Saucen und Suppen oder kleine Gemüsebeilage.

JUS: Beim Braten von Fleisch austretender, fettfreier Saft, der beim Erkalten geliert, oder konzentrierter, aus Knochen, Parüren und Gemüse gezogener Fond.

KARAMELLISIEREN: Zucker erhitzen, bis er schmilzt, leicht bräunt und zähflüssig wird. Oder Zuckersirup einkochen, bis er gleichmäßig hell- oder goldbraun ist. Auch Gargut in geschmolzenem, hellem oder gebräuntem Zucker schwenken.

KARKASSEN: Bei Fleisch und Geflügel bezeichnet man die Knochen, bei Fisch die Gräten als Karkassen. Sie werden für die Herstellung von Fonds benötigt.

KLÄREN: Beim Kochen von Fonds und Kraftbrühen aufsteigende trübende Bestandteile entfernen. Diese werden mithilfe von Eiweiß und gehacktem Klärfleisch beim Kochen gebunden.

LÄUTERZUCKER: Zuckerlösung aus Zucker und Wasser. Dafür werden 500 g Zucker mit ½ l Wasser 1 Minute gekocht. Die Menge ergibt etwa 800 ml. Verwendung findet Läuterzucker etwa für Saucen und Sorbets.

MARINADE: Mit Würzzutaten versetzte Flüssigkeit zum Aromatisieren, Haltbar- und Mürbemachen von Fleisch und Fisch. Auch Salatsaucen werden als Marinaden bezeichnet.

MEHLBUTTER: Mehl und Butter zu gleichen Teilen gemischt, zum Binden von Saucen und Suppen. Lässt sich gut tiefkühlen und portionsweise entnehmen.

MIE DE PAIN: Fein geriebenes, frisches Weißbrot oder Toastbrot ohne Rinde.

MIREPOIX: Klein gewürfeltes Röstgemüse (meist Möhren, Petersilienwurzeln, Stauden- oder Knollensellerie und Zwiebeln) zum Aromatisieren von Saucen und Schmorgerichten.

MONTIEREN: Eiskalte Butterstückchen mit dem Schneebesen oder mit dem Pürierstab in eine Sauce oder Suppe einarbeiten. Dadurch wird die Flüssigkeit leicht gebunden, sämiger und erhält zudem einen feinen Buttergeschmack.

NAPPIEREN: Überziehen von Speisen mit einer Sauce oder mit Gelee.

NUSSBUTTER: Leicht gebräunte Butter zum Aromatisieren von Teigwaren, Saucen und anderen Speisen.

PARIEREN: Fleisch, Geflügel, Wild oder Fisch von nicht essbaren Teilen befreien und gleichmäßig zuschneiden.

PARÜREN: Abschnitte, die beim Parieren anfallen. Sie werden für die Herstellung von Fonds und Saucen verwendet.

PASSIEREN: Flüssigkeiten, Pürees oder Farcen durch ein Tuch oder ein mit einem Tuch ausgelegtes Sieb gießen; auch durch ein feines Sieb streichen oder drücken.

PASSIERTUCH: Spezielles Tuch aus gazeähnlichem Gewebe (Etamin), das zum Durchgießen von Flüssigkeiten dient.

PASTA FRESCA: Frische, meist aus Eierteig hergestellte Nudeln mit kurzer Garzeit und Haltbarkeit.

PASTA RIPIENA: Gefüllte Teigtäschchen wie Ravioli, Tortellini oder Schlutzkrapfen mit mittlerer Garzeit und kurzer Haltbarkeit.

PASTA SECCA: Trockene Nudeln aus Hartweizenteig (ohne oder mit Eianteil) mit langer Garzeit und Haltbarkeit.

POCHIEREN: Garen von Lebensmitteln in viel Flüssigkeit unterhalb des Siedepunkts (70–95 °C); die Flüssigkeit darf nicht kochen. Schonende Garmethode, etwa für Nocken, Fisch und Meeresfrüchte.

REDUKTION: Stark eingekochte, mit Würzzutaten angereicherte Flüssigkeiten als Basis oder zum Verfeinern von Saucen.

REDUZIEREN: Flüssigkeiten wie Fonds, Reduktionen oder Saucen bei mittlerer oder starker Hitze einkochen lassen, um das Aroma zu intensivieren.

SCHMOREN: Garvorgang zwischen Braten und Kochen im geschlossenen Topf oder Bräter.

SPINATPULVER: Zum unkomplizierten Grünfärben von Teigwaren, kaum Eigengeschmack. Zum Rotfärben eignet sich Tomaten- oder Rote-Bete-Pulver.

VINAIGRETTE: Öl-in-Wasser-Emulsion aus Öl und einer sauren Flüssigkeit (meist Essig oder Zitronensaft oder auch eine Mischung aus beidem).

WASSERBAD: Ein mit heißem Wasser gefüllter Topf oder eine mit Eiswasser gefüllte Schüssel, auf die ein Metallrührkessel mit dem zu erhitzenden oder zu kühlenden Inhalt gesetzt wird.

ZESTEN: Dünne, etwa streichholzlange Streifen der Schale von Zitrusfrüchten zum Aromatisieren und als Garnitur.

»ZUR ROSE ABZIEHEN«: Eine Creme oder Sauce auf Eigelbbasis unter Rühren erhitzen, bis sie leicht angedickt auf dem Kochlöffel oder -spatel liegen bleibt und sich beim Daraufblasen Wellen bilden, die an eine Rose erinnern.

Das Register enthält Warenkunde (kursiv), relevante Fachbegriffe aus der Küchenpraxis sowie Rezepte (mit • gekennzeichnet).

Herzlichen Dank an ...

... unsere Probeköche, die jedes einzelne Rezept unserer Spitzenköche nachgekocht und auf Herz und Nieren geprüft haben: Verena Erhart, Eva Fischer, Maria Haumaier, Susanne Lang, Natascha Lange, Walburga Ott, Sonja Ott-Dörfer, Susanne und Marcel Schellong, Bärbel Schermer, Ulrike und Ernst Wagner, Katrin Wittmann, Carsten Wittwer und Hampi Schultze, Saskia Wolf, Anke Wichmann, Martina Bodemann, Monika Greiner, Stephanie Schönemann, Claudia Krauß.

Unsere Spitzenköche ...

MARKUS BISCHOFF

Der gelernte Koch und Konditor begründete seinen hervorragenden Ruf durch seine Arbeit in Spitzenrestaurants wie zum Beispiel der »Auberge de l'Ill« in Illhäusern und Eckart Witzigmanns »Aubergine« in München. Sein außergewöhnlicher Kochstil mit asiatischen, aber auch bayerischen und italienischen Akzenten brachte ihm mit seinen Restaurants »Der Leeberghof« und »Bischoff am See« am Tegernsee unzählige Auszeichnungen: Der »Gault Millau« verlieh ihm unter anderem 17 Punkte und sein Restaurant schmückte sich mit einem »Michelin«-Stern. Auftritte im Bayerischen Fernsehen und seine Tätigkeit als Mitautor bei vielen TEUBNER-Büchern runden sein Wirken ab. Nach fast 20 Jahren in Bayern verwöhnt der Küchenmeister heute Gourmets aus Politik, Wirtschaft, Kultur und Sport im edlen Clubrestaurant »Bischoff« der Dekra-Hauptverwaltung in Stuttgart mit raffinierten Gaumenfreuden und einem Weinkeller mit über 1.200 Gewächsen.

BOBBY BRÄUER

Bobby Bräuers Stil basiert auf der klassisch französischen Küche, die er gerne mit regionalen und mediterranen Einflüssen auflockert. Dabei stehen immer die Produkte im Vordergrund, die er überwiegend aus der Region bezieht. »Frische und Geschmack sind in jeder Region unschlagbar und bieten – auch in Kombination mit klassisch französischen Produkten – immer wieder neue Inspiration«, so Bräuer. In München geboren und aufgewachsen, erwarb er seine Kochkünste bei vielen großen Meistern, von Dieter Müller bis Eckart Witzigmann. Schon lange sammelt Bräuer aber eigene Auszeichnungen. Nachdem er in München, Düsseldorf und Berlin jeweils einen »Michelin«-Stern erkocht hatte, wechselte er im November 2008 ins österreichische Kitzbühel, wo er für die Gastronomie des »Hotel Grand Tirolia« mit dem Gourmetrestaurant »Petit Tirolia« verantwortlich ist. Auch hier wurde er mit seinem Team mit 3 Hauben und 18 Punkten sowie Höchstwertungen in österreichischen Gourmetführern ausgezeichnet.

KARL EDERER

Karl Ederer lernte im Laufe seiner Ausbildung die verschiedenen Ausprägungen der Haute Cuisine kennen: So im Restaurant »Tantris«, im »Aubergine« bei Eckart Witzigmann und in Frankreich, wo er unter den Dreisterneköchen Bernard Loiseau und Alain Senderens arbeitete.
Für das Gasthaus »Glockenbach« in München wurde er vom »Gault Millau« 1993 zum »Restaurateur des Jahres« gekürt und erkochte sich einen Stern im »Guide Michelin«.
Seit 2001 führt er das »Ederer« in einem denkmalgeschützten Stadtpalais im Herzen von München. Im Mittelpunkt stehen bei ihm immer die Zutaten: naturbelassene, regionale Produkte, bevorzugt aus ökologischem Anbau beziehungsweise einer solchen Aufzucht und der Jahreszeit entsprechend. Seine Gäste begeistert er mit ausgesuchten Spezialitäten wie Fasanenbrust mit Lardo und Maronen im Romanablatt gebraten, dazu confierter Lauch.

Unsere Spitzenköche ...

GERD M. EIS

Nach seiner Ausbildung und Stationen wie dem Mainzer »Hilton« erlebte Gerd M. Eis seine kreativen Prägungen bei Johann Lafer im »Le Val d'Or«.
Fortan gepackt von den Finessen der asiatischen Küche zog er nach Bangkok. Er verbrachte sieben Jahre in führenden Häusern Asiens, zuletzt als Küchenchef im Restaurant »Plume« im »Regent Hotel« in Hongkong.
Zurück in Deutschland erkochte er sich in der legendären »Ente« im Hotel »Nassauer Hof« in Wiesbaden einen »Michelin«-Stern sowie 17 Punkte im »Gault Millau«. In seinen acht »Enten-Jahren« hat er sich mit seiner leichten, frischen und weltoffenen Küche einen Namen gemacht. Nach zwei Jahren im Unternehmen »Sander Gourmet« nutzt Gerd M. Eis seit Ende 2008 seine Kreativität für Innovationen und Verbesserungen auf dem Foodmarkt. Er gibt Kochkurse, ist als Privatkoch und Kochshow-Juror tätig, begleitet kulinarische Reisen und berät die Gastronomie.

MARIO FURLANELLO

Er absolvierte zuerst ein Architekturstudium mit Abschluss als Diplomingenieur, arbeitete aber während des Studiums schon immer in Küchen und übernahm das Catering für Hochzeiten, Taufen oder Geburtstage im Freundeskreis. Nachdem der Autodidakt die Gesellenprüfung als Koch abgelegt hatte, folgten Stationen in Barcelona und bei Bobby Bräuer in Berlin.
Nach seiner Berliner Zeit ist Mario Furlanello wieder zurück nach Frankfurt gegangen, wo er geboren und aufgewachsen ist, um sich selbstständig zu machen. Gemeinsam mit einer Freundin leitet er dort seit 2007 die »menufaktur«, eine Kochschule und Eventlocation, die 2008 mit dem Gründerpreis der Stadt Frankfurt ausgezeichnet wurde. Mittlerweile hat er auch noch die Zusatzausbildung zum Küchenmeister absolviert und macht zusammen mit Professor Vilgis eine kleine Reihe im ZDF, die Interessierten das ein oder andere Geheimnis der Kochkunst näherbringt.

WERNER KOSLOWSKI

Werner Koslowski durchlief nach seiner Berufsausbildung zum Koch zahlreiche namhafte Stationen in der gehobenen Gastronomie, unter anderem im Restaurant »Dronningen« im Dienste seiner königlichen Hoheit Olav von Norwegen, in Rottach-Egern als Küchenchef im Restaurant »La Cuisine«, wo er als jüngster Sternekoch Deutschlands geehrt wurde, sowie im Münchener »La Vie«.
In seinen eigenen Restaurants, dem Restaurant »Alpendorf« in Frasdorf und »Koslowskis Restaurant und Bar« in Rosenheim, erkochte er sich unter anderem 2 »Feinschmecker«-Punkte und eine »Gault-Millau«-Haube.
Seit 2005 ist Werner Koslowski beratend für die Gastronomie im In- und Ausland tätig, und seit Januar 2008 zudem regelmäßig als Koch im Bayerischen Fernsehen bei der Sendung »Wir in Bayern« live zu sehen.

JOHANN LAFER

Nach seiner Ausbildung zum Koch arbeitete der gebürtige Österreicher in mehreren renommierten Häusern wie den »Schweizer Stuben« in Wertheim-Bettingen, wo er zum besten deutschen Patissier gekürt wurde, oder in Eckart Witzigmanns Restaurant »Aubergine« in München. Seit 1983 ist Johann Lafer Küchenchef im Restaurant »Le Val d'Or«, das er heute als Besitzer an seinem neuen Standort auf der Stromburg leitet.
Neben seiner Tätigkeit als Küchenchef des Restaurants »Le Val d'Or« auf der Stromburg betreibt er die Kochschule »Table d'Or« in Guldental.
Einem breiten Publikum ist Johann Lafer aus verschiedenen Kochformaten im Fernsehen bekannt. Lafer sieht sich selbst als »absoluten Qualitätsfanatiker und Ästhet«, für den Kochen und Genießen untrennbar verbunden sind.

CHRISTIAN PETZ

Nach der Ausbildung zum Koch startete Christian Petz seine Wanderjahre durch die besten Restaurants Mitteleuropas. So arbeitete er im »Königshof« in München, bei Eckart Witzigmann in der »Aubergine« in München und im Hotel »Hilton Plaza« in Wien. Seinen Ruf als Wiener Spitzenkoch begründete er im »Palais Schwarzenberg« und im »Meinl im Graben«, wo er bereits im zweiten Jahr nach der Eröffnung 17 Punkte von »Gault Millau« erhielt. Bis 2009 servierte der Kenner mediterraner Küche im »Palais Coburg« seine köstlichen Kreationen, für die ihn der »Guide Michelin« mit einem Stern ausgezeichnet hat. Seit November 2009 ist Christian Petz Partner der »Xocolat-Manufaktur« und kreiert und fertigt feinste Schokoladespezialitäten in Handarbeit. Seit Mai 2010 ist er auch Partner des legendären Badeschiffs »Wien«, das zwei Restaurants Platz bietet. Das »Holy-Moly!« wurde bereits ein halbes Jahr nach seiner Neueröffnung mit zwei »Gault Millau«-Hauben ausgezeichnet.

PHILIP RÜMMELE

Als jüngster unserer Köche hat Philip Rümmele bereits eine interessante Laufbahn vorzuweisen. Nach seiner Ausbildung zum Koch in Hans Stefan Steinheuers Restaurant »Zur Post«, einem der besten Restaurants Deutschlands (2 »Michelin«-Sterne«, 19 Punkte »Gault Millau«), wechselte er zu Helmut Thieltges in das mit 3 Sternen ausgezeichnete »Waldhotel Sonnora«/Dreis.
Bald darauf erfolgte ein Abschluss als Küchenmeister an der Hotelfachschule Heidelberg. Im Anschluss daran zog es Philip Rümmele in das neu eröffnete Gourmetrestaurant »Petit Tirolia« in Kitzbühel/Tirol, wo er unter Bobby Bräuer zunächst die Stelle des Chefpatissiers ausübte und seit 2010 als Souschef tätig ist. Seine Küche beruht auf besten Zutaten und der geschickten Kombination klassischer und moderner Aromen.

CLAUDIA SCHRÖTER

Claudia Schröter begab sich gleich nach ihrer Ausbildung zur Köchin auf kulinarische Reise. Diese führte sie zum Gourmetrestaurant »Dieter Müller«, nach London, Sylt, Hamburg, Köln, Bali und Bangkok. 2006 kam sie ins »Excelsior Hotel Ernst« in Köln und übernahm dort die Küchenleitung für das ostasiatische Restaurant »taku«. 14 Punkte des »Gault Millau«, der dritte Platz beim Aufsteiger des Jahres und eine Listung unter den »Besten 10 Köchinnen des Jahres 2009« sprechen für Claudia Schröters Kochkunst. Seit September 2009 ist sie als leitende Küchenchefin des »Excelsior Hotel Ernst« auch für die »Hanse Stube« des Traditionshauses verantwortlich. Mit ihrem Team kreiert sie innovative französische Küche mit kulinarischer Finesse. Kenner der Gastronomie würdigen diese Leistungen mit zahlreichen Auszeichnungen – der »Gault Millau« verlieh der »Hanse Stube« 15 Punkte! Seit April 2011 ist sie als Privatköchin in Düsseldorf tätig.

HANS STEFAN STEINHEUER

Hans Stefan Steinheuer begann seine Karriere im Restaurant »Gut Schwarzenbruch« in Stolberg bei Aachen und war danach im Hotel »Erbprinz« in Ettlingen tätig. Schließlich arbeitete er in den »Schweizer Stuben« in Wertheim-Bettingen, wo er zum Stellvertreter von Dieter Müller ernannt wurde.
Im gemütlichen Landgasthof »Poststuben« in Bad Neuenahr-Heppingen kocht er seit 1985 veredelte rheinische Küche. In Steinheuers Restaurant »Zur Alten Post« serviert er eigene Kreationen, mit denen er sich zwei »Michelin«-Sterne erkocht hat und für die er vom »Gault Millau« mit 19 Punkten geehrt wurde. Hier werden in zwei großen Menüs Spezialitäten serviert, wie seine Gänselebervariationen und das Eifler Reh, mit großem Augenmerk auf die Regionalität. Steinheuer war Koch des Jahres bei »Gault Millau« und »Der Feinschmecker«, der das Haus auch 2011 wieder mit höchstmöglichen fünf »F« ausgezeichnet hat.

THOMAS THIELEMANN

Thomas Thielemann besuchte die Steigenberger Hotelfachschule in Bad Reichenhall und absolvierte eine Kochlehre im Frankfurter Hof.
Weitere Stationen führten ihn nach Osaka und Tokio, dann arbeitete er als Souschef bei Karl Ederer im Münchener »Glockenbach« und als Küchenchef in der »Historischen Schlossmühle« in Horbruch, bevor er sich 1993 mit dem »Wirtshaus zum Herrmannsdorfer Schweinsbräu« in Glonn bei München selbstständig machte. Seine Philosophie: Lebens-Mittel sind Mittel zum Leben. Regionale ökologische Zutaten von höchster Qualität sind mit Respekt vor der Natur so zu verarbeiten, dass ihr Eigengeschmack unverfälscht zur Geltung kommt.
Das Geschmackserlebnis von Thomas Thielemanns Naturküche ist für seine Gäste ein purer Genuss.

IMPRESSUM

Verlag © 2011 TEUBNER
Grillparzerstr. 12, D-81675 München
TEUBNER ist ein Unternehmen des Verlagshauses
GRÄFE UND UNZER, GANSKE VERLAGSGRUPPE
leserservice@graefe-und-unzer.de
www.teubner-verlag.de

Projektleitung Sonja Ott-Dörfer
Konzept, Text Katrin Wittmann, w & w, Füssen
Lektorat Adelheid Schmidt-Thomé
Bildredaktion Sonja Ott-Dörfer, Verena Erhart
Redaktionsassistenz Verena Erhart
Korrektorat Barbara Holzwarth
Herstellung Susanne Mühldorfer
Beratung Bobby Bräuer
Rezepte Markus Bischoff, Bobby Bräuer, Karl Ederer, Gerd M. Eis, Mario Furlanello, Werner Koslowski, Johann Lafer, Christian Petz, Philip Rümmele, Claudia Schröter, Hans Stefan Steinheuer, Thomas Thielemann
Freie Autoren Historie und Sonderseiten: Bärbel Schermer
Sonderseiten: Margarethe Brunner, Barbara Holzwarth, Sabine Schlimm
Fotografie Rezeptaufnahmen, Haupttitel, Kapitelaufmacher: Matthias Hoffmann, Delmenhorst
Produktion, Styling, Foodstyling: Frauke Koops, Geesthacht bei Hamburg
Küchenpraxisaufnahmen und Teile der Warenkunde: Eising Food-Photography (Martina Görlach)

Gestaltungskonzept independent Medien-Design, München
Layout, Satz und Bildredaktion Gabriele Wahl, w & w, Füssen
Reproduktion Repromayer, Reutlingen
Druck aprinta druck, Wemding
Buchbinderei m.appl, Wemding

Auflage 1. Auflage 2011
ISBN ISBN 978-3-8338-2170-7

Liebe Leserin und lieber Leser,

wir freuen uns, dass Sie sich für ein TEUBNER-Buch entschieden haben. Mit Ihrem Kauf setzen Sie auf die Qualität, Kompetenz und Aktualität unserer Bücher. Dafür sagen wir Danke! Ihre Meinung ist uns wichtig, daher senden Sie uns bitte Ihre Anregungen, Kritik oder Lob zu unseren Büchern. Haben Sie Fragen oder benötigen Sie weiteren Rat zum Thema? Wir freuen uns auf Ihre Nachricht!

Wir sind für Sie da!
Montag – Donnerstag:
8.00 – 18.00 Uhr
Freitag: 8.00 – 16.00 Uhr

Tel.: 0180-5 00 50 54*
Fax: 0180-5 01 20 54*
*(0,14 €/Min. aus dem dt. Festnetz/ Mobilfunkpreise maximal 0,42 €/Min.)
E-Mail:
leserservice@graefe-und-unzer.de

P.S. Wollen Sie noch mehr Aktuelles von TEUBNER wissen, dann abonnieren Sie doch unseren kostenlosen Genuss-Newsletter und/oder unser kostenloses TEUBNER HALLWAG MAGAZIN.

GRÄFE UND UNZER Verlag
Leserservice
Postfach 86 03 13
81630 München

GRÄFE UND UNZER

Ein Unternehmen der
GANSKE VERLAGSGRUPPE

Wir danken Frau Manuela Ferling, Agentur Kochende Leidenschaft, für die Vermittlung der Köche (www.kochende-leidenschaft.de).

Bildnachweis:
S. 6: getty Images/Foodcollection; S. 7: Tim Pannell/Corbis; S. 8: Archivio GBB / CONTRASTO/laif ; S. 9: Archivio GBB / CONTRASTO/laif; S. 10: akg-images; S. 11: Bildagentur Huber / Bernhart Udo; S. 23: Joerg Modrow/laif; S. 25: mauritius images / imagebroker / olf; S. 28: StockFood GmbH, Michael Paul; S. 29: ROBERTO KOCH/laif; S. 49: getty Images/Foodcollection RF; S. 57: mauritius images /FreshFood; S. 68: Berthold Steinhilber/laif; S. 93: StockFood/Domenichelli; S. 95: akg-images; S. 98: StockFood/Schmidt, Petra; S. 108: StockFood/Mascarucci; S. 134: StockFood/FoodPhotography Eising; S. 134: StockFood/ Uwe Bender; S. 135: Envision/Corbis; S. 156: StockFood/Mayer-Raichle, Ulla; S. 157: getty Images/Makoto Fujio; S. 159: getty Images/ Tom Grill; S. 195: Ant Strack/Corbis; S. 212: StockFood/ Meier, Chris; S. 229: Raffaele Celentano/laif; S. 239: StockFood/ Foodcollection; S. 245: Franck Guiziou/hemis.fr/laif; S. 252: StockFood/FoodPhotography Eising.
Syndication: www.jalag-syndication.de

Umwelthinweis: Dieses Buch ist auf PEFC-zertifiziertem Papier aus nachhaltiger Waldwirtschaft gedruckt.

PEFC
PEFC/04-32-0928